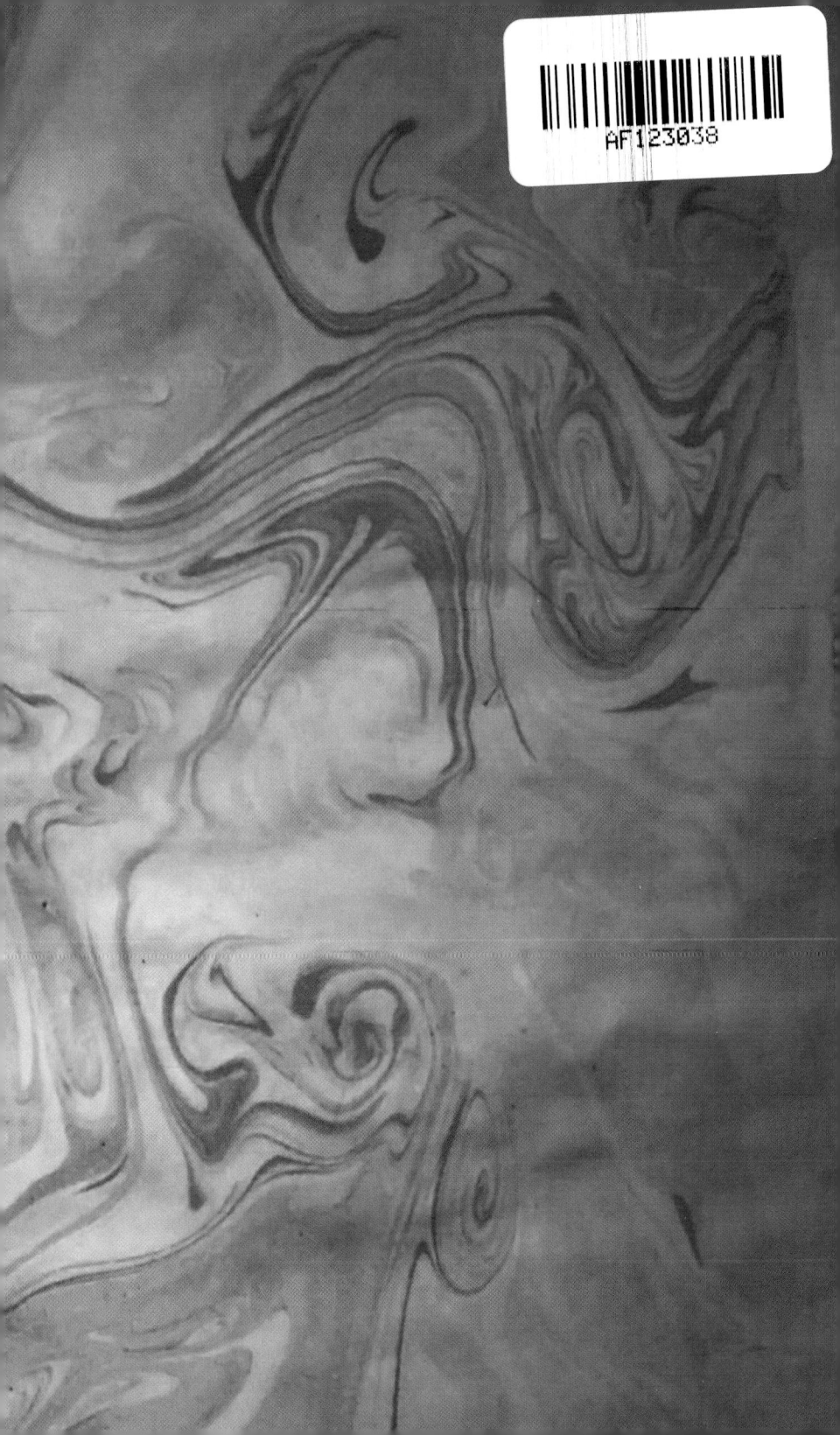

Volker Reinhardt

*De Sade*

Volker Reinhardt

# *De Sade* oder
*Die Vermessung des Bösen*

Eine Biographie

C. H. Beck

Mit 60 Abbildungen, 1 Karte und 1 Stammtafel

© Verlag C. H. Beck oHG, München 2014
Gersetzt aus der Adobe Jenson Pro bei: Fotosatz Amann, Memmingen
Druck und Bindung: CPI – Ebner & Spiegel, Ulm
Umschlaggestaltung: Geviert – Büro für Kommunikationsdesign, München,
Christian Otto
Umschlagabbildung: Detail aus Angelo Bronzinos
«Porträt eines jungen Mannes mit Buch», 1530,
© bpk / The Metropolitan Museum of Art
Gedruckt auf säurefreiem, alterungsbeständigem Papier
(hergestellt aus chlorfrei gebleichtem Zellstoff)
Printed in Germany
ISBN 978 3 406 66515 8

*www.beck.de*

*Inhalt*

EINLEITUNG
*Rätsel de Sade*
Prophet des Grauens 9 || Menschenforscher und Moralist 14

ERSTES KAPITEL
*Jugend ohne Gott*
1740–1763
Die schöne Ahnfrau 21 || Lockrufe des Hofes 28 || Sünden des Vaters 33 || Kindheit in der Provence 44 || Bei Jesuiten und Ersatzmüttern 52 || Unter Soldaten 58 || Ehepoker 64

ZWEITES KAPITEL
*Herr von Lacoste*
1763–1778
Erste Auffälligkeiten 73 || Inszenierungen mit Laienspielern 85 || Schwarze Ostern 92 || Freuden der Unauffälligkeit 102 || Vergiftete Bonbons 112 || Mordanschlag oder Leichtsinn? 118 || Auf der Flucht und im Kerker 124 || Im

Untergrund 129 || Italienische Reise 138 || Der Weg in die Falle 153 || Der letzte Ausbruch 159

DRITTES KAPITEL

*Hinter Festungsmauern*

1778–1790

Gefängnisleben 167 || Befehle der Natur 175 || Rechtfertigungen und Rebellionen 183 || *Die 120 Tage von Sodom* 191 || *Die 120 Tage von Sodom*: Diskurse und Fragen 203 || *Die 120 Tage von Sodom*: Freiheit und Dogmen 208 || *Aline et Valcour* oder *Das Elend der Tugend* 217 || *Der Traum der Tugend* 224 || *Tristesse und Schwänke* 236 || Sturm auf die Bastille 247

VIERTES KAPITEL

*Im Schatten der Guillotine*

1790–1801

Scheidung und andere Dramen 253 || *Justine oder Die Welt, wie sie ist* 264 || *Die Philosophie des Bösen* 277 || Im Sturm der Revolution 285 || Sekretär der Piken-Sektion 299 || Erziehung zu Lust und Mord 315 || Abschied von der Provence 327 || *Justine*, zum Dritten 333

FÜNFTES KAPITEL

*Regisseur in der Irrenanstalt*

1801–1814

Der Schandfleck 347 || Publikumszerfleischung: *Juliette* 352 || In Charenton 364 || Anstalts-Theater 369 || Drei letzte Romane 376

SECHSTES KAPITEL

*Von der Schwarzen Romantik
zum Jahrhundert de Sades*

Zensur und Editionen 387 || Von Baudelaire zu Nietzsche 391 || War de Sade ein Sadist? 396 || De Sade surreal 401 || De Sade total 412 || De Sade existentiell 419 || De Sade politisch, pornographisch, feministisch 425 || De Sade gezähmt: Epilog 434

*Anhang*

Zeittafel 439 || Stammtafel 446 || Anmerkungen 449 || Literatur 455 || Bildnachweis 460 || Personenregister 461

EINLEITUNG

*Rätsel de Sade*


*Prophet des Grauens*

Eine lieblichere Landschaft muss man lange suchen: Von den sanft geschwungenen Weinbergen beim Dörfchen Gargas aus schweift das Auge in südlicher Richtung über den ebenmäßigen Höhenzug des Lubéron mit seinen immergrünen Steineichen. In seinem Schatten fand der Schriftsteller und existenzialistische Philosoph Albert Camus seine letzte Ruhestätte. Für Camus bewahrt der Mensch seine Würde in seinem aussichtslosen Kampf gegen ein blindes Schicksal. Sein Grab auf dem Friedhof von Lourmarin ist ein Anziehungspunkt für Bildungstouristen. Vorlieben für leichtere literarische Kost führen Besucher in hellen Scharen nach Ménerbes. Die Wohlfühl-Romane des dort zeitweise ansässigen Peter Mayle zeichnen das hinreichend bekannte Bild der Provence aus Lavendelduft, Grillengezirp und Ferienflirts. Ähnliche Angebote machen die Kleinstadt Roussillon mit ihren Ockerbrocken zum Mitnehmen und die Gemeinde Bonnieux mit ihrem Käse- und Gemüsemarkt. Liebhaber des Verwunschenen kommen in Oppède-le-Vieux, dem efeuüberwucherten Ruinenstädtchen am Fuß des «kleinen Lubéron», auf ihre Kosten, in dem die Zeit mit den letzten Auswanderern vor etwa zweihundert Jahren stehen geblieben zu sein scheint. Weiter westlich wird es dann noch viel weihevoller: An der geheimnisvollen

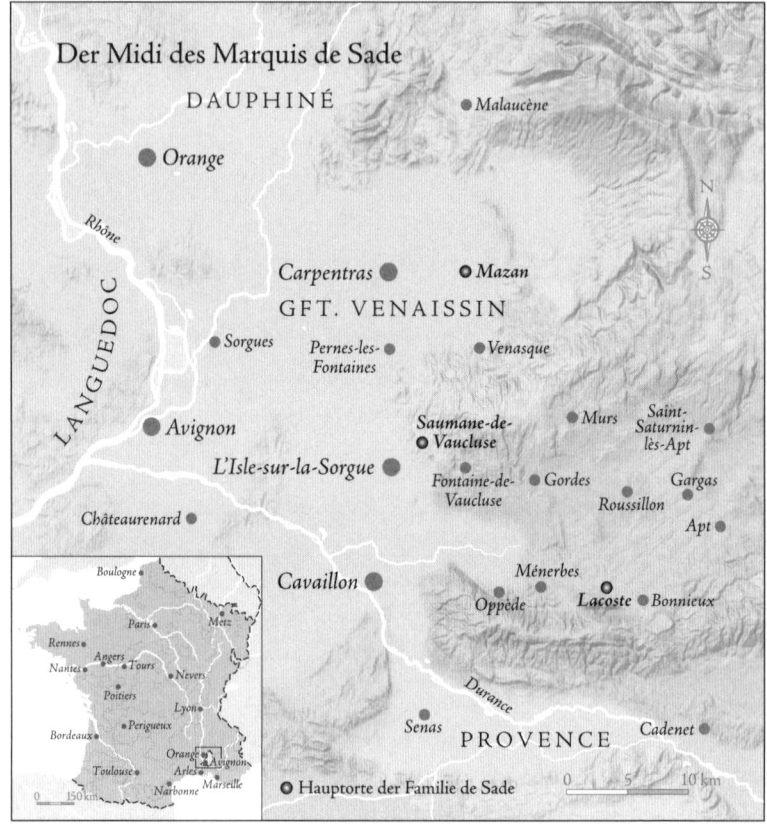

Fontaine de Vaucluse, wo ein Fluss aus dem Schoße der Felsen entspringt, grübelte, klagte und dichtete in bukolischer Abgeschiedenheit Francesco Petrarca, mit dem der europäische Humanismus seinen Anfang nahm. Ganz auf den Spuren der antiken Schriftsteller, deren elegantes Latein und Lebensgefühl er sich anzueignen versuchte, bestieg er – in Gedanken oder zu Fuß, diese Kontroverse ist bis heute offen – im April 1336 den fast 2000 Meter hohen Mont Ventoux, dessen kahle Kalkkuppe im Norden die ganze liebliche Szenerie überragt. Im nahe gelegenen Avignon, das Petrarca als Sitz des französisch beherrschten Papsttums und somit als Hort aller Laster brandmarkte, sah dieser – sei es mit irdischen Augen, sei

# Prophet des Grauens

*Neben dem Schloss von Lacoste erinnern zwei Plastiken an dessen berühmtesten Herrn. In dem Gefängnisfenster mit dem schönen Kopf dahinter ist leicht der Marquis de Sade in seinen Kerkern zu erkennen. Das lang geschwungene Horn, das in Hände mündet, verlangt den Besuchern schon mehr ab: Soll es die Kraft des Animalischen zeigen, das in de Sade schlummerte und in seinen mit emsiger Hand niedergeschriebenen Texten bleibenden Ausdruck fand?*

es rein spirituell – am 6. April 1327 Laura, die er als Idealbild holdester und himmlischer Weiblichkeit in seinem lyrischen Werk verklärte.

So viel Kulturglanz und Harmonie stört nur ein Name: Marquis de Sade! Der 1740 geborene Spross einer provenzalischen Adelsfamilie gilt bis heute als der berüchtigtste Schriftsteller aller Zeiten; auch seine eigene Lebensgeschichte ist reich mit düsteren Fakten und noch viel dunkleren Legenden durchwirkt. Trotzdem oder gerade deshalb haben seine Schriften, die bis vor wenigen Jahrzehnten verboten und nur heimlich, unter dem Ladentisch, erhältlich waren, Literatur und bildende Kunst der Folgezeit, vor allem im 20. Jahrhundert, entscheidend beeinflusst. Obwohl de Sade in Paris zur Welt kam, gehört die liebreizende Landschaft zwischen Avignon und Apt auch zu ihm. Er hat sie sich angeeignet, so wie er Petrarcas Laura zu seiner Lebensbegleiterin machte. Am engsten mit ihm verbunden ist Lacoste. Wer ohne Vorwissen durch die steilen Straßen dieses grauen Dorfes bis zur Hügelkuppe mit den kahlen Mauern des alten Herrensitzes emporsteigt, wird mit befremdlichen Zeichen konfrontiert. Neben dem kürzlich wieder aufgebauten Flügel des Schlosses hängt ein Metallrost. Dahinter steckt der Kopf eines eleganten jungen Herrn des späten Ancien Régime: ein Gefangener, der durch die Gitterstäbe bis zur Rhone und zu den Gipfeln der Südalpen blickt. Hat hier ein Opfer tyrannischer Willkür geschmachtet? Noch rätselhafter ist eine weitere Skulptur, die an ein riesiges Stierhorn mit Händen gemahnt. Soll sie ein Opfer verewigen, das hier den Göttern dargebracht wurde, oder ist sie ein Symbol für die Urkraft des Animalischen? Wer es nicht schon aus dem Reiseführer weiß, erfährt beim Abstieg, wem die Kunstwerke gewidmet sind. Ein Café heißt nach ihm, und auch ein Festival schmückt sich mit seinem Namen: Marquis de Sade.

Lacoste war de Sades Fluchtpunkt und Experimentierstätte. Hier hat sich der Marquis vor seinen Häschern versteckt. Lacoste galten seine sehnsüchtigen Tagträume im Gefängnis. In Lacoste hat der junge Aristokrat erstmals seine Leidenschaft für das Theater ausleben können: mit eigener Bühne, eigenen Stücken und als sein eigener Regisseur, vor handverlesenem Publikum. Lacoste war aber auch der Schauplatz unheimlicher Inszenierungen. In einem schwarz drapierten Kabinett mit Skeletten und Marterwerkzeugen an den Wänden, bei flackerndem Kerzenschein und schaurigem Klirren von Ketten, schwang hier im eisigen Winter 1774/75 ein entfesselter Wüstling die Peitsche und schlug seine unschuldigen Opfer lustvoll blutig – so zumindest konnte man es in europäischen Skandalchroniken nachlesen. Für diese nichtöffentliche Schauspiel-Saison hatte der Marquis eine blutjunge Truppe von Domestiken beiderlei Geschlechts unter Vertrag genommen. Als die besorgten Eltern – brave Bauersleute und Handwerker – Nachforschungen über den Verbleib ihrer Kinder anstellten, kam es zu erregten Auftritten mit Handgreiflichkeiten und noch schlimmeren Verdächtigungen: Hatte der unheimliche Marquis seine Lustobjekte nicht nur gepeinigt, sondern sogar ermordet? Knochenfunde im Schlossgarten schienen diese Befürchtung zu bestätigen, doch folgte die Entwarnung auf dem Fuße: Es handelte sich um Gebeine vom nahe gelegenen Dorffriedhof. Und als man eilig nachzählte, war auch von den jungen Dienstboten niemand verschollen. Erleichterung, doch auch eine gewisse Ernüchterung stellte sich ein – und in ihrem Gefolge Enttäuschung. Den schwarzen Mythen tat dieser glimpfliche Ausgang der Affäre keinen Abbruch. Man hält mich hier für den Werwolf schlechthin, schrieb der Marquis dazu, ironisch und im Hochgefühl aristokratischer Unangreifbarkeit.

Lacoste zehrt heute fraglos von den «Ausschweifungen» des Marquis in seinen wilden Jahren, doch am meisten von den Schriften des Häftlings und späteren Brotschriftstellers de Sade. Ohne die Romane über die tugendhafte Justine und ihre böse Schwester Juliette, ohne das große Fragment der *120 Tage von Sodom* und die *Philosophie im Boudoir* wäre der Name de Sade wie der anderer Adelsgeschlechter heute längst Schall und Rauch. Doch aus de Sade wurde Sadismus und damit der Inbegriff des Bösen schlechthin. Im Alltagsgebrauch bezeichnet man Menschen als sadistisch, die andere des Lustgewinns wegen quälen oder sogar töten. Solche Schreckensgestalten bevölkern die Texte des Marquis in hellen Scharen. Ihre sexuellen Ausschweifungen decken alle Kombinationen ab, die die menschliche Anatomie erlaubt. Während dieser Orgien malträtieren die Herren – zu denen auch Frauen zählen können – die Opfer in einem sorgsam inszenierten Crescendo des Schreckens und der Grausamkeit, wobei sie sich häufig selbst peitschen lassen; Sadismus und Masochismus fließen ineinander.

In den kurzen Pausen, während derer sich diese unmenschlichen Übermenschen bei bacchanalischen Banketten regenerieren, rechtfertigen sie ihr blutiges Tun durch die immergleichen philosophischen Diskurse: Es gibt keinen Gott und erst recht keine Moral, die Natur hat uns den

Trieb zur Zerstörung eingepflanzt, also dient er ihren Zwecken und ist daher gut. Es gibt kein Mitgefühl, keine Dankbarkeit, keine Unsterblichkeit der Seele. Währenddessen schändet und mordet der halbwüchsige Sohn die Mutter, ein Wüstling zwingt einen Vater, den von ihm gezeugten Fötus aus dem Mutterleib zu schneiden, ein weiterer Libertin reißt seinem Opfer das Herz heraus und verzehrt es roh. Einfacher Mord kann diese intelligenten Bestien in Menschengestalt schon lange nicht mehr befriedigen, selbst simpler Inzest mit nachfolgendem Vater-, Mutter- oder Kindermord ist für sie fade geworden.

Die Lust am Verbrechen ist eine Spirale, die sich immer weiter dreht. Schließlich verleiht nur noch der zum Äußersten gesteigerte Massenmord den ersehnten Rausch, doch verfliegt auch er allzu schnell. Das Böse strebt nach dem Unendlichen und findet sich in ewiger Begrenzung wieder. Am Ende verschafft auch der Vergiftungstod von Tausenden von Armen in Rom oder ein künstlicher Ausbruch des Ätna, der große Teile Siziliens verwüstet, nur kümmerliche, da vorübergehende Befriedigung. So steht nach dem immer serielleren und ausgeklügelteren Töten der Fluch über eine Natur, die den Menschen zur Zerstörung alles Seienden geschaffen hat, ohne ihm die dazu nötigen Mittel zu verleihen. Nicht nur dieses Kräfteverhältnis hat sich seitdem entscheidend verändert: Das 20. Jahrhundert darf den traurigen Ruhm beanspruchen, mit den nationalsozialistischen Konzentrationslagern die Gewaltphantasien der de Sadeschen Lustmörder in den Schatten gestellt zu haben.

*Menschenforscher und Moralist*

Sollte man solche Bücher nicht besser verbrennen, statt sie zu großer Literatur zu erheben und ausführlich zu kommentieren? Die Texte des Marquis de Sade zeigen den Menschen von seiner grauenhaftesten Seite; das sollte wissen, wer sich auf seine Romane, aber auch auf seine Biographie, wie sie hier geschrieben wird, einlässt. Zugleich ist hier eine Warnung angebracht: Wer sich an erotischer Literatur delektiert, kommt weder beim Marquis noch in dieser Biographie auf seine Kosten. De Sades bekannteste Texte zeigen die menschliche Sexualität von ihrer mechanischsten, gefühllosesten, grausamsten und daher abstoßendsten Seite. Hätte es damit sein Bewenden, wären seine Romane ein Fall für Psychiater und sonst niemanden.

Aber die Romane zeigen nicht den Marquis de Sade, wie er liebte und lebte. An seine gar nicht so liebe Verwandtschaft schrieb er: Ich habe ein kleines Kind, das von Wagenrädern zermalmt zu werden drohte, vor euren Augen unter Lebensgefahr gerettet, und ihr wollt mich als Mörder abstempeln? Damit zog er einen Trennstrich zwischen literarischer Fiktion und gelebtem Leben. Hinter der Ausmalung des unfassbar Grauenhaften gibt es eine Ethik des Widerstandes: des Widerstandes gegen Unterdrückung und Verfolgung, nicht zuletzt in eigener Sache, doch auch des Widerstandes gegen die eigenen mörderischen Neigungen.

Wenn sich in Sachen Mord und Totschlag Leben und Werk des Marquis noch säuberlich trennen lassen, geht diese Unterscheidung bei seinen sexuellen Vorlieben und Praktiken jedoch nicht auf. Hier hängen Leben und Werk enger zusammen, als es der Marquis wahrhaben will. In seinen diversen «Affären» wurden echte Menschen – ob gegen Bezahlung oder nicht, nach vorheriger Vereinbarung oder nicht, tut wenig zur Sache – malträtiert und traumatisiert. Die geschworenen Anhänger des «göttlichen Marquis», die seine Biographie bis heute vielfach verklären, haben die Leiden seiner Opfer meistens ausgeblendet oder sogar lächerlich gemacht und sich damit seine Maßstäbe angeeignet: Was zählt schon eine blutig geschlagene Hure? Diese Haltung des Aristokraten de Sade ist umso unerträglicher, als sie Täter- und Opferrollen vertauscht. Vom Standpunkt der Menschenwürde und der Menschenrechte, der hier selbstverständlich zugrunde gelegt wird, sind die Experimente des Marquis mit lebenden Menschen zutiefst zu missbilligen. Das sei hier ein für alle Mal gesagt. Die Aufgabe des Historikers ist es jedoch nicht, moralisch über Menschen der Vergangenheit zu richten. Als ethisch denkendes und fühlendes Individuum muss er es bedauern, dass diese Werte in der Vergangenheit so nicht galten. Als Wissenschaftler hat er allein darzustellen und zu erklären, wie und warum Menschen so handelten und so dachten. Wenn man Leben und Werke des Marquis so betrachtet, gewinnt man aufschlussreiche Erkenntnisse über die Natur des Menschen und damit auch über die eigene Gegenwart.

In de Sades Texten will alle Lust an der Qual und an der Zerstörung Ewigkeit und Unendlichkeit. So werden die Folter- und Metzelkabinette der entfesselten «Libertins» – so ihre Selbstbezeichnung – in seinen Romanen zu Höllenszenarien, in denen die philosophierenden Teufel beiderlei Geschlechts, im krassen Gegensatz zur Selbstgewissheit ihrer Diskurse, in der Zerfetzung ihrer Mitmenschen vergeblich die Erlösung suchen, die allein die sanften und demütigen Objekte ihrer Raserei in ihrem stummen Martyrium finden. Durch den Tod, so der radikale Materialist de Sade, wird Materie zu Materie, aus der in Form von Maden und Würmern neues Leben hervorgeht. Die tugendhaften und gläubigen Opfer haben also ausgelitten, während die Täterinnen und Täter ruhelos nach der nächsten sexuellen Entladung gieren, die ihnen natürlich auch nicht die ultimative Befriedigung bringen wird. Ihre Einbildungskraft und damit ihre Sehnsucht nach dem Absoluten gehen über die Realität weit hinaus, und sei sie noch so blutig. Das haben sie mit ihrem Erfinder gemeinsam, der sich als der Galilei der menschlichen Seele verstand. Wie der große Physiker das Universum ausmaß, lotete er – so seine Selbsteinschätzung – die Abgründe der menschlichen Seele aus, ohne sich in ihnen zu verlieren. In der Phantasie war alles erlaubt, die reale Erforschung des lebenden Menschen hingegen an Regeln gebunden. Die christliche Kirche, die seit Jahrhunderten Myriaden von Ketzern auf den Scheiterhaufen schickte, der Staat, der für seine Eroberungskriege Hunderttausende von Soldaten auf seinen Schlachtfeldern verrecken ließ, und die gute Gesellschaft, die ihre Abgründe hinter der Fassade des Anstands verbarg und daher diejenigen, die die große Heuchelei nicht mitmachten, hinter Gefängnismauern schmachten ließ: Diese unheilige Dreieinigkeit verbot laut de Sade dem Menschen, seine natürlichen Neigungen auszuleben. Die meisten dieser Regeln hat der Marquis im Leben mit Füßen getreten, mit Ausnahme des «Du sollst nicht töten».

Macht kaputt, was euch kaputt macht: Hat de Sade in diesem Sinne einen Entwurf für eine von allen künstlichen Zwängen befreite Lebensordnung geliefert? In einem republikanischen Manifest, das drei Libertins – zwei Frauen und ein Mann – während einer kurzen Atempause zwischen den Lektionen des Lustmords mit Zustimmung zur Kenntnis nehmen, wird ein letzter Schritt zur totalen Freiheit eingefordert: das Recht, seine Mitbürger straflos zu ermorden. Will de Sade das Grundgesetz des zivilen Zusammenlebens wirklich umstürzen, soll jeder seinen Mitmenschen mit dem Dolch im Gewande umschleichen? Die Jakobiner der Jahre 1793 und 1794 verkündeten die ultimative Befreiung des Menschen und köpften zugleich Tausende im Namen der Tugend auf der Guillotine. Diesen blutigen Widerspruch deckte de Sade mit seinem Aufruf zum Mord als patriotische Tat auf: Wäre es vor dem Hintergrund des rastlos niedersausenden Fallbeils nicht humaner, auch die zerstörerischen Neigungen des Menschen von Strafe freizusprechen und das Töten statt den staatlichen Henkern den starken Naturen zu überlassen, denen es höchste Lust bereitet? In diesem Kampf jeder gegen jeden würden sich nicht die Moralapostel vom Schlage eines Robespierre, sondern die Menschen-Bestien durchsetzen, die in den Romanen des Marquis Verschlagenheit und Grausamkeit perfekt kombinieren. Das wäre das Ende aller Heuchelei und der christlichen Zivilisation, die sie laut de Sade hervorgebracht hat, doch sicherlich keine erstrebenswerte Zukunft des Menschengeschlechts. Wie diese Zukunft aussehen könnte, versuchte der Häftling de Sade in seinem philosophisch ehrgeizigsten Werk, dem Briefroman *Aline et Valcour*, aufzuzeigen. Darin entwarf er die Umrisse einer zutiefst humanen Gesellschafts- und Staatsordnung. Unter der segensreichen Führung eines aufgeklärten Philanthropen – dem Gegenbild eines blutigen Königs Friedrich von Preußen und anderer selbsternannter «Diener ihres Staates» – wird ein menschliches Miteinander im Geiste der Toleranz ermöglicht, die die Duldung des anderen und seiner Andersartigkeit einschließt, ohne in die mörderische Anarchie des revolutionären Manifests auszuarten. In diesem Südsee-Paradies darf der Mensch also im ganzheitlichen Verständnis Mensch sein, ohne letzte Grenzen zu überschreiten. Ist das eine ernst gemeinte Utopie oder Hohn auf alle Selbsterlösungshoffnungen der Aufklärung?

Dem tugendhaften, vom Geist der Liebe zwischen Herrscher und

Volk durchdrungenen Inselparadies stellte de Sade im selben Roman die Hölle auf Erden gegenüber, bezeichnenderweise auf dem afrikanischen Festland. Hier sind Frauen weniger wert als Haustiere, hier gelten die Gesetze der Ausschweifung, der Sklaverei, des zeremoniellen Massenmordes und des Kannibalismus. Natürlich findet auch dieses System der Unmenschlichkeit seine beredten Verteidiger.

Wer hat Recht? Glaubt der Verfasser der alptraumhaftesten Texte aller Zeiten und Literaturen an die Möglichkeit des guten Lebens? Ist der Todfeind des Christentums und aller anderen Religionen in Wirklichkeit ein barmherziger Samariter? Viele solcher Fragen zum Spannungsverhältnis von Leben und Werk stellen sich bis heute und sollen hier einer Antwort nähergebracht werden.

Und überhaupt, was war das für ein Leben! Der Marquis de Sade brachte das einzigartige Kunststück zu Wege, für alle Regime und alle Mächtigen seiner Zeit zum Staatsfeind Nummer eins zu werden. Ob diese Ordnung nun von einem gesalbten Monarchen wie Ludwig XVI., einem revolutionären Tugendwächter wie Robespierre oder einem skrupellosen Militärdiktator wie Napoleon Bonaparte verkörpert und verkündet wurde – der Marquis de Sade war für sie alle der gefährlichste Unterwanderer von Sitte und Moral, ja, der Schandfleck der Nation, wenn nicht des Menschengeschlechts insgesamt. Trotz aller Brandmarkungen als Ausgeburt der Hölle ist der Marquis im gesegneten Alter von vierundsiebzig Jahren und sechs Monaten in seinem Bett gestorben – ein für einen Aristokraten des Jahrgangs 1740 ungewöhnlich später und vor allem auffallend friedlicher Tod. Was hat den skandalösesten Menschen seiner Zeit vor Schlimmerem bewahrt?

Das Stigma des Unterwanderers aller Werte hat de Sade nicht nur auf sich genommen, sondern auch bewusst gesucht: als Umwerter aller Werte, lange vor Nietzsche, seinem Nachfolger im Geiste. Warum, auf der Grundlage welcher Erfahrungen? Was muss ein Mensch erlebt haben, der vom Hätschelkind des Systems zum selbsternannten Zerstörer aller theologischen und philosophischen Sinnstiftungen wird? Auch auf diese psychologische Schlüsselfrage lassen sich durch neue Fragen an alte Quellen Antworten finden.

Unter diesem Blickwinkel wird das Leben des Marquis de Sade zu einer Forschungsreise in die Abgründe des Menschen, seiner grenzenlosen Gemeinheit, seines schrankenlosen Egoismus, seiner virtuosen Gesinnungstüchtigkeit und seiner nicht minder erstaunlichen Fähigkeit, seinen Opportunismus mit hehren Gesinnungen schönzureden. Von allen seinen Lebensstationen bringt der Marquis empirische Versatzstücke in diese Philosophie eines absoluten Nihilismus mit ein. Ja, fast hat es für ihn den Anschein, als wolle ihm eine höhnische und bösartige Vorsehung, die mit dem Walten der Natur verschmilzt, Lektionen der Nichtigkeit des Menschen und seines Lebens erteilen: in den blutigen Feldzügen, die er als Kinder-Offizier von sechzehn Jahren erlebt; in seinen zahllosen Amouren, in denen es nicht um Liebe, sondern um soziales Prestige geht; auf seiner Italienreise, in der er nicht die Schönheit mit der Seele sucht, sondern die grausamen und blutigen Urgründe der Religion entdeckt; in seiner Zeit als Revolutionsrichter, in der die Menschen ihre Nächsten denunzieren, um den eigenen Kopf zu retten; und schließlich in einer Irrenanstalt, in der er als Theaterregisseur mit geisteskranken Schauspielern der feinen Gesellschaft von Paris den Spiegel vors Gesicht hält. Kein Schriftsteller hätte ein solches Leben als Weltfahrt der bösen Erkenntnis erfinden können. Wer sich mit de Sades Diagnose, dass die Welt durch und durch böse ist, auseinandersetzen will, muss sein Leben kennen.

Zudem ist diesem anstößigen Leben ein Nachleben von beispielloser Intensität beschieden. Ob lustvoll gestöhnte Popsongs oder erotische Unterwerfungsromane, Theorien sexueller Aberranz, Abhandlungen zur Existenzphilosophie oder zur Stellung der Frau in der Gesellschaft, surreale Bildwelten, dadaistische Filme, Gedichte der schwarzen Romantik oder totalitarismuskritische Staatstheorie – der Name de Sade ist vom 19. bis zum 21. Jahrhundert allgegenwärtig, auf allen Niveaustufen von ganz trivial bis extrem gelehrt. Daran zeigt sich, dass die Texte des Marquis ihre wichtigste und ursprünglichste Fähigkeit, vor den Kopf zu stoßen, zu empören, anzuekeln und abzuschrecken, immer wieder zurückgewinnen, ungeachtet aller noch häufigeren Versuche, sie schönzureden. Noch jeder Versuch, den Marquis und seine Gedankenwelt in andere ästhetische, politische oder philosophische Zusammenhänge zu integrieren, läuft darauf hinaus, die darin enthaltenen Ideen zu entschärfen, letztlich zu domestizieren, das heißt zu zähmen – und wird mit jedem Blick auf die authentischen Texte hinfällig.

Durch ihr beispielloses Zerstörungspotential wurden de Sades Texte für jede Bewegung, die sich als innovativ oder gar revolutionär empfand, zu einer Herausforderung, und das waren nicht wenige. Für die einen, zum Beispiel Dichter wie Charles Baudelaire, wurde seine Ästhetik des Grauens zum Schlüsselerlebnis; für die anderen, etwa surrealistische Maler wie Max Ernst, wurde die Unwirklichkeit seiner Schreckensszenarien zum Vorläufer des Überwirklichen und der darin frei und befreiend schwebenden Komik. Auf diese Weise entwickelten sich Leben und Werk des Marquis de Sade zu einer Projektionsfläche und damit auch zu einem Spiegelbild der Moderne, die sich selbst, ihre Befindlichkeiten, Errungenschaften und Fehlentwicklungen, darin zu entdecken glaubte. Auch das ein guter Grund, sich mit diesem Œuvre und dieser Vita zu beschäftigen.

ERSTES KAPITEL

## *Jugend ohne Gott*
1740–1763

*Die schöne Ahnfrau*

Verwandtschaft und Verschwägerung sind in den Romanen des Marquis de Sade alles andere als ein Ehrentitel, der das Recht auf Sonderbehandlung mit sich bringt. Immer dann, wenn Ehefrauen, Kinder oder Eltern um Gnade betteln, weiß der Leser, dass sie ihnen nicht nur verwehrt werden wird, sondern dass die um Schonung Flehenden sogar besonders grausame Strafen erwarten. Zu regelrechter Raserei reizt die Folterknechte der Anblick von Schwangeren, vor allem wenn sie selbst die Erzeuger der ungeborenen Leibesfrucht sind. Diese auf besonders bestialische Weise zu töten, ist für die Teufel in Menschengestalt Ehrensache. Danach rechtfertigen sie ihre grausigen Taten durch philosophische Diskurse: Eltern und Kinder sind sich nicht nur nichts schuldig, sondern sogar natürliche Feinde. Mit anderen Worten: Die Natur selbst hat den Starken die unwiderstehliche Neigung zum Kinder- und Elternmord als einen Auftrag mit auf den Weg gegeben, der um jeden Preis erfüllt werden muss.

Ein krasserer Gegensatz zum Kult der Ahnen und des Stammbaums, wie er zum Selbstverständnis der europäischen Aristokratie gehört, ist kaum denkbar. Doch anders als es sein Werk vermuten lässt, haben de Sade gewisse Verwandtschaftsbeziehungen viel bedeutet. Der Marquis hat die Aufzeichnungen seines Vaters lebenslang wie einen kostbaren Reliquienschatz gehütet, und wie so viele seines Geschlechts hat er die Verehrung einer mythisch überhöhten Ahnfrau gepflegt. Laut sehr alter Familientradition war die von Petrarca innig besungene Laura die Gattin des Hugues de Sade und damit seine unmittelbare Vorfahrin. Nach Beweisen für diese Identität suchte vor allem der Onkel des Marquis, Jacques-François Paul Aldonse de Sade (1705–1777), der nach seinem geistlichen Beruf meist nur der Abbé genannt wurde, dessen wahre Berufung jedoch schöne, auch käufliche Frauen und die Petrarca-Studien waren. Von Laura de Sade weiß man im Wesentlichen nur, dass sie elf Kinder gebar und der großen Pest des Jahres 1348 zum Opfer fiel. Ob sie es war, an der sich die Einbildungskraft des elegischen Poeten so leidenschaftlich entzündete, ist unsicher. Emsige Forscher haben ein halbes Dutzend weitere Lauras im Avignon der späten 1320er Jahre ausfindig gemacht, die ebenfalls in Frage kommen könnten. Und schließlich könnte die Phantasie des Dichters auch ohne reales Vorbild ausgekommen sein.

Für den Marquis hingegen stand unerschütterlich fest: Laura de Sade, geborene de Novis, war Petrarcas Laura! Als eine Stammmutter ganz besonderer Art erschien sie ihm in der Nacht vom 16. auf den 17. Februar 1779 während seiner Gefangenschaft im Schlossturm von Vincennes sogar im Traum:

> Laura verdreht mir den Kopf. Ich bin da wie ein Kind. Tagsüber lese ich über sie, nachts träume ich von ihr. Während sich alle Welt amüsierte, habe ich letzte Nacht so von ihr geträumt: Es war gegen Mitternacht, ich war gerade eingeschlafen, Petrarcas Memoiren in der Hand. Da erschien sie mir mit einem Schlag. Ich sah sie von Angesicht zu Angesicht! Die Schrecken des Grabes hatten ihren Zauber nicht mindern können, und ihre Augen glänzten immer noch von dem Feuer, das Petrarca feierte. Sie war ganz in Schwarz gehüllt, ihre blonden Haare fielen nachlässig darüber. So schien es, als ob die Liebe die unheimliche Aufmachung, in der sie sich meinen Augen darbot, versüßen wollte. Warum seufzt du in diesem irdischen Jammertal, sagte sie zu mir. Komm mit mir! In dem unendlichen Raum, den ich bewohne, gibt es keine Übel, keinen Kummer, keine Störungen mehr. Sei mutig und folge mir! Daraufhin warf ich mich ihr zu Füßen und sagte nur: Oh, meine Mutter! Danach erstickte mein Schluchzen meine Stimme. Sie reichte mir eine Hand, die ich mit Tränen bedeckte; auch sie weinte.[1]

*Die schöne Ahnfrau*

*Laura de Sade, geborene de Novis, wie sie sich ein unbekannter Künstler der Renaissance vorstellte*

Als sie noch auf der Erde weilte, die ihr Nachkomme so hasst – so weiter Laura, die nächtliche Wiedergängerin –, sah sie die Zukunft ihres Geschlechts bis zum Marquis voraus, doch von seinem Unglück ahnte sie nichts. Sein Elend war ihm also nicht vom Schicksal vorherbestimmt, sondern von der bösen Verwandtschaft verursacht worden! Laura hingegen ist die gute «Mutter». Ihr bringt der «Sohn» eine sehr erotische, inzestuöse Liebe entgegen, der sich die Angebetete, wie es Gespenster zu tun pflegen, durch die Auflösung in nichts entzieht. Auch die Faszination des Todes und der Gruft zeichnet sich deutlich genug in dieser Schilderung ab. Nach mehr als vier Jahrhunderten ist die Verstorbene noch berückend schön, genauso wie die frisch gemeuchelten Opfer der Wüstlinge in de Sade Texten, die sich denn auch an den verführerischen Toten ein letztes Mal vergehen. So überrascht es nicht, dass der Marquis später seine einzige Tochter nach der schönen «Stammmutter» nannte.

Zu Lebzeiten Lauras durfte sich die Familie de Sade, wie die Forschungen des unermüdlichen Abbés belegen, bereits adelig nennen und fühlen. In Avignon zählten ihre Mitglieder seit der zweiten Hälfte des 12. Jahrhunderts zu den städtischen Honoratioren, die bei Empfängen hochgestellter Persönlichkeiten die Begrüßungskomitees bildeten. Den für Rang und Ansehen unverzichtbaren Wohlstand verschafften ihnen Handelsgeschäfte mit landwirtschaftlichen Produkten, vor allem mit Hanf und Wein. Der Übergang in den Adel, der damals noch keine ein für alle Mal festgelegte rechtliche Kategorie bildete, vollzog sich gleitend: mit der Investition in Landgüter, mit dem Kauf von Lehen nebst dazugehörigen Hoheitsrechten, mit der Ausbildung eines standesgemäßen Lebensstils in Schlössern und Burgen, mit der Bekleidung prestigeträchtiger Ämter in Avignon und auf dem Land, dem sogenannten *Comtat Venaissin*, sowie mit der Führung eines Wappens. Der Schild der de Sade, der bis heute auf einem Bogen der viel besungenen Brücke von Avignon zu sehen ist, bestand (und besteht bis heute) aus einem Stern mit acht Zacken. Dazu dichtete sich die Familie die passende Legende: Ihr Stern im Wappen sei derselbe, der einst die Heiligen Drei Könige nach Bethlehem geführt habe. Gemäß dieser phantasievollen Genealogie galten den de Sade die drei gekrönten Magier als Ahnherren und Statusgaranten; historisch überzeugender leiteten sie ihre Abstammung von den vornehmen Grafen von Les Baux her, die einen sechzehnzackigen Stern im Wappen führten. Historisch gesichert ist, dass Kaiser Karl IV. der Familie im Jahr 1346 den Reichsadler verlieh. Spätestens jetzt durften sich die de Sade, deren Name wahrscheinlich von einem Weiler namens Saze bei Avignon herrührt, zur etablierten Aristokratie der Provence zählen.

In der Spitzengruppe des provenzalischen Adels behauptete sich die Familie bis zur Geburt des Marquis. Ein gutes Dutzend Generationen hindurch stellten die de Sade in ihrem provinziellen Wirkungsrahmen geistliche und weltliche Würdenträger in Serie: Dom- und Kammerherren, oberste Verwaltungsbeamte, Regimentskommandeure und Malteserritter. Spitzenpositionen bekleideten auch die weiblichen Angehörigen, und zwar als Äbtissinnen diverser Nonnenklöster. Selbstverständlich heirateten die männlichen und weiblichen Familienmitglieder in das Dutzend der in etwa gleichrangigen Geschlechter ein. Bis zum Anfang des 18. Jahrhunderts gibt es in dieser Familiengeschichte keine Brüche, doch abgesehen von der Laura-Geschichte auch keine ausgesprochenen Glanzpunkte. Dass man die Gattin des Hugues de Sade umso eifriger als Ruhmestitel herausstrich, liegt also an der ehrbaren, doch ansonsten wenig aufregenden Familiengeschichte. Mit dieser Familienpropaganda hatten die de Sade immerhin Erfolg. Der Renaissance-König Franz I. ließ 1524 Lauras Grab öffnen. Dass man neben den sterblichen Überresten ein Porträtmedaillon der Verewigten und ein Schreiben fand, das ihre Identität mit Petrarcas unsterblichem Ideal bestätigte, zeugt von der klugen Vorsorge ihrer Nachfahren.

Im 18. Jahrhundert ließ sich eine solche Vorfahrin noch besser vermarkten; in einer Zeit stetig steigender Wertschätzung für Literatur und Bildung verschaffte sie den ansonsten ziemlich unauffälligen de Sade eine Art Markenzeichen. Zudem dürfte diese Form moralischer und intellektueller Adelung für den Onkel und den Vater des Marquis sowie für diesen selbst Aufforderung und Rechtfertigung gewesen sein, sich selbst als *hommes de lettres*, als Schriftsteller und Gelehrte, zu betätigen. Ob und wenn ja unter welchen Voraussetzungen sich Aristokraten als Verfasser von Texten betätigen durften, war innerhalb des Standes weiterhin umstritten. Memoiren von hochgeborenen Verschwörern, die zur Wahrung der Standesehre verfasst wurden, wie die *Erinnerungen* des Kardinals de Retz, aber auch geistreich-ironische Menschenbeobachtungen wie die Aphorismen des Herzogs von La Rochefoucauld gingen problemlos als standesgemäß durch. Die Stirnfalten konservativer Aristokraten von altem Schrot und Korn krausten sich hingegen regelmäßig, wenn die schriftstellerische Tätigkeit zum Beruf zu werden und damit zu einem Gewerbe um des Geldgewinns willen abzusinken drohte. Um diesen Verdacht von vornherein zu zerstreuen, mussten so seriöse Forscher wie der Abbé de Sade ihre Untersuchungen nach außen hin als «Dilettanten» betreiben. Das heißt, sie mussten so tun, als ob sie diese Untersuchungen allein zum Zeitvertreib und zur persönlichen Unterhaltung betreiben, und sich dadurch vom Verdacht professioneller Pedanterie und kleingeistiger Engherzigkeit reinigen. Als Schutzmaßnahmen dienten literarische Kunstgriffe, bei denen philosophische Erörterungen als Dialoge unter Adeligen oder Reisebeschreibungen als fingierte Briefe an Standespersonen abgefasst wurden. Noch der Marquis de Sade sollte sich anfangs dieser Methoden zur Wahrung des Anstands bedienen, um danach die Maske umso lustvoller fallen zu lassen.

Die Grafen und Marquis de Sade – der jeweils geführte Titel variierte von Generation zu Generation – unterstanden mit einem Großteil ihrer Besitzungen (nicht jedoch Lacoste) einem landesfremden Herrn, nämlich dem Papst. Im 13. Jahrhundert hatten sich die Nachfolger Petri mit Avignon und dem umliegenden *Comtat Venaissin* ihren Anteil aus der Beute gesichert, die nach den Kreuzzügen gegen die Katharer («die Reinen») angefallen war. Diese nach ihrem Hauptort Albi auch Albigenser genannten «Ketzer» bestritten christliche Kerndogmen und wurden daher vom Papsttum mit geistlichen und weltlichen Waffen bekämpft. Die «Reinen» betrachteten die sichtbare Welt als Schöpfung des Teufels und die Zeugung als befleckt. Daher enthielten sich ihre Häupter jeglicher sexueller Aktivitäten. Das kann man vom Marquis de Sade und seinen Romanfiguren wahrlich nicht behaupten, doch Gemeinsamkeiten mit den mittelalterlichen Häretikern stechen trotzdem hervor: die Ablehnung der Papstkirche und der Zeugung. De Sade waren seine Kinder gleichgültig bis lästig. Seine Libertins verabscheuen in seinen Romanen geradezu die Fortpflanzung, in der sie allenfalls einen untergeordneten Nebenzweck der Sexualität sehen. Und wie ihr Autor sind sie der Meinung, dass gläubige Menschen vor einer unschönen Alternative stehen: Gott ist entweder böse oder machtlos. Im letzteren Fall ist ihm die Schöpfung gründlich misslungen oder, schlimmer noch, von Satan abspenstig gemacht worden. Kein Wunder also, dass der Marquis in seinem Werk der Katharer als früher Rebellen gegen die Diktatur des Christentums ehrenvoll gedenkt.

Im politischen, sozialen und administrativen Alltag gestaltete sich das Verhältnis zwischen dem Abgesandten des römischen Souveräns in Avignon und der dortigen Elite im Laufe der Jahrhunderte allerdings durchaus gedeihlich. Die Päpste der Neuzeit verliehen die «Legation Avignon» in der Regel ihrem Kardinalnepoten, also dem meistbegünstigten Verwandten, der für dieses Scheinamt ein hohes Gehalt bezog und einen sehr viel kärglicher besoldeten Stellvertreter an die Rhone schickte.

Dieser Vizelegat war zwar de jure Hoheitsträger, musste jedoch de facto stets aufs Neue Kompromisse mit den lokalen Honoratioren, oft genug mit dem Namen de Sade, aushandeln. Ließ er es an der dazu nötigen Geschmeidigkeit nebst Fingerspitzengefühl fehlen, genügte in der Regel ein untertänig aufgesetzter Beschwerdebrief der treuen Untertanen in Stadt und *Comtat*, um seine hoffnungsvoll begonnene Laufbahn unversehens abbrechen zu lassen und die Abordnung eines flexibleren, den Wünschen der örtlichen Führungsschicht gegenüber aufgeschloseneren Amtsträgers zu erwirken. Auf diese Weise gelang es der regionalen Oligarchie, ihre Angelegenheiten ohne wesentliche Einmischung von außen zu betreiben und so ihre schichtenspezifischen Interessen voll und ganz zu wahren: ein in dieser unvollkommenen Welt fast schon idealer Zustand.

Durch die Zugehörigkeit zum Herrschaftsgebiet des Papstes hatten es die angesehensten Adelsgeschlechter der Provence leicht, ihre nachgeborenen Söhne und Töchter mit höheren geistlichen Ämtern und lukrativen Pfründen auszustatten; das ist ein durchgehendes Motiv der de Sadeschen Familiengeschichte. Überhaupt waren die Beziehungen der provenzalischen Führungsschicht zu Italien und Rom eng. Loyalitätskonflikte blieben trotzdem aus. Wer wollte, konnte selbstverständlich in den Dienst des französischen Königs treten, sei es als Offizier oder Verwaltungsbeamter. Erst die Wortführer der Französischen Revolution prangerten es als Verrat an der Nation an, dass Franzosen dem Papst als ihrem Souverän huldigten, und verleibten Avignon und *Comtat* 1791 mit viel nationalem Pathos dem freien, gleichen und brüderlichen Vaterland ein.

Als Vasallen des Papstes mussten die de Sade und ihre Standesgenossen in Kauf nehmen, dass der «Hof» des Vizelegaten in seinem gigantischen Papstpalast an der Rhone im Vergleich mit dem des Königs in Versailles glanzlos war. Dass die führenden Familien dieses päpstlichen Außenbezirks katholisch waren, verstand sich von selbst, doch für die mittleren und unteren Schichten galt diese Regel nicht. Die Reformation Calvins hatte in diesem alten «Ketzergebiet» mit seiner antiklerikalen Vergangenheit eine weit überdurchschnittliche Resonanz gefunden. Die «Hugenotten» waren zwar nach der Aufhebung des Toleranzedikts von Nantes durch Ludwig XIV. im Jahr 1685 in einen rechtsfreien Raum abgedrängt worden und häufig ausgewandert, doch blieb auch diese «ketzerische» Tradition zu Lebzeiten des Marquis lebendig, zum Beispiel in seinem Lieblings-Lehen Lacoste. Auch diese «Häresie» hat in seinem Werk deutliche Spuren hinterlassen. Für einen frommen Calvinisten ist der Mensch lange vor seiner Geburt zu Verdammung oder Erwählung bestimmt. In den Romanen de Sades ist die Natur an die Stelle des Schöpfers getreten, doch ihre Prädestination ist nicht weniger absolut: Gegen seine natürlichen Neigungen kann kein Mensch leben.

### Lockrufe des Hofes

Ein halbes Jahrtausend blieben die de Sade in ihrem angestammten Kerngebiet in und um Avignon. Hier waren sie verwurzelt, hier hatten sie Autorität. Obwohl die Familie ihre lupenrein blaublütige Abstammung bis vor das Jahr 1400 nachweisen konnte und deshalb zur *noblesse de cour* zählte, die sich bei Hof vorstellen und mit dem König auf die Jagd gehen durfte, hatte bislang kein Mitglied des Geschlechts den Sprung ins turbulente, ebenso chancen- wie risikoreiche Machtzentrum des Königreichs Frankreich gewagt. Während der langen Herrschaft Ludwigs XIV. (1643–1715) hatte es dafür auch keinen Anlass gegeben. Der *Roi Soleil*, der nach dem Tode des Kardinals Mazarin 1661 ohne leitenden Minister regierte, war vom Trauma der Fronde (1648–1653) geprägt, in der führende Hochadelsfamilien in wechselnden Koalitionen mit den Mitgliedern der obersten Gerichtshöfe (*parlements*) und dem Pariser Kleinbürgertum die Opposition gegen die Krone und ihre wachsende Machtfülle angeführt hatten. Dieser Aufstand war zwar an inneren Gegensätzen und der überlegenen «Teile-und-herrsche»-Politik Mazarins gescheitert, doch das Misstrauen des Königs gegenüber der obersten Schicht des alten Geburtsadels blieb lebenslang unüberwindlich. Gerade deshalb zog er dessen Mitglieder an seinen Hof. Dort ließen sich die Abkömmlinge der führenden Geschlechter nicht nur effizienter kontrollieren, sondern auch in ein virtuos ausgebildetes System königlicher Patronage und sorgfältig geschürter Konkurrenz einspannen. Wer dem König beim rituellen *Lever* die Kleidungsstücke reichen und an seiner Tafel speisen durfte, war als aktueller *favori*, als Günstling des Tages, ausgezeichnet und genoss ein Prestige, das ihm jederzeit wieder entzogen werden konnte.

Die Exklusivität und der soziale Einfluss, die sich durch diese Präsenz an der Seite des Monarchen gewinnen ließen, hatten jedoch ihren Preis: den Verzicht auf die Teilhabe an der Macht. Denn der «Sonnenkönig» regierte nicht mit Prinzen von Geblüt oder Herzögen, sondern mit Angehörigen der *noblesse de robe*. Dieser «Robenadel» war im 15. und 16. Jahrhundert aus wohlhabenden stadtbürgerlichen Schichten durch den Kauf von Ämtern, die ab 1604 regulär vererbt werden konnten, an die Spitze von Justiz und Verwaltung aufgestiegen und praktisch unabsetzbar. Als eine typische Zweit-Elite hatte er sich anfangs in schroffer Abgrenzung zum Geburts- oder Schwertadel (*noblesse d'épée*) definiert: nicht wie dieser durch militärische Leistungen und Traditionen, sondern durch Bildungswerte, Studium und rückhaltlose Loyalität zur Krone. Wie die Fronde zeigte, war es mit dieser unauflöslichen Bindung jedoch schon um die Mitte des 17. Jahrhunderts nicht mehr allzu weit her. Gerade weil die «*robins*», wie der Marquis de Sade die Angehörigen dieser ihm zutiefst verhassten Klasse spöttisch nannte, so fest im Sattel saßen, musste sich die Krone schon unter dem Ersten Minister Richelieu (1624–1642) nach Alternativen umsehen. Sie fand diese Lösung in der Einrichtung der sogenannten *commissaires départis*, die mit einem genau umrissenen Aufgabenbereich und jederzeit abrufbar als Bevollmächtigte der Zentrale deren Willen in den Provinzen umsetzen sollten. Auch diese Intendanten (so die sich schnell durchsetzende Amtsbezeichnung) entstammten der *noblesse de robe*, doch verdankten sie ihre Machtstellung allein dem Vertrauen des Königs. Sie standen also unter dem Druck ständiger Bewährung und entstammten zudem nicht der Gegend, in der sie die Justiz beaufsichtigten, den Steuereinzug überwachten, notfalls Truppen aushoben und nicht zuletzt den Adel beaufsichtigten. Auf diese Weise waren sie aus der Sicht des Königs viel weniger als der lokale Adel verdächtig, die Interessen der Peripherie vor die des Zentrums zu stel-

*Standesherr, Frauenheld, Diplomat – und Vater eines berühmt-berüchtigten Sohnes: Jean-Baptiste de Sade, gemalt von Jean-Marc Nattier*

len – vorausgesetzt, man beließ diese neuen Amtsträger nicht zu lange in ein und derselben Provinz. Umso sorgfältiger musste der König diese «abgesandten Kommissare» auswählen; und umso geschickter musste er die Rivalität zwischen den beiden Adelssegmenten schüren.

In diesem Elitengefüge hatten Familien wie die de Sade, die hinter den Seitenlinien des Königshauses und den großen Feudalgeschlechtern mit ihren Herzögen und Pairs von Frankreich allenfalls einen dritten Platz innerhalb der stufenreichen Hierarchie der Aristokratie beanspruchen konnten, kaum etwas zu gewinnen und viel zu verlieren. Für die lukrativen Hofämter von Versailles waren sie zu unbedeutend, für einflussreiche Intendantenposten kamen sie aufgrund ihrer Herkunft und mangelnder Fachausbildung in der Regel nicht in Frage. Dagegen war das Risiko hoch, sich am Hof und in Paris in Schulden zu stürzen. An diesen Zentren war der Zwang allgegenwärtig, einen in der Heimat selbstverständlichen Rang durch ruinösen Aufwand für Kleidung, Dienerschaft, Karossen und Bankette sichtbar und damit überhaupt erst wirksam zu machen. Darüber hinaus musste man befürchten, auf dem glatten Parkett der Hofgesellschaft auszurutschen, wenn man über die schnell wechselnden Machtverhältnisse ungenügend unterrichtet war oder auch nur versäumte, die sich nicht minder rasch ablösenden Modetrends nachzuvollziehen. Vor diesen Gefahren warnten besorgte Väter ihre halbwüchsigen Sprösslinge, denen das gesicherte Leben in der Provinz allzu gesetzt und abenteuerlos vorkam. Adeliges Selbstverständnis verlangte jedoch nicht nach behäbigen Sicherheiten, sondern nach kühnen Herausforderungen. Den kühnen Sprung ins Macht- und Prestigezentrum Frankreichs wagte als erster seines Geschlechts Jean-Baptiste Joseph François de Sade (1702–1767), der Erstgeborene des Grafen- und Marquis-Hauses, mit gerade einmal neunzehn Jahren. Ein wagemutiger Provinz-Adeliger hatte alle Warnungen in den Wind geschlagen und war gesonnen, sein Glück auf seine Weise, doch keineswegs auf eigene Faust zu machen.

Dafür waren nach dem Tod Ludwigs XIV. im September 1715 neue Voraussetzungen geschaffen worden. Nach quälenden Jahrzehnten der Stagnation, der finanziellen Misere, der militärischen Niederlagen, der Hungersnöte und der religiösen Bigotterie schien jetzt endlich die Stunde der Jungen und der lange Unterdrückten zu schlagen. Schon einen Tag nach dem Ableben des greisen Sonnenkönigs kassierte das Parlament von Paris sein Testament. Damit machte der oberste Gerichtshof deutlich, dass er sich als Hüter der Gesetze verstand und das Recht beanspruchte, neu erlassene Bestimmungen auf ihre Vereinbarkeit mit der Tradition zu überprüfen und im negativen Fall zurückzuweisen. Da sich auf diese Weise die Erhebung neuer Steuern verhindern ließ, zeichneten sich schwere Konflikte mit der Krone ab. Nicht nur die *robins*, sondern auch die Angehörigen der *noblesse d'épée* witterten jetzt Morgenluft. Der Regent Philippe d'Orléans, der für den minderjährigen König Ludwig XV. die Regierungsgeschäfte führte, war bereit, die Rolle der Geburtsaristokratie aufzuwerten, und richtete zu diesem Zweck Ratsgremien ein. Allerdings zeigte sich schnell, dass die Verwaltung des Königreichs ein kompliziertes Geschäft geworden war, das man allein mit blaublütigem Stammbaum nicht bewältigen konnte. So sank die Begeisterung der *Ducs* et *Pairs* über die unverhofft gewährte Mitregierung schnell gegen null. Gewinner waren die «echten» Aristokraten dennoch, denn ihnen öffnete sich von jetzt an ein dritter Weg zum Aufstieg.

Die *Régence* war eine kleine Kulturrevolution. Durch die überlange Regierungszeit des am Ende frömmlerischen und verbitterten Sonnenkönigs waren gleich zwei Generationen übersprungen worden; der junge König Ludwig XV. war der Urenkel seines Vorgängers. Die Zeit für einen Wechsel der Werte, der Normen und des Lebensstils schien überreif. Aus der Sicht konservativer Zeitgenossen brach jetzt die Zeit der Libertinage, der zügellosen Ausschweifungen und der allgemeinen Sittenlosigkeit, an, mit dem Regenten als schlechtem Vorbild an der Spitze. Was zuvor heimlich geschah, wurde jetzt vom Adel offen, ja, geradezu prestigeträchtig zelebriert. Wer innerhalb der neuen *Jeunesse dorée* etwas zählen wollte, musste kostspielige Mätressen aushalten, Liaisons mit hochgeborenen Damen pflegen, aber auch die angesagten Romane gelesen haben, bei glanzvollen Theater- und Opernpremieren in vorderster Reihe zu sehen sein, Duelle mit Nebenbuhlern austragen und nicht zuletzt eine grenzenlose Verachtung für Konventionen, bürgerliche Moralvorstellungen, Geld und Schuldner zur Schau tragen.

Zum unbestrittenen Trendsetter der jungen Adeligen bei Hofe und in der Hauptstadt wurde der Herzog von Richelieu, der Prototyp des aristokratischen Verschwenders und Verführers schlechthin. Den Ruf des Frauenhelden verdiente sich der Großneffe des großen Kardinals redlich, auch wenn in seine sorgsam gepflegte Selbstdarstellung eine gehörige Portion Sexualprotzerei Eingang fand. Um seine nie versagende Manneskraft unter Beweis zu stellen, ließ der adelige Dandy nachts seine Prunkkutsche mit eingebautem Doppelbett durch Paris fahren; doch war diese vergoldete Spielwiese nach der indiskreten Auskunft seines Kutschers öfter unbemannt und natürlich erst recht unbeweibt. Was die Geldverschleuderung betraf, so war das Image Richelieus allerdings mehr Fiktion als Realität. Er ließ zwar keine Gelegenheit ungenutzt, seine Verachtung für den schnöden Mammon vor Augen zu führen, doch hatte er ungeachtet aller Prunk- und Prestigeausgaben den Stand seiner Finanzen sehr genau im Auge. Dieser stellte sich trotz aller strategischen «Verschwendung» meist erfreulich dar. Denn die durch neue Goldgewänder, Kutschen oder Mätressen aufgerissenen Lücken wurden durch Zuwendungen des Hofes schnell wieder aufgefüllt.

Über solche schier unerschöpflichen Ressourcen verfügte Jean-Baptiste de Sade, der Provinzler aus Avignon, nicht. Trotzdem legte er das Stigma des Hinterwäldlers schnell ab, denn er entsprach dem neuen Adelsideal geradezu perfekt. Der Graf von Mazan, wie sich der Vater des Marquis bei Hof und in der Hauptstadt vorstellte, war ein Genie für Regentage: witzig, unterhaltsam, ein glänzender Plauderer, eleganter Verseschmied, wunderbar gewandter Briefschreiber und einfallsreicher Stegreif-Rezitator, dazu gut aussehend, potent und selbst an den stark gelockerten neuen Moralwerten gemessen bemerkenswert skrupellos. Mit diesen stets aufs Neue bewiesenen Qualitäten des Salonlöwen und Frauenhelden konnte er es weit bringen, vorausgesetzt, er nutzte diese Fähigkeiten, um einflussreiche Protektoren und Protektorinnen zu gewinnen. Schon unter der Regentschaft und speziell in der Regierungszeit Ludwigs XV. spielte die *maîtresse en titre* dabei eine Schlüsselrolle. Sie entschied, wer dem König vorgestellt wurde, und kanalisierte damit die Patronage-Ströme.

### Sünden des Vaters

Der Zugang zum König konnte von mächtigen Frauen eröffnet werden, doch in den Salon solcher Patronage-Maklerinnen musste man erst einmal vordringen. Für vielversprechende Neuankömmlinge gab es dafür Anlaufstellen, im besten Fall sogar innerhalb der eigenen Verwandtschaft. Für Jean-Baptiste de Sade, den Vater des Marquis, spielte die Herzogin von La Roche-Guyon diese Schlüsselrolle. Sie stand der Familie Condé nahe und führte ihren Schützling daher bei diesen Prinzen und Prinzessinnen von Geblüt ein. Das berühmteste Mitglied dieser Familie, der «große Condé» (nach dem König Friedrich II. von Preußen sein Lieblingspferd, einen Fliegenschimmel, nannte), war als erfolgreicher Feld-

*Die kuttenähnliche Kleidung täuscht: Mademoiselle de Charolais war kein Kind von Traurigkeit und neben vielen anderen auch die Geliebte von de Sades Vater.*

herr im Dreißigjährigen Krieg, doch auch als Vorkämpfer der Fronde hervorgetreten und aus Gegnerschaft zur Krone sogar in spanische Dienste übergelaufen, bevor ihm Ludwig XIV. eine Generalamnestie nebst Rückgabe aller inzwischen beschlagnahmten Vermögenswerte gewährte. So verkörperten die Condé alles, was der Sonnenkönig an seinem Adel fürchtete und hasste: militärischen Ruhm und chronische Unzuverlässigkeit.

Der aktuelle Chef des Hauses, mit vollem Namen Louis-Henri de Bourbon, Fürst von Condé, hatte sich nicht nur durch die in dieser Familie offenbar erbliche Arroganz unbeliebt gemacht, sondern auch durch Habgier und zwielichtige Finanzgeschäfte Blößen gegeben. Noch viel schlechter war der Ruf seines Bruders, des Grafen von Charolais. Er brachte es zu dem zweifelhaften Ruhm, von den fiktiven Lustmördern des Marquis als leuchtendes Vorbild gepriesen zu werden. Er schoss, wie zuverlässig überliefert ist, aus reiner Mordlust auf nichts ahnende Passanten – natürlich straflos, wie es sich im Frankreich Ludwigs XV. für einen Prinzen von Geblüt von selbst verstand. Risiken und Chancen der Übersiedlung nach Paris traten für den Provinzler de Sade bei dieser ersten und zugleich dauerhaften klientelären Anbindung an die Condé deutlich hervor. Von jetzt an war er verpflichtet, dem Prestige und den Interessen eines Patrons zu dienen, der zwar über immensen Reichtum und Einfluss verfügte, doch durch sein bisheriges Auftreten vielfach diskreditiert war.

Die Gunst seines Protektors gewann Jean-Baptiste de Sade schnell; er bewährte sich als Offizier im Regiment des Fürsten und danach als dessen Sekretär und Vertrauter. Zu diesem schnellen Aufstieg trug die sexuelle Anbindung an den weiblichen Zweig der Familie Condé das Ihre bei. Der heißblütige Südfranzose – so sein gängiges Image in Salons und Boudoirs – schlief sich durch die Betten diverser Gräfinnen und Herzoginnen bis weit nach oben und wurde sogar zum Geliebten der beiden Schwestern seines Chefs, der Fürstin Condé und der Gräfin von Charolais. Dass er auch Madame de Pompadour, die ebenso kluge wie kühle und einflussreiche *maîtresse en titre* Ludwigs XV. erobert hat, dürfte jedoch ins Reich der Legende gehören, denn in diesem Fall wären größere Karrieresprünge zu erwarten gewesen.

Bei seinen Erfolgen in der adeligen Damenwelt konkurrierte Jean-Baptiste de Sade immer wieder mit dem tonangebenden Dandy Richelieu. Wie dieser stellte er durch seine sexuellen Triumphe seinen Rang und seine Würde unter Beweis. Liebe und Krieg bildeten für die jungen Aristokraten eine Einheit. Was im Boudoir – ganz ähnlich wie auf dem Schlachtfeld – zählte, war die persönliche Bravour, die sich in der Zahl der gebrochenen Herzen, in entflammter Eifersucht und im Neid der Konkurrenten niederschlug. Um Herzensneigung ging es dabei ebenso wenig wie um Genuss; im Gegenteil, solche Beziehungen waren purer Stress. Sexuell austoben konnte man sich bei anderen Gelegenheiten. 1724 wurden Kontakte Jean-Baptiste de Sades mit käuflichen jungen Männern aktenkundig; offenbar drängte es den jungen Adeligen aus der Provence, das Spektrum der sexuellen Möglichkeiten umfassend zu erforschen. Obwohl diese

«Sodomie» unter schwerster Strafe stand, wurden bei «gefallenen» Adeligen alle polizeilichen Ermittlungen umgehend eingestellt.

Karrieren eröffneten sich Höflingen wie dem Grafen de Sade im Militär und in der Diplomatie. Schon früh fand der Günstling Condés bei kleineren Missionen im deutschen Reich Verwendung. Offenbar bewährte er sich dabei, denn schon 1730 wurde ihm der Posten eines Botschafters in Russland übertragen; allerdings kam diese Gesandtschaft als Folge des Herrschaftswechsels auf dem Zarenthron nicht zustande. Stattdessen wurde der junge Diplomat nach England entsandt, wo er die Aktivitäten der stuarttreuen Partei ausspionieren sollte, die den Sturz des regierenden Hauses Hannover plante. Um diesen Umtrieben so nahe wie möglich auf die Spur zu kommen, sammelte der Graf auch jenseits des Kanals einflussreiche Mätressen und wurde sogar Freimaurer – ausgerechnet am selben Tag, an dem sich auch der große Staatsdenker und Philosoph Montesquieu am Ufer der Themse in die Mysterien dieses Geheimbundes einweihen ließ.

Um seine vielversprechende Laufbahn zu beschleunigen, musste der Graf de Sade als nächstes die richtige Heirat ins Auge fassen. Eheschließungen waren für die französische Aristokratie im 18. Jahrhundert strategische Bündnisse, die legitimen Nachwuchs hervorbringen, doch vor allem den Rang beider Seiten festigen und wenn möglich erhöhen sollten. Gefühle waren bei solchen Status-Allianzen allenfalls Zugabe und nicht einmal durchgehend erwünscht. Ehemänner, die in ihre Frauen verliebt waren, wurden in Romanen und Komödien als lächerliche Figuren verspottet. Da der umgekehrte Fall, dass eine Frau in ihren Ehemann verliebt war, noch viel seltener vorkam, war er auch weniger bühnenwirksam. Die Unabhängigkeit beider Geschlechter drückte sich in den Wohnverhältnissen adeliger Stadtresidenzen aus, wo die Hausherrin separate Flügel bezog und eigene Beziehungsnetze knüpfte. Wenn sie den dazu notwendigen Esprit besaß, konnte sie sich sogar einen eigenen Salon einrichten, in dem sich hohe Adelige, reiche Finanzunternehmer und bekannte Literaten trafen und für einige Stunden angeregter Plauderei die Standesunterschiede in Vergessenheit geraten ließen.

Marie-Eléonore de Maillé
de Carman, die schatten-
hafte Mutter des Marquis

Von solchen Talenten war im Falle der Marie-Eléonore de Maillé de Carman nichts bekannt. Dafür trug seine zehn Jahre jüngere Braut dem Grafen de Sade die Verschwägerung mit dem Hause Richelieu ein, das seinerseits Heiratsverbindungen mit den Condé aufwies, die wiederum als *princes de sang* mit der königlichen Dynastie verwandt waren. Unter diesem Gesichtspunkt war die Eheschließung des Provinz-Aristokraten ein kluger Schachzug. Für diese illustren Anbindungen verzichtete der Bräutigam sogar auf eine üppige Mitgift. Beziehungen zu einflussreichen Kreisen, so schien es, waren ihm wichtiger als Geld. In Anbetracht der rapide schrumpfenden Ressourcen des Hauses de Sade war das eine problematische Priorität. Doch in Wirklichkeit war der Günstling von Bruder und Schwester Condé in der Wahl seiner Gattin alles andere als frei. Seine hochgeborene Geliebte verlangte diese Verbindung, um ihre eigene Liaison mit dem Günstling ihres Bruders zu ver-

*Das Hôtel de Condé in Paris. In dieser vornehmen Adelsresidenz kam der Marquis de Sade am 2. Juni 1740 stilvoll zur Welt.*

schleiern. Zu diesem Zweck wurde die Braut zu ihrer Hofdame ernannt, sodass beide Eheleute unverdächtig bei ihr ein- und ausgehen konnten. Eine Heirat als Alibi für eine Affäre – ein Motiv wie aus einem erotischen Roman. So ging es laut den Aufzeichnungen des frisch gebackenen Ehemanns auch weiter. In der Hochzeitsnacht vom 13. auf den 14. November 1733 hielt die Geliebte die Hand der jungen Gattin, was den jungen Ehemann nach eigenen Angaben zu Höchstleistungen anspornte. Allerdings machte er seine Sache so gut, dass die Zuschauerin dabei eifersüchtig wurde, was der jungen Madame de Sade wiederum nicht entging. In den Augen bürgerlicher Moralisten war eine solche Hochzeitsnacht ein Abgrund an Unsittlichkeit und Verkommenheit, für einen mit der Mode gehenden Aristokraten hingegen prestigeträchtig.

Junge Adelige hatten im 18. Jahrhundert ein Beschäftigungsproblem. Gelegenheiten, sich militärisch auszuzeichnen, wurden selten, in Verwaltung und Rechtsprechung wurden «ungelernte» Aristokraten nicht benötigt. Die wenigen Restaufgaben, die mit dem Feudalsystem auf dem Lande noch verknüpft waren, wie etwa die Ausübung der niederen Gerichtsbarkeit, erledigten bezahlte Fachkräfte. So musste man sich durch amouröse Heldentaten profilieren. Der Herzog von Richelieu führte über seine Erfolge auf diesem Gebiet sogar minutiös Buch und sorgte dafür, dass diese Aufzeichnungen an die Öffentlichkeit gelangten. Das Milieu, in das der junge Marquis de Sade hineingeboren wurde, war also durch einen hohen Symbolwert der Sexualität geprägt. Sie diente auf dieser obersten sozialen Ebene nicht primär dem Lustgewinn, sondern dem Erwerb von Prestige und Einfluss. Noch weniger zählte die von der Kirche allein legalisierte Form der sexuellen Betätigung in der Ehe; sie war mit der Zeugung von Nachkommen in der Regel abgetan. Da diese Pflichten lästig oder erledigt waren und die Liaisons mit vornehmen Mätressen oder Luxuskurtisanen unter hohem Leistungsdruck standen, blieb reicher Bedarf an einer dritten, von diesen Beschwernissen freien Form sexueller Betätigung. Herren von Stand, die etwas auf ihr Ansehen unter Standesgenossen gaben, unterhielten mindestens ein «kleines Haus». In dieser *petite maison* konnten sie ihre Neigungen unverhüllt mit ausgehaltenen Schauspielerinnen und Prostituierten ausleben, die sich häufig auf ausgefallenere Vorlieben ihrer Kunden und bizarre Techniken des Gewerbes spezialisierten.

Diese Stätten der geheimen Lüste liegen in den Romanen de Sades auf den Höhen einsam aufragender Gipfel oder im Schoße düsterer Wälder. In der sehr viel prosaischeren (und unblutigeren) Wirklichkeit mussten sein Vater und dessen Standesgenossen sich nur an den verschwiegenen Pariser Stadtrand begeben, um die Maske fallen zu lassen. In ihren «kleinen Häusern» konnten sie ganz sie selbst sein und nur an sich und ihre geheimen Freuden denken. Nicht zufälligerweise preisen die fiktiven Libertins des Marquis die einseitigen Genüsse in den höchsten Tönen: Je weniger Vergnügen das bezahlte oder unterworfene Objekt empfindet, desto intensiver ist der eigene Lustgewinn. Von dort war es nur noch ein weiterer Schritt, die Leiden des sexuellen Opfers als Lustmaximierung zu empfinden.

Aus der Alibi-Ehe des Jean-Baptiste de Sade gingen drei Kinder hervor. Die beiden 1737 und 1746 geborenen Töchter starben früh. Am Leben blieb allein der am 2. Juni 1740 in Paris geborene Donatien Alphonse François de Sade, der Stammhalter und Erbe. Eigentlich hätte der Knabe mit dem zweiten und dritten Vornamen Aldonse und Louis heißen sollen. Aldonse war provenzalisch und wurde von den Dienern, die den

Knaben zur Taufe trugen, zu «Alphonse» verballhornt, Louis auf dem Weg zur Kirche zu François. Eine Taufe ohne Vater, Mutter und Verwandte lässt Vernachlässigung von den ersten Lebenstagen an vermuten. Doch dieses scheinbare Desinteresse war für die Familienverhältnisse des Adels alles andere als untypisch. Hochgeborene Säuglinge wurden fast immer zu Ammen gegeben, von frühkindlichen Mutterbindungen konnte kaum die Rede sein. Das musste nicht heißen, dass Eltern ihrem Nachwuchs gleichgültig gegenüberstanden. Allerdings waren diese Beziehungen eher strategisch als emotional geprägt. Kinder waren wichtige Figuren auf dem familiären Schachbrett. Im besten Fall gewann man mit ihnen die Partie um Rang und Status, im schlimmsten Fall erwiesen sie sich durch frühen Tod oder persönliche Mängel als unbrauchbar. Dann mussten Geschwister nachrücken. Was zählte, war die Fortsetzung der Familiengeschichte, und zwar möglichst in gesteigertem Glanz.

Über seine Mutter hat der Marquis bis kurz vor ihrem Tod kaum ein Wort verloren. Seine Romanfiguren aber sind überwiegend bekennende Mutterhasser. Mütter und schwangere Ehefrauen werden von den Libertins beiderlei Geschlechts bevorzugt und besonders grausam zu Tode gequält. Darin hat man ein frühkindliches Trauma des kleinen Donatien erkennen wollen: Ein Knabe ohne Mutterliebe, der von gleichgültigen Domestiken zu gefühlskalten Verwandten weitergereicht wurde, weil er überall im Wege stand, musste die eigenen seelischen Verwundungen an seine Mitmenschen und an seine Romanhelden weitergeben. Dagegen ist mancherlei zu sagen. Zum einen wuchs ein Großteil des aristokratischen Nachwuchses damals unter vergleichbaren Bedingungen auf. Zudem kommen in den Texten de Sades auch liebevoll fürsorgliche Ziehmütter und nach heutigen Kriterien intakte Familienverhältnisse vor. In seinem Fall trat zudem der Vater an die Stelle der Mutter. Soweit es ihm seine beruflichen Pflichten erlaubten, hat der Graf de Sade den Werdegang seines einzigen Sohnes wie eine männliche Glucke nach Kräften zu behüten und zu lenken versucht. Das ging so weit, dass er dessen Regiment im Siebenjährigen Krieg nach Deutschland folgte, um ihn im Feldlager von «Ausschweifungen» abzuhalten – er wusste, warum.

Die Gräfin hingegen spielte in dieser Kindheitsgeschichte keine Rolle. Obwohl sie schon wenige Monate nach der Geburt ihres Sohnes durch den Tod der Prinzessin Condé arbeitslos wurde, scheint sie sich kaum für ihn interessiert zu haben. Ihres chronisch untreuen Ehemannes wurde sie schon bald nach der Geburt ihrer zweiten Tochter, mit der sie ihre genealogischen Pflichten erfüllt zu haben glaubte, überdrüssig; die letzten siebzehn Lebensjahre verbrachte die Mutter des Marquis wie so viele getrennte Ehefrauen standesgemäß als Pensionärin in einem vornehmen Nonnenkloster.

Wenige Monate vor der Geburt seines Stammhalters war der Graf de Sade zum Statthalter der im Westen des Königreichs gelegenen Provinzen Bresse, Bugey, Valromey und Gex ernannt worden. Konkret hieß das: Er hatte das begehrte Privileg erhalten, dieses Amt käuflich zu erwerben. Mit diesem Posten waren zwar keine politischen Befugnisse, wohl aber Prestige und ansehnliche Einkünfte verbunden. Die Sporteln, welche von den Einwohnern der betreffenden Gebiete für den stolzen Inhaber dieses Schein-Amts aufgebracht werden mussten, beliefen sich auf ansehnliche acht Prozent des Kaufpreises jährlich – allerdings nur auf dem Papier, wie sich bald zeigen sollte. So zählte auch hier das Prestige mehr als der wirtschaftliche Ertrag, zumal der Graf seine feudalen Besitzungen in Südfrankreich mit Hypotheken belasten musste, um die nötige Summe zusammenzubringen. Dass er überhaupt das Vorkaufsrecht eingeräumt bekam, spiegelt die Gunst wider, die er sich beim Kardinal de Fleury, dem ersten Minister Ludwigs XV., in der Zwischenzeit auf weiteren diplomatischen Missionen erworben hatte.

Eine günstige Heirat, eine prestigeträchtige Statthalterschaft, ein männlicher Erbe – der achtunddreißigjährige Graf stand in den Startlöchern für den entscheidenden Karrieresprung. Die Gelegenheit, sich für größere Aufgaben zu empfehlen, ließ denn auch nicht lange auf sich warten. Am 20. Januar 1741 wurde Jean-Baptiste de Sade zum Botschafter beim Kölner Kurfürsten Clemens August ernannt. Dieser geistliche Reichsfürst aus dem Hause Wittelsbach war der Bruder des bayerischen Kurfürsten Karl Albert, der nach dem Tod Kaiser Karls VI. im Oktober 1740 als einer der heißesten Anwärter auf den vakanten Thron des Reiches galt. Zum neuen Reichsoberhaupt wollten ihn die Gegner des Hauses Habsburg unter der Führung Frankreichs erhoben sehen. Der Auftrag des Grafen de Sade war damit klar umrissen. Er sollte den zögerlichen Kölner Erzbischof, der Repressalien von österreichischer Seite fürchtete, auf französischen Kurs bringen. Das gelang ihm auf Anhieb. Am 24. Januar 1742 wurde der bayerische Kurfürst als Karl VII. zum Kaiser gewählt.

Die Mission des Grafen war somit erfüllt und trotzdem in anderer Hinsicht katastrophal gescheitert, da am konservativen Hof des Kölner Erzbischofs, der im kleinstädtischen Bonn residierte, die Unterhaltungstalente des französischen Botschafters weit weniger geschätzt wurden als im weltläufigen Hause Condé. Clemens August hatte zwar Mätressen und baute prächtige Schlösser, doch das Zeug zu einem echten Libertin ging ihm völlig ab. So tat er für seine «Sünden» regelmäßig Buße und war auf seine Weise aufrichtig fromm. Die lockeren Sprüche, mit denen der Salonlöwe aus Frankreich zu Hause punktete, führten an diesem geistlichen Hof rasch zu Verstimmungen. Überdies wurden dem Botschafter von Kölner Seite diplomatisches Doppelspiel und Käuflichkeit vorgeworfen.

Für den Grafen war es somit höchste Zeit, das allzu heiße Pflaster am Rhein so schnell wie möglich zu verlassen; schon am 31. Dezember 1743 hatte er das Abschiedsschreiben des Kurfürsten und dazu ein erkleckliches Geldgeschenk in Händen. Daran war nichts auszusetzen; allerdings unterließ es der scheidende Botschafter, dem zuständigen Minister in Versailles das Ende seiner Gesandtschaft anzuzeigen, und bezog weiter die beträchtlichen Aufwandsentschädigungen, die mit diesem Posten verbunden waren. Dieses Betrugsmanöver flog erst gut ein Jahr später auf, als der Graf in einer gründlich veränderten politischen Lage – der bayerische Kaiser Karl VII. war nach nur drei Jahren erfolgloser Regierungszeit verstorben – erneut an den Rhein geschickt werden sollte und sich der Kurfürst die Zusammenarbeit mit diesem windigen Diplomaten in schroffen Tönen verbat.

Zu diesem Zeitpunkt war der unerwünschte Botschafter schon wieder auf dem Weg nach Bonn. Doch die kurfürstliche Residenz erreichte

Sünden des Vaters

er diesmal nicht. Im Februar 1745 wurde er von österreichischen Truppen gefangen genommen und in der Zitadelle von Antwerpen festgesetzt. Die neuen starken Männer am französischen Hof, der Herzog von Choiseul und der Marquis d'Argenson, hatten es nicht eilig, den unzuverlässigen «Staatsdiener» aus dieser – durchaus nicht unkomfortablen – Haft zu erlösen, doch am Ende verlangte die Ehre Frankreichs dann doch seine Freilassung. Zehn Monate nach seiner Entführung war der gescheiterte Diplomat wieder auf freiem Fuß. Wie gründlich seine Karriere ruiniert war, hatte er schon einige Monate zuvor von seinem Bruder, dem Abbé, erfahren: Er, der Graf, habe über die damals den Ton angebende *maîtresse en titre* Ludwigs XV. gelästert, was beiden zugetragen worden sei und ihm die Ungnade des Paares eingebracht habe. Was seine diplomatischen Fauxpas betraf, so redete sich der Graf mit Missverständnissen heraus: Er habe von den Unstimmigkeiten mit dem Kurfürsten nicht berichtet, weil ihm diese gar nicht bewusst gewesen seien; das Abschiedsschreiben habe er als solches gar nicht erkannt. Mit dieser Strategie stellte er sich unfreiwillig als naiv dar und schadete sich nur noch mehr. Auch zu dem Vorwurf übler Nachrede fielen ihm nur schwache Ausreden ein. Trotzdem sah er sich genau wie später sein Sohn als Opfer finsterer Intrigen und verfasste zahlreiche Briefe, in denen er sich rechtfertigte und um die Wiederaufnahme in den Dienst des Königs bat – vergeblich.

Auch aus heutiger Sicht fällt eine Erklärung dieser Missgriffe schwer. Hatte der Vater wie später der Sohn kein Fingerspitzengefühl für die Empfindlichkeiten anderer? Glaubte er, wie ein Mitglied der Familie Condé mit solchen Eigenmächtigkeiten durchzukommen? Überschätzte er seine Protektion und damit seine tatsächliche Stellung? Wahrscheinlich kamen alle diese Motive bei seinem unrühmlichen Ausscheiden aus der Politik ins Spiel.

Eigentlich wäre es jetzt an der Zeit gewesen, sich in die Provence zurückzuziehen, wo der Name de Sade etwas galt. Besonders die besorgniserregend geschrumpften ökonomischen Ressourcen mussten diesen Abtritt von Hauptstadt und Hof dringend nahelegen, doch noch hatte der Graf die Hoffnungen für seine eigene Karriere nicht aufgegeben und hegte inzwischen auch für seinen Sohn die ehrgeizigsten Pläne. Schließlich durfte er immer noch auf die Unterstützung der Condé-Partei zählen. So reduziert diese auch durch Todesfälle und die politischen Wechselfälle der letzten Jahre war, einen Machtfaktor stellte sie dennoch dar. So blieb der Graf de Sade weiterhin im Zentrum von Macht und Ansehen, doch immer weniger als Akteur und immer mehr als ohnmächtiger Beobachter.

*Kindheit in der Provence*

Da der Marquis keine autobiographischen Aufzeichnungen hinterlassen hat, nach Auffassung der Nachwelt jedoch in jungen Jahren ungewöhnliche Erfahrungen gemacht haben muss, stürzten sich frühere Biographen auf die Abschnitte in seinen Schriften, die seine Lebensgeschichte widerzuspiegeln scheinen. Die beliebteste dieser Passagen lautet wie folgt:

> Ich wurde in dem Palast des illustren Fürsten, dem zu dienen meine Mutter die Ehre hatte, geboren und erzogen. Da wir ungefähr gleichaltrig waren, bemühte man sich, mich an ihn zu binden, damit ich aus einer solchen Kindheitsfreundschaft lebenslange Vorteile ziehen konnte. Doch dem stand meine kindliche Eitelkeit im Wege, die von diesem Kalkül noch nichts verstand. So fühlte ich mich bei einem unserer kindlichen Spiele im Streit darüber, wem was gehörte, zurückgesetzt; doch am schwersten kränkte mich, dass mein Spielkamerad felsenfest davon überzeugt war, mir aufgrund seines Ranges das Objekt meiner Begierde verweigern zu dürfen. Dafür rächte ich mich dadurch, dass ich ihn mit Schlägen ohne jede Rücksicht auf die Folgen regelrecht eindeckte. Nur mit äußerster Kraftanstrengung und regelrechter Gewaltanwendung konnte man mich von meinem Gegner trennen.[2]

Diese Geschichte aus der Kindheit klingt glaubwürdig. Die rasch aufflammende Leidenschaftlichkeit des jungen Marquis war in den Augen von Verwandten und Erziehern sein hervorstechendes Merkmal. Vor allem wenn man ihm etwas vorenthielt, steigerte sich sein Zorn zu gefürchteten Wutausbrüchen. Der unglücklich liebende Valcour, den der

Marquis hier in seinem Briefroman *Aline et Valcour* schreiben lässt, präsentiert sich ganz wie sein Erfinder als lebenslanger Verächter nützlicher Beziehungen, die als Korruption gebrandmarkt werden. In diesem Punkt fallen die Selbstdarstellung des Autors und das Selbstverständnis der literarischen Kunstfigur also fraglos zusammen. Trotzdem ist bei der Lektüre dieser Zeilen Vorsicht angebracht, denn die Übereinstimmung geht kaum darüber hinaus, wie Valcours weitere Darlegungen in eigener Sache deutlich machen:

> Von Seiten meiner Mutter mit allem verbunden, was das Königreich an großen und größten Namen aufzuweisen hatte, durch meinen Vater mit den vornehmsten Familien der Provinz Languedoc verwandt, wuchs ich in Paris im Schoße von Luxus und Überfluss auf. Und so glaubte ich, sobald ich denken konnte, dass sich die Natur und das Glück zusammengetan hätten, um mich mit ihren Gaben zu überschütten. Ich glaube es, weil man so töricht war, es mir zu sagen. Und dieses Vorurteil machte mich hochmütig, despotisch und jähzornig.[3]

Zwar urteilten alle, die dem Marquis auf seinen verschiedenen Lebensstationen begegneten, und am meisten diejenigen, die ihm dabei näher kamen, ähnlich über ihn, doch die tränenreiche Selbstkritik Valcours war nicht seine Sache, es sei denn, er versprach sich davon Vorteile. Schuld an seinem Unglück waren grundsätzlich die anderen, die ihm die falschen Vorstellungen von seiner Glückskindschaft eingeredet hatten.

Die Wege des Marquis und Valcours trennen sich vollends, als dieser im Brief an seine angebetete Aline die Schlüsse aus seiner verpfuschten Jugend- und Jünglingszeit zieht:

> Ich werde mit Ihnen nur wenig von meiner Geburt sprechen; Sie kennen sie. Ich werde mich Ihnen gegenüber nur über die Fehler auslassen, zu denen mich die eitle Illusion einer vornehmen Abstammung verführt hat, derer wir uns fast immer mit umso weniger Grund rühmen, als dieser Vorteil nur dem Zufall verdankt wird.[4]

An eben diesen Vorzügen der vornehmen Geburt hielt der reale Marquis lebenslang fest. Außer Adel gab es für ihn fast nur Canaille: dumpfes und rachsüchtiges Volk, das man mit der Knute an seinem gedrückten Platz halten musste, korrupte Richter, habgierige Steuerpächter und betrügerische Notare. Doch zu dieser realistischen Sicht der Welt und des Menschen kann sich die traurige Romanfigur Valcour nie durchringen. Als kolossaler Ausbund an Tugend hat er die Überzeugung von seiner edlen Abkunft gegen die tödliche Illusion ausgetauscht, dass die Menschen von Natur aus mitleidig und rechtschaffen sind, und glaubt daher, mit Güte und Nächstenliebe ans Ziel zu kommen. Sein Weg in den Untergang ist damit vorherbestimmt. De Sade spielt virtuos und nicht selten ironisch mit den autobiographischen Einsprengseln, die sich in allen seinen Werken finden lassen; dadurch werden diese «Ich-Zeugnisse» vielfältig gebrochen, kunstvoll verfremdet und in fiktive Alternativbiographien eingefügt.

Sicher bezeugt ist außer dem vulkanischen Temperament des Alpha-Knaben Donatien seine berückende Schönheit. Entzückte Comtessen ließen ihre Kutschen anhalten, um einem so liebreizenden Kind in die strahlend blauen Augen zu blicken. An dem schönen Knaben konnten sich bald auch die Damen von Avignon und Umgebung delektieren. Schon im August 1744 schickte Vater de Sade, der mit dem Aufbruch zu seiner zweiten, blamabel endenden Mission nach Köln beschäftigt war, seinen vierjährigen Sohn in die provenzalische Heimat. Dort sollte der Stammhalter die Wurzeln seines Geschlechts und seine künftigen Aufgaben als Standesherr kennenlernen. Die erste Anlaufstation bei seiner Großmutter erwies sich jedoch schnell als unpassend; die alte Dame und ihre Freundinnen verhätschelten den bezaubernden Jungen über die Maßen. So wechselte der kleine Marquis schnell in die Obhut seines Onkels, des Abbé Jacques-François Paul Aldonse de Sade. Dieser Weltgeistliche, der der Welt und ihren Vergnügungen, speziell den fleischlichen Genüssen, überaus zugetan war, lebte von seinen Pfründen äußerst angenehm auf Schloss Saumane nahe der Fontaine de Vaucluse. Das Prunkstück seiner Ämtersammlung war eine Kommendatarabtei in der Auvergne; die reichen Einkünfte dieses Zisterzienserklosters flossen nicht mehr den

Mönchen, sondern dem «Kommendatarabt» de Sade zu, der dafür wenig mehr als eine jährliche Inspektionsreise auf sich zu nehmen hatte. Sein kleiner Schützling hat ihn dabei begleitet und so schon früh Einblick in die kirchlichen Verhältnisse des Ancien Régime nehmen können.

Schon in seinem ersten Text mit literarischem Anspruch, der *Reise nach Italien* von 1775/76, zeigt sich der fünfunddreißigjährige Marquis als konsequenter Gegner des Christentums, das er als Betrug im Dienste der Mächtigen demaskieren will. Der Klerus ist für ihn eine gigantische Hilfstruppe der Despoten zur Verdummung und Ausbeutung der Masse, die es ihren Blutsaugern durch ihren stumpfen Aberglauben nur zu leicht macht. Spott über die religiösen Vorurteile der kleinen Leute konnte der spätere Radikal-Atheist de Sade sicherlich aus dem Munde seines mondänen Onkels vernehmen; dessen Lebensstil, der von Demut und Keuschheit weit entfernt war, tat ein Übriges, um ihm die Augen für die Kluft zwischen Anspruch und Praxis der Kirche zu öffnen. Doch weiter reichten diese Erfahrungen sicherlich nicht.

Der Abbé de Sade unterhielt eine angeregte Korrespondenz mit Voltaire, der beherrschenden Gestalt der französischen Aufklärung, und teilte viele von dessen Überzeugungen. So spottete Voltaire über die Unvernunft vieler christlicher Dogmen wie das Jüngste Gericht, die Auferstehung des Fleisches und die Trinität, und bekämpfte Intoleranz und Fanatismus der Kirche. Doch bekannte er zugleich seinen Glauben an einen Schöpfer-Gott, der dem Menschen auf seinem langen Weg durch die Geschichte das Licht der Vernunft mitgegeben hatte, das sich jetzt allmählich gegen Fanatismus und Obskurantismus durchzusetzen begann. So dachte auch der Abbé de Sade. Seinen Weg zur radikalen Gottesleugnung und zu einem konsequenten Materialismus fand der Marquis von seinem Onkel nicht vorgezeichnet; diesen ging er selbständig weiter.

Trotzdem war der Aufenthalt beim Abbé für den jungen Marquis de Sade prägend. Hier machte der künftige Libertin von seinem fünften bis zehnten Lebensjahr erste Bekanntschaft mit seinen späteren Leidenschaften: mit Literatur und Prostitution. Der Abbé de Sade war – wie Dokumente polizeilicher Aufsichtsorgane belegen – in jungen Jahren

*Im Schloss von Saumane verbrachte der Marquis unbeschwerte Jugendjahre bei seinem Onkel, dem Abbé de Sade. Dieser genoss dort die Schönheiten der Provence auf seine eigene, einem Kleriker nicht erlaubte Weise.*

selbst ein feuriger Liebhaber diverser Mätressen und wurde später zum geschätzten Stammkunden von Luxusbordellen. Im gesetzten Alter über vierzig bestellte er sich die Dienerinnen seiner Lust für längere Aufenthalte auf Schloss Saumane, das er von seinem Bruder, dem Feudalherren (*seigneur*) des Ortes, gemietet hatte. Was sein Zögling von diesen «Ausschweifungen», zu denen der Gastgeber gerne auch benachbarte Adelige mit ähnlichem Lebensstil einlud, mitbekam, lässt sich nur indirekt und damit unsicher aus seinen späteren Romanen ableiten. In ihnen spielt Voyeurismus eine große Rolle. So beobachtet die Tugendheldin Justine durch Wandspalten, Astlöcher und falsche Spiegel, auf eigene Faust oder gezwungenermaßen, die wildesten Orgien der brutalen Lüstlinge, die sie mit Abscheu und Entsetzen erfüllen. Unter den erprobten Libertins der de Sadeschen Textwelten steht das heimliche Ausspionieren fremder Lust und Gewalt als Mittel zur Steigerung der eigenen Libido hoch im Kurs, allerdings zusammen mit vielen anderen bizarreren Praktiken, die auf Schloss Saumane mit Sicherheit nicht üblich waren.

Dass man sich den kleinen Donatien mit dem Auge an den Schlüssellöchern und hinter den Vorhängen verschwiegener Lustkabinette vorzustellen hat, wie sie die immer gleichen Bühnen seiner Texte bilden, ist somit eine nicht ganz unbegründete Spekulation. So meint man in manchen Romanszenen den geistlichen Onkel wahrzunehmen, zwar verfremdet, doch im Kern wiedererkennbar. Bruder Raffael etwa, der einflussreichste unter den mörderischen Mönchen des Horror-Klosters Sainte-Marie-des-Bois, genießt die ganz besondere Gunst des Papstes. Damit ähnelt er von ferne dem Abbé de Sade, dem das königliche Wohlwollen seine einträgliche Kommende und darüber hinaus den prestigeträchtigen Posten eines Generalvikars von Toulouse beziehungsweise von Narbonne nebst einer ansehnlichen Pension über das Bistum Arles eingebracht hat. Und noch eine weitere Analogie zeichnet sich in dem Roman ab: Je mehr Verbrechen die Mönche begehen, desto intensiver werden sie von den Mächtigen hofiert und honoriert. Für den Marquis war das der Triumph der Heuchelei, in der Realität wie in der Fiktion. In einer Welt, die offiziell der Tugend huldigte, doch in Wirklichkeit dem Laster ergeben war, musste man sich andauernd tarnen. Das dürfte die Lektion gewesen sein, die der junge Marquis in Saumane gelernt hat.

Sicher ist, dass ihm in Saumane darüber hinaus die Würde einer Literatur vermittelt wurde, die Gelehrsamkeit, Unterhaltung und gesunden Menschenverstand miteinander verband. Das war die andere Seite des Abbé, des weithin geachteten Petrarca-Forschers. Den Überzeugungen eines bekennenden Freidenkers entsprechend, standen in seiner reich bestückten Bibliothek die neuesten Werke des Genfers Jean-Jacques Rousseau, die mit ihrer radikalen Zivilisationskritik und ihrer Vision eines auf Freiheit und Gleichheit aller Bürger beruhenden Gesellschaftsvertrags Aufsehen erregten und schleunigst verboten wurden. Zu dieser politischen Skandalliteratur gesellten sich moralisch anstößige Texte: erotische Romane, die wahren Bestseller der Zeit, darunter auch solche, die die ausgefalleneren Erscheinungsformen der menschlichen Sexualität wie zum Beispiel die Lust am Peitschen und Gepeitscht-Werden zum Thema hatten. Dass diese verbotenen Bücher die Vorlieben des jungen Marquis nachhaltig prägten, ist kaum anzu-

*Das Folterschloss Silling im verschneiten Schwarzwald, wie es der spanische Filmregisseur Luis Buñuel 1930 in seinem Film «L'Age d'or» darstellte*

nehmen; doch konnte er darin Übereinstimmungen mit seinen eigenen Vorlieben feststellen.

Noch eine andere gerne aufgemachte Gleichung geht nicht auf: Das *château de Saumane* ist nicht das Urbild der finsteren Folterfestungen, in denen die Wüstlinge der de Sadeschen Romane ihren blutigen Experimenten nachgehen. Das lässt sich bis heute unschwer nachvollziehen, denn im Gegensatz zu Lacoste hat der Wohnsitz des Abbé die stürmischen Zeitläufe bis ins 21. Jahrhundert weitgehend unbeschadet überstanden. Von seiner Terrasse aus überblickt man einen besonders reizvollen Ausschnitt der Provence: von den Alpilles bis zum Lubéron, ja bei besonders guter Sicht erkennt man sogar im Westen die kahlen Kalkhöhen der Cevennen. Zwischen diesen Bergzügen zeichnen sich die Umrisse von mehr als zwei Dutzend Dörfern zwischen Weinbergen, Feldern und Flüssen ab. Gewiss, Saumane hatte auch düstere Kellergewölbe und wie jedes ältere Schloss ein Verlies, doch mit dem neuen Sodom, der grausigen Zwingburg von Silling im Schwarzwald, besteht dennoch nicht die geringste Ähnlichkeit. Das zeigt ein kurzer Vergleich.

Um nach Silling zu gelangen, muss man die Zivilisation ganz und gar hinter sich lassen. Diese reicht nur bis Basel. Schon auf dem Weg, der von dort in den Schwarzwald führt, muss man die Wagen zurücklassen und fünfzehn lange Meilen einen steilen und kurvenreichen Bergweg beschreiten, auf dem man ohne ortskundigen Führer verloren ist. An dessen Ende erreicht man einen schäbigen Weiler, den Köhler und Waldwächter, im einträglicheren Nebenberuf allesamt Diebe und Schmuggler im Dienst des mörderischen Schlossherrn, bewohnen. Danach muss man einen Berg erklimmen, der fast so hoch ist wie der Sankt Bernhard in den Alpen – spätestens hier triumphiert die Phantasie des Marquis über die realen geografischen Verhältnisse. Bei diesem Aufstieg straucheln selbst die Maultiere, so schmal ist der Pfad und so tief der Abgrund. Nach fünf Stunden des halsbrecherischen Fußmarsches dann das Wunder – oder besser: die Laune der Natur:

> Diese bestand aus einem dreißig Ellen breiten Spalt auf dem Gipfel des Berges, und zwar in Nord-Süd-Richtung ... Durcet (= der Libertin, dem die Burg gehört) hatte die beiden Seiten, zwischen denen ein Abgrund von mehr als tausend Fuß klaffte, durch eine sehr schöne Holzbrücke miteinander verbinden lassen, die man nach Eintreffen der letzten Lieferungen abreißen ließ. Von diesem Augenblick an gab es nicht mehr die geringste Möglichkeit, zwischen der Außenwelt und Schloss Silling zu kommunizieren.[5]

Denn das Schloss liegt in einer Ebene jenseits der Zugbrücke, die von hochragenden Felszinnen eingeschlossen wird und keinen Durchlass gewährt. Mit solchen Merkmalen zeigt sich Silling wie seine Schwester-Schlösser, die Festungen der Monster-Mörder Minski und Brisa-Testa in Italien, nicht nach dem Vorbild von Saumane gezeichnet, sondern als eine Utopie, ein Nicht-Ort, der allein der abgründigen Phantasie des Marquis de Sade entsprungen ist.

Doch die Kindheit des Marquis bestand nicht nur aus den Ausschweifungen des Onkels und der nächtlichen Lektüre verbotener Bücher. Tagsüber erlebte der Knabe eine ganz andere Provence. Da es in Saumane keine ebenbürtigen Familien gab, spielte er mit den Söhnen von Bauern und Notaren. Mit einem von diesen namens Gaspard François Xavier Gaufridy, dem Sohn eines Händlers aus Apt, schloss der kleine Standesherr Freundschaft. Daraus sollte sich eine ebenso lange wie turbulente

Symbiose zwischen dem Aristokraten und seinem Güterverwalter und Rechtsberater entwickeln, die die Umstürze des Zeitalters widerspiegelt. Bei diesen Kontakten eignete sich der junge Marquis auch die provenzalische Sprache an, der er lebenslang emotional verbunden bleiben sollte.

Das Selbstbewusstsein des kleinen Marquis, einer Herrenschicht anzugehören, fand im Umgang mit niedriger Gestellten stets aufs Neue seine Bestätigung. Schon dem Vierjährigen hatten die Vasallen seines Vaters in Lacoste ihre untertänige Huldigung zukommen lassen. Doch auch von der Kritik an der Feudalordnung, an ihren Widersprüchlichkeiten und Ungerechtigkeiten, dürfte der Knabe vor Ort etwas gespürt haben. Vor allem gegen seinen Onkel und dessen lockeren Lebensstil wurde in Dörfern und Weilern vielfach gemurrt.

### Bei Jesuiten und Ersatzmüttern

In Saumane wurde Donatien nicht nur von seinem gelehrten Onkel, sondern auch von einem Hauslehrer, dem Abbé Amblet aus Savoyen, unterrichtet. Diesem bewahrte er lebenslang ein ehrendes Andenken. Im Alter von zehneinhalb Jahren begann dann für den jungen Marquis der Ernst des Lebens. Sein Vater hegte für den einzigen Sohn große Pläne und war bereit, dafür beträchtliche finanzielle Opfer zu bringen. Das Schulgeld für das Jesuitenkollegium Louis-le-Grand in Paris, das der Knabe jetzt bezog, war so hoch, dass selbst entfernte Verwandte ihr Scherflein beisteuern mussten. Dafür bekam der ehrgeizige Graf einiges geboten. So war die Schülerschaft äußerst exklusiv. Junge Adelige aus den erlauchtesten Häusern wurden hier in die Geheimnisse der katholischen Religion und der lateinischen Grammatik, doch auch in die Kunst, in allen Lebenslagen eine gute Figur zu machen, eingeweiht. Wie viele nützliche Verbindungen für die Zukunft ließen sich hier knüpfen! Um aus verwöhnten und ungebärdigen Knaben glaubensfeste Ehrenmänner zu formen, setzten die Patres der *Societas Jesu* auf Anreize, Strafen und Theater. Brillante Köpfe wie der junge Voltaire, der diese Schule ein knappes hal-

## Bei Jesuiten und Ersatzmüttern 53

bes Jahrhundert zuvor mit glänzendem Erfolg absolviert hatte, durften sich mit Auszeichnungen schmücken, Aufsässige wurden hingegen mit der Peitsche traktiert.

Eine besondere Belohnung bestand darin, bei den aufwändig inszenierten Aufführungen auf der Bühne agieren zu dürfen. Die Spektakel, die im Theater des *Collège* dargeboten wurden, waren berühmt und zogen *tout Paris* an. Natürlich verherrlichten die Stücke vorrangig die katholische Religion, ihre Dogmen und ihre Märtyrer. Die junge Generation zur Nachfolge dieser Glaubenshelden aufzurufen, war schließlich der älteste und vornehmste Zweck der Jesuitenschauspiele. Um diese so glanzvoll wie möglich zu gestalten, wurden Berufsschauspieler von den besten Pariser Theatern hinzugezogen. Mit diesen Ensembles aus Klassenbesten und Profis wurden die Qualen der christlichen Blutzeugen so realistisch ausgemalt, dass das Publikum in Tränen des Mitleids schwamm. Doch der Höhepunkt der illusionistischen Bühnenkunst entfaltete sich erst im Finale, wenn die standhaften Bekenner beiderlei Geschlechts nach ihrem Martertod der Freuden des Paradieses teilhaftig wurden.

Wie kaum anders zu erwarten, gehörte der wilde Marquis nicht zu den Musterknaben, die Heiligen- und Peinigerrollen spielen durften. Trotzdem – oder gerade deshalb – dürften ihn die Dramen und Opern des *Collège* tief beeindruckt und seinen Willen zur Nachahmung geweckt haben: ohne fromme Priester, dafür mit eigenen Stücken und als deren eigener Regisseur. Das Theater war ein Laboratorium der Menschenmanipulation. Stärkste Emotionen sprangen von den Schauspielern ins Publikum über. So konnte man die Zuschauer durch die Vorspiegelung tiefer Gefühle leicht beeinflussen und das heißt auch: gefügig machen. Eine harte Wahrheit wie den Triumph des Lasters in Prosa zu verfassen war etwas ganz anderes, als die Leiden der Tugend auf der Bühne vorzuführen, mit lebenden Menschen und echten Tränen.

Dem künftigen Menschenforscher de Sade boten sich mit dem Theater verlockende Perspektiven; zugleich stellten sich viele offene Fragen. Eine von diesen wurde damals in der Öffentlichkeit mit großer Leidenschaft diskutiert: Was ging in den Gemütern der Akteure vor? Veredelte oder verformte der Beruf des Schauspielers den Menschen, oder war er ein Metier wie jedes andere? Der kleinbürgerliche Moralist Jean-Jacques Rousseau zog den Schluss, dass diejenigen, die die gesamte Bandbreite der menschlichen Gefühle auf ein Stichwort hin vortäuschen können, völlig abstumpfen und zu amoralischen Automaten degenerieren. In dieser Polemik, die die Einrichtung eines Theaters in seiner Heimatstadt Genf verhindern sollte, war sich der unbarmherzige Kritiker des Ancien Régime ausnahmsweise mit den Autoritäten von Staat und Kirche einig, die Schauspieler als ehrlos brandmarkten und ihnen ein christliches Begräbnis verweigerten. Der Marquis de Sade gelangte hingegen zur gegenteiligen Einschätzung: Gerade weil die Darsteller auf der Bühne sämtliche Spielarten des menschlichen Wesens mimten, mussten sie das Böse verabscheuen und sich zum Guten hingezogen fühlen.

Von den Geschehnissen auf der Bühne war es für den Stückeschreiber und Romanautor de Sade nur ein kleiner Schritt in die Wirklichkeit. Diese Grenzüberschreitung faszinierte den Marquis lebenslang, und er legte sie den Libertins seiner Texte stets aufs Neue in den Mund. In den *120 Tagen von Sodom* erzählen für teures Geld angeworbene Kupplerinnen und Bordellchefinnen verschiedener Kategorien am Beginn der streng reglementierten Orgiennächte von den Vergnügungen ihrer Kunden. Diese reichen von relativ harmlosen Vorlieben wie Voyeurismus und Exhibitionismus bis zur Sparte «Qual und Zerfleischung inklusive». Ihre Berichte werden danach in minutiös ausgefeilten Inszenierungen nachgeahmt und nicht selten an Grausamkeit übertroffen. Da sich die mündlich vorgetragenen Drehbücher von Tag zu Tag und von Monat zu Monat steigern und an ihrem Ende die entsetzlichsten Todesqualen stehen, wissen die versklavten Akteure, die den leidenden Part übernehmen müssen, welches Schicksal sie erwartet.

Auf diese Weise wird in den *120 Tagen von Sodom* die Erzählung zum Todesurteil und die Bühne zum Schafott. Dabei begnügen sich de Sades Henker nicht mit dem Vollzug des selbst gefällten Richterspruchs. Während sie die Delinquenten foltern und morden, schütten sie Hohn und Spott über deren Glauben an einen gerechten Gott und an den Triumph der Tugend aus. Doch obwohl die straflose Gewalt den Peinigern recht

## Bei Jesuiten und Ersatzmüttern

zu geben scheint, lassen sich die Opfer auf der Schlachtbank in ihren Überzeugungen nicht irremachen. Auch wenn die Teufel in Menschengestalt die Verdammten durch unvermutete Angebote, sich auf Kosten anderer zu retten, in Versuchung führen, wie es echten Teufeln gebührt, gelingt es ihnen nicht, die eherne Front der Tugend aufzubrechen. Die Guten und Schwachen ziehen den Tod dem Laster vor. Das erfüllt ihre Mörder zum einen mit tiefer Befriedigung, weil sie darin den Triumph des Bösen bestätigt sehen. Doch zum anderen sind sie frustriert, weil es ihnen nicht gelingt, die Seelen ihrer Opfer zu beherrschen. Daran scheitern auch die Folterknechte und Henker auf der Bühne der Jesuiten. Die frommen Stücke und die skandalösen Romane des Marquis sind sich dadurch in vielem ähnlich. Dessen dürfte sich de Sade durchaus bewusst gewesen sein. Seine Libertins kostümieren ihre Schlächtergehilfen und sich selbst als Henker und Dämonen, wenn besonders grausame Hinrichtungen auf der Tagesordnung stehen. Der Jesuitenzögling de Sade hat seine Theaterlektionen von 1750 bis 1753 eigenständig verarbeitet.

Während seiner Zeit am Jesuitenkolleg wohnte der Marquis beim Abbé Amblet oder in der Stadtresidenz der Condé. Seine Sommerferien verbrachte er auf dem Schloss der Gräfin de Raimond, einer ebenso vornehmen wie geistreichen Dame, die in jüngeren Jahren die Geliebte seines Vaters gewesen war. Die Landaufenthalte des jungen Marquis muss man sich nach der Korrespondenz zwischen seinem Vater und dessen ehemaliger Mätresse wie ein Bild von Watteau vorstellen: mit Liebesliedern zu Cembaloklängen, Lampionfesten im Schlossgarten, Stegreifrezitationen von Schäfergedichten und Diskussionen über Rousseau, seinen rührenden Liebesroman *Julie ou La nouvelle Héloïse* und seine bestürzend radikale Zivilisationskritik. Doch im Mittelpunkt der Briefe steht der schöne Knabe Donatien, den die immer noch reizvolle Schlossherrin in der Gesellschaft ihrer nicht minder attraktiven Freundinnen, darunter eine weitere abgelegte Geliebte des Vaters, halb scherzhaft, halb eifersüchtig als ihren Sohn bezeichnet. Sie alle überbieten sich darin, ihn zu verwöhnen, und buhlen um seine Gunst. In diese Rivalität aus Küsschen, Seufzen und Schmachten mischte sich früh eine unterschwellige Erotik, die den Dreizehnjährigen anzog und zugleich verwirrte. Über seine Sprachlosigkeit angesichts dieser Tändeleien konnten die Damen Tränen lachen, doch das Objekt ihrer halb scherzhaften, halb ernst gemeinten Lockungen fand diese Spiele, deren Regeln es nicht verstand, offensichtlich irritierend. Dass ihn eine der drei Jahrzehnte älteren Gespielinnen – bezeichnenderweise diejenige, die ihm am dreistesten den Kopf verdrehte – als ungewöhnliches Kind bezeichnete, hat wenig zu besagen. Auch dass der junge Hahn im Korb erst verblüfft, dann passiv, danach aggressiv und schließlich verliebt reagierte, ist leicht nachvollziehbar. So berichtet die Briefschreiberin, die eben noch die Seltsamkeit des Knaben betonte, dass sie diesem Gesicht und Hände mit Mandelöl eingerieben habe, weil er dadurch noch hübscher wurde. Von den strengen Jesuiten-Patres zu Wohlfühl-Ferien im Schlossgarten mit Spezialmassagen: der junge Marquis erlebte die Kontraste des Ancien Régime hautnah.

Den entzückten Aristokratinnen entging nicht, dass ihr Schützling über seine Anmut hinaus Mut und viel Freude am Risiko hatte. Zudem schrieben sie ihm sehr viel Herz zu. Mit allen diesen Eigenschaften konnte er, so teilten die Damen dem Vater voller Begeisterung mit, nur ein großer und flatterhafter Liebhaber nach dem Vorbild des Vaters und darüber hinaus ein tapferer Offizier werden. Das waren nicht die schlechtesten Zukunftsaussichten für einen Aristokraten des Jahrgangs 1740. Doch sollte man alle diese Prognosen nicht allzu ernst nehmen. Die Comtesse de Raimond und ihre Freundinnen beschrieben ein Wunschbild und einen Typus, kein unverwechselbares Individuum namens Donatien Alphonse François de Sade. Die ungewöhnlichen Charakterzüge, die der Marquis später an den Tag legte, wurden entweder nicht wahrgenommen oder wegretuschiert.

Die Erfolge, die sein Sohn bei seinen ehemaligen Mätressen erzielte, erfüllten Vater de Sade mit Stolz. Die Techniken des Eros, die standesgemäßen Methoden der Annäherung, der Verliebtheit, der Eroberung und des stilvollen Wieder-Verlassens, wollten früh geübt werden; auch sie gehörten zum Pflichtpensum adeliger Erziehung. Dazu zählte aber auch der Militärdienst. Für den Erstgeborenen des Hauses de Sade gab es dazu keine Alternativen; ein zweiter Sohn hätte wie der Onkel in Saumane den bequemeren Beruf des Geistlichen wählen und der Familie

*Bei Jesuiten und Ersatzmüttern* 57

auf diese Weise hoch willkommenes Kapital aus seinen geistlichen Pfründen zuschießen können. Für den Stammhalter aber hieß es, in den Kriegen des Königs sein Leben zu riskieren. Nach allem, was der junge Marquis bislang an Eigenschaften an den Tag gelegt hatte, war er in diesem martialischen Gewerbe bestens aufgehoben, zumal ihm dabei die Privilegien des höheren Adels zugute kamen. Wer aus dem richtigen Hause stammte, konnte mit zwanzig Jahren bereits als Oberst ein eigenes Regiment kommandieren – vorausgesetzt, sein Vater lieferte nicht nur die unverzichtbaren Abstammungsnachweise, sondern auch das nötige Kapital, um sich stilvoll einzukaufen und auszustatten. Da es den de Sade nicht an blauem Blut und in Gestalt des Abbé nicht an einem tüchtigen Archivar fehlte, der die notwendigen Dokumente besorgte, trat der vierzehnjährige Donatien zuerst in die «Vorbereitungsschule für die Kavallerie» und nach anderthalbjähriger Ausbildung im Dezember 1755 als Sous-Lieutenant in ein vornehmes Regiment ein.

Damit hätte es sein Bewenden haben können, wenn nicht zwei Tage vor der Geburt des Marquis der König in Preußen gestorben wäre und mit seinem Sohn Friedrich II. ein ehrgeiziger Eroberer den Thron bestiegen hätte. Dieser hatte unter fadenscheinigen Vorwänden kurz nach seinem Regierungsantritt der österreichischen Erbherrscherin Maria Theresia die reiche Provinz Schlesien entrissen und seine Beute einige Jahre später in einem zweiten Krieg erfolgreich verteidigt. Zum Jahreswechsel 1755/56 aber zeichnete sich eine diplomatische Konstellation ab, die es dem dreisten Eroberer schwer machen musste, seinen Raub zu behalten. Nach drei Jahrhunderten unüberwindlicher Interessengegensätze und blutiger Hegemonialkriege führten die habsburgischen und französischen Diplomaten das viel bestaunte «renversement des alliances», den Umsturz der Bündnisse, herbei, sodass Frankreich und der fünfzehnjährige Marquis de Sade jetzt gegen Preußen und seine wenigen Verbündeten zu Felde zogen.

*Unter Soldaten*

Da England zu Preußens Alliierten zählte und die Insel Menorca besaß, wurde de Sades Regiment auf diesen Nebenschauplatz des Krieges abkommandiert. Unter der Führung des sechzigjährigen Herzogs von Richelieu galt es, die starke Festung Mahón zu erstürmen. Beim nächtlichen Angriff auf die Bastionen des Forts Saint-Philippe erwies sich der Unterleutnant de Sade als so tapfer, dass er in der offiziellen Kriegsberichterstattung eine überaus lobende Erwähnung fand. Ungeachtet des feindlichen Geschützhagels gelang es ihm und seinen Mitstreitern, die Schlüsselschanze zu erstürmen. Vier Sprengladungen der Briten hinderten den tollkühnen Marquis nicht daran, die Mauern zu ersteigen. Das Damenkränzchen, das vor Sorge um seinen gar nicht mehr so kleinen Liebling verging, sah sich in seiner Vorhersage bestätigt. Bei der erfolgreichen Eroberung von Mahón kamen immerhin vierundzwanzig französische Offiziere und mehr als vierhundert Soldaten ums Leben. Todesgefahr, Blut, Leichen und Elend: Auch das gehörte zu dieser glanzvoll bestandenen Feuertaufe.

Allerdings bestand der Krieg nicht nur aus Attacken und Schlachten, sondern auch – und zeitweise fast nur – aus Abwarten und erzwungener Untätigkeit. Dieses Lager- und Garnisonsleben fürchtete Vater de Sade mehr als alle Granaten der Engländer oder Preußen. Sein Sohn hatte nicht nur ein feuriges Temperament, sondern auch die Neigung zum Risiko und ein ausgeprägtes Standesbewusstsein. Alles drei zusammen genommen musste in Form von Glücksspiel und wechselnden Amouren fatale Folgen für die Finanzen und die Gesundheit des jungen Offiziers haben. Ein Marquis de Sade ließ sich nicht lumpen: Er wagte im Spiel und in der Liebe die höchsten Einsätze, und zwar ohne Rücksicht auf Verluste. Oder wie es ein gleichaltriger Offizierskamerad nach der Verlegung des Regiments an die rheinische Front ebenso bündig wie treffend ausdrückte: Die deutschen Mädchen sollen sich nur vorsehen, der Feuerbrand de Sade rückt näher! Auch der alternde Graf de Sade sah sich bedroht. Allzu große Spielschulden vertrug das aufgrund seiner eigenen Sorglosigkeiten arg zusammengeschmolzene Familienvermögen nicht mehr.

Was konnte man gegen diese Irrungen und Wirrungen tun? Das fragten sich der leibliche Vater und die Möchtegern-Mama auf ihrem Schloss Longeville in der Champagne brieflich. Bei diesem Gedankenaustausch zum Thema «Was soll nur aus unserem Kinde werden?» riet die Gräfin Raimond zur Gelassenheit und zur Vermeidung von Gewissensbissen: nur keine strengen Verbote, die doch nur zur Übertretung reizen! Alle Erziehung der Welt kann den Charakter eines Menschen nicht austauschen, sondern im besten Fall Exzesse mildern. Lass «den Kleinen» nur in Spiel und Liebe seine Erfahrungen machen, auch negative. Im Klartext: Wenn er sich eine Geschlechtskrankheit einfängt, wird ihn das Vorsicht lehren. Zu Perversionen – gemeint sind offenbar homosexuelle Kontakte – neigte Donatien ihrer Ansicht nach nicht. So wird die Natur schon ihren Lauf nehmen. Alles wird gut. So konnte man sich täuschen.

In den literarischen Texten des Marquis ist der Krieg kein großes Thema. In einem Diskurs über die Ungleichwertigkeit der Menschen hebt einer der vielen Lustmörder – aus heutiger Sicht rassistisch – die Vorzüge des «herrlich männlichen» pommerschen Grenadiers im Vergleich mit den Hottentotten hervor. Dessen Kriegsherr König Friedrich II. wird als «der Held Europas» bezeichnet, ein damals in Frankreich gängiger Titel. In dem Roman *Juliette* tritt Friedrich der Große zudem als einziger prominenter Herrscher Europas nicht als Libertin auf – im Gegensatz zu Leopold von Habsburg-Lothringen, seines Zeichens Großherzog der Toskana, König Ferdinand IV. von Neapel, Papst Pius VI., König Gustav V. Adolf von Schweden und zur Zarin Katharina der Großen von Russland. Sie alle feiern mit Juliette, der Hohepriesterin des Lasters, und ihren Gesinnungsgenossen blutige Orgien. Nur in Berlin müssen die Libertins mit dem Bruder des Königs, Prinz Heinrich, Vorlieb nehmen. War der Kriegsheld Friedrich II. in den Texten des tabulosen Marquis ein kleines, aber feines Tabu?

Was die Deutschen als Volk und ihren Nationalcharakter betrifft, so zeigte sich der selbsternannte Deutschlandkenner de Sade, der nach eigener, wahrscheinlich ironischer Einschätzung «Deutsch wie Cicero Latein» sprach, ganz und gar den gängigen Vorurteilen verpflichtet. In seinen Romanen sind deutsche Aristokraten und Kaufleute die unbedarften Gimpel, denen schon im ersten besten Bordell das Geld aus der schmutzigen Tasche gezogen wird.

Über den Krieg reflektiert und räsoniert in den Texten des Marquis fast nur der tugendhafte Valcour, und zwar mit seiner üblichen Abgeklärtheit:

> Der Krieg wurde erklärt, man hatte es eilig, mich dienen zu lassen, und ließ daher meine Erziehung unvollendet. Und so zog ich zu meinem Regiment in einem Alter, in dem man eigentlich erst einmal die Kriegsakademie besuchen sollte.[6]

Man soll, so das Fazit, nicht junge Adelige, sondern tüchtige Offiziere an die Spitze der Fähnlein und Regimenter setzen. Sie gewinnt man laut Valcour dadurch, dass man die Kandidaten Charaktertests unterzieht, die Spreu vom Weizen trennt und die brauchbaren Kräfte dann so lange trainiert, bis sie die für den Offiziersstand unverzichtbaren Tugenden besitzen. Wo genau hier die Trennlinie zwischen Ernst und Ironie verläuft, bleibt offen. Dass der Marquis de Sade tatsächlich die Einrichtung einer Tugendschule für Offiziere für wünschenswert hielt, darf jedoch bezweifelt werden. Wie weit die Einschätzungen de Sades und seiner Romangestalt auseinandergehen, macht die Schlussfolgerung des sanften Liebhabers und geborenen Verlierers Valcour deutlich:

> Die Feldzüge wurden eröffnet, und ich wage zu behaupten, dass ich meine Sache gut machte. Das natürliche Ungestüm meines Charakters, diese Feuerseele, die ich von der Natur erhalten habe, verschaffte dieser wilden Tugend, die man Mut nennt, nur noch mehr Nachdruck – jenem Mut, den man gewiss sehr zu Unrecht als einzige für das Militär wirklich unverzichtbare Eigenschaft betrachtet.[7]

Spätestens an dieser Stelle führte dem Marquis der pure Hohn die Feder. Ausgerechnet Valcour, der kampflos seine angebetete Aline an die Mächte der Finsternis verliert, soll eine «Feuerseele» sein? Gerade ihm gebricht es doch an der Qualität, die er so leichtfertig in den Schmutz zieht, nämlich an Mut und Leidenschaft.

De Sade liebte es, mit den Versatzstücken seiner Biographie zu spielen. Hier lautet das Vexierspiel: Was wäre aus mir geworden, wenn ich mich nach frühen Ausschweifungen zur Tugend bekehrt hätte? Das Ergebnis dieser spekulativen Alternativbiographie hatte, wie der Ausgang des Romans zeigt, nichts Verlockendes an sich. Mut ohne Rücksicht auf Verluste an Leib und Leben: das war die Tugend, die der Adel seit Urzeiten für sich reklamierte. Einen Mut, der zur Tollkühnheit und zu aussichtslosem Widerstand gesteigert wurde, nahm der Marquis lebenslang für sich in Anspruch, und zwar zu Recht. Dass die Libertins seiner Romane wahre Hasenfüße sind, lässt die Distanz zwischen ihnen und ihm ermessen.

Mut stellte der junge Offizier de Sade auch im weiteren Verlauf des Krieges unter Beweis, der sieben Jahre dauern und für Frankreich ein Desaster werden sollte. Bevor ihm erneut die Kugeln um die Ohren flogen, wechselte er auf Fürsprache seines Vaters, dem die Marquise de Pompadour eine Gefälligkeit schuldete, die Einheit und trat als Kornett in ein noch exklusiveres Regiment ein. Der Kornett trug bei der Kavallerieattacke die Fahne, war also ein bevorzugtes Ziel der gegnerischen Geschütze und Gewehre. Zusammen mit der Beförderung und der Versetzung gewann der sechzehnjährige de Sade mit seinem neuen Regiments-Kommandeur, dem Marquis de Poyanne, einen väterlichen Beschützer. Trotzdem folgte ihm sein leiblicher Vater weiterhin wie eine Gouvernante von Feldlager zu Feldlager nach; verlor er ihn ausnahmsweise aus den Augen, schickte ihm Poyanne ausführliche Berichte. Sie hatten nur Gutes zu verkünden. Ja, sein neuer Vorgesetzter bescheinigte dem Marquis Eigenschaften, die weder vorher noch später an ihm festgestellt wurden: Er sei von einer so bestrickenden Sanftmut, dass er damit alle für sich einnehme.

Auch sein Vater wandte sich um dieselbe Zeit neuen Tätigkeiten, nämlich der Verwaltung seiner wenigen verbliebenen Güter, und alten

Werten zu. Er war jetzt sechsundfünfzig Jahre alt und musste sich eingestehen, dass sich seine hochfliegenden Pläne zerschlagen hatten. Vierzig Jahre zuvor war er ausgezogen, um bei Hof sein Glück zu machen, doch am Ende hatte er nur das Familienvermögen zerrüttet. Natürlich zog der alternde Beau seine persönliche Bilanz nicht so nachtschwarz. Immerhin – so sein stolzgeschwellter Rückblick in Briefen an die Gräfin Raimond und andere, die wussten, wovon er schrieb –, immerhin hatte er im Zentrum der Macht Spuren hinterlassen, nicht durch Ämter, Dekrete oder militärische Heldentaten, sondern durch seine Eroberungen in adeligen Boudoirs. Das dort gewonnene Prestige war der ruhmvollen Erinnerung nicht weniger wert. So lautete denn auch sein Fazit: Nein, ich bereue nichts! Mehr noch: Der Abschied von der Hauptstadt und ihren Zerstreuungen wandelte sich unter seiner Feder zum Hohelied der Untreue. Wenn alles andere zerronnen war, dann blieben zumindest die erotischen Triumphe als Ruhmestitel übrig. Seinem siebzehnjährigen Sohn hingegen predigte der Graf Vernunft und Mäßigung; dass er dabei auf taube Ohren stieß, verwundert nicht.

Während der Vater seine Wunden leckte und seine Mätressen Revue passieren ließ, gewann der Marquis weitere militärische Lorbeeren. Drei Wochen nach seinem achtzehnten Geburtstag nahm er an der Schlacht von Krefeld teil, in der die französische Armee unter dem Oberkommando des Grafen von Clermont aus dem Hause Condé von den hannoverschen und preußischen Truppen vernichtend geschlagen wurde. Die Niederlage hatte der hochgeborene, aber unfähige General verschuldet; auf sein Konto gingen die siebentausend französischen Gefallenen. Der Kornett de Sade hingegen zeichnete sich in diesem verlorenen Gefecht ein weiteres Mal durch seine Tapferkeit aus und wurde kurz darauf zum Rittmeister befördert. Um diesen Posten einnehmen zu können, musste ihm sein Vater, wie damals üblich, eine Kompanie kaufen; den nicht einmal übertrieben hohen Preis konnte der immer klammere Graf nur mit Mühe hinterlegen.

Dieweil vergnügte sich sein Sohn bei den langweiligen Stationierungen in deutschen Garnisonen unverdrossen beim Glücksspiel. Das wiederum trieb dem Familienoberhaupt den Angstschweiß auf die Stirn –

die de Sades hatten für so riskante Vergnügungen einfach kein Geld mehr! Mit solchen Sorgen stand der Graf nicht allein da. Die meisten Väter seines Standes schauten kummervoll auf das Finanzgebaren ihrer Söhne, denen das Geld zwischen den Fingern zerrann. Bei aller Kritik an dieser Verschwendung konnten sie ihr eine gewisse Berechtigung nicht absprechen: Wer sich gegen seine adeligen Konkurrenten behaupten wollte, musste ohne Rücksicht auf Verschuldung Status-Aufwand betreiben. Davon konnte Jean-Baptiste de Sade selbst ein Lied singen. Zudem waren die Anforderungen an den standesgemäßen Lebensstil in der Zwischenzeit weiter in die Höhe getrieben worden.

Um den ökonomischen Zusammenbruch zu verhindern, mussten sich die aufgeschreckten Väter nach Hilfsmitteln umsehen. Wenn alle Stricke rissen, musste man die ungebärdigen Sprösslinge eben hinter Gefängnismauern zur Ruhe kommen lassen. Schließlich gab es die heilsame Einrichtung der *lettres de cachet*, versiegelte Briefe des Königs, mit denen sich missliebige Personen ohne Gerichtsverfahren inhaftieren ließen. Wer über Rang und Einfluss verfügte, durfte darauf zählen, dass ihm der zuständige Minister diesen kleinen Gefallen nicht verweigern würde. Auf diese Weise konnten die besorgten Familienoberhäupter die jungendlichen Verschwender solange festsetzen, bis sie Zeichen der Einsicht zeigten. Solche befristeten Zwangsaufenthalte hatten für die *Jeunesse dorée* allerdings ihren Schrecken längst verloren. Ja, sie waren geradezu zum Prestigetitel geworden: Wer nicht zumindest einmal für ein paar Wochen in Vincennes oder in der Pariser Bastille eingekerkert gewesen war, der hatte nicht wirklich gelebt und seinen Anspruch, ein adeliger Rebell zu sein, verwirkt. Im Falle de Sades sollte dieser Zwangsaufenthalt ohne Gerichtsverfahren schließlich elfeinhalb Jahre lang dauern.

Doch gab es auch glimpflichere Methoden, um die aufsässigen jungen Männer zur Raison zu bringen. Waren sie erst einmal verheiratet und selbst Väter, würden sie mit den ererbten Besitztümern schon sparsamer schalten und walten, von den lukrativen Mitgiften, die sich bei dieser Gelegenheit aushandeln ließen, ganz zu schweigen. Diese lockende Aussicht spornte den Grafen de Sade seit 1759 zu Verhandlungen mit den Eltern heiratsfähiger Töchter an. Um sie zum Abschluss zu bringen, war er selbst zu mancherlei Opfern bereit. So richtete er ein Gesuch an den König, sein Amt als Provinz-Statthalter an seinen Sohn abtreten zu dürfen. Ludwig XV. willigte zwar ein, strich bei dieser Übertragung jedoch kurzerhand die jährlichen Einkünfte um mehr als ein Drittel zusammen.

### Ehepoker

Eine gute Partie war Donatien Alphonse François trotzdem. Seiner Verehelichung mit einer Tochter aus ebenbürtiger provenzalischer Familie hätte nichts im Wege gestanden, wäre da nicht das Finanzproblem gewesen. Die Geschlechter, mit denen sich die de Sade seit Jahrhunderten verschwägerten, waren kaum weniger knapp bei Kasse. Dieselbe Misere herrschte bei vielen weiteren noblen Sippen vor, die der Graf in Erwägung zog. So scheiterten die Verhandlungen regelmäßig an der Festsetzung der Mitgift. Dazu kamen weitere Hindernisse. Im abgelegenen Lacoste verlor der Graf den Überblick darüber, wer im intriganten Milieu des Hofes das Sagen hatte, und beging einen Fauxpas nach dem anderen. Auf diese Weise stieß er einflussreiche Persönlichkeiten wie den Herzog von Choiseul vor den Kopf. Daraufhin setzte dieser alles daran, eine lukrative Eheverbindung, die sich gerade anzubahnen schien, zu blockieren – mit Erfolg. Zudem ließ es sich Choiseul in seiner Eigenschaft als Kriegsminister nicht nehmen, über den Bräutigam in spe schlechte Nachrichten in Umlauf zu bringen. Seine Vorgesetzten priesen seine Tapferkeit zwar weiterhin in den höchsten Tönen, doch lasse sein Verhalten außerhalb des Schlachtfelds entschieden zu wünschen übrig.

Ähnliches ließ sich damals von der großen Mehrheit der jungen Offiziere sagen. Außergewöhnliche «Schandtaten» des Marquis sind jedenfalls aus diesen Jahren nicht überliefert. Er selbst schilderte seine Position im Feldlager als die eines Außenseiters, der sich nicht anpasst und daher aneckt:

> Häufig steige ich zu Pferde und erkunde die Stellungen des Feindes sowie die unsrigen. Nach drei Tagen im Feld kenne ich das Gelände bis zum letzten Hohlweg, und zwar mindestens so gut wie der Herr Marschall selbst … Manchmal statte ich Besuche ab, doch nur Herrn de Poyanne oder alten Regimentskameraden. Davon mache ich wenig Aufhebens, das liegt mir einfach nicht. Wäre da nicht Herr de Poyanne, würde ich während des gesamten Feldzugs überhaupt keinen Fuß ins Hauptquartier setzen. Ich weiß wohl, dass ich mir damit keinen Gefallen tue; man muss Speichel lecken, um Erfolg zu haben, doch das widerstrebt mir zutiefst. Ich leide Höllenqualen, wenn ich jemanden gegen seine Überzeugung tausend Schmeicheleien sagen höre. Es geht über meine Kräfte, eine so dümmliche Rolle zu spielen.[8]

Auf diese Kritik an den Duckmäusern und Karrieristen ließ der Marquis das Ideal folgen, dem er sich verpflichtet fühlte: Edel sei der Offizier, hilfreich und gut, höflich, doch nicht eingebildet, stoisch in der Gefahr, skeptisch gegenüber den Mitmenschen und speziell im Umgang mit selbsternannten Freunden, die doch nur darauf warten, einem in den Rücken zu fallen. Für einen Zwanzigjährigen waren das sehr abgeklärte Töne, die von tiefen Einsichten zeugten: Nichts ist so uferlos wie der menschliche Egoismus, dicht gefolgt von seiner Schlechtigkeit. Diese empirisch gewonnenen Beobachtungen sollte der Homme de lettres de Sade in sein späteres Menschen- und Weltbild einfügen.

Natürlich strotzt die Selbstdarstellung des jungen Rittmeisters vor Selbstgerechtigkeit: Er brüstete sich damit, die nützlichen Netzwerke zu verachten, seine innere und äußere Unabhängigkeit zu bewahren und dafür klaglos Zurücksetzung und Leid auf sich zu nehmen. So sah und schilderte sich der Marquis bis zu seinem Lebensende.

Wie die Außenwelt das Verhalten des jungen Offiziers wahrnahm, lässt sich ebenfalls aus gelegentlichen brieflichen Zeugnissen nachvollziehen. Den meisten seiner Kameraden galt er als ein arroganter Außenseiter; sein selbstbewusstes Verhalten schien ihnen umso weniger angebracht zu sein, als es mit der Reputation der Familie bergab ging. Dass sich der Marquis von jetzt an immer häufiger als Opfer perfider Komplotte sehen wollte, lag in der Logik der bewusst gewählten Absonderung. Dabei steigerte er sich schließlich in einen Verfolgungswahn hinein, der alle, auch die ihm am nächsten Stehenden, mit einbezog. Völlig unbegründet waren diese Angstvorstellungen, so sehr sie auch in unhaltbare Verschwörungsphantasien ausuferten, nicht immer. Die Partei der Condé verlor immer weiter an Boden, wie der gescheiterte Diplomat de Sade bei allen weiteren Bemühungen für seinen Sohn feststellen musste. Das Misstrauen, das man gegen ihn aufgrund seiner dubiosen Vergangenheit hegte, übertrug sich nahtlos auf die nächste Generation. So wurden die «Verfehlungen» des Marquis im Feldlager genüsslich registriert, während seine herausragenden Leistungen im Feld in der breiteren Öffentlichkeit nach 1756 weitgehend unbeachtet blieben. Von der selbstgewählten Position des moralisch überlegenen Außenseiters zur aufgezwungenen Rolle des schwarzen Schafs und Sündenbocks war es also nur ein kleiner Schritt.

Auch in der Folgezeit erwies der junge Marquis ein bemerkenswertes Talent dafür, einflussreiche Persönlichkeiten vor den Kopf zu stoßen. Diese konsequente Weigerung, auf die Empfindlichkeiten der anderen Rücksicht zu nehmen, bildete ohne Frage einen seiner hervorstechenden Charakterzüge. Die Segnungen nützlicher Netzwerke zu verschmähen, unbeirrt den eigenen Weg zu gehen und dafür auch gravierende Nachteile in Kauf zu nehmen, entsprach seiner Vorstellung von wahrem Adel in einer Zeit allgemeiner Käuflichkeit und grassierender Korruption. Der echte Aristokrat, der nicht nur den Titel, sondern auch die richtige Gesinnung besitzt, wird so von selbst zum Außenseiter und hat auch den Mut, sich als solcher zu zeigen. Hier offenbart sich wieder ein Unterschied zu den Protagonisten von de Sades Romanen, denn die hier geschilderten mächtigen Menschenquäler leben ihre mörderischen Neigungen im Verborgenen aus; für die Außenwelt sind sie allesamt Vorbilder an Tugend und Ehrenhaftigkeit. Dazu passend singen sie das Loblied der Verstellung und berufen sich dabei auf Machiavellis Bild vom perfekten Fürsten. Dieses feige Spiel spielte der Marquis de Sade im eigenen Leben – so zumindest seine Selbsteinschätzung – nicht mit.

Im Sommer 1762 bekundete der künftige Provokateur seine Opposition noch auf recht harmlose Art und Weise. In einer abgelegenen Garnison Nordfrankreichs hatte er zarte Bande zu einer zehn Jahre älteren Dame aus regionalem Adel geknüpft und sich in den Kopf gesetzt, diese

Ehepoker

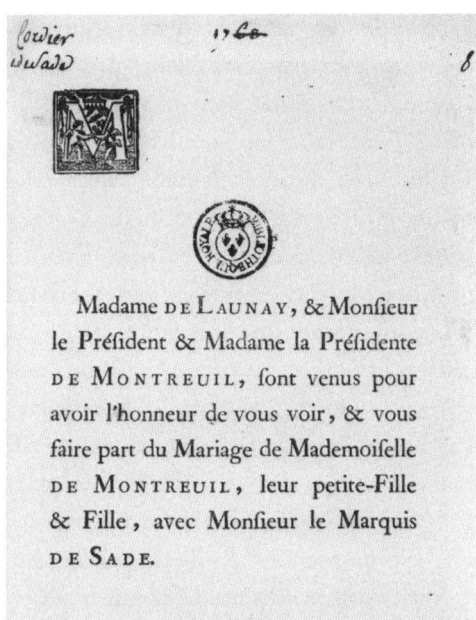

Ankündigung einer
turbulenten Allianz: Die
Familien de Montreuil und
de Sade geben sich die
Ehre, die Vermählung ihrer
Kinder anzuzeigen.

zu heiraten. Damit hätte der zweiundzwanzigjährige Marquis allerdings alle klug eingefädelten Heiratsprojekte seines Vaters zunichte gemacht. Der vom Grafen alarmierte Regimentskommandeur konnte ihm die Pläne dann so leicht und so schnell ausreden, dass beide kurz darauf über diese Verirrung der Sinne herzlich lachten. Eine Ersatzbeschäftigung war schnell gefunden. Nach Auskunft seines Vorgesetzten widmete sich der junge Marquis mit großer Leidenschaft und viel Talent den Aufführungen einer Laienspielgruppe. Geradezu verdächtig fügsam zeigte er sich schließlich, als die langwierigen Bemühungen des Grafen um eine zahlungskräftige Braut in ihre Schlussphase eintraten.

Im Zeichen allgemeiner Erschöpfung und verbreiteter Kampfesmüdigkeit ging Anfang 1763 der Siebenjährige Krieg zu Ende. Der preußische König hatte sich gegen alle von Habsburg geschlossenen Allianzen behauptet und durfte seine Beute Schlesien behalten. Frankreich hingegen hatte nicht nur Schlachten verloren, sondern musste auch seine überseeischen Besitzungen an England abtreten und hatte überdies viel Renommee eingebüßt, vom finanziellen Desaster ganz zu schweigen. Als dessen Folge mussten beim Militär die Kosten reduziert werden. Das Regiment des Marquis de Sade wurde aufgelöst und dieser mit einem besseren Taschengeld als Abfindung «freigestellt». Das letzte verfügbare Familienkapital, das in seine Kompanie investiert worden war, ging damit unwiederbringlich verloren. Alle berechtigten Beschwerden über diese Enteignung seines Sohnes, die der Graf an den Herzog von Choiseul richtete, verhallten ungehört; auf Vater und Sohn de Sade musste man offensichtlich keine Rücksicht mehr nehmen. Für den Vater war dieser Schlag so hart, dass er schwer erkrankte und beinahe gestorben wäre.

Aber schon vier Monate nach dieser herben Niederlage durfte der wieder genesene Graf an der Familienfront einen Triumph feiern: Am 15. Mai 1763 setzte er seine Unterschrift unter den Ehevertrag seines Sohnes, zwei Tage später wurde die kirchliche Trauung in Ville-l'Evêque bei Paris vollzogen. König Ludwig XV. selbst hatte einige Tage zuvor seine allerhöchste Zustimmung erteilt. Diese Ehre wurde nicht der Familie der Braut, sondern den Mitgliedern der Familie de Sade, den verstorbenen wie den lebenden, zuteil; zum letzten Mal fiel auf ihre Familiengeschichte so etwas wie adeliger Glanz.

Die Heirat, die der Graf für seinen Sohn ausgehandelt hatte, mehrte diesen dynastischen Ruhm nicht, wohl aber das arg zusammengeschmolzene Familienvermögen. Renée-Pélagie de Montreuil, die Braut des Marquis, brachte diesem eine sehr ansehnliche Mitgift ein, und die Schwiegereltern statteten den Haushalt der Jungvermählten großzügig aus. Mit diesen Aufwendungen erfüllten sie ihren Teil des Kontrakts. Der Marquis hingegen brachte seinen Namen in diese Allianz ein. Dessen Klang war immer noch gut genug, um seinen schlechten persönlichen Ruf zu übertönen, die de Montreuil dazu zu bewegen, ihre Tochter und beträchtliche Vermögenswerte herzugeben, und so das soziale Gefälle zwischen den beiden Familien auszugleichen.

Der Schwiegervater des Marquis ließ sich zwar *Monsieur le Président* titulieren, doch das damit verbundene Amt eines Vorsitzenden der *Cour des Aides*, des höchsten französischen Steuergerichtshofes, das ihm 1743 übertragen worden war, übte er schon seit neun Jahren nicht mehr aus. Ganz frisch war hingegen der Adel, dessen sich «der Präsident» rühmen durfte. 1740 hatte ihm sein Vater, der reiche Geschäftsmann Jacques-René Cordier, der sein Vermögen mit der Finanzierung der französischen Kriegszüge gemacht hatte, die Baronie Echauffour nebst der dazugehörigen Lehnsherrschaft Montreuil gekauft, nach der sich der Sohn künftig nannte. Doch das war durchsichtige Camouflage. Für Aristokraten von echtem Schrot und Korn blieben die «de Montreuil» auf alle Ewigkeit Cordiers: Sie waren keine Edelleute, sondern schmutzige Wucherer, die an Kriegen verdienten, für die echte Adelige ihr Leben riskierten.

Die Gattin des Präsidenten namens Marie-Madeleine, geborene Masson de Plissay, entstammte demselben Milieu wie ihr Mann, aber im Gegensatz zu ihrem schattenhaften Ehegespons besaß sie Ehrgeiz und Willenskraft geradezu im Übermaß. Sie war denn auch die treibende Kraft hinter der unstandesgemäßen Heirat des Marquis. Eine Verbindung mit dem Hause de Sade bedeutete die Erfüllung ihrer Aufstiegsträume. Waren die Ringe erst einmal getauscht – so ihre Erwartung –, dann war der Name de Montreuil von den letzten Schlacken unadeliger Herkunft und anrüchigen Gewerbes befreit.

Renée-Pélagie, die frisch gebackene Madame de Sade, war anderthalb Jahre jünger als ihr Gemahl, bodenständig und mit viel gesundem Menschenverstand, doch mit wenig Grazie ausgestattet. Dazu war sie direkt, nicht selten etwas derb in ihrer Ausdrucksweise, alles andere als elegant und insgesamt eher bieder, mit anderen Worten: ideal als Gutsverwalterin und Mutter einer großen Kinderschar, doch für die Repräsentation bei Hofe aufgrund fehlenden Esprits ungeeignet. So lauteten die Einschätzungen ihres Schwiegervaters und ihrer eigenen Mutter. Für den unruhigen Marquis schien sie mit diesen Eigenschaften die passende Partie zu sein: verständnisvoll, tolerant, sparsam und mit all diesen Qualitäten in höchstem Maße alltagstauglich. Mit der richtigen Mischung aus Nachgiebigkeit, Mütterlichkeit und Strenge würde sie ihren kapriziösen Gatten an sich ketten und nach und nach domestizieren, so die

*Der Marquis de Sade im Alter von einundzwanzig Jahren,
wie ihn der Maler Charles-Amédée-Philippe van Loo sah*

frommen Wünsche der Ehestifter. Selten wurde eine so kluge Kalkulation so katastrophal widerlegt.

Mit den jungen Eheleuten und der Präsidentin, so der prätentiöse Titel von de Sades tatkräftiger Schwiegermutter, sind drei Hauptpersonen des jetzt anhebenden und mehr als ein Vierteljahrhundert dauernden Dramas vorgestellt. Für das gebannte Publikum stellte es sich als eine alle Gattungsgrenzen sprengende Mischung aus griechischer Tragödie, deftigem Schwank, tränenreichem Melodram, Psychothriller und Schauerballade dar. Für die possenhaften Elemente waren, ganz wie in der klassischen Theatertheorie seit Aristoteles, die Dienstboten zuständig; für die reichlich fließenden Tränen sorgte die Gattin des Marquis, dieser selbst steuerte den Horror und die Spannung bei, während die Präsidentin mit ihren Umtrieben für die dramatischen Zuspitzungen sorgte. Einen kurzen, aber entscheidenden Gastauftritt auf dieser wild bewegten Bühne hatte Anne-Prospère, die jüngere Schwester der Braut. Zum Zeitpunkt von deren Hochzeit war sie erst zwölf Jahre alt. Ihre machtbewusste Mutter hatte sie in eine Klosterschule gesteckt, um sie für eine zweite, nicht minder prestigeträchtige Verheiratung aufzusparen; diese dynastische Handelsware wollte sie um jeden Preis intakt halten, doch schon einige Jahre später spielte Anne-Prospère, die «kleine Domherrin» genannt, die Rolle der ebenso unschuldigen wie verführerischen Klosterschülerin und verdrehte damit ihrem Schwager den Kopf. Nicht nur die kleine Domherrin, auch ihre Mutter, die weltgewandte Präsidentin, schwärmte anfangs für ihren schönen, auf attraktive Art anrüchigen Schwiegersohn in spe, wie ihr Schreiben an den Abbé de Sade einen Tag vor der Hochzeit belegt:

> Ihr Herr Neffe scheint mir der liebenswürdigste und willkommenste Schwiegersohn schlechthin, und zwar durch den Ausdruck von Vernunft, Sanftmut und guter Erziehung, die ihm durch Ihre Anstrengungen zuteil wurden.[9]

Da war sie wieder, die *douceur*, die «Süße», die schon sein Regimentschef am jungen de Sade entdeckt zu haben glaubte. Dass auch die Braut Renée-Pélagie von ihrem elegant-dämonischen Gatten bezaubert war, verstand sich von selbst.

Die etwa zwei Jahre vor der Hochzeit angefertigte Zeichnung Van Loos – das einzige gesicherte Konterfei de Sades überhaupt – zeigt im Profil einen elegant frisierten jungen Mann, fast noch einen Knaben, mit hoher Stirn, ausgeprägter Nase, kräftigem Kinn und einem neugierigen, zwischen Schmachten und Schmollen schwankenden Blick. Damit wirkt er wie Cherubino aus Mozarts *Hochzeit des Figaro*: sinnlich, flatterhaft und vor allem unreif. Nichts davon lässt auf den biographisch bezeugten Marquis, den in zahlreichen Schlachten bewährten Kavallerie-Offizier mit dem faszinierend schlechten Leumund, schließen. Dabei war es gerade diese Mischung aus Verführer und Verderber, Verlockung und Schauder, die den jungen Schlossherrn von Lacoste unwiderstehlich machte.

ZWEITES KAPITEL

*Herr von Lacoste*

1763–1778

*Erste Auffälligkeiten*

Der junge Marquis de Sade war von der arrangierten Eheschließung mit Renée-Pélagie de Montreuil nicht gerade begeistert. Erst unmittelbar vor der Unterzeichnung des Kontrakts im Mai 1763 traf er am Ort des Geschehens ein. Während sein Vater mit der Präsidentin über die Mitgift feilschte, vergnügte er sich mit einer Gespielin, die viel mehr nach seinem Herzen war: Laure-Victoire Adeline de Lauris, gleichaltrig und auch sozial mindestens ebenbürtig, hinreißend schön, kein Kind von Traurigkeit und ihrem Geliebten auch in Sachen Kaltblütigkeit und Berechnung absolut gewachsen. Nach einer kurzen heißen Affäre war sie es, die ihm in Anbetracht seiner bevorstehenden Hochzeit mit Fräulein de Montreuil den Laufpass gab. Von welcher Art die Empfindungen des Marquis für sie waren, lässt sich nicht sicher ermitteln – gerade weil seine Briefe vor Leidenschaft nur so überborden:

> Eidbrüchige! Undankbare! Was ist aus Deinen Versprechungen geworden, mich immer und ewig lieben zu wollen! Wer zwingt Dich zur Untreue? Wer zwingt Dich, eigenhändig die Bande zu zerreißen, die uns für immer vereinen sollten? Hast Du meine Abreise für eine Flucht gehalten? Glaubst Du, dass ich Dich fliehen und weiter leben kann? ... Göttliche Freundin! Einzige Stütze meines Herzens, einziges Glück meines Lebens! Wohin treibt mich

meine Verzweiflung? Übe Nachsicht mit den Herzensergießungen eines Unglücklichen, der sich selber nicht mehr kennt und dem, nachdem er alles verloren hat, was er liebt, der Tod zur einzigen Zuflucht wird. Wer kann mich jetzt noch ans Leben ketten, dessen einziges Entzücken Du warst? Ich verliere Dich und mit Dir mein Leben. Diese Leiden kann ich nicht überleben. Und Du, was machst Du? Was wird aus Dir? Wer und was bin ich in Deinen Augen? Schrecken, Liebe oder was? Sag es, wie siehst Du mich?[1]

Und so weiter – das Schreiben füllt volle acht Folioseiten. Der Graf de Sade hätte sich in derselben Situation mit ein paar frivolen Wendungen begnügt. Doch unterdessen hatte sich der Zeitgeist gewandelt. Zwei Jahre zuvor war Rousseaus Briefroman *Julie ou La nouvelle Hélöise* erschienen, der mehr junge Comtessen zum Schluchzen brachte als jedes andere literarische Produkt dieser Zeit. Von nun an war die Sprache der Empfindsamkeit Pflicht. So wurde noch die flüchtigste Beziehung zum romantischen Seelendrama; war sie zu Ende, wurde sie mit Herzblut in das Buch des unheilbaren Herzschmerzes eingetragen und war nach einigen Tagen vergessen. Selbst Liebschaften mit Edelprostituierten werden unter der Feder des Marquis und seiner Altersgenossen zu Leidenschaften auf Leben und Tod stilisiert.

Worum es de Sade im Brief an die spröde Ex-Geliebte wirklich ging, lassen verräterische Wendungen klar erkennen: Der Sitzengelassene war in seiner Eitelkeit gekränkt und fürchtete um sein Prestige als Herzensbrecher. Am Ende blieb ihm nicht nur das so tränenreich beschworene kummervolle Herz, sondern auch eine Geschlechtskrankheit. Sechs Wochen vor der Hochzeit war das eine Peinlichkeit ersten Ranges; immerhin erwies sich die Infektion als harmlos und verschwand gerade noch rechtzeitig.

Viel unangenehmer als die Kränkung durch seine Geliebte war für den Marquis die Tatsache, dass er, der Spross aus uraltem Adelsgeschlecht, eine Frau aus dem Milieu des Robenadels und der Hochfinanz heiraten sollte. Solche Verschwägerungen waren zwar im 18. Jahrhundert nicht unüblich, doch zu einer mentalen und sozialen Verschmelzung beider Elitensegmente führten sie nicht. Im Gegenteil: Für traditionelle und «neokonservative» Adelige, die nach 1750 die feudalen Rangverhältnisse und die damit verbundenen «Werte» wiederentdeckten, blieb eine solche Verbindung eine klassische Mésalliance. So sah es auch der Marquis de Sade. Die Verachtung, die er diesen notdürftig nobilitierten *bourgeois* von Anfang an entgegenbrachte, steigerte sich viele Jahre später, nach verlorenen Kämpfen gegen seine übermächtige Schwiegermutter mit ihren nützlichen Beziehungen, zu einem Hass von geradezu infernalischer Intensität. Seine Rache nahm der adelige Verlierer hinter Gefängnismauern literarisch: Die schauerlichen und lächerlichen Gestalten seiner Romane und Novellen tragen überdurchschnittlich häufig den verhassten Titel eines «Präsidenten», und der Reichtum, der sie zu ihren Schandtaten befähigt, stammt zum großen Teil aus Steuerpachten. Die grauenhaften Metzeleien, die sie ungestraft, ja, von der Gesellschaft hofiert anrichten, werden zum Sinnbild der Verfolgungen und Verurteilungen, als deren schuldloses Opfer sich der Autor dieser alptraumhaften Szenerien sah.

Aber so weit war es im Sommer 1763 noch nicht. Die von seinem Charme weiterhin eingenommene Madame de Montreuil und sein immer griesgrämigerer und frommerer Vater beobachteten den wilden Marquis mit Argusaugen: War er auch nett zu seiner Frau? Die ersten Nachrichten lauteten günstig. Dass der frischgebackene Ehemann der braven Renée-Pélagie die Treue hielt, erwartete weder diese selbst noch ihre Schwiegermutter. Er sollte sich nur austoben, solange er dabei die von jetzt an verbindlichen Regeln beachtete: Affären nicht an die große Glocke hängen, nicht zu viel Geld für diese Seitensprünge ausgeben und vor allem keine Skandale verursachen! Allerdings standen die beiden ersten Verbote den Normen der aristokratischen Prestige-Maximierung entgegen. Das dritte Gebot schließlich erwies sich als unvereinbar mit den ganz persönlichen Vorlieben des Marquis. So hielt die allgemeine Zufriedenheit mit dem jungen Ehemann nicht lange an.

Schon im September 1763 überwarf sich der Marquis endgültig mit seinem Vater; dabei ging es um die Einkünfte aus der Statthalterschaft, für die der Sohn nicht nur eine genaue Abrechnung, sondern auch Nachzahlungen verlangte. In diesem Streit stand die Präsidentin ganz auf der Seite ihres Schwiegersohns, was den Grafen erst recht in Rage versetzte:

Ich habe weniger als 4000 Franc an Rente für mich behalten, ich unterhalte meinen Sohn und stellte ihn von allen Lasten frei, um ihm die Erträge seines Amts ungeschmälert zu überlassen und sie so bis zu dem Tag zu bewahren, an dem er die Ehre hatte, Ihr Schwiegersohn zu werden – eine Ehre, die ich zu meinem Nachsehen mit meinem gesamten Besitz erkauft habe.[2]

Das klang bereits nach der Absage an einen Filius, der zuerst vernachlässigt, dann vergöttert und dann verstoßen wurde. Das ernüchterte Schreiben des Grafen datiert vom September 1763.

Unterdessen verbrachte de Sade lange Ferien auf Schloss Echauffour, dem Landsitz seiner Schwiegereltern. Am 15. Oktober brach er von dort auf, um sich in Dijon offiziell zum Statthalter der vom Vater übernommenen Provinzen einsetzen zu lassen. Am 18. machte er in Paris Station, um sich nach der langen Phase des erzwungenen Wohlverhaltens richtig auszutoben. Dazu begab er sich in das «kleine Haus» im Faubourg Saint-Marceau vor den Toren von Paris, das er auch nach seiner Eheschließung für seine verschwiegeneren Vergnügungen unterhielt. Zusätzlich besaß er unweit der Hauptstadt zwei weitere «Lust-Stützpunkte» in Versailles und Arcueil. Was nun geschah, lässt sich der Anzeige der Jeanne Testard, ihres Zeichens Fächermacherin und Gelegenheitsprostituierte, entnehmen, die diese bei Hubert Mutel, Advokat beim Parlament von Paris und Königlicher Rat, erstattete. Demnach war besagte Jeanne Testard, die ihr Alter mit zwanzigeinhalb Jahren angab, am 18. Oktober gegen acht Uhr abends von der stadtbekannten Kupplerin Rameau gefragt worden, ob sie für zwei Louisdor einem unbekannten Herrn von ungefähr zweiundzwanzig Jahren zu Diensten sein möge. Nach ihrer Einwilligung sei sie von diesem in Begleitung eines Domestiken namens La Grange in einer Kutsche in dessen Absteige verbracht worden, wo sich ihr Kunde in einem Zimmer des ersten Stockes mit ihr zusammen eingeschlossen habe.

Alleine mit der Anzeigeerstatterin, habe er sie zuerst gefragt, ob sie fromm sei und an Gott, Jesus Christus und die Jungfrau Maria glaube. Darauf habe sie geantwortet, dass sie daran glaube und dass sie mit allen Kräften gemäß den Regeln der christlichen Religion lebe, in der sie erzogen worden sei. Darauf entgegnete der Unbekannte mit schrecklichen Flüchen und Blasphemien und behauptete, dass es keinen Gott gebe, wie er es selbst erfahren habe. Dabei befingerte er sich und ergoss sich in einen Kelch. Bei seinem vorangehenden Geschlechtsverkehr mit einem anderen Mädchen, so der Unbekannte, habe er zwei Hostien geschändet und dabei gerufen: Wenn Du Gott bist, räche Dich![3]

Damit hatte die Profanierung des Heiligen noch kein Ende. Im Nebenzimmer, so weiter Jeanne Testard, zeigte ihr der Ruchlose diverse Peitschen, darunter eine aus Eisendraht, drei Kruzifixe aus Elfenbein sowie religiöse Andachtsbilder, um die sich äußerst unanständige Stiche gruppierten. Daraufhin habe er sie gedrängt, ihn mit der Eisenpeitsche zu geißeln und sich selbst danach von ihm auspeitschen zu lassen, was sie jedoch verweigert habe. Als ihr rabiater Kunde sie daraufhin mit dem Degen und dem Hinweis auf zwei Pistolen, die auf einem Tisch lagen, bedrohte, habe sie auf seinen Befehl hin ein Kruzifix mit Füßen getreten und dazu Gotteslästerungen ausgestoßen, nachdem er seinen Samen auf ein zweites Kruzifix vergossen habe. Ihren Darm nach einem Einlauf auf ein weiteres Kruzifix zu entleeren, lehnte sie jedoch ebenso standhaft ab wie Analverkehr. Den Rest der Nacht, den sie ohne Nahrung und Schlaf verbrachte, las ihr der Unbekannte, so die Anklägerin weiter, obszöne und blasphemische Verse vor, die er von einem gleichgesinnten Freund erhalten hatte. Zum Schluss verabredete er sich mit ihr für den nächsten Sonntag, um in der Kirche von Saint-Medard gemeinsam einen Hostienfrevel zu begehen, und nahm ihr den Schwur ab, nichts von den Geschehnissen in seinem Hause verlauten zu lassen.

Bei diesem ersten «Akt der Ausschweifung», der einem Gericht und danach der Öffentlichkeit bekannt wurde, stechen verschiedene Leitmotive ins Auge. In den realen Orgien insistierte der Marquis nicht, wenn er auf Widerstand traf. So blieben die geplanten Höhepunkte mit der wechselseitigen Auspeitschung aus. Dass sich die arme Jeanne Testard tatsächlich geweigert hat, das Kruzifix mit Füßen zu treten, erscheint in diesem Licht zweifelhaft. Wahrscheinlich war das eine Schutzbehauptung, um nicht selbst des Religionsfrevels angeklagt zu werden; in Wirklichkeit dürfte es ihr ratsam erschienen sein, ihrem unheimlichen Kunden zumindest in diesem Punkt zu willfahren. So stellt sich die Frage, wozu de Sade sie danach überhaupt noch brauchte. Alle sexuellen Handlungen vollzog er schließlich alleine, für das ansehnliche Honorar war Jeanne Testard kaum mehr als die Zeugin seiner Profanierungen. Der Schlüsselsatz zum Verständnis der «Affäre» und des Marquis insgesamt ist das unauffällige «wie er es selbst erfahren habe». Was hatte es mit diesem negativen Gottesbeweis auf sich? Da sich der Marquis bis zu seinem Tod dazu nicht näher geäußert hat, lassen sich nur indirekte Schlussfolgerungen ziehen. Hatte der Marquis auf dem Schlachtfeld vergeblich Gott angerufen, oder hatte das von König und Kirche legitimierte Blutvergießen allein genügt, um ihm den Glauben an ein höheres Wesen zu nehmen? De Sades lebenslanger Hass auf alles legale Töten und die auffällige Ausblendung seiner Kriegserfahrungen legen solche Vermutungen nahe. Die Kriegsgerichtsakten des 18. Jahrhunderts sind voller Fälle, in denen junge Soldaten Gott abschwören und sich eidlich dem Teufel, der stärkeren Kraft auf Erden, anschließen.

Dass er ein traumatisches Erlebnis dieser Art hatte, lässt sich aus den Handlungen wie den Phantasmagorien des Marquis gleichermaßen ableiten. Trotz seines atheistischen Bekenntnisses veranstaltete er nach der traumatischen Erfahrung, dass Gott nicht existiert, mit Jeanne Testard eine weitere Probe aufs Exempel: Der Christengott sollte einen eindeutigen Beweis seiner Existenz liefern oder für immer abdanken. Dasselbe Argument spielt in umgekehrter Stoßrichtung in den Diskursen von de Sades fiktiven Libertins eine wichtige Rolle: Wenn es einen gütigen Weltschöpfer gibt, der den Menschen zur Tugend anleiten möchte, warum offenbart er sich dann nicht allen Menschen aller Zeiten in allen Weltteilen zugleich, und zwar nicht in kryptischen Büchern, sondern eindeutig, unwiderleglich und ein für alle Mal?

De Sades aggressiver Atheismus, der sich in den wüsten Schändungsakten vom Oktober 1763 zeigt, stellt sich im Vergleich mit den souveränen «Gott ist eine menschliche Erfindung»-Beweisführungen seiner literarischen Figuren weltanschaulich ungefestigt, ja, unfertig dar. Ganz

## Erste Auffälligkeiten

ähnlich waren in den Bilderstürmen des Reformationszeitalters einfache Leute vor Heiligenbilder getreten: Wenn du wirklich helfen kannst, so hilf dir selbst, sonst verbrennen wir dich! Dahinter stand keine nüchterne, ideologisch oder gar wissenschaftlich fundierte Glaubenslosigkeit, sondern eine tiefe Wut darüber, in die Irre geführt und mit der falschen Religion abgespeist worden zu sein. Von einer ähnlichen Frustration zeigte sich auch der dreiundzwanzigjährige Marquis erfüllt. Sein Atheismus war keine leidenschaftslose Alternative zum Schöpfungsglauben, sondern ein gequälter Aufschrei über die Abwesenheit des Gottes, in dessen Namen er einige Monate zuvor getraut worden war.

Durch die Akte der Herausforderung und der Schändung, mit denen de Sade diesen Gott versuchte und auf die Probe stellte, zeigte er sich ihm stärker verbunden, als er wahrhaben wollte. Seine Profanierungen waren nicht nur eine enttäuschte Auflehnung gegen einen Gott, der sich nicht zeigt, sondern auch und vor allem eine Rebellion gegen die Gesellschaft. Diese hatte sich mit diesem falschen Gott komfortabel eingerichtet und wollte im Namen dieser absurden Konventionen das Individuum de Sade mit all seinen von der Natur eingepflanzten Neigungen dazu zwingen, sich nicht minder widernatürlichen Regeln wie der Heirat mit einer ungeliebten Frau unterzuordnen. Durch die rituell vollzogene Perversion des Gottesdienstes im Faubourg Saint-Marceau führte er diese Verkehrung natürlicher Lebensverhältnisse vor Augen: Pervers waren die anderen, die ihn daran hindern wollten, seine natürlichen Leidenschaften auszuleben. Das war die Lektion, die Jeanne Testard vermittelt werden sollte. Zugleich war die Abweichung vom Glauben und von den Regeln der anderen für den Marquis ein lustvoller Akt. Das sollte auch in den Folterkellern seiner Romane so bleiben. Ich unterscheide mich, also bin ich: Diese Selbstvergewisserung war ganz überwiegend sexuell bestimmt. Das war sie schon bei Vater de Sade und dem Herzog von Richelieu mit ihren Listen prestigeträchtiger Eroberungen. Was bei diesen sozial akzeptierten Libertins noch die Ehre einer schmalen Standeselite ausmachte, war eine Generation später beim Marquis de Sade zum Akt der absoluten Selbstabsonderung geworden.

Wie in den späteren Textwelten sollte das Lustobjekt auch in der Realität des «kleinen Hauses» von den Erkenntnissen des Herrn überzeugt werden. Wozu sollten sonst die bizarren Vorlesestunden mit selbstverfasster obszön-atheistischer Literatur dienen? Der Freund, der diese Texte angeblich verfasst hatte, darf als frei erfunden gelten. Mit seinen extremen Ansichten stand schon der junge Marquis einsam da. Trotzdem wollte er offensichtlich missionieren und Anhänger um sich scharen. Auch das gilt für die Wüstlinge seiner großen Romane. Obwohl sie sich ihrer Identität durch die Verachtung der Regeln versichern, die für die dumpfe Masse gelten, sind sie unermüdlich bestrebt, ihren Opfern ihre überlegene Weltsicht einzuhämmern.

Anders als der junge de Sade treten seine späteren Romanfiguren stets im Rudel auf. Auch wenn sie durch Verbannung oder andere ungünstige Umstände zeitweise isoliert sind, finden sie schnell und instinktsicher zueinander. Nachdem sie sich zu einer mörderischen Gruppe zusammengeschlossen haben, die den Werten der Mitmenschlichkeit für immer abgeschworen hat, müssen sie sich jedoch die Frage stellen, was diese Orgien- und Mordgemeinschaften eigentlich zusammenhält. Wenn Verrat und Heimtücke Mittel der Luststeigerung sind, woher weiß ich dann, dass die anderen nicht morgen über mich herfallen werden? Die Antworten darauf lauten stereotyp: Wir lassen dich am Leben, weil du unsere Gesinnung teilst und unseren Zwecken dienst. Wirklich beruhigend waren diese Zusicherungen nicht, und die Rudelbildungen der Libertins daher auch nicht von Dauer. Schon bald wurde die Verlockung, nichts ahnende Mittäter in Vulkanschlünde zu stoßen oder auf philosophisch noch originellere Weise zu ermorden, unwiderstehlich. Von sehr seltenen Ausnahmen wirklich ebenbürtiger Verruchtheit abgesehen, ist der Libertin auf Dauer zur erhabenen Einsamkeit bestimmt.

Im Gegensatz dazu schien der junge Marquis de Sade zu glauben, dass zwischen ihm und Jeanne Testard nach der atheistisch-obszönen Lektürenacht eine Komplizenschaft oder gar Gesinnungsgemeinschaft bestand. Wie konnte er sonst davon ausgehen, dass die verängstige junge Frau vier Tage später mit ihm den geplanten Hostienfrevel und damit einen lebensgefährlichen Akt vollziehen würde? Für solche Blasphemien

# Erste Auffälligkeiten

wurden Täter ohne ausreichende Protektion zum Tode verurteilt und mit ausgesuchter Grausamkeit hingerichtet. Andererseits schien de Sade diesem Pakt nicht völlig zu trauen, sonst hätte er sich nicht schriftlich Verschwiegenheit garantieren lassen. Glaubte er wirklich, dass ihn eine solche Unterschrift vor Verfolgung schützen würde? Falls ja, wäre das reichlich naiv gewesen. Diese Naivität oder auch Nonchalance wurde von jetzt an zur Regel. Der Marquis kam, provozierte und ging verrichteter Dinge seiner Wege, als sei nichts gewesen, wie seine im Abstand von gut vier Jahren aufeinander folgenden Experimente mit Prostituierten belegen. Dabei war ihm selbstverständlich bewusst, wie sehr er die Gesellschaft der Wohlanständigen durch seine Grenzüberschreitungen provozierte. Wie man die «Affäre» mit Jeanne Testard auch dreht und wendet, die Widersprüche zwischen sorgfältiger Planung und völligem Verzicht auf Vertuschung bleiben unaufgelöst. Der Marquis hatte die Bühne für seine Profanierungen sorgfältig mit den passenden Requisiten ausgestattet, die nötigen Texte verfasst und den Ablauf des Stücks genau im Kopf. Selbst ein Plan B, der durch die Verweigerungen Jeanne Testards aktuell wurde, war offensichtlich entworfen. Auf diese Weise ähnelte die Inszenierung einer minutiösen Versuchsanordnung. Das Experiment hatte zum einen das Ziel, die Nichtexistenz Gottes zu beweisen. Zum anderen wollte der Marquis dadurch, dass er nicht nur selbst peitschte, sondern sich auch peitschen ließ, auf empirischem Wege überprüfen, was die Opfer dieser Leidenschaft dabei empfinden: War es Lust durch Leiden oder nur dumpfer Schmerz? Dass sein Opfer Todesangst ausstand und sich nach überstandenem Schrecken an die Polizei wenden würde, scheint der Marquis nicht einmal in Erwägung gezogen zu haben. Das zeugt von Standesarroganz, doch auch von einem völligen Mangel an Empathie.

Die Begegnung mit Jeanne Testard war offenbar nicht das erste Arrangement dieser Art. Die Polizei hörte sich in den Bordellen nach ähnlichen Vorfällen um und wurde rasch fündig. Am 29. Oktober 1763 wurde der Marquis de Sade von Inspektor Marais verhaftet. Dieser Spezialagent für die Vergehen hochgeborener Libertins sollte ihm von jetzt an wie ein Schatten folgen. Seine Spitzel hatte Marais überall, vor allem dort, wo sie der Ausgespähte am wenigsten vermutete: in der Provence und selbst in Italien. Da sich die Aufzeichnungen dieses Maigrets des 18. Jahrhunderts erhalten haben, lässt sich ermessen, wie dicht das Netz der Überwachung war. Adelige Libertins besaßen keinen Freibrief zur Ausschweifung mehr – die bürgerliche Moral der Aufklärung war bis in die Ministerien und Amtsstuben vorgedrungen. Dort suchte man jetzt nach schwarzen Schafen, um sie auf dem Altar der empörten Öffentlichkeit zu opfern.

Die Anzeige der Fächermacherin heizte die Empörung der Wohlgesinnten zur Weißglut an. Monsieur de Saint-Florentin, seines Zeichens Minister des königlichen Hauses, plädierte sofort für eine harte und exemplarische Bestrafung; dass die Vertreter der Kirche in diesen Rachechor einstimmten, verstand sich von selbst. Die «Ausschweifung» selbst war Nebensache, weil Geißelungen sowie «unnatürlicher» Geschlechtsverkehr in den Pariser Luxusbordellen auf der Tagesordnung standen. In dieser Hinsicht konnte von Tabubruch keine Rede sein. Das strafwürdige Vergehen des Marquis war die systematische Beleidigung Gottes und der Kirche.

Dafür wurde er in den Schlossturm von Vincennes eingesperrt, wo schon führende Intellektuelle der Aufklärung wie der große Enzyklopädist Denis Diderot ihre Aufsässigkeit hatten büßen müssen. Ein besseres Fegefeuer für schlecht Denkende und Handelnde konnte die Monarchie nicht finden: Mit seinen dicken Mauern, wuchtigen Türmen, dunklen Verliesen und der unbarmherzig die verrinnenden Stunden zählenden Uhr war das alte Schloss das Furcht erregende Sinnbild des Ancien Régime und damit die ideale Umerziehungsanstalt schlechthin. Für seine Provokation hatte sich der junge Libertin zudem den denkbar ungünstigsten Zeitpunkt ausgesucht. Frankreich hatte schwere Niederlagen und Demütigungen hinnehmen müssen. Für fromme Gemüter war das eine verdiente Strafe Gottes. Hatte sich sein Statthalter auf Erden, der mit dem heiligen Öl gesalbte König, nicht jahrzehntelang mit einem regelrechten Harem vergnügt? Das war nun die Quittung für diese allerhöchsten Orgien. Die Popularität Ludwigs XV. sank durch seine Günstlingswirtschaft immer tiefer. Es schien an der Zeit, ein Exempel zu statuieren und der Öffentlichkeit zu zeigen, dass der allerchristlichste König nicht bereit war, dem Sittenverfall seines Adels tatenlos zuzusehen. Der Missetäter selbst gab sich so reuig wie nur möglich. So bat er seinen Kerkermeister in den unterwürfigsten Tönen darum, ihm den Besuch seiner Frau zu gestatten:

> Schenken Sie mir das süße Erlebnis, mich mit einer Person auszusöhnen, die mir teuer ist und die ich durch meine unverzeihliche Schwäche so schwer gekränkt habe ... Wenn sie die Ehre Ihrer Bekanntschaft hätte, würden Sie sehen, dass der Umgang mit ihr, mehr als alles andere in der Welt, einen Unglücklichen, der sich in der Verzweiflung über diese Abweichung verzehrt, auf den rechten Weg zurückzuführen vermag.⁴

Die Sprache der Empfindsamkeit, die hier bis zur Tränenseligkeit gesteigert wird, kann nicht verdecken, dass de Sade eine klar umrissene Strategie verfolgte, nämlich über Renée-Pélagie auf deren Mutter, die Schlüsselfigur seiner Rettungs-Szenarien, einzuwirken. In diesem Zusammenhang war es angebracht, sich auch der Mutter Kirche als der verlorene Sohn zu präsentieren, der reumütig in ihren Schoß zurückzukehren begehrte:

> So unglücklich ich hier auch bin, so beklage ich dennoch mein Los nicht. Ich habe die Rache Gottes verdient und spüre sie jetzt am eigenen Leibe. Meine Missetaten zu beweinen und zu verabscheuen ist meine einzige Beschäftigung. Oh weh! Gott hätte mich vernichten können, ohne mich diese Sünden erkennen und spüren zu lassen. Wie viel Dank muss ich ihm dafür abstatten, dass er mich zur Einsicht kommen ließ! Geben Sie mir dazu weitere Gelegenheit, indem sie mich einen Priester treffen lassen. Durch seine weisen Anleitungen und meine aufrichtige Reue hoffe ich mich bald wieder den göttlichen Sakramenten nähern zu dürfen, deren vollständige Vernachlässigung die vorrangige Ursache meines tiefen Falles gewesen ist.⁵

Der ehemalige Jesuiten-Zögling wusste, wie man den perfekten Reue- und Bußbrief zu verfassen hatte. Für diejenigen, die das Protokoll von Jeanne Testards Anzeige kannten, stellte sich allerdings eine Reihe bedenklicher Fragen. Laut ihrer Aussage hatte der Marquis Gott herausgefordert: Wenn es Dich gibt, musst Du die Beleidigungen, die ich Deinem Sohn zufüge, rächen! Jetzt war tatsächlich von der Rache des Herrn die Rede. War das schwarzer Humor in eigener Sache? Oder war de Sade wirklich davon überzeugt, dass sich der gekränkte Schöpfer in Gestalt von Klerikern und Justizbeamten revanchierte? Pikant ist auch die Bemerkung des Marquis, er habe die Sakramente «vernachlässigt», denn sein Plan war es ja, das heilige Abendmahl so obszön wie möglich zu profanieren. Für einen Kenner der Materie musste das larmoyante Schreiben daher so zu verstehen sein, wie es offensichtlich gemeint war: als Mittel zum Zweck und Verhöhnung der Gutgläubigen.

Schließlich war es Vater de Sade, der am 13. November 1763 beim König die Freilassung seines Sohnes erwirkte. Die erste Haft des Marquis dauerte so gerade einmal fünfzehn Tage. Allerdings war dem rapide alternden Grafen dieser Dienst sauer geworden. Nicht weniger als zehn Louisdor hatte er für die Reise nach Fontainebleau aufwenden müssen, wo sich Ludwig XV. gerade aufhielt. Dafür – so rechnete er seinem Bruder, dem Abbé, vor – hätte er volle zwei Monate lang leben können! Aber nicht nur aus finanziellen Gründen, auch moralisch schmerzte ihn die Inhaftierung des Sohnes. Wie so viele ehemals bekennende Libertins war Vater de Sade auf seine alten Tage nicht nur sparsam, sondern auch fromm geworden und hatte zum Glauben seiner Väter zurückgefunden. Unüberwindliche Hindernisse hatten seiner Rückkehr in den Schoß der allein selig machenden Kirche nie entgegengestanden. Von einem mit lockeren Sprüchen garnierten Deismus à la Voltaire ließ sich der Übergang zu einem umdogmatischen Katholizismus unschwer vollziehen; dazu reichte es aus, ein wenig Reue für die eigenen Jugendsünden zu bekennen. In dieser melancholischen Verfassung betrachtete er – wie er seinem Bruder, dem Abbé, schrieb – die Verfehlungen seines Sohnes als Strafe des Himmels für seine eigenen Vergehen. Im Gegensatz zur Zerknirschung des Sohnes im Schlossturm von Vincennes war das «Mea culpa» des Vaters ernst gemeint. Aber die Sorge der Brüder galt auch dem Ansehen der Familie: Wenn etwas von Donatiens Schandtaten in der Provence ruchbar werden sollte, musste man diese Nachrichten als Verleumdung abtun.

## Inszenierungen mit Laienspielern

Der wilde Marquis war zwar wieder auf freiem Fuß, musste jedoch – das war eine königliche Auflage für seine Haftentlassung – noch einige Zeit unter der Aufsicht seiner Schwiegermutter auf Schloss Echauffour zubringen. Während dieser Bewährungsfrist im Schoße der Familie bewältigte er die ausgestandene Krise auf seine Weise, nämlich auf der Bühne. Eine gut bestückte Laienspielgruppe, darunter die Präsidentin höchstpersönlich, fand sich unter seiner Leitung schnell zusammen. Der schöne Missetäter ließ es sich nicht nehmen, in diesen Stücken die Rolle des Schurken zu spielen. Hieß es nicht bei Aristoteles, dass das Theater im Publikum Furcht und Mitleid auslöst und so zur moralischen Besserung beiträgt? Wenn dem so war, dann mussten diese heilsamen Effekte im Schauspieler selbst noch viel deutlicher hervortreten. Diese Hoffnungen nährte der Marquis bei seinen Lieben. So ergänzte er im April 1764 ein fremdes Stück, das von Ehe- und Treuebruch handelte, um selbst geschmiedete Verse und trällerte diese im Duett mit seiner Gattin, die sinnigerweise die Betrogene mimte:

> Lasst uns die Hoffnung niemals aufgeben!
> Fern von uns war das Glück,
> jetzt ist es in meinem Herzen.
> Alles bürgt Ihnen für meine Beständigkeit.
> Man darf sich über gar nichts wundern:
> Es ist nur ein Schritt vom Bösen zum Guten.[6]

Theater und Wirklichkeit verschränkten sich in dieser Darbietung unauflösbar. Dieselbe Verschmelzung der Ebenen hatte de Sade schon in seinem Zweipersonenstück mit Jeanne Testard vehement angestrebt. Auch wenn diesmal Verzeihung und Versöhnung auf dem Programmzettel standen, ließ die ausgeprägte Neigung des Regisseurs, die Akteure seinem Willen zu unterwerfen und eigene Kompositionen aufzuführen, für die Zukunft nichts Gutes erwarten.

Während der Marquis auf seine Weise Abbitte zu leisten schien, tat sein alter Vater das Seine, um den Namen der Familie zu rehabilitieren. Sein Bruder, der Abbé, brachte endlich den ersten Band seines *Leben des Petrarca* heraus. Darin konnte man nachlesen, dass die unsterbliche Laura die Ahnherrin der Familie de Sade war. Welch ein leuchtendes Gegenstück zum schwarzen Schaf der Familie! Der alte Graf verteilte in den Salons der Hauptstadt freigiebig kostenlose Belegexemplare. Vielleicht befürchtete er bereits, dass die wundersame Katharsis seines Sohnes nur auf der Bühne stattfand.

Schon im Sommer 1764 machte der Marquis in Paris wieder durch seine Mätressen von sich reden. Seine prestigeträchtigste Trophäe war eine Schauspielerin namens Colet, die so heiß begehrt war, dass sie Spitzenkonditionen – hoher monatlicher Unterhalt, teure Wohnung, exquisite Garderobe, Diamantschmuck – für ihre Liebesdienste verlangen konnte. In diesem Wettbewerb machte de Sade das Rennen. Keiner schrieb der Luxuskurtisane so schöne Briefe wie er:

> Oh, wie unglücklich bin ich, mich der Gewalt meiner Leidenschaft in dem Brief, den Sie mir vorwerfen, so hemmungslos ausgeliefert zu haben! Deren Sprache werde ich zügeln, das kann ich, doch die Leidenschaft selbst zu ersticken geht über meine Kräfte. Ihrer bin ich nicht Herr. Ich müsste aufhören zu leben, um aufzuhören, Sie zu lieben.[7]

Doch diese Eroberung erwies sich als ein Pyrrhus-Sieg: Mademoiselle Colet überforderte schnell die finanzielle Leistungsfähigkeit ihres Liebhabers und wurde rasch von der weniger kostspieligen Mademoiselle Beaupré, auch sie «Schauspielerin», abgelöst. Auf die «schöne Wiese» (*beau pré*) folgte der «schöne Nachbar» (*beau voisin*), in Wirklichkeit eine begehrte Kurtisane namens Beauvoisin, die sich der Marquis eigentlich auch nicht leisten konnte, weshalb er sich ihre Unterhaltskosten mit anderen teilte.

Alle diese Eskapaden machten schnell die Runde, was sie ja auch sollten, zeigten sie doch, dass der Ehemann de Sade in der Konkurrenz

*Noch gar nicht glamourös: Dorf und Schloss von Lacoste, photographiert von Man Ray 1936 oder 1937*

um aristokratische Ehre noch lange nicht das Handtuch geworfen hatte. Im Gegensatz zur «Affäre Testard» reagierte seine Schwiegermutter, die Hüterin des Montreuil-Prestiges, auf diese Seitensprünge gelassen. So machten es schließlich mehr oder weniger alle, und schließlich war Donatien ja erst heißblütige fünfundzwanzig Jahre jung. Doch erwies sich diese Gelassenheit als leichtsinnig.

Im Juni 1765 reiste der Marquis mit dem Fräulein Beauvoisin in die Provence und bezog Quartier im Schloss von Lacoste. Endlich bekamen die braven Dorfbewohner ihren Junior-Lehnsherrn wieder einmal zu Gesicht! Diese Gelegenheit, Vasallentreue zu demonstrieren, ergriffen sie beim Schopfe und ließen ihre Kinder vor dem Marquis und seiner Gefährtin im Schäferkostüm Hirtenlieder singen. Dass alle Welt die junge Dame für die Gattin des gnädigen Herrn hielt, war nur allzu verständlich.

Auch wenn dieser später heilige Eide schwor, einer solchen Verwechslung niemals den geringsten Vorschub geleistet zu haben, hatte er doch nichts getan, um den Irrtum aufzuklären. Wahrscheinlich hat der Marquis die Aufführung der Dorfbewohner sogar mit klammheimlicher Schadenfreude verfolgt. So wurde aus einem Schauspiel der reinsten Unschuld eine Betrugs-Komödie. Für den Liebhaber von Profanierungen war das ein erlesener Genuss. Das verwandte und verschwägerte Umfeld dagegen musste der Vorgang alarmieren. Der Abbé mobilisierte sogar seine Schwester Gabrielle-Léonore, die Äbtissin von Saint-Benoît in Cavaillon, die ihren liederlichen Neffen mächtig ins Gebet genommen haben muss. Anders ist sein äußerst aggressives Antwortschreiben an sie nicht zu erklären:

> Als eine Ihrer Schwestern, obgleich wie ich verheiratet, öffentlich mit ihrem Liebhaber zusammenlebte, haben Sie deshalb Lacoste als einen verrufenen Ort betrachtet? Ich tue nicht mehr Böses als sie, und zusammen genommen sind wir immer noch ziemlich unschuldig. Was den Herrn betrifft, von dem Sie Ihre Neuigkeiten haben, so hält er sich, obgleich Priester, stets ein paar Huren im Haus – entschuldigen Sie, wenn ich denselben Ausdruck wie Sie benutze. Ist sein Schloss also ein Harem? Nein, es ist ein Bordell! Verzeihen Sie also meine Seitensprünge, die liegen nun einmal in der Familie. Und wenn ich mir etwas vorzuwerfen habe, dann, dass ich das Unglück hatte, in diese Familie hineingeboren zu werden. Möge Gott mich vor all den Lächerlichkeiten und Lastern bewahren, von denen es in ihrem Schoße nur so wimmelt. Ich würde mich schon fast für tugendhaft halten, wenn ich nur einen Teil davon übernehmen würde.[8]

Mit seinem Vorwurf der Heuchelei lag der Marquis durchaus richtig, denn der Präsidentin und dem Abbé ging es genau um diesen kleinen, aber feinen Unterschied zwischen offener «Sünde» und «Sünde» hinter moralischer Fassade. Beide tauschten sich in den Jahren 1765 bis 1767 ausführlich darüber aus, wie man den anstößigen Marquis dazu bringen konnte, zumindest ansatzweise den Schein der Ehrbarkeit zu wahren. Da er auf sanfte Vorhaltungen, so die resolute Präsidentin in einem Brief an den Abbé, nur mit neuen Dreistigkeiten reagierte, versprach allein eine Strategie der Härte Erfolg:

Beschimpfen Sie ihn, und geben Sie nicht nach! So werden Sie ihn dazu zwingen, aus Respekt für Sie mehr Anstand an den Tag zu legen, seine Ausgaben zu reduzieren, zurückgezogener zu leben und niemanden zu empfangen. So wird sein Lebensstil weniger anstößig und schließlich unbeachtet.[9]

Das war reines Wunschdenken. Schon Ende August 1765 war de Sade wieder in Paris, um sich dort erneut in kostspielige Vergnügungen zu stürzen. In der Provence hinterließ er einen Schuldenberg und einen lädierten Ruf. In der Hauptstadt gestaltete sich sein Verhältnis mit dem Fräulein Beauvoisin immer turbulenter, wie der allwissende Inspektor Marais mokant notierte. Eine Eifersuchtsszene jagte die andere, wie ein wutentbrannter Brief des Marquis an seine käufliche Geliebte zeigt:

Habe ich dich endlich entlarvt, du Monster! Deine Schlechtigkeit hat ihren Gipfel erreicht! Deine Täuschung ist reichlich simpel – wozu ein anonymer Brief? Du hättest mir nur zu sagen brauchen, dass du mich verlassen willst, ich hätte dich nicht mit Gewalt festgehalten. Ich könnte mich jetzt rächen, es dir heimzuzahlen und dir so alle Hoffnung nehmen. Doch zu solchen Niedrigkeiten bin ich nicht fähig. Geh nur, du gibst mich mir selbst zurück. Ich hasse dich und deinesgleichen für den Rest meines Lebens.[10]

Natürlich war das Gegenteil der Fall. Wer sich in solche Hassausbrüche hineinsteigerte, hatte sich vom Objekt seiner Leidenschaft nicht wirklich gelöst.

Immerhin legte de Sade nach dem Zerwürfnis mit der schönen Beauvoisin eine Affären-Pause ein und reiste im Mai 1766 erneut in die Provence. Er hatte in Lacoste den Auftrag für den Bau eines Theaters erteilt und wollte sich vom Fortschritt der Arbeiten überzeugen. Bei dieser Gelegenheit traf er auch den Abbé wieder; trotz des frechen Schreibens an dessen Schwester zeigten sich Onkel und Neffe wie ein Herz und eine Seele, und die Ratschläge, die der alte Libertin zur Erziehung des jungen Libertins an dessen Schwiegermutter schickte, blieben moderat:

Nur wir beide, Sie und ich, haben etwas Kredit bei ihm. Doch was können wir tun? Momentan nur sehr wenig. Er muss sich eben die Hörner abstoßen. Jetzt ist er von Leidenschaften nur so besessen. Deshalb haben Sie Recht mit ihrer Ansicht, dass man in seinem Fall schonend vorgehen muss. Ihn so wie sein Vater gegen den Strich bürsten zu wollen, wäre gefährlich. Dann könnte er sich in die schlimmsten Verirrungen stürzen. Nur mit Milde, Nachsicht und Vernunft können wir hoffen, ihn zu uns zurückzuführen."

Zu solchen Hoffnungen, so der milde gestimmte Onkel, bestehe umso mehr Anlass, als der Marquis aufrichtig an seiner Gattin hänge und diese auch nicht verletzen wolle. Das sah der geistreiche Abbé durchaus richtig, doch blieb diese Zuneigung für den Lebensstil des liebevollen Ehemanns folgenlos. An die Stelle der Beauvoisin trat bald eine Ballett-Tänzerin, von der nur der Anfangsbuchstabe D bekannt ist. Auch sie gehörte zum Luxussegment des Gunstgewerbes, und auch ihr schrieb der Marquis feurige Liebesbriefe. Immerhin – so bilanzierte die Präsidentin, die über die Eskapaden ihres Schwiegersohns stets auf dem Laufenden war – verursachte er keine Skandale mehr wie mit Jeanne Testard, und da Renée-Pélagie schwanger war, durfte man hoffen, dass die Freuden der Vaterschaft mäßigend auf ihn einwirken würden.

Noch eine weitere Verantwortung kam auf de Sade junior zu. Im Januar 1767 starb sein Vater kurz vor Vollendung des fünfundsechzigsten Lebensjahres. Obwohl sich der Graf nach seiner Bekehrung immer weiter von seinem Sohn abgewandt hatte, trauerte dieser nach Auskunft der Präsidentin aufrichtig um den Verstorbenen. Auch diese Beobachtung stimmte, denn bis zu seinem eigenen Lebensende hielt der Marquis, der die Protagonisten seiner Romane die Freuden des Vatermords preisen lässt, das Andenken seines Vaters in Ehren. Die Texte des Grafen nahmen in seiner Bibliothek einen Ehrenplatz ein.

Postum hatten die Bemühungen des Grafen, seinem Sohn wieder eine seinen Leistungen angemessene Position in der Armee zu verschaffen, sogar Erfolg. Am 16. April 1767 wurde der Marquis zum Hauptmann der Kavallerie befördert. Vier Monate später trat er offiziell sein väterliches Erbe an. Im August nahm er als neuer *seigneur* seine Lehnsherrschaften in der Provence in Besitz, und zwar mit allem nur erdenklichen Pomp. So mussten die Einwohner von Lacoste zu einer regelrechten Huldigungszeremonie antreten und ihrem jungen Herrn feierlich Treue und Gefolgschaft schwören. Sie gelobten, der altertümlichen Eidesformel entsprechend, seine Geheimnisse zu wahren, seinen Nutzen zu mehren und sich seinen Urteilssprüchen zu unterwerfen. Zu diesem Zeitpunkt konnten sie noch nicht ahnen, dass das bedeuten würde, ihren Herrn vor den Häschern des Königs in Scheunen und Taubenschlägen zu verstecken.

Die Gerichtsbarkeit, die zur Herrschaft über Lacoste gehörte, war längst auf einfache Fälle beschränkt; für größere Prozesse waren staatliche Gerichte zuständig, an ihrer Spitze das Parlament von Aix-en-Provence. Trotzdem dürfte es dem Ex-Häftling de Sade diebisches Vergnügen bereitet haben, von seinen «Vasallen» öffentlich als Richter anerkannt zu werden. So ließ sich der Spieß umdrehen! Überhaupt war diese Darbietung nach seinem Geschmack. Sie geschah nicht nur zu seinen Ehren, sondern begründete auch reale Abhängigkeiten und brachte zählbaren Ertrag. So musste Theater nach seinem Geschmack sein: aufwendig inszeniert und mit fließenden Übergängen zur Wirklichkeit.

Die Agenda für diese Lehenshuldigung hatte man mühsam aus verstaubten Archiven hervorsuchen müssen, denn eigentlich waren solche feierlichen Akte beim Generationenwechsel schon längst nicht mehr üblich. Doch seit einiger Zeit waren die jüngeren Adeligen wieder auf den Geschmack an den alten Riten gekommen. Im Zuge dieser «Refeudalisierung» wurden nicht nur die mittelalterlichen Zeremonien, sondern auch die damit verbundenen Geldquellen wiederentdeckt und neu erschlossen. Schauspielerinnen, Kutschen, Renovierungen von Schlössern – all das kostete immer größere Summen. Anstatt sich weiter zu verschulden und am Ende der Kreditfristen, wenn die Zinslasten untragbar geworden waren, Güter zu verkaufen, gingen immer mehr renditebewusste Aristokraten daran, die Einkommensseite zu optimieren und höhere Erträge aus ihren Besitzungen herauszuholen.

Das setzte freilich Interesse an wirtschaftlichen Fragen und ein entsprechendes Know-how voraus, das der Marquis de Sade nie besaß. Er begnügte sich damit, seine Autorität als Lehnsherr unter Beweis zu stellen, seinen Vasallen die bei diesem Anlass fällige Gratifikation zu streichen und einem örtlichen Notar die Verwaltung seiner Güter zu übertragen. Geld war für ihn, der traditionellen Wirtschaftsethik seines Standes entsprechend, ausschließlich Mittel zum Zweck. Geld brauchte man und hatte man. Woher es kam und wie es erwirtschaftet wurde, war hingegen ohne jeden Belang. Doch wehe, wenn es knapp wurde oder gar ausging! Dann wurden die Zornesausbrüche des Marquis so fürchterlich wie seine Anklagen gegen die finsteren Verschwörer, die ihm sein Hab und Gut vorenthielten. Zu diesen Verdächtigen zählten je nach Bedarf seine Verwalter und Angestellten oder auch seine nächsten Angehörigen.

Dabei hätten die Besitzverhältnisse der Familie de Sade etwas mehr Aufmerksamkeit gut vertragen. Der Graf hatte durch seine fruchtlosen Ausgaben bei Hof, die ihn zu regelmäßigen Verkäufen von Besitzungen zwangen, die jährlichen Einkünfte des Hauses zuerst glatt halbiert und dann, nach seiner Bekehrung, so weit wie möglich konsolidiert, nicht zuletzt durch einen immer kärglicheren Lebensstil. So war die wirtschaftliche Lage der Familie bei seinem Tod weder großartig noch aussichtslos. Von dem, was übrig war, konnte ein adeliger Haushalt standesgemäß leben und sich darüber hinaus das eine oder andere Extra wie zum Beispiel ein Privattheater für Aufführungen im Freundeskreis leisten, wenn man mit Augenmaß wirtschaftete und dabei stets auch die Ertragsseite im Blick hatte. Der Marquis war jedoch nicht bereit, solch kleinliche Rücksichten auf den schnöden Mammon zu nehmen; so verhielten sich in seinen Augen nur geizige Bürger.

*Schwarze Ostern*

Wenige Tage nach der Huldigungszeremonie von Lacoste kam in Paris der erste Sohn des Marquis zur Welt, der den Namen Louis-Marie erhielt. Louis hatte der Vater selbst heißen wollen, zur Jungfrau Maria hatte er ein eher gespaltenes Verhältnis. Doch darauf kam es nicht an. Bei der Taufzeremonie im Januar 1768 hielten der Fürst von Condé und die

Fürstin de Conti, beide von königlichem Geblüt, den Säugling über das Becken. Dem reichlich vorhandenen Publikum wurden heile Verhältnisse vorgespielt: eine glückliche junge Familie mit hoher Protektion. In Wirklichkeit ging es mit den vornehmen Paten längst bergab, und auch mit der Harmonie unter den Eltern und ihren Verwandten war es nicht weit her.

Dabei hätte alles so gut sein können, wie die Präsidentin in einem Brief an den Abbé ausführte: Der Marquis war jetzt Hauptmann, Vater und *seigneur* und hatte genug Geld, um respektabel aufzutreten. Zu Hause wartete auf ihn eine liebevolle, restlos ergebene Gattin, und er hatte die begehrenswertesten Frauen des ganzen Königreiches erobert. Darüber hinaus verfügte er über Geist, Witz und Talent, nicht zuletzt fürs Theater. Warum war er mit all dem nicht zufrieden? Was wollte er in Gottes Namen denn noch?

Im Oktober 1767 wollte er, und zwar wie üblich sofort und für sich allein, Mademoiselle Rivière, im Hauptberuf Opernsängerin und im lukrativeren Nebengewerbe Lebensabschnitts-Begleiterin zahlungskräftiger Herren. Während er darauf wartete, dass das Objekt seiner neuesten Begierde ihren alten Liebhaber verabschiedete, vergnügte er sich nach seinem Geschmack mit Prostituierten der untersten Kategorie. So peitschte er im Februar 1768 gleich vier von diesen, um danach mit ihnen schiedlich-friedlich zu dinieren. Orgien mit Geißelungen waren damals der letzte Schrei. Auch dass der Marquis einen Kutscher verprügelte, der die in seinen Augen unverzeihliche Frechheit besaß, für den Transport seiner Gespielinnen Fahrgeld zu verlangen, gehörte voll und ganz zum aristokratischen Auftreten. Dass der von seinen zahlreichen Spitzeln bestens informierte Inspektor Marais im Rapport an seine Vorgesetzten vom 16. Oktober voraussagte, dass der berüchtigte Herr de Sade demnächst von sich reden machen werde, wirft die Frage auf, ob die Pariser Sittenpolizei bei der nächsten großen Affäre des Marquis die Hände im Spiel hatte.

Am Ostersonntag, dem 3. April 1768, war es so weit. Auf der Place des Victoires, vor dem Reiterdenkmal Ludwigs XIV., bat die verwitwete und arbeitslose Baumwollspinnerin Rose Keller aus Straßburg, sechsunddreißig Jahre alt und des Französischen nur unvollkommen mächtig,

*Für einen Ort der Ausschweifung eher ärmlich: rechts im Bild das «Lusthaus» des Marquis de Sade in Arcueil, wo er 1768 seine «schwarzen Ostern» feierte (Postkarte, um 1900)*

Passanten um Almosen. Der Marquis de Sade, der sie geraume Zeit beobachtet hatte, winkte sie zu sich und versprach ihr einen ansehnlichen Lohn, wenn sie ihm in seine Wohnung folge. Die Angesprochene protestierte lauthals: So eine sei sie nicht! Doch der Marquis beschwichtigte sofort: Sie solle ja nur seine Wohnung in Ordnung bringen. Damit erklärte sich Rose Keller einverstanden und folgte ihm zu Fuß in ein nah gelegenes Apartment. Doch dort gab es keine Hausarbeit zu verrichten; diese, so erklärte ihr der Marquis, warte in seinem Landhaus auf sie. Daraufhin verschwand er und kehrte nach einer guten Stunde mit einer Mietkutsche zurück. Die beiden stiegen ein und fuhren bei geschlossenen Fenstern stadtauswärts. Schweigsam saß der Marquis neben seiner Begleiterin. Nur ein einziges Mal richtete er das Wort an sie: Sie solle sich keine Sorgen machen, er werde sie gut behandeln. Um zwölf Uhr dreißig hieß es im Dorf Arcueil aussteigen. Dort besaß de Sade eines seiner «kleinen Häuser», in das er seine Begleiterin jetzt führte. Er geleitete sie in ein großes Zimmer des oberen Stockwerks, wo schwere Vorhänge nur ein schwaches Licht durchließen; trotzdem waren zwei Himmelbetten gut zu erkennen. Der Marquis befahl ihr, dort zu warten, und kehrte nach einer Stunde mit einer Kerze zurück. Damit führte er Rose ins Erdgeschoss zurück, wo er sie aufforderte, sich auszuziehen. Als sie sich weigerte, drohte er, sie zu töten und in seinem Garten zu vergraben. Nach einer erneuten kurzen Abwesenheit drängte er die inzwischen Nackte in einen Nebenraum und fesselte sie mit Hanfseilen bäuchlings an ein rot-weißes Sofa. Ihren Nacken bedeckte er mit einer Art Muff. Danach entledigte sich auch de Sade seiner Kleidung, legte eine ärmellose Weste an und schlang sich ein Tuch um den Kopf. So kostümiert, ergriff er eine Rute und schlug sein Opfer kräftig. Als die Baumwollspinnerin zu schreien begann, zog er ein Messer und drohte sie zu töten, wenn sie nicht unverzüglich Ruhe gebe. Abermals malte er ihr aus, wie er ihre Leiche eigenhändig in seinem Garten verscharren werde, doch Rose Keller hörte nicht auf, sich lauthals zu beklagen. Der Marquis peitschte sie abwechselnd mit der Rute und einer Geißel weiter. Zwei oder drei Mal unterbrach er die Auspeitschung und rieb die Wunden des Opfers mit einer Salbe ein. Als ihn Rose Keller anflehte, sie nicht ohne österliche Kommunion sterben zu lassen, entgegnete er ihr, dass diese religiöse Zeremonie wenig zu bedeuten habe und er ihr stattdessen selbst die Beichte abnehmen werde. Nun wurden seine Schläge schneller, und der Flagellant stieß fürchterliche Schreie aus – der Höhepunkt war erreicht und die Prozedur vorbei. Der Marquis band sein Opfer los und brachte Wasser sowie ein Handtuch. Da die Wunden noch bluteten, forderte er die Verängstigte auf, diese mit Branntwein einzureiben; dann würden sie innerhalb einer Stunde heilen. Anschließend führte er sie ins oberste Stockwerk zurück, schärfte ihr ein, keinen Lärm zu machen und sich nicht am Fenster blicken zu lassen, und gab ihr zu essen. Mit dem Versprechen, sie am Abend freizulassen, zog er sich zurück und versperrte die Tür. Daraufhin zog die Gefangene das Bettlaken ab, zerschnitt es mit einem Messer in zwei Teile, verknüpfte diese, ließ sich daran aus dem Fenster in den Garten hinab und kletterte über die Umfassungsmauer, wobei sie sich Arm und Hand aufschürfte. Bei dieser

Flucht war ihr ein Diener des Marquis gefolgt. Dieser bot ihr Geld an, das sie empört zurückwies. Kurz darauf traf sie eine Dorfbewohnerin, der sie schluchzend ihre Schreckenserlebnisse erzählte; zwei weitere Frauen gesellten sich rasch dazu, bedauerten wortreich das Opfer und nahmen ihre Wunden in Augenschein.

So weit die Aussage der Straßburgerin vor dem Polizeichef von Arcueil. Dieser ließ das Opfer von dem örtlichen Chirurgen untersuchen. In seinem Bericht ist von aufgerissenen Striemen auf dem gesamten Gesäß und Teilen des Rückens die Rede; darüber hinaus vermerkte er eine lange und tiefe Wunde an der Wirbelsäule. Als Tatwerkzeug vermutete er nicht nur eine Peitsche, sondern auch ein Messer. Einige Verletzungen seien überdies mit geschmolzenem Wachs verkrustet gewesen. Zwei Wochen später klangen die Auslassungen desselben Sachverständigen jedoch weniger dramatisch. Jetzt war keine Rede mehr von tieferen Wunden und erst recht nicht von Schnitten mit einem Messer; die Verletzungen am Rücken wurden als simple Blutergüsse eingestuft. Außerdem habe das Wachs keinerlei Verbrennungen verursacht. Spuren einer Fesselung habe er nicht feststellen können. Diese spätere Bestandsaufnahme deckt sich auffällig mit de Sades eigener Aussage. Er stellte in Abrede, Rose Keller ans Sofa gebunden und mit heißem Wachs gefoltert zu haben; dieses habe im Gegenteil der Heilung der Striemen dienen sollen. Diese seien ausschließlich auf die drei, maximal vier Auspeitschungen zurückzuführen gewesen. Im Übrigen habe die Dame gewusst, worauf sie sich einließ, und daher nicht den geringsten Grund zur Klage.

Die beiden unterschiedlichen Aussagen des Chirurgen lassen aufhorchen. Hatte ihn Madame de Montreuil bestochen? Möglich wäre das ohne weiteres, denn die Familie hatte zuvor auch Rose Keller ein verlockendes Angebot gemacht: eine Pauschalzahlung für die ausgestandenen Qualen und Schwamm über die leidige Angelegenheit! Doch die Garnspinnerin aus dem Elsass verlangte mit 3000 Livres eine so hohe Summe, dass die Präsidentin erst einmal abwinkte. Nach langem Feilschen einigte man sich schließlich auf einen Betrag von 2400 Livres. Gegen die Zahlung dieser Summe verzichtete Rose Keller darauf, Klage gegen den Marquis einzureichen. Ihre Begründung für diese Schadenersatzforderung lautete, dass sie für den Rest ihres Lebens arbeitsunfähig sei. Rein physisch konnte davon selbst dann keine Rede sein, wenn man den ersten Bericht des Chirurgen für glaubwürdig hielt. Auf einem anderen Blatt standen die psychischen Folgen; dass das Opfer von den Schlägen und den Drohungen des Marquis schwer traumatisiert war, ist leicht nachvollziehbar.

Weitere irritierende Umstände kommen hinzu. De Sade, der unmittelbar nach der Tat nach Paris zurückkehrte, war bereits am selben Abend als Täter ausgemacht. Wie kamen die Behörden so schnell auf seine Spur? Die Polizei hatte zu diesem Zeitpunkt sogar schon die Präsidentin alarmiert, die erste Gegenmaßnahmen einleitete. Wie kam es zu diesem schnellen Nachrichtenfluss? Dass der Marquis selbst reumütig alles gebeichtet hatte, lässt sich ausschließen; das war nicht sein Stil. Seine *petite maison* in Arcueil war nicht unter seinem Namen angemietet, und ein Einwohnermeldeamt gab es noch nicht. Wurde de Sade bei der ganzen Unternehmung bespitzelt? Nach dem Bericht des Inspektors Marais zu urteilen, ist eine solche präventive Observierung nicht von der Hand zu weisen.

Diese Hypothese führt zu einer weiterreichenden Vermutung: War die ganze Affäre vielleicht von langer Hand geplant und eingefädelt? Ins Auge sticht jedenfalls, dass der Marquis diesmal ganz im Gegensatz zu seinen übrigen «Ausschweifungen» improvisierte. Sonst wäre die Kutsche parat, die Wohnung präpariert und das Programm der Inszenierung sorgfältiger ausgearbeitet gewesen. So aber war – verglichen mit der Affäre Jeanne Testard – alles unfertig und unausgereift. Das ist noch lange kein Beweis dafür, dass ihm eine Falle gestellt worden war, denn er kann ohne weiteres einer spontanen Eingebung oder besser: Erregung gefolgt sein. Doch fallen weitere Abweichungen von seinem üblichen Vorgehen auf. Rose Keller wurde ihm nicht von einer der üblicherweise eingeschalteten Kupplerinnen vermittelt, und mit sechsunddreißig Jahren war sie fast doppelt so alt wie seine bevorzugten Lustobjekte. Bedenkt man überdies, dass Inspektor Marais einen kolossalen Skandal des Marquis vorausahnte, hat der Verdacht, dass er diesem durch einen angeworbenen Lockvogel nachgeholfen hat, einiges für sich. Dafür spricht auch, dass Rose Keller ein so hohes Schweigegeld forderte. Hatte man ihr in Aussicht gestellt, dass mit diesem schmerzhaften Spitzeldienst ihrer Armut ein für alle Mal abgeholfen werde? Dass de Sade selbst ein Komplott vermutete, hat andererseits nicht viel zu sagen; er fühlte sich immer unschuldig und sah jedes Mal finstere Mächte am Werke. Wenn er diesmal ausnahmsweise Recht hatte, war der Plan geschickt ersonnen. Allein schon durch den Zeitpunkt seiner Ausschweifung machte sich der Marquis der Blasphemie schuldig. Anstatt an Ostern das Sakrament der Eucharistie zu feiern, wie es sich für einen guten Christen gehörte, geißelte er ein unschuldiges Opfer. Stutzig macht auch Rose Kellers Bitte, sie nicht ohne Kommunion und Beichte sterben zu lassen. War das ein Stichwort, das man ihr eingeschärft hatte? Wenn ja, war die Reaktion des Marquis wohl kaum die erhoffte. Die Blasphemien, zu denen er sich hinreißen ließ, blieben im Verhältnis zu seinen Lästerungen viereinhalb Jahre zuvor ziemlich blass.

Ob Zufall oder polizeilich ausgearbeiteter Masterplan – außer Frage steht, dass der Marquis dieselben Vorlieben an den Tag legte wie mit Jeanne Testard, nur eben schwächer. Dass es ihn sexuell erregte, anderen Schmerz zuzufügen, war in den einschlägigen Etablissements von Paris bekannt und auch polizeinotorisch. Allerdings war diesmal nicht von wechselseitigem Auspeitschen die Rede; die masochistische Komponente seiner Leidenschaften lebte de Sade in Arcueil nicht aus. Überhaupt schoss – wie die Aussage Rose Kellers belegt – die Phantasie weit über die Taten hinaus. Die zweimal ausgestoßene Drohung, sein Opfer zu ermorden und die Leiche im Garten zu verscharren, steigerte offensichtlich seine Lust ganz wesentlich. Das ist auch bei den Phantasiegestalten seiner Romane nicht anders. Ihre Einbildung übersteigt selbst ihre entsetzlichsten Taten bei Weitem. Zum Gipfel der Erregung aber trieb den Marquis nicht die bloße Phantasie zu töten, sondern die viel präzisere Vorstellung, sein Opfer durch die Verweigerung von Eucharistie und Beichte um einen christlichen Tod und damit um ein kirchliches Begräbnis zu bringen. Wiederum war es also die Vorstellung, von den christlichen Normen abzuweichen, die ihn am meisten erregte. Auch die Ankündigung, die geschlagenen Wunden in kürzester Zeit verschwinden zu lassen, passt in das übliche Handlungs- und Wahrnehmungsschema. Offensichtlich verdrängte de Sade auch diesmal nach dem Abklingen der Erregung die Folgen seiner Exzesse erfolgreich.

Das spiegelte sich auch in seinen Aussagen, die auf die zynische Bemerkung «Viel Lärm um nichts» hinausliefen: Was ist denn schon dabei einer Straßendirne gegen Bezahlung eine Tracht Prügel zu verabreichen? In einem Brief an den Abbé de Sade sah er nicht Rose Keller, sondern sich selbst als Opfer:

> Im Namen des Unglücks, das mich erdrückt und verfolgt, bitte ich Sie inständig, mein Unrecht Ihnen gegenüber zu verzeihen und dabei statt der Rache, die ich wohl verdient hätte, den Geist des Friedens zwischen uns walten zu lassen. Wenn die Geschichte in unserer Heimat die Runde machen sollte, können Sie diese als unbegründet abtun und sagen, dass ich bei meinem Regiment bin.[12]

Dass Rose Keller wie fünf Jahre zuvor Jeanne Testard aufgrund seiner düsteren Ankündigungen oder Drohungen Todesangst ausstand, blendete der Marquis vollständig aus. So wie er seine Taten herunterspielte, bauschte die Gegenseite sie auf. Schon am 15. April 1768 war im Pariser Parlament von einem «grauenhaften Verbrechen» die Rede. Die Öffentlichkeit griff diesen Skandalfall begierig auf, eilfertige Federn schmückten die eher dürren Fakten wirkungsvoll aus. Auch Madame de Montreuil war über den erneuten Fehltritt ihres Schwiegersohns empört und sich zugleich bewusst, dass man ihn zum Sündenbock zu machen versuchte. Bei aller Wut über seine unverzeihliche Dummheit und Rohheit musste sie erneut die Ehre ihrer Tochter und damit der ganzen Familie schützen.

Die Familie Montreuil hatte mächtige Feinde: Charles-Augustin de Maupeou, der Präsident des Parlaments von Paris, hatte mit Herrn de Montreuil noch einige Rechnungen offen. Das galt auch für Louis-Paul Pinon, den Vorsitzenden der für den Fall de Sade zuständigen Strafkammer dieses Gerichts. Der Zufall wollte es, dass sich Pinon am Ostersonntag ebenfalls in Arcueil aufhielt – oder war diese Nähe zum Tatort Teil des fein gesponnenen Komplotts? Um die Familie de Sade ging es dabei nur noch am Rande. Vater und Sohn hatten ihre Reputation so gründlich ruiniert, dass sich jede Nachhilfe erübrigte. Auf dem Spiel standen Ansehen und Einfluss der Montreuil und ihrer Verbündeten. Diesen Rang sollte die Verschwägerung mit der Adelssippe aus der Provence erhöhen; jetzt drohte diese Verbindung die Präsidentin und ihren Clan in den Abgrund zu ziehen.

Aber es ging nicht nur um die Familie Montreuil, die künstlich erzeugte Aufregung um den «schrecklichen Marquis» war auch Teil eines viel größeren Spiels. Ludwig XV. verlor nach jahrzehntelangen Auseinandersetzungen mit den Parlamenten seines Königreichs zunehmend die Geduld. Unter der Führung des Parlaments von Paris hatten diese obersten Gerichtshöfe des Landes erfolgreich jede neue Steuergesetzgebung blockiert. Ohne zusätzliche Abgaben, speziell für die privilegierten Schichten, aber war das Staatsdefizit nicht zu beheben, das von der aufgeklärten Öffentlichkeit als skandalöser Missstand und Indiz für die Rückständigkeit der Finanzverwaltung wie der Monarchie als ganzer angeprangert wurde. Bei ihrem Widerstand gegen weitere fiskalische Belastungen schreckten die Parlamente nicht davor zurück, sich als letztes Bollwerk der Nation gegen den schrankenlosen Despotismus der königlichen Räte darzustellen. Auch die sakrosankte Person des gesalbten Monarchen wurde in diese Tyrannei-Kritik zunehmend mit einbezogen.

Dass sich ausgerechnet die Parlamente, deren Mitglieder ihr Amt Kauf oder Vererbung verdankten, als Vertretung der Nation darstellten, ist bei nüchterner historischer Betrachtung eine dreiste Anmaßung. Trotzdem standen führende Aufklärer in dieser Auseinandersetzung auf der Seite der *robins*. Obwohl sie die Eigennützigkeit von deren Forderungen klar erkannten, war in ihren Augen eine Monarchie mit intakten Zwischengewalten erträglicher als die schrankenlose Macht der Zentrale.

In diesem Ringen bezogen die führenden Familien des Amtsadels gegensätzliche Positionen. Während die Mehrheit ohne Frage wie Madame und Monsieur de Montreuil nicht am Status quo rütteln lassen wollte, war der Präsident de Maupeou, wie sich bald zeigen sollte, zu einer Revolution bereit, die den Einfluss seiner Standesgenossen auf ein Minimum reduzieren und dadurch die Machtverhältnisse innerhalb des Königreichs zugunsten des Monarchen und seiner Räte umwälzen musste. Auf diesem großen Schachbrett war der kleine Marquis de Sade mit seinen ungezügelten Leidenschaften nur ein Bauer, doch stand er auf einem strategisch exponierten Feld. Schlug man ihn, standen viel wichtigere Figuren, die die bestehende Macht des Amtsadels gegen eine stärkere Macht der königlichen Zentrale verteidigten, schutzlos da. So lautet die abschließende Schlussfolgerung zur «Affäre Rose Keller»: Wenn die «Verschwörung von Arcueil» kein bloßes Hirngespinst war, wofür einiges spricht, dann waren hohe und höchste Persönlichkeiten in sie involviert.

Ob Komplott oder nicht, die Präsidentin wusste, dass die Ehre ihres Hauses mehr denn je auf dem Spiel stand, und legte sich dementsprechend ins Zeug. Sie mobilisierte alle nützlichen Freunde ihrer Familie, und das waren nicht wenige. Nach zahlreichen Vorstößen, die das angeblich himmelschreiende Verbrechen des ruchlosen Aristokraten zur Dummheit eines großen Jungen herunterspielten, war sie am 3. Juni 1768, exakt zwei Monate nach der fatalen Osterfeier, endlich am Ziel. Obwohl das vom Parlament eingeleitete Verfahren seinen Lauf genommen hatte und noch nicht abgeschlossen war, machte Ludwig XV. das Vergehen durch einen Begnadigungsbrief ungeschehen. Diese wundersame Tatauslöschung gehörte ebenso wie ihr Gegenstück, die *lettre de cachet*, mit der unliebsame Zeitgenossen auf unbestimmte Dauer ohne Prozess hinter Gefängnismauern verschwanden, zum umfassenden Gewaltenmonopol der Krone, das Parlamente und Aufklärer unisono kritisierten.

Allerdings ersparte dieser Sündenerlass dem Marquis nicht die peinliche Prozedur der Lossprechung. Er musste vor der zuständigen Strafkammer erscheinen und aussagen. Dabei trug er seine entschärfte Version des Geschehens vor. Danach wurde die Angelegenheit einer anderen Kammer übertragen, deren Aufgabe es war, die königlichen Gnadenbriefe in die Praxis umzusetzen. Damit war die juristische Aufarbeitung der Affäre abgeschlossen – gegen 100 Livres Geldbuße zugunsten der Armen, die mittellos im Gefängnis schmachteten. Doch in Freiheit gesetzt wurde der Marquis erst im November 1768, und auch nur auf Bewährung mit der Auflage, sich auf seinem Schloss in Lacoste aufzuhalten. Sein dortiges Betragen werde darüber entscheiden, welches Maß an Freiheiten man ihm künftig gewähren werde: Mit dieser Warnung des zuständigen Ministers Saint-Florentin reiste de Sade an seinen Stammsitz ab. Unterdessen übte sich seine Schwiegermutter, der allein er diese eingeschränkte Freiheit verdankte, erneut in Optimismus. Donatien – so lautete ihr Fazit – habe lange und ernsthaft genug über die jüngsten Vorkommnisse nachgedacht, um nie wieder rückfällig zu werden.

Die bisherige Bilanz der Affären des Marquis war für die Familien de Sade und Montreuil fatal. Er hatte ein finanzielles Desaster angerichtet, dessen Schaden seine treu ergebene Gattin mit den Mitteln ihrer Mitgift zu begrenzen versuchte, und darüber hinaus in weiten Teilen Europas eine alles andere als beneidenswerte Berühmtheit erlangt. In einheimischen und auswärtigen Zeitungen und Zeitschriften hatte die Moritat von Rose Keller und dem «Ungeheuer von Arcueil» das Mitleid und die Lüsternheit des Publikums erregt. Wollte der berüchtigte Marquis diese Schlagzeilen in Vergessenheit geraten lassen, musste er von jetzt an so unauffällig wie möglich leben.

*Freuden der Unauffälligkeit*

Den Winter 1768/69 verbrachte der Marquis auf seinem Schloss Lacoste, das 1627 per Mitgift an seine Familie gelangt war, und zwar ohne seine Gattin. Madame de Sade hatte ihn zwar auf dem Weg in die Provence begleitet, war dann jedoch wegen ihrer zweiten Schwangerschaft zu ihrer Familie nach Paris zurückgekehrt. Der Verbannte wusste genau, dass jeder seiner Schritte mit Argusaugen verfolgt wurde. Trotzdem – oder gerade deshalb – war er weit davon entfernt, Trübsal zu blasen. Seine Leidenschaft für das Theater war unstillbar und wollte auch hier, weit entfernt von Glanz und Verführungen der Hauptstadt, ausgelebt werden. Die Adeligen der Umgebung, die er wie üblich zu seinen Aufführungen einlud, zeigten ihm allerdings überwiegend die kalte Schulter. Noch war die hässliche Affäre von Arcueil nicht vergessen. Sein Onkel, der Abbé, hingegen ließ sich zu solchen Anlässen nicht zweimal bitten; er konnte es sich leisten, denn sein Ruf war ohnehin schon ruiniert. Die Ablehnung seiner Standesgenossen bekümmerte de Sade wenig. Theater spielen konnte man schließlich auch mit Bürgern und Bauern; für diese war es eine Ehre und wohl auch ein ganz besonderer Kitzel, im Schloss ihres legendenumwobenen Herrn erscheinen zu dürfen.

Trotz seiner chronischen Geldknappheit musste de Sade in Lacoste auf keinerlei Annehmlichkeiten verzichten. Ein 1778 aufgestelltes Inventar beschreibt die verschiedenen Räume des Schlosses. Ihre Ausstattung ließ, was die Repräsentation von adeligem Rang und Status betraf, nichts zu wünschen übrig und spiegelte die unverwechselbaren Vorlieben des Schlossherrn wider. In der großen Vorhalle prangte ein monumentales Bildnis Petrarcas; diesen Tribut war der Marquis sowohl seiner verehrten Stammmutter Laura als auch dem Gelehrtenruhm seines Onkels schuldig. In einem Nebenraum des Speisesaals hing ein Porträt seiner Gattin und seines ältesten Sohnes. Wollte sich der notorisch untreue Ehemann dadurch seine Pflichten als Gatte und Vater ins Gedächtnis rufen? Auch an religiösen Bildmotiven fehlte es nicht. Ihre Auswahl mutet alles andere als zufällig an. So zeigte ein Gemälde, wie der Prophet Josua die Sonne anhält. Schon wenige Jahre später zog de Sade im Bericht über seine Italienreise diese von der Wissenschaft widerlegte Bibelstelle heran, um die Widersprüche der Heiligen Schrift und die Rückständigkeit der Kirche anzuprangern. Maria Magdalena wiederum dürfte den Ehrenplatz im Schloss des Marquis ihrem bewegten Vorleben verdanken. Die Gottesmutter mit dem Kind in der Schlosskapelle scheint auf den ersten Blick unverdächtig, doch zeigte sich de Sade bei seinen eifrigen Museumsbesuchen in Italien für die Reize sehr junger Madonnen äußerst empfänglich. Der Behälter zur Aufbewahrung von Hostien in der Kapelle ruft unweigerlich die Profanierungs-Orgien in Erinnerung, die der Marquis fünf Jahre zuvor mit Jeanne Testard veranstaltet beziehungsweise geplant hatte.

Trotz aller Bemühungen um Zerstreuung wurde dem Schlossherrn der Aufenthalt auf Lacoste schnell langweilig. Schon im März 1769 stellte er beim Minister des königlichen Hauses den Antrag, aufgrund seines Gesundheitszustands und der Schwangerschaft seiner Frau in ein Landhaus bei Paris ziehen zu dürfen. Obwohl die Bewährungsfrist in der Provence auf diese Weise ziemlich kurz ausfiel, gab der König diesem Ersuchen statt. Mit seiner üblichen Nonchalance interpretierte de Sade diese eingeschränkte Bewegungsfreiheit als Lizenz, sich in Paris und anderswo unbehindert zu bewegen. Allerdings hielt er sich bei Besuchen übel beleumdeter Orte auffällig zurück; schließlich saß ihm nicht nur der unermüdliche Inspektor Marais mit seinen allgegenwärtigen Spitzeln im Nacken, sondern auch die Präsidentin. Diese hatte ihm unmissverständlich klar gemacht, dass der nächste Ausrutscher sein letzter sein werde.

Das war nicht die einzige Warnung. Bei seinem Wiedereintritt in die Pariser Gesellschaft musste der Marquis feststellen, dass nach so kurzer Zeit kaum etwas vergessen, geschweige denn verziehen war. So verzeichnete er ausdrücklich die Besuche, bei denen er freundlich aufgenommen wurde; offenbar bildeten sie die Ausnahme. Immerhin waren das erste Schritte zu einer mehr oder weniger vollständigen Rehabilitierung. Dass es bis dahin noch ein weiter und dorniger Weg war, zeigte sich bei der Taufe des kleinen Claude Armand, der am 27. Juni 1769 zur Welt kam und dessen Geburt Renée-Pélagie um ein Haar das Leben gekostet hätte. Als Paten traten jetzt keine Prinzen und Prinzessinnen von Geblüt auf, sondern nur noch engste Familienangehörige.

So viel Familienidylle trieb den stolzen Vater erneut zur Flucht. Vom 25. September bis zum 23. Oktober 1769 reiste der Marquis über Brüssel nach Holland. Der empirische Menschenforscher de Sade hatte sich damit ein unauffälliges, gesellschaftlich akzeptables Terrain für seine Studien ausgesucht. Wer in der europäischen Adels- und Gelehrtengesellschaft der Zeit etwas auf sich hielt, bereiste fremde Länder und schrieb darüber. Besonders hoch im Kurs standen Berichte über exotische Weltteile, wie sie Kapitän Cook und andere Pioniere bei ihren kühnen Vorstößen in die Südsee erkundeten. Der Marquis verschlang solche Texte und baute darauf später seine Sicht des Menschen auf: Alles ist relativ, die Religion wie die Moral. Was in der einen Gegend für tugendhaft und ehrenvoll gehalten wird, gilt schon eine Insel weiter als Ausgeburt aller Laster.

# Freuden der Unauffälligkeit

Von einer solchen Umwertung aller Werte zeigte sich de Sade bei seinen Nachrichten über die Niederlande, die er wie im 18. Jahrhundert üblich in Form fiktiver Briefe verfasste, noch weit entfernt. Seine literarischen Fingerübungen fielen in Form und Inhalt durch und durch konventionell aus. So fiel dem südfranzösischen Aristokraten in Rotterdam auf, wie peinlich sauber Häuser und Straßen gehalten wurden. Die Holländer hatten offensichtlich andere Vorstellungen von stilvoller Selbstdarstellung als die Franzosen: Gediegenheit und Solidität zählten hier mehr als Prunk und Pracht. Die Erklärung dafür wurde gleich mitgeliefert und fiel zugunsten Frankreichs aus: Die braven Bürger von Rotterdam und Amsterdam waren eben Händler und bemaßen alles am Geldwert, nicht an Schönheit und Ehre. Diesen Kommerz betrieben sie immerhin mit Geschick und Erfolg; so viele Schiffe wie im Hafen von Amsterdam sah man in Frankreich nirgendwo. Auch die religiöse Toleranz sprach für dieses behäbige Volk hinter seinen Butzenscheiben. Für glanzvolle Bühnenschauspiele aber fehlte dieser schwerblütigen Nation jeder Sinn; ein Besuch im Theater von Amsterdam öffnete dem Bühnenexperten de Sade in dieser Hinsicht die Augen. Sein Porträt des holländischen Nationalcharakters fiel gemischt aus, halb respektvoll, halb ironisch herablassend: Phlegmatisch und renditebewusst waren die nördlichen Nachbarn!

Die eigentliche Enttäuschung aber waren die Nachbarinnen. Holländerinnen, so das lieblose Resümee des Kenners, gehen in die Breite, trinken zu viel Kaffee und sind immun gegen alle verbotenen Verlockungen. Das war eine persönliche Note im ansonsten recht stereotypen Holland-Rapport des Marquis. Ging die letzte Beobachtung auf persönliche Niederlagen zurück?

Wenn ja, dann hielt sich der professionelle Verführer, zurück in Paris, auf seine Weise schadlos, wie aus einem an ihn gerichteten Brief vom 15. Dezember 1769 hervorgeht:

> Ich schwöre dem Marquis de Sade, meinem Liebhaber, für immer nur ihm zu gehören, mich niemals einem anderen antrauen zu lassen oder hinzugeben und ihm treu zu bleiben, solange das Blut, mit dem ich diesen Schwur besiegle, durch meine Adern fließt. Ich opfere ihm mein Leben, meine

Liebe und meine Gefühle, und zwar mit derselben Glut, mit der ich ihm meine Jungfräulichkeit geopfert habe... Darüber hinaus erlaube ich ihm, von diesem Schwur gegen mich jeden ihm genehmen Gebrauch zu machen, wenn ich auch die geringste dieser Klauseln willentlich oder unbewusst verletze.[13]

Dieser tatsächlich mit Blut geschriebene Liebesschwur ist mit «De Launay» signiert. Verfasst hatte ihn Anne-Prospère, Renée-Pélagies zehn Jahre jüngere Schwester, die «kleine Domherrin», die ohne geistliche Verpflichtungen in einem Kloster gelebt hatte und demnächst von ihrer Mutter, der Präsidentin, prestigeträchtig verheiratet werden sollte. Statt dafür ihren Ruf zu wahren, war die achtzehnjährige Schönheit ihrem Schwager in die Arme gelaufen und diesem mit Leib und Seele verfallen. Pathetische Liebesgeständnisse dieser Art waren zwar en vogue, aber der Schlusssatz der hochtrabenden Selbstverpflichtung lässt aufhorchen, denn er läuft auf eine potentielle Selbstbestrafung hinaus: Wenn ich meinem Liebhaber und damit mir selbst untreu werde, soll er dieses Versprechen gegen mich verwenden.

Solche unbedachten Gefühlsausbrüche trifft man in den Romanen des Marquis reichlich an. Dort dienen sie eiskalten Liebhabern, die nach einer Steigerung ihrer Lust durch Verrat und Mord lechzen, dazu, ihre abgelegten Lustobjekte ins Verderben zu stürzen und sich an deren Qualen und Tod zu weiden. Eine solche Selbstfesselung musste den Marquis erregen, weil sie einer freiwilligen Selbstaufgabe nahe kam; zugleich war dieser Unterwerfungsakt von einem starken Fremdwillen mit erzwungen. Seiner Vorliebe für die Bilder und Statuen schöner junger Märtyrerinnen verlieh er einige Jahre später in seiner *Italienreise* beredten Ausdruck. War nicht auch die liebliche Anne-Prospère, die die Tinte für ihren Liebesschwur aus ihren eigenen Adern presste, eine solche Blutzeugin? So ist es alles andere als unwahrscheinlich, dass de Sade seiner Schwägerin diesen schwülstigen Eid in die Feder diktierte.

Dass diese heftig für ihn entflammt und zumindest zeitweise bereit war, mit ihm durch dick und dünn zu gehen, steht allerdings außer Frage. Den Marquis dürfte nicht nur der Raub der Unschuld, sondern auch die

Pikanterie der Situation entzückt haben, die sich wenig später zu einer regelrechten Ménage-à-trois entwickelte. Eine Affäre mit der Schwägerin war zwar kein Inzest, doch in den Augen der Wohlanständigen ein verabscheuungswürdiger Fehltritt, der eine ganze Familie entehrte. Noch mehr libidinösen Reiz gewann die Beziehung durch die Gefahr, die für de Sade mehr denn je zu einem Lebenselixier wurde. Wenn dieses Verhältnis ruchbar wurde, musste er unweigerlich die Unterstützung der Präsidentin und damit die letzte wirksame Protektion verlieren. Madame de Montreuil mochte über Eskapaden mit bezahlten Freudenmädchen gnädig hinwegsehen; dass ihr Schwiegersohn ihre ältere Tochter mit der jüngeren betrog, musste sie jedoch als definitive Kampfansage auffassen. Wenn dieses skandalöse Treiben bekannt wurde, war Anne-Prospère als dynastische Handelsware entwertet. Doch noch hielten sich der Libertin und die «Kanonissin» bedeckt.

Währenddessen bemühte sich der Offizier de Sade auch militärisch um die Wiederherstellung seiner Ehre, und zwar zunächst mit Erfolg. Im Sommer 1770 wurde ihm gestattet, seinen Dienst im Range eines Hauptmanns wieder aufzunehmen. Als er bei seinem Regiment in Burgund eintraf, wurde er jedoch von seinem Vorgesetzten an der Erfüllung seiner Pflichten gehindert. Darauf reagierte der heißblütige Marquis, wie unschwer vorhersehbar und wohl auch geplant, mit wütenden Protesten, die ihm Arrest und Kontaktsperre einbrachten. Trotzdem ernannte ihn der König im März 1771 zum Obersten der Kavallerie, allerdings ohne Bezüge.

An eine aktive Militärlaufbahn dachte de Sade nach den negativen Erfahrungen des Vorjahres jedoch nicht mehr, denn er hatte andere Sorgen. Schon am 1. Juni 1771 verkaufte er seinen militärischen Rang für 10 000 Livres, die er zur Tilgung von Schulden dringend benötigte. Weil dieser Betrag nicht ausreichte, saß der klamme Marquis im Juli und August auf Antrag seiner Gläubiger sogar in Schuldhaft. Gegen Hinterlegung von 3000 Livres kam er wieder auf freien Fuß und zog mit seiner Familie nach Lacoste.

Die Familie de Sade hatte sich unterdessen um ein weiteres Mitglied erweitert: Am 17. April 1771 hatte Renée-Pélagie eine Tochter geboren,

*Auf der Bühne des (seit einigen Jahren aufwendig restaurierten) Schlosses von Lacoste spielte der Marquis in seinen eigenen Stücken – und mit seinem Publikum.*

die den Namen Madeleine-Laure erhielt; die beiden Bilder im Stammschloss standen hier offensichtlich Pate. Zu Vater, Mutter und den drei Kindern gesellte sich bald auch Anne-Prospère, die die gesunde Luft der Provence atmen sollte – so die Begründung für ihren Besuch. Ihre Schwester nahm das für bare Münze..

So war es kein Wunder, dass der Marquis sich emotional ausgelastet fühlte und vorerst zu keinerlei Klagen Anlass gab. Auch seine Leidenschaft für die Bühne konnte er jetzt ungehemmt ausleben. Das Theater von Lacoste bot immerhin einhundertzwanzig Zuschauern Platz. Das fest installierte Bühnenbild war aufwendig gestaltet. Es stellte einen adeligen Salon dar, konnte aber mittels Vorhängen in einen öffentlichen Platz oder in ein Gefängnis verwandelt werden. War das eine Anspielung auf die Lebensgeschichte des Regisseurs? Diesem genügten die großzügigen Installationen seines Stammschlosses schon bald nicht mehr. Um bei seinen Inszenierungen noch freier schalten und walten zu kön-

*Freuden der Unauffälligkeit*

*Mazan, das zweite Stammschloss des Marquis: einst mondäne Bühne, heute Hotel*

nen, ließ er auch im zweiten Familiensitz von Mazan eine Schaubühne einrichten. In beiden Theatern setzte er fremde und selbst verfasste Stücke auf den Spielplan. Zu diesen ersten Eigenproduktionen gehörte das Melodram *Die Hochzeit des Jahrhunderts*, von dem sich nur ein Handlungsentwurf und einige kurze Szenen erhalten haben.

Diese Skizzen lassen tief blicken. Der gütige alte Baron Saint-Pré will seine Tochter Pauline verheiraten. Zum Schwiegersohn hat er den Grafen de Castelli auserkoren, von dessen verbrecherischer Vergangenheit er nichts ahnt. Pauline schwankt zwischen diesem und dessen tugendhaftem Bruder, entscheidet sich dann jedoch für den attraktiven Schurken. Als dessen Ehefrau erlebt sie die Hölle auf Erden. So verdächtigt sie ihr Gatte der Untreue und wirft sie in ein finsteres Verlies. Dort erfährt sie von ihrer Vertrauten Sophie, dass ihr Tod beschlossene Sache sei. Doch als der Graf kommt, um sie zu töten, lässt er sich von ihrer Unschuld rühren und wendet sich gegen seine eifersüchtige Mätresse

Destournelles, die ihn zu seinen bösen Taten angestiftet hat. Daraufhin gesteht auch diese ihre Verfehlungen ein und bittet Pauline um ihre Freundschaft. Doch diese Bekehrung ist geheuchelt. Während der allgemeinen Versöhnung flößt sie Pauline Gift ein, an dem diese langsam und qualvoll zugrunde geht – bis zum Schluss voller Nachsicht und Liebe für ihren irregeleiteten Gatten. Dieser erdolcht daraufhin die böse Destournelles, ruft sich alle seine Untaten ins Gedächtnis und stirbt vor Entsetzen über diese.

Ähnlichkeiten mit lebenden Personen waren unübersehbar und fraglos beabsichtigt. Dass de Sade selbst die Rolle des Grafen übernahm, überrascht nicht. Beide hatten ein gleichermaßen bewegtes Vorleben und einen mehr als zweifelhaften Ruf. Eine weitere Gemeinsamkeit bestand darin, dass sie sich als Opfer fremder Machenschaften sahen und im Kern für unschuldig hielten. Die Rolle der treu leidenden Gattin Pauline war nicht – wie eigentlich zu erwarten – für de Sades Ehefrau Renée-Pélagie reserviert, die sich mit dem Part von deren Vertrauter zufrieden geben musste, sondern wurde pikanterweise ihrer schönen jungen Schwester zugeteilt. Der Marquis liebte es von jetzt an, mit Versatzstücken seiner Vita zu spielen und diese zu alternativen Szenarien zusammenzufügen. Die Vermischung von Leben und Theater in der *Hochzeit des Jahrhunderts* kam einer Wunschprojektion gleich: Der Marquis hatte sein Verhältnis zu seiner Schwägerin auf wundersame Weise legalisiert, und seine Gattin hatte nichts dagegen. Trotzdem wurde der Traum am Ende des Stückes zum Alptraum – der Fluch der bösen Taten holte den Missetäter ein. Eine Vorahnung?

In einem weiteren Stück de Sades mit dem Titel *Der Möchtegern-Philosoph* ließ er sogar eine leibhaftige Präsidentin als zweite Hauptperson auftreten. Mit der Schwiegermutter des Autors hatte sie die Arroganz und den Stolz auf ihr Vermögen gemeinsam. Im Stück trifft sie auf den selbsternannten Philosophen Ariste, der von sich behauptet, wie ein zweiter Diogenes die Annehmlichkeiten dieser Welt zu verschmähen. Im Gegensatz zur real existierenden Madame de Montreuil ist ihr Gegenstück auf der Bühne verwitwet und möchte sich mit ihrem Geld und ihrem Einfluss einen zweiten, gefügigen Gatten zulegen. Dazu hat sie

Ariste auserkoren, der mit dieser Partie durchaus liebäugelt. Denn seine Sittenstrenge und Luxusverachtung sind pure Heuchelei, in Wirklichkeit sucht er das süße Leben. So kommen ihm die plumpen Werbungen der Präsidentin, die dauernd mit ihrem Einkommen protzt, nicht ungelegen. Um sie für sich einzunehmen, macht er der dicklichen Dame von mindestens fünfzig Lenzen die unwahrscheinlichsten Komplimente und lässt sich für den abendlichen Ball sogar in ein rosarotes Ballettkostüm stecken. Doch als seine Gattin in spe ihn danach vor aller Augen demütigt, ist das Maß voll. Ariste entledigt sich seiner lächerlichen Verkleidung und wird wieder zum Philosophen. Die Präsidentin ihrerseits erkennt, dass sie für die Liebe zu alt ist, und begnügt sich damit, das Eheglück ihrer jungen Freunde zu besiegeln. Auf der Bühne ging die Partie also unentschieden aus; am Ende hatten beide Seiten ihre Würde zurückgewonnen.

Wer mit den Kontrahenten gemeint war, konnte für das eingeweihte Publikum von Lacoste und Mazan kaum zweifelhaft erscheinen. Allzu viele Gattinnen von Vorsitzenden oberster Gerichtshöfe, die auf diesen Titel Anspruch erheben durften, gab es in Frankreich nicht, und neben den kleinen Unterschieden stachen die großen Übereinstimmungen mit Madame de Montreuil ins Auge. Wie alle Personen ihres Standes hielt sie die Welt für käuflich. Damit lag sie nicht falsch, doch verkannte sie, dass dem Philosophen Ariste seine aristokratische Würde wichtiger war als alles Geld der Welt. Das war eine deutliche Parallele zu de Sade, der sich seiner Einschätzung nach von den de Montreuil kaufen ließ, um seine Familie zu sanieren. Zu diesem Zweck hatte er die Tochter der Präsidentin geheiratet. Auf der Bühne hingegen begehrte die Mutter selbst seine Liebe; das war eine gefährliche Indiskretion. Weitere Analogien zwischen Ariste und dem Marquis sind unübersehbar. Der Philosoph gibt Maximen von sich, die voll und ganz der Weltsicht entsprechen, zu der sich de Sade in späteren Werken bekennt. So gehört es zu Aristes Prinzipien, dass man nichts und niemanden auf Erden lieben darf. Nur so ist man vor Enttäuschungen gefeit, denn der Mensch ist nur an der Oberfläche anziehend. Wer tiefer blickt, verliert sich in Abgründen. Zudem beschränkt der Philosoph die menschliche Erkenntnis darauf, die Phänomene der Materie zu erkunden; übernatürliche Einsichten sind ihr verwehrt. Das Ende des kurzen Stücks war so offen, wie der Marquis zu diesem Zeitpunkt seine Zukunft sah. Ariste wirft alles hin und verlässt die Gesellschaft. Schon bald sollte ihm der Marquis auf diesem Weg folgen.

Für die Monate Mai und Juni 1772 plante der Schlossherr eine regelrechte Theaterfestspielzeit. Dafür sollte sein Onkel, der Abbé, vornehme Zuschauer anwerben, denn von selbst strömte der regionale Adel immer noch nicht in das übel beleumdete Schloss. Als zusätzliche Attraktion warb der Marquis männliche und weibliche Stars der großen Pariser Theater für seine kleinen Bühnen an. Zur Aufführung waren ausschließlich Stücke fremder Autoren bestimmt, die dem gängigen Zeitgeschmack entsprachen. In einem Drittel davon ging es um Verführung und ähnliche Themen. Das entsprach ganz der Bühnenmode; von den besonderen Vorlieben des Marquis drang auf diesem Spielplan kaum etwas durch. Die Aufführungen fanden abwechselnd in Lacoste und Mazan statt und begannen am 3. Mai. Am 22. Juni fand die siebte und, wie sich schnell zeigen sollte, letzte Vorstellung statt. Die «echte» Präsidentin in Paris verfolgte diesen Aufwand mit tiefem Unbehagen. Sie befürchtete, dass ihr Schwiegersohn damit das restliche Vermögen seines Hauses verschleuderte und seinen Ruf völlig ruinierte. Sorgen machte ihr auch das lockere Völkchen der Bühnenkünstler beiderlei Geschlechts in unmittelbarer Nähe zu ihrem lasterhaften Schwiegersohn – das konnte nicht gut gehen! Mit ihren Vorahnungen täuschte sich Madame de Montreuil nicht. Nur mit dem Ort des nächsten Skandals lag sie falsch.

*Vergiftete Bonbons*

Am 23. Juni 1772 brach der Hausherr und Regisseur in Begleitung seines Dieners Latour nach Marseille auf, wo er eine Inszenierung anderer Art plante. Latour hatte die Anweisung, dafür einige besonders junge Prostituierte anzuwerben. Nach Anfangsschwierigkeiten – einige der angefragten Kandidatinnen winkten dankend ab – brachte der rührige Domestik eine Vierergruppe zusammen: Marianne Laverne, achtzehn Jahre, Mariannette Laugier und Rose Coste, beide zwanzig, sowie Mariette Borelly, dreiundzwanzig Jahre. Treffpunkt war Mariettes Haus in der Rue d'Aubagne. Dort stellten sich der elegant gekleidete Marquis und sein zwei Jahre älterer Domestik am 27. Juni um zehn Uhr ein. Was sich danach abspielte, lässt sich nach den zahlreichen Vernehmungsprotokollen ziemlich genau rekonstruieren.

Im Prolog des Stücks, das de Sade im Gegensatz zu den Vorkommnissen von Arcueil sorgfältig geplant hat, zeigt er den Mädchen eine Geldrolle und lässt sie die Summe raten. Wer richtig liegt, darf als erste auftreten. Die achtzehnjährige Marianne Laverne schätzt am besten und agiert im ersten Akt zusammen mit dem Marquis und Latour, die ihre Rollen getauscht haben; Latour ist nun der «Herr Marquis». Sein «Diener» de Sade stimuliert Latour mit der einen Hand und peitscht mit der anderen Marianne. Danach verlässt Latour das Zimmer und wohnt der entscheidenden Szene des Stücks deshalb nicht bei: De Sade zückt eine mit Gold verzierte Kristalldose und drängt Marianne, sich an den darin enthaltenen Bonbons mit Anisgeschmack gütlich zu tun. Diese Dragées sollen ihr heftige Blähungen verursachen, was ihn offensichtlich erregt. Wie sich später herausstellt, enthält dieses «Konfekt» reichlich Cantharidin, pulverisierte «Spanische Fliegen». Diese gelten als ausgezeichnetes und schnell wirksames Aphrodisiakum. Allerdings ist dieses «Aufputschmittel» alles andere als ungefährlich. Von den Bonbons, die der Marquis seiner Gespielin verabreicht, lassen sich binnen vierundzwanzig Stunden maximal zwei ohne Gefahr für Leib und Leben konsumieren. Marianne hingegen lutscht sieben oder acht dieser angeblichen Wunderpillen.

Den Analverkehr, den die «galanten Pastillen» erleichtern sollen, hat sie gleichwohl nach eigener Aussage verweigert. Glaubwürdig ist diese Behauptung kaum. Solche «unnatürlichen Praktiken» gehörten zum Standardrepertoire jedes Bordells; da sie aber von der Justiz mit dem Feuertod bedroht wurden, konnten sie nicht eingestanden werden. Danach lässt sich der Marquis von Marianne mit einer Peitsche Marke Eigenbau schlagen; sie besteht aus Pergament und gebogenen Stecknadeln. Nach nur drei Schlägen fühlt sich Marianne schlecht – das Cantharidin beginnt zu wirken. De Sade führt diese Übelkeit auf das Folterinstrument zurück, mit dem er sich traktieren lässt, und befiehlt, diese Übung mit einem Reisigbesen fortzusetzen, was nach kurzer Unterbrechung auch geschieht. Danach ist Marianne so elend, dass sie für die nächsten Akte erst einmal ausfällt.

Im zweiten, unmittelbar anschließenden Akt tritt mit der dreiundzwanzigjährigen Mariette Borelly die erfahrenste des Quartetts an ihre Stelle. Der Marquis schlägt sie mit dem Besen, danach werden die Rollen getauscht. Während dieser Prozedur ritzt de Sade in den Kamin Zahlen ein: 215 – 179 – 225 – 240. Sind damit wirklich die Hiebe gemeint, die er ausgeteilt und erhalten hat? Das ist kaum zu glauben: 859 Hiebe mit dem Besen, geteilt durch zwei, das wäre eine Folter, wie sie auf dem fiktiven Schloss Silling im Schwarzwald zum Programm der Libertins gehört; Menschen aus Fleisch und Blut würden eine solche Tortur jedoch kaum unbeschadet überstehen. Die Zahlen bleiben daher rätselhaft. Jedenfalls ist de Sade nach der gegenseitigen Auspeitschung leistungsfähiger denn je. Während er mit Mariette schläft, lässt er sich von Latour anal penetrieren. Danach tritt Rose Coste an Mariettes Stelle und läutet den dritten Akt ein. Auch sie muss den Marquis mit dem Besen traktieren, der währenddessen seinen Diener stimuliert. Dieser hat danach – so darf man ungeachtet ihrer Leugnung annehmen – Analverkehr mit Rose, dem der Marquis zusieht.

Im vierten Akt hat Mariannette ihren Auftritt. Als sie die Blutspuren sieht, die von den Auspeitschungen zurückgeblieben sind, will sie fliehen, doch hält sie der weiterhin voll entflammte Marquis zurück. Er drängt ihr einige von seinen Bonbons auf, die sie jedoch nur kurz im Mund behält und dann wohlweislich wieder ausspuckt, denn sie sieht, was mit Marianne passiert ist, die von Krämpfen gepeinigt unsicheren Schrittes erscheint. Trotzdem drängt de Sade sie, noch mehr von seinen Dragées zu naschen, was sie jedoch ablehnt. Nachdem er beide mit dem Besen geschlagen hat, dreht er Marianne auf den Bauch und steckt seine Nase in ihr Gesäß, um in den Genuss der erwarteten Blähungen zu kommen. Danach penetriert er sie anal und lässt sich selbst von Latour anal penetrieren – schon zum zweiten Mal binnen kurzer Zeit. Mariannette behauptete später, sich währenddessen angewidert zum Fenster gewandt zu haben, was gleichfalls als Schutzbehauptung abgetan werden darf.

Die beiden Prostituierten waren jetzt mit ihren Kräften am Ende und hatten Angst, denn Marianne ging es immer schlechter. Mariannette weigerte sich daher, Latour mit der Hand zum Höhepunkt zu bringen, womit Abweichungen vom Drehbuch unvermeidlich wurden. Der Marquis reagierte auf diese Störungen ungehalten und stieß Drohungen aus, entlohnte seine «Schauspielerinnen» schließlich aber und entließ sie – nicht ohne sie zur Fortsetzung des Stücks nach dem Mittagessen aufzufordern. Doch dazu hatte das malträtierte Quartett begreiflicherweise keine Lust mehr.

Nun wurde Latour losgeschickt, um Ersatz für die geplante Nachmittagsvorstellung zu beschaffen. Am Ende wurde eine Soirée daraus. Sein Diener hatte dafür Marguerite Coste, eine fünfundzwanzigjährige Prostituierte, rekrutiert, mit der sich sein Herr zu seiner Verwunderung alleine vergnügen wollte. Auch sie nahm von seinen Dragées, die ihr die heiß begehrten Darmwinde verursachen sollten. Nach dem Genuss dieser Düfte verlangte der Marquis Analverkehr und ausgefallene Positionen. Auch wenn Marguerite behauptet, diese «Perversionen» verweigert zu haben, dürfte er auf seine Kosten gekommen sein. Am nächsten Morgen fuhren de Sade und Latour nach Lacoste zurück, als ob nichts geschehen wäre. Offensichtlich war sich der Marquis keiner Schuld oder Gefahr bewusst.

Die polizeilichen und gerichtlichen Ermittlungen gegen de Sade kamen in diesem Fall nicht durch Anzeigen der Geschädigten in Gang, sondern durch die Behörden, die von den Folgen der Orgie Wind bekamen. Nicht zuletzt um sich selbst zu schützen, belasteten Marianne Laverne, Marguerite Coste und Mariette Borelly ihren unheimlichen Kunden im Laufe dieser offiziellen Untersuchungen schwer. Dass es sich bei diesem nur um den einschlägig bekannten Marquis de Sade handeln konnte, stand für die Untersuchungsorgane von vornherein fest. Die mit der medizinischen Analyse betrauten Apotheker tippten auf Arsen oder ätzende Substanzen, doch ließ sich beides in dem schwarzen Auswurf der Patientinnen nicht nachweisen. Trotzdem gingen die Ermittler von einer bewusst herbeigeführten Vergiftung aus. Dazu kam der Vorwurf der «Sodomie»; den «widernatürlichen» Geschlechtsverkehr von Diener und Herr bestätigten die Zeuginnen umso eilfertiger, als sie sich selbst damit vor ähnlichen Anklagen schützten.

Dass sich in Marseille eine Schlinge um seinen Hals zusammenzog, wurde dem Marquis in Lacoste schon bald zugetragen. Spätestens am 4. Juli verließ er sein Schloss mit unbekanntem Ziel, in Begleitung von Latour und einer jungen Dame, deren Identität sich erst Jahrhunderte später ermitteln ließ. Am 11. Juli traf der Gerichtsvollzieher der Stadt Apt mit einer Eskorte von vier Polizisten in Lacoste ein, um den Haftbefehl zu vollstrecken. Da man des Gesuchten nicht habhaft werden konnte, musste man sich mit der Beschlagnahmung seiner Besitzungen und Einnahmen begnügen. Um dieselbe Zeit brach Madame de Sade nach Marseille auf, um die Wogen zu glätten. Von jetzt an spielte sie die weibliche Hauptrolle in diesem Drama. Ihre Mutter, die so lange ihre schützende Hand über den Marquis gehalten hatte, war es leid und ging zur Gegenseite über, denn dieser Schwiegersohn gehörte für den Rest seiner Tage eingesperrt und vergessen, sonst riss er alle, die ihm nahe standen, mit sich in den Abgrund. Ganz auf sich allein gestellt, zeigte Renée-Pélagie, die bislang stets im Schatten ihrer Mutter und ihres übermächtigen Gatten gestanden hatte, was in ihr steckte: Intelligenz, Zähigkeit, ein großes Kämpferherz und eine unwandelbare Treue, die für Außenstehende an Komplizenschaft grenzte. Ihren Bemühungen verdankte es der Marquis, dass Marianne Laverne und Marguerite Coste, die inzwischen beide genesen waren, auf alle Schadenersatzansprüche verzichteten; sie waren zuvor großzügig abgefunden worden.

Die königliche Justiz ließ sich davon nicht aufhalten. Am 3. August wurde der Marquis vor dem Schloss von Lacoste und im Dorf öffentlich zum Erscheinen innerhalb von acht Tagen aufgefordert. Schon einen Monat später verkündete das Parlament von Aix-en-Provence das Urteil gegen die abwesenden Angeklagten: Herr und Diener wurden, obwohl die Opfer überlebt hatten, des Giftmords und der Sodomie schuldig gesprochen. Sie sollten vor dem Portal der Kathedrale Abbitte leisten und danach zum Schafott auf der Place Saint-Louis geführt werden, wo der Marquis enthauptet und sein Domestik gehängt werden sollte. Danach sollten die Leichen verbrannt und die Überreste im Wind verstreut werden. Da man die beiden weiterhin nicht ergreifen konnte, musste man sich damit begnügen, sie in effigie zu verbrennen, das heißt: Ihr Bildnis wurde den Flammen überantwortet. Mit diesem feurigen Akt war der Prozess schon am 12. September 1772 abgeschlossen.

Die Mühlen der Justiz, die wegen ihrer Langsamkeit berüchtigt waren, konnten sich wie im Sturmwind drehen. Wer sie im Fall de Sades antrieb, lässt sich leicht ermitteln. In den knapp viereinhalb Jahren nach der Affäre von Arcueil (die ihrerseits im Abstand von gut viereinhalb Jahren auf den Zwischenfall mit Jeanne Testard gefolgt war – eine weitere Merkwürdigkeit im Strafregister des Marquis) hatten sich die politischen Rahmenbedingungen und in deren Folge auch die Verhältnisse der Justiz gründlich gewandelt. Der sechzigjährige König Ludwig XV. hatte unter der Führung seines Kanzlers de Maupeou den Machtkampf mit den Parlamenten, dem er so lange ausgewichen war, durchgestanden und gewonnen – so schien es zumindest. Die obersten Gerichtshöfe hatten ihren Anspruch, dass neue Gesetze ihrer Registrierung und damit ihrer Zustimmung bedurften, bis zum Schluss aufrechterhalten; aufgrund dieses Ungehorsams hatte Ludwig XV. ihre Mitglieder entlassen und neue Parlamente eingesetzt, von denen er sich mehr Gefügigkeit erwarten durfte. Doch damit war das Problem, wie sich schnell zeigen sollte, nicht wirklich gelöst. Die geschassten *robins* bemühten sich mit Erfolg darum, die Arbeit ihrer Nachfolger zu boykottieren. Durch diese Blockade wurde die Verunsicherung in breiten Kreisen der Bevölkerung groß: Machte es überhaupt Sinn zu prozessieren, wenn man damit rechnen musste, dass die gestürzten Richter über kurz oder lang zurückkommen und die Urteile ihrer Vorgänger kassieren würden? Gerade weil das neue Parlament von Aix-en-Provence ein Koloss auf tönernen Füßen war, musste es durch harte Urteile gegen missliebige Persönlichkeiten punkten. Der Marquis de Sade, das schwarze Schaf des Adels, kam da wie gerufen. Dass man durch seine Verurteilung auch die Familie de Montreuil, die weiterhin zu den Gegnern der Justiz-Revolution zählte, verunglimpfte, war ein willkommener Zusatz-Effekt.

## Mordanschlag oder Leichtsinn?

Im Gegensatz zu den vorangehenden «Affären» ist in der Inszenierung von Marseille keine Blasphemie und damit keine religiöse Dimension auszumachen. Auch mit dem Tod wird keine der Akteurinnen bedroht. Eine weitere bedeutsame Abweichung besteht darin, dass der Marquis seinen Diener hinzuzieht. Das war ein Vertrauensbeweis besonderer Art. Aristokratinnen und Aristokraten kannten vor ihrem Hauspersonal wenig Scham. Sich einem Kammerdiener nackt zu präsentieren, galt nicht als anstößig; Domestiken waren in ihren Augen wenig mehr als lebende Möbelstücke, vor denen man sich nicht zu genieren brauchte. Auch konnte sich die Herrin oder der Herr beim Liebesspiel bei Bedarf von einer Zofe oder einem Kammerdiener vertreten lassen. Direkte sexuelle Kontakte zwischen Herrschaft und Dienerschaft galten hingegen als unfein und durften nicht an die Öffentlichkeit dringen. Diese Anstandsregeln übertrat de Sade mit der für ihn üblichen Konsequenz. Auf diese Weise lieferte er sich Latour regelrecht aus. Wenn dieser gegen seinen Herrn aussagte und sich selbst als Opfer von dessen Gewalt ausgab, konnte er diesen aufs Schafott bringen. Andererseits brachte der Marquis mit seiner gewohnten Unbedenklichkeit seinen Diener durch die Rolle, die er ihm in Marseille übertrug, in akute Lebensgefahr.

Ein Schlüssel zum Verständnis des ganzen Stücks ist der leitmotivische Rollentausch im ersten Akt, bei dem der Herr zum Diener wird und der Diener zum Herrn. Den sexuellen Reiz der Erniedrigung und der Schande kosten die männlichen wie die weiblichen Romanfiguren des Marquis regelmäßig bis zur Neige aus:

> Ich war verzweifelt, nur einen so kleinen Teil der Menschheit ausgelöscht zu haben, ich hätte mir gewünscht, dass die gesamte Natur die Verwirrungen meines Kopfes zu spüren bekommen hätte. So warf ich mich nackt auf mein Sofa und befahl Elvira (= der Dienerin), mir alle meine Männer zuzuführen

und ihnen zu sagen, dass sie alles mit mir machen durften – vorausgesetzt, dass sie mich beschimpften und wie eine Hure behandelten ... Und ich war glücklich. Je mehr ich mich im Schmutz und in der Schande suhlte, desto wollüstiger erhitzte sich mein Kopf und desto mehr steigerte sich meine Lust.[14]

Natürlich bleibt diese Verkehrung der Machtverhältnisse im Roman ein Spiel und Juliette, die Super-Schurkin, die Spielleiterin. Würde aus dem Karneval der Sinne plötzlich Realität, hätte der Lustgewinn ein brüskes Ende. De Sades Phantasie-Wüstlinge lieben es, sich auspeitschen zu lassen, doch die wirklichen Qualen behalten sie, feige wie sie sind, den Opfern vor. Der Marquis war jedoch nicht feige und unterschied sich auch sonst von den Ausgeburten seiner Einbildungskraft. Die Inszenierung der Unterwerfung aber muss ihm wie seinen Kunstfiguren Lust bereitet haben. Auch das Lob des Gepeitscht-Werdens, wie es Juliette und ihre Gesinnungsgenossinnen anstimmen, darf man ihm getrost in den Mund legen:

> Peitschst du mit Ruten, meine Liebe? Oh, bis aufs Blut, meine Beste! Und ebenso lasse ich mich geißeln. Es gibt keine köstlichere Leidenschaft als diese für mich; keine entflammt so mein ganzes Wesen. Niemand zweifelt heute daran, dass die passive Flagellation außerordentlich wirksam ist, um die durch die Exzesse der Ausschweifung erloschenen Kräfte wiederzubeleben ... Diese Operation vermittelt den erschöpften Körperteilen eine so gewaltige Erschütterung, eine so wollüstige Erregung, die sie regelrecht verzehrt, und lässt den Samen mit unvergleichlich größerer Wucht herausschleudern.[15]

Über die Lust, sich peitschen zu lassen, geht nur der Genuss, selbst zu peitschen:

> Was die aktive Flagellation betrifft – kann es auf der Welt eine größere Lust für so verhärtete Wesen wie uns geben? Gibt es eine Lust, die den Stempel der Wildheit deutlicher in sich trägt und die Neigung zur Grausamkeit, die wir von der Natur verliehen bekommen haben, stärker befriedigt?[16]

Auch die Genüsse des passiven Analverkehrs werden in de Sades Œuvre immer wieder wortreich gepriesen. Keiner ist ihnen so hemmungslos zugetan wie der junge Comte de Bressac, in den sich die tugendhafte Justine unpassenderweise verliebt. Als sie ihn von seinen «unnatürlichen» Neigungen zu «heilen» versucht, gibt er ihr die folgende Antwort:

> Ach Justine, als ob man sich von dieser Neigung jemals abbringen lassen könnte! Wenn du nur das Entzücken nachempfinden könntest, das sie mit sich bringt! Wenn du nur verstehen könntest, was man bei der süßen Illusion empfindet, nur eine Frau zu sein! Man verabscheut dieses Geschlecht, und doch will man es nachahmen! Ach, wie süß ist es, mit dieser Imitation Erfolg zu haben, wie köstlich ist es, die Hure all derer zu sein, die dich begehren, die Prostitution zum Äußersten zu treiben und an ein und demselben Tag nacheinander die Mätresse eines Lastträgers, eines Dieners, eines Soldaten und eines Kutschers zu sein, von allen geküsst, geherzt, eifersüchtig beargwöhnt, bedroht und geschlagen zu werden.[17]

Vom Mann zur Frau zu werden ist also eine weitere dieser köstlichen Erniedrigungen, die das Blut in Wallung bringen. Der Marquis hatte keine Tagelöhner und Kutscher, sondern nur einen Diener, dem er sich hingeben konnte, doch war die Erfahrung fraglos dieselbe.

Eine weitere Missetat der zügellosen Juliette weist beunruhigende Parallelen zu den Vorkommnissen in Marseille auf:

> Mit einer Schachtel vergifteter Bonbons in den Taschen zog ich verkleidet und zu Fuß über Promenaden, Straßen und durch Bordelle; überall teilte ich ohne Unterschied von diesen tödlichen Süßigkeiten aus. Ja, ich trieb die Verworfenheit so weit, dass ich davon vor allem Kindern zu naschen gab. Danach überprüfte ich die Ergebnisse meiner Verbrechen. Wenn ich einen Sarg vor der Tür der Häuser, in denen ich meine grausamen Gaben verteilt hatte, stehen sah, kreiste ein göttliches Feuer in meinen Adern.[18]

Wollte der Marquis seine bezahlten Gespielinnen mit Gift vom Leben zum Tode bringen, wie ihm das Urteil des Parlaments von Aix-en-Provence bald danach unterstellte, oder ging es ihm nur um den Genuss der Blähungen und die Anfachung von Leidenschaften?

Ach, mein Engel, es ist so köstlich, Herr über Leben und Tod der anderen zu sein!¹⁹

Dieser Lustseufzer von Juliettes alter Laster-Lehrerin Clairwil gibt zweifellos de Sades eigene Empfindungen wieder. Hätte er sonst Rose Keller gleich zweimal gedroht, sie zu töten und im Garten zu verscharren? Allerdings blieb die Drohung folgenlos, die erregende Herrschaft über Leben und Tod war für de Sade im Fall der elsässischen Garnspinnerin eine erregende Vorstellung und ein makabres Spiel.

Diese Grenze wurde in Marseille überschritten. Die Lexika der Zeit schildern die Folgen eines übermäßigen Cantharidin-Genusses in grellen Farben. Marianne Laverne und Marguerite Coste konnten ein Lied davon singen. Die medizinischen Dossiers, die den Prozess gegen de Sade untermauerten, listen bei seinen Opfern gravierende Symptome auf: krampfartiges Erbrechen von übel riechendem schwarzem Schleim, der mit Blut versetzt ist, Herzrasen, unerträgliches Brennen in Magen, Speiseröhre und beim Urinieren, dazu schwerste Angst- und Unruhezustände. Marguerite Coste schwebte tagelang zwischen Leben und Tod. Am Ende überstanden beide die Folgen ihrer Vergiftung.

Das Wort «Vergiftung» hören die bekennenden Bewunderer des «göttlichen Marquis» bis heute nicht gerne und verweisen indigniert auf das skandalöse «Fehlurteil» von Aix-en-Provence. Doch diese Generalabsolution ist voreingenommen und voreilig. Als Stammkunde einschlägiger Etablissements musste de Sade wissen, wie gefährlich das Aphrodisiakum war, wenn man es zu hoch dosierte. Was geschehen wäre, wenn Marianne Laverne und Marguerite Coste seinem Drängen nachgegeben und noch mehr Substanz der spanischen Fliege zu sich genommen hätten, kann man sich leicht ausmalen. So bleibt nur der Schluss, dass der Marquis mit seiner üblichen Gleichgültigkeit für das Leiden der anderen den gesundheitlichen Ruin und sogar den Tod seiner Lustobjekte in Kauf nahm. Das Experimentieren mit Menschen war ihm wichtiger. Der Chirurg Rodin, eine seiner finstersten Erfindungen, steigert diese Mitleidlosigkeit zur äußersten Menschenverachtung und hält dementsprechend ein Plädoyer für tödliche Operationen am lebenden Menschen. Ja, dafür zerfleischt er sogar, ohne mit der Wimper zu zucken, seine eigene Tochter:

> Ob ich dazu bereit bin? Natürlich! Solche lächerlichen Erwägungen dürfen nie und nimmer den Fortschritt der Wissenschaften hemmen. Haben sich wahrhaft große Männer etwa von so verachtenswerten Ketten fesseln lassen? Machte sich Michelangelo etwa ein Gewissen daraus, einen jungen Mann kreuzigen zu lassen und mit seinen Todesqualen abzumalen, um einen Christus am Kreuz so naturnah wie möglich zu zeichnen? Wenn es um die Fortschritte unserer Kunst geht, wie notwendig sind da dieselben Mittel! Man opfert einen, um eine Million zu retten. Kann man bei dieser Bilanz noch zögern?[20]

Dabei ist dem ruchlosen Mediziner Rodin die Rettung seiner Patienten herzlich gleichgültig; er experimentiert mit lebendem Menschen, um seine Lust zuerst zu entfachen und danach zu stillen.

Auch der Marquis de Sade sah sich als Pionier einer neuen Wissenschaft und als solcher verkannt und verleumdet:

> Galilei wurde verfolgt, weil er die Geheimnisse des Himmels entdeckt hatte; Ignoranten wurden seine Quälgeister. Ich werde verfolgt, weil ich die Geheimnisse des menschlichen Bewusstseins gelüftet habe – und die Tölpel tyrannisieren mich. Geist, Wissenschaft und Einbildungskraft werden die Dummen immer in Verzweiflung stürzen.[21]

Was wollte der Marquis am 27. Juni 1772 in Marseille erforschen? Gott – so viel dürfte fest stehen – war seit dem Experiment mit Jeanne Testard aus dem Spiel, seine Nicht-Existenz für de Sade endgültig erwiesen. Nach Versuchsanordnungen sahen die verschiedenen Akte trotzdem aus. Dem Marquis ging es ganz offensichtlich darum, am eigenen Leibe Erfahrungen zu machen und diese mit wissenschaftlicher Präzision festzuhalten; dafür sprechen die Zahlenreihen auf dem Kamin. Die Auswertung des Experiments erfolgte später in seinen Romanen.

Die Kopulations- und Folterszenen, die er dort beschreibt, sind um ein Vielfaches komplexer als die relativ simplen Kompositionen von Körpern und Körperöffnungen in der Rue d'Aubagne. Doch auch in der Realität reichte dem Marquis der Resonanzraum des eigenen Körpers offensichtlich nicht mehr aus. Deshalb zog er mit Latour einen zweiten männlichen Akteur hinzu. Dadurch ließen sich Reaktionen vergleichen und objektivieren, nicht zuletzt durch den Rollentausch von Herr und Diener. Doch die eigentlichen Versuchsobjekte waren die Prostituierten, denen die gefährlichen Dragees verabreicht wurden. Diese in seinen Augen zweifellos nebensächlichen Kreaturen unter Qualen sterben zu lassen, dürfte jedoch nicht der Zweck der Übung gewesen sein. In diesem Punkt hatte die Präsidentin bei ihrem verzweifelten Versuch, die schlimmsten Konsequenzen abzuwenden, Recht. Vielmehr ging es dem Marquis darum, die Wirkung der «Lustpillen» in hoher Dosierung zu testen. Diesem Zweck dürfte auch die vorgesehene Verlängerung des Vorhabens über die Mittagspause hinaus gedient haben. Dass sein Versuch an lebenden Menschen so gravierende Folgen zeitigte, kam für de Sade sicher unerwartet. Sonst hätte er Vorsichtsmaßnahmen oder gleich die Flucht ergriffen. Andererseits musste ihm das Risiko des Experiments bewusst sein. Dieser Widerspruch lässt sich reduzieren, wenn man seine Verachtung für seine Lustobjekte und den Menschen im Allgemeinen, seinen Standeshochmut und seinen allgemeinen Mangel an Empathie in Rechnung stellt; völlig auflösen lässt er sich trotzdem nicht.

Der Sturm, der jetzt losbrach, überraschte niemanden außer ihn selbst. Durch die dritte «Affäre» war die Unverbesserlichkeit des Marquis de Sade erwiesen. Wer ihn immer noch in Schutz nahm, stellte ihm eine Blankovollmacht aus, so lautete die Reaktion der empörten Öffentlichkeit. Rückfällige Täter wie er sollten die archaische Härte des Strafrechts zu spüren bekommen. Oder, wie es Voltaire anlässlich eines Justizmords einige Jahre zuvor ausdrückte: Das helle Licht der Aufklärung verdunkelte sich urplötzlich, und die hässliche Fratze der Schreckensjustiz kam zum Vorschein. Das hatte eine Reihe von Schauprozessen in den letzten Jahrzehnten zur Genüge erwiesen. Ob wegen Homosexualität oder «Religionsfrevel» wie Missachtung der Hostie und kirchlicher Prozessionen: Todesurteile wurden im Handumdrehen gefällt und die Theater des Grauens mit ihren ausgeklügelten Hinrichtungen schnell errichtet. De Sade hatte sich ohne Frage schuldig gemacht, nach den Maßstäben des 21. Jahrhunderts noch viel mehr als nach Einschätzung seiner Zeitgenossen. Doch zugleich wurde er jetzt zum Sündenbock seines Standes und seiner Generation gemacht.

*Auf der Flucht und im Kerker*

Während die neuen Richter von Maupeous Gnaden seinen Tod beschlossen, machte der Marquis Ferien in Venedig, der Stadt des Glücksspiels und der Kurtisanen. In seiner Begleitung befand sich – wie ein später Brieffund beweist – niemand anderes als Anne-Prospère, seine liebreizende Schwägerin. Diese Dreistigkeit brachte für die Präsidentin das Fass zum Überlaufen. Eine solche Eskapade musste sich schnell herumsprechen und die Chancen, ihre jüngste Tochter günstig zu verheiraten, entscheidend mindern. Von jetzt an hatte der Marquis eine Feindin, deren Entschlossenheit und Härte er auf Dauer nicht gewachsen war. Doch auch für die Tochter der Präsidentin wurde die Reise in die Lagunenrepublik zu einer herben Enttäuschung:

> Es gibt nichts mehr zu verschleiern, mein Herr. Ich sehe die Quelle meines Unglücks. Ich weiß alles. Warum hat mich der Tod nicht dieses schicksalhaften Augenblicks enthoben! Doch da ich verschont wurde, hier, mein Herr, meine ein für alle Mal feststehende Entscheidung. Sie entspringt nicht dem Augenblick des Schmerzes über einen Treuebruch, sondern einem wohl erwogenen, gleichwohl schnell gefassten Plan – dem einzigen, der mich das Leben, das mich an nichts mehr fesseln kann, ertragen lässt: Ich verlasse die Welt für immer. Da ich im Schoße des Benediktinerordens erzogen worden bin, wähle ich diesen für meine Zukunft. Der einzige Gefallen, um den ich Sie bitte, besteht darin, mich in diesem Entschluss zu unterstützen; so viel Dankbarkeit schulden Sie mir.[22]

Die hässliche Realität war der romantischen Fiktion in die Quere gekommen: Der Marquis hatte seine junge Geliebte in Venedig mit einer anderen Frau betrogen. Dieser Fall war im ewigen Liebesschwur vom Dezember 1769 nicht vorgesehen. In ihrer grenzenlosen Verliebtheit und Naivität war Anne-Prospère davon ausgegangen, dass ihre Gefühle auf Gegenseitigkeit beruhten und Bestand haben würden. Doch Liebe und Sexualität gehörten für den Marquis keineswegs zusammen. In seinen großen Romanen beklagen die mörderischen Libertins Gefühlsaufwallungen als eine fatale Schwäche, von der sich jedes Lebewesen frei machen muss, um in einer mitleidlosen Welt zu überleben. So weit ging der reale de Sade nicht, doch ein Verhältnis, das ihm Einschränkungen oder gar Opfer abverlangte, war er bislang nicht eingegangen.

Nach dem überstürzten Aufbruch seiner Begleiterin reiste de Sade über Genua nach Nizza und von dort aus tollkühn nach Marseille, wo er am 16. Oktober 1772 von seinem Verwalter Geld in Empfang nahm. Daraufhin begab er sich nach Chambéry, das zum Herrschaftsgebiet des Königs von Sardinien gehörte, der in Personalunion Herzog von Savoyen und Fürst von Piemont war. Dort mietete der «Graf von Mazan», wie sich de Sade recht oberflächlich tarnte, eine komfortable Villa, wo ihn am Abend des 8. Dezember ein Überfallkommando gefangen nahm. Hinter dieser Aktion stand die Präsidentin. Sie hatte den benachbarten Souverän um diesen kleinen Freundschaftsdienst gebeten, der ihr umso weniger abgeschlagen wurde, als auch der Turiner Monarch große Probleme mit seinem jungen aufmüpfigen Adel hatte. Selbstverständlich, so weiter die vorausschauende Präsidentin, werde die Familie für die Unterbringungskosten des unfreiwilligen Logiergastes aufkommen. Ziel der Festsetzung sei es, den jungen Mann vor unbesonnenen Schritten und damit vor sich selbst zu schützen.

Das hieß im Klartext, dass der Marquis auf keinen Fall nach Frankreich zurückkehren durfte. Nicht, dass Madame de Montreuil ihm nicht den Tod auf dem Schafott gegönnt hätte, aber ein so schimpfliches Ende hätte auch ihre eigene Familie entehrt. Die weitaus bessere Lösung bestand darin, das schwarze Schaf für den Rest seiner Tage hinter Festungsmauern einzuschließen und in Vergessenheit geraten zu lassen. Dafür war Miolans genau der richtige Platz. Diese Burg lag eine halbe Tagesreise von Chambéry entfernt auf einem steilen Berg, 250 Meter über dem Fluss Isère, und war von einem dreifachen Mauerring gesichert. Der Gefangene de Sade wurde im zweithöchsten Stockwerk untergebracht. Von dort hatte er einen weiten Blick auf schneebedeckte Alpengipfel. Auch die Aufenthaltsbedingungen waren keineswegs unerträglich. Das Apartment des Marquis war hell und weitläufig. Einer seiner Domestiken, der im Nebenzimmer schlief, stand ihm zu Diensten. Sein eigener Raum wurde zwar abends doppelt verriegelt, aber tagsüber durfte er sich innerhalb des ersten Mauerrings frei bewegen. Zu seinen Privilegien gehörte weiter, dass er täglich mit dem Koch sein Menü besprechen und sich zwei Hunde halten durfte. Adel blieb Adel, auch im Gefängnis. In diesem Sinne wurde das gesamte Personal angewiesen, dem vornehmen Häftling jegliche Höflichkeit zu erweisen. Allerdings wurde dieser genau observiert und seine Post kontrolliert. Auf diese Weise war Madame de Montreuil stets genauestens über alle Schritte ihres Schwiegersohns informiert.

Kurz nach seiner Verhaftung, zwischen dem 10. und 15. Dezember 1772, verfasste de Sade ein ausführliches Schreiben an seine Geliebte, die ihn nach dem «Vorfall» in Venedig Knall auf Fall verlassen hatte und nach Lacoste zurückgekehrt war:

> Ich sehe nur zu deutlich, dass ich auf das Glück verzichten muss, Dich zu besitzen. War es in dieser grausamen Gewissheit ein Wunder, dass ich nur noch den Tod suchte? Meine liebe Freundin, wenn Du meinen Brief an meinen Onkel in Saumane mit etwas mehr Aufmerksamkeit gelesen hättest, so hättest Du erkannt, dass es keineswegs mein Ziel war, Dich zu einer Vernachlässigung Deiner Pflichten zu verführen, die Dir jetzt teurer sind als die der Liebe und der Menschlichkeit. Ich wusste wohl, dass Dich nichts dem Schoße einer Familie entreißen konnte, in den Du immer nur zurückkehren wolltest, ungeachtet aller Versprechungen und der heiligsten Schwüre.[23]

Jetzt sah der Marquis die Gelegenheit gekommen, die leichtsinnige Selbstfesselung seiner Schwägerin einzufordern. Wie immer stellte er sich als Opfer fremder Machenschaften dar; darin bestand seine Kunst, andere zu manipulieren: Nicht er hatte sie, sondern sie hatte ihn betro-

*Auf der Flucht und im Kerker*

Hoch über das Tal der Isère ragt die savoyische Festung Miolans. Den wilden Marquis de Sade vermochte sie nicht lange hinter ihren Mauern festzuhalten.

gen und im Stich gelassen. Nicht sie war zu bedauern, sondern er. Denn er hatte den Tod gesucht, und zwar von eigener Hand:

> Ich habe das Versprechen, das ich Dir am 20. November gegeben habe, getreulich ausgeführt, doch unglücklicherweise habe ich mich dabei nur verletzt. Ein anderes Mal werde ich mehr Glück haben.[24]

Hatte der Marquis wirklich, wie er beteuerte, aus enttäuschter Liebe zu Anne-Prospère Selbstmord begehen wollen und dabei sein Ziel verfehlt? In einem Brief vom 10. Januar 1773 erwähnte die Präsidentin einen «Unfall», bei dem ihr Schwiegersohn am 20. November des Vorjahres in seinem Landhaus bei Chambéry so schwer verletzt wurde, dass er zehn Tage lang von einem Chirurgen behandelt werden musste. Dieser Bericht scheint perfekt zu der Briefstelle zu passen. Dennoch ist Skepsis angebracht. Zum einen lag die Trennung zu diesem Zeitpunkt bereits zwei Monate zurück. Zum anderen sollte ein erfahrener Offizier wie de Sade mit seiner Pistole geschickter umgehen können. Schließlich passt eine solche Tat aus Leidenschaft nicht zum grenzenlosen Egoismus des Marquis, von dem derselbe Brief beredtes Zeugnis ablegt. Das muss auch die abgelegte Geliebte gespürt haben, denn de Sades emotionale Erpressung in Briefform verfehlte offensichtlich ihre Wirkung.

Von diesem Egoismus zeugt auch ein weiteres Schreiben, in dem der Marquis ausgerechnet seine Intimfeindin, die Präsidentin de Montreuil, um Unterstützung bat, und zwar ebenfalls kurz nach der Inhaftierung, als er gegenüber Anne-Prospère unter den Folgen des fehlgeschlagenen Suizids zu leiden behauptete. Dass es de Sade wagte, sich an seine Schwiegermutter zu wenden, zeigt nicht nur, wie wenig er die verletzten Gefühle anderer nachvollziehen konnte, sondern belegt auch, wie zielgerichtet und frei von morbiden Neigungen er seine bedrängte Lage zu verbessern suchte. Dabei sollten ihm seine Lieben helfen, und zu diesem Zweck spielte er sie konsequent gegeneinander aus, wie das tränenselige Schreiben an Anne-Prospère zeigt:

> Ich wurde soeben davon in Kenntnis gesetzt, dass mich Madame de Sade allein hier herausholen soll. Die Gründe dafür sagt Ihnen der beigefügte Brief. Aber ich will mich Ihnen allein verpflichtet wissen und will lieber hier mein ganzes Leben verbringen, als die Türen von einer anderen Hand als der Ihren geöffnet zu bekommen.[25]

Doch von Schwiegermutter und Schwägerin hatte der Gefangene de Sade keine Hilfe mehr zu erwarten, im Gegenteil. Auch die Vorzugsbedingungen seiner Haft wusste er je länger desto weniger zu schätzen. Das anfangs freundschaftliche Verhältnis zum Festungskommandanten trübte sich rasch ein; der Marquis ertrug den Freiheitsentzug nicht und machte seiner Wut in wüsten Beschimpfungen des Kommandanten und der übrigen Welt Luft. In einer Fülle von Bittschriften an hochgestellte Persönlichkeiten beklagte er mit bewegten Worten die Ungerechtigkeit seiner Verfolgung und denunzierte die Präsidentin als seine Peinigerin.

Diese hegte zur selben Zeit berechtigte Hoffnungen, ihre jüngste Tochter endlich prestigeträchtig verehelichen zu können. Zu Anne-Prospères Bräutigam war ein junger Mann aus der adeligen Familie Beaumont auserkoren; dessen Onkel hatte als Erzbischof von Paris Rousseaus Erziehungsroman *Émile* im Namen der kirchlichen Tradition und der Moral verurteilt. Wie ein so konservatives und sittenstrenges Umfeld auf einen Schwager in spe vom Schlage eines Marquis de Sade reagieren würde, wenn dieser durch neue Skandale von sich reden machte, war unschwer vorauszusehen. So musste die Präsidentin alles daran setzen, diesen in seinem hohen Turm festzuhalten.

## Im Untergrund

In der Not konnte der Marquis jetzt nur noch auf seine Frau Renée-Pélagie zählen, die sich nach Savoyen begab, um die Freilassung ihres untreuen Gatten zu erwirken. Allerdings wurde sie in die Festung nicht vorgelassen, und auch ihre Verhandlungen verliefen im Sande. So musste sich de Sade selbst helfen und schmiedete Fluchtpläne. Sich aus seinen hoch gelegenen Räumlichkeiten abzuseilen, war zu gefährlich. Doch gab es tiefer gelegene Lokalitäten, aus denen man bei sorgfältiger Vorbereitung ohne allzu großes Risiko entweichen konnte. Die Gelegenheit dazu führte de Sade geschickt herbei.

Zuerst musste er die Gunst des Festungskommandanten zurückgewinnen. Zu diesem Zweck täuschte er Zerknirschung und Einkehr vor: Die österliche Messe nebst Eucharistie habe einen neuen Menschen aus ihm gemacht! Der brave Kommandant, der offensichtlich nichts von den Affären seines Gefangenen wusste, zeigte sich gerührt und zögerte nicht, dem frisch Bekehrten Vergünstigungen zu gewähren. Angeblich waren die Speisen kalt, wenn sie im Apartment des Marquis angekommen waren, und bereiteten diesem dadurch Verdauungsprobleme. So erhielten de Sade und ein Mitgefangener die Erlaubnis, ihre Mahlzeiten in einem Raum direkt neben der Küche einzunehmen. Von dort waren es nur wenige Schritte zu einer Latrine – und von dort nur noch gut vier Meter abwärts bis zum rettenden Erdboden. Für einen Sprung war das immer noch zu hoch, doch der Marquis traf Vorsorge und warb heimlich den achtzehnjährigen Bauernsohn Joseph Violon als Fluchthelfer an. Obwohl Violon der Aufenthalt in der Festung untersagt war, verschaffte er sich in der Walpurgisnacht 1773 Zutritt zum inneren Mauerring, stellte eine Leiter unter das Latrinenfenster und führte die beiden Flüchtlinge auf Schleichwegen Richtung Frankreich. Die ganze Operation war so perfekt organisiert, dass sie förmlich nach Mitwissern und Helfershelfern roch. Dessen war sich auch der Marquis bewusst. Für den Kommandanten, den die verschlafenen Wachen in den frühen Morgenstunden des 1. Mai alarmierten, hatte er in seinem verlassenen Apartment einen Abschiedsbrief hinterlassen, der vor Sarkasmus nur so triefte:

> Wenn irgendetwas die Freude trüben kann, die ich über meine Befreiung aus meinen Ketten empfinde, dann die Furcht, dass man Sie für mein Entweichen verantwortlich machen könnte. Nach all den Ehrenbezeugungen und Freundlichkeiten, die Sie mir zuteil werden ließen, beunruhigt mich dieser Gedanke ernsthaft… Für diese Wohltaten werde ich mein ganzes Leben lang empfänglich sein und hoffe nur, eines Tages Gelegenheit zu haben, Sie davon zu überzeugen. So hoffe ich zumindest, dass der Tag kommen wird, an dem es mir erlaubt sein wird, mich diesem Gefühl der Dankbarkeit, das Sie mir einflößen, ganz und gar hinzugeben.[26]

Hinter dieser höfischen Courtoisie verbargen sich handfeste Drohungen: Der Kommandant sollte sich hüten, de Sade in die Hände zu fallen. Verfolgung sei zwecklos, da ihn – so der Brief weiter – fünfzehn Mann, zu Pferd und bis an die Zähne bewaffnet, erwarteten, um ihn aus diesem ungastlichen Land hinaus zu eskortieren. Schließlich legte er dem Kommandanten noch eine Kleinigkeit ans Herz: Geben Sie gut auf meine Bücher, Kleider und Hunde Acht und schicken Sie diese an Madame de Sade, wohnhaft im Schloss Lacoste!

Der Marquis war wieder ganz der Alte. Die königliche Majestät in Turin hingegen war alles andere als amüsiert und ordnete hochnotpeinliche Nachforschungen an. Der arme Festungskommandant wurde seines

Amtes enthoben und selbst gefangen gesetzt. Am schwersten getroffen von der Flucht des Marquis zeigte sich naturgemäß die Präsidentin. Doch so schnell gab eine Frau von ihrem Format nicht auf. Ihre nächsten Schritte bestanden darin, die Papiere an sich zu bringen, die der Flüchtling im Turm von Miolans zurückgelassen hatte. Darin wurden die Heiratspläne für Anne-Prospère erwähnt, die keinesfalls an die Öffentlichkeit gelangen durften.

Die bewaffnete Eskorte war natürlich frei erfunden, wie de Sades Verfolger sehr wohl wussten und auch wissen sollten; das alles gehörte zur chevaleresken Inszenierung, ebenso wie das völlige Verschwinden von der Bildfläche danach. Im Juli 1773 erhielt ausgerechnet die Präsidentin einen Brief aus Bordeaux, in dem ihr Schwiegersohn sie um Geld für seine Flucht nach Spanien bat. Das war aller Wahrscheinlichkeit nach ein Versuch, seine Spuren zu verwischen. Gerade weil diese Irreführung ziemlich durchsichtig schien, könnte der Marquis tatsächlich in Spanien gewesen sein. Die haarsträubenden Abenteuer, die Léonore in seinem Roman *Aline et Valcour* auf der Iberischen Halbinsel erlebt, verraten bei aller halluzinatorischen Phantasie eine weitaus intimere Kenntnis von Örtlichkeiten, Land und Leuten als die kulissenhaften Schilderungen Schwedens und Sibiriens, die der Marquis nachweislich nicht aus eigener Anschauung, sondern nur aus geographischen Handbüchern und Reiseberichten kannte.

In den letzten Tagen des Jahres 1773 war de Sade auf jeden Fall wieder in Lacoste, wie sich bald bis zur Präsidentin herum sprach. Diese ließ am 16. Dezember den königlichen Haftbefehl erneuern und rüstete daraufhin eine Polizeitruppe aus, die in der Nacht des 6. Januar 1774 ins Schloss des Marquis einbrach und dort schlimmer wütete als eine Horde Vandalen, wenn man dem Bericht der verängstigten Madame de Sade Glauben schenken darf. Die gedungenen Schergen kehrten das Unterste zuoberst, zerschlitzten Polster und verbrannten Papiere, ohne den «Erzschurken» zu finden. Dieser war in letzter Minute gewarnt worden und fand in Heuschobern und Scheunen der Nachbardörfer Unterschlupf. So erfolglos die Aktion endete, so minutiös war sie von langer Hand mit wichtigen Helfershelfern vor Ort geplant worden. Was er von Madame de Montreuil zu erwarten hatte, wusste de Sade. Dass der Notar Fage, sein Vermögensverwalter, dem er bislang uneingeschränktes Vertrauen geschenkt hatte, und sogar sein Onkel, der Abbé, mit von der Partie gewesen waren, musste ihm hingegen zu denken geben.

Dabei konnte Fage gute Gründe für seinen Seitenwechsel geltend machen. Der Marquis – Aristokrat vom Scheitel bis zur Sohle – hatte ihn jahrelang wie einen Domestiken behandelt – aufbrausend, herablassend und ungerecht – und ihn für die finanziellen Schwierigkeiten verantwortlich gemacht, die er ganz allein verursacht hatte. Überdies fühlte sich der Notar dem ganzen Hause de Sade verbunden, dessen Ruin der Marquis, blieb er auf freiem Fuß, unweigerlich herbeiführen würde. Obwohl also gute Gründe für diesen «Verrat» sprachen, litt Fage dabei Gewissensqualen. Der Abbé hingegen hatte keinerlei Skrupel, seinen Neffen seinem Schicksal zu überlassen. Er ging auf die siebzig zu, kränkelte und war bestrebt, seinen Frieden mit Gott und der Kirche zu machen. In seinen Augen hatte der Marquis alle Normen mit Füßen getreten, ein Tabu nach dem anderen gebrochen und damit alle Brücken hinter sich verbrannt. Ein solcher Verächter aller Regeln musste von der Bildfläche verschwinden, bevor er die Familie endgültig entehrte. Darin waren sich Schwiegermutter und Onkel, die beiden selbsternannten Erziehungsbevollmächtigten des Marquis, mittlerweile einig. Zu de Sade hielten jetzt nur noch Renée-Pélagie, die dafür das Zerwürfnis mit ihrer Mutter in Kauf nahm, und Gaspard Gaufridy, der in der Folgezeit die dornige Aufgabe übernahm, die rapide schmelzenden Einkünfte des untergetauchten Schlossherrn von Lacoste zu verwalten.

Dauerhaft konnte sich de Sade nicht in der Umgebung von Lacoste verstecken. Wo er sich ab März 1774 aufhielt, lässt sich nicht mit letzter Sicherheit ermitteln; ein kurzer Aufenthalt in Italien ist am wahrscheinlichsten. Ebenso wichtig, wie sich dem Zugriff der Justiz zu entziehen, war es, Gegenmaßnahmen zu ergreifen, das heißt: das Todesurteil vom 12. September 1772 anzufechten. Dafür waren die politischen Voraussetzungen seit dem 10. Mai 1774 günstig. An diesem Tag starb Ludwig XV. und mit ihm, wie sich schnell zeigen sollte, die Revolution des Pariser Parlamentspräsidenten de Maupeou. Dieser fiel beim neuen König in

Ungnade, der mit naivem Idealismus einen moralischen Neuanfang anstrebte und dafür nichts Besseres zu tun wusste, als die aufgehobenen alten Parlamente wieder einzusetzen. Damit handelte er sich eine dauerhafte Opposition ein, die schließlich 1788/89 in die Anfänge der Revolution mündete.

Für den Marquis de Sade war der Thronwechsel Chance und Risiko zugleich. Er durfte darauf hoffen, dass mit der Abschaffung des «Ersatz-Parlaments» von Aix-en-Provence auch seine Verurteilung hinfällig werden würde. Andererseits schrieb der junge Ludwig XVI. eine moralische Regeneration aller Schichten und speziell des Adels auf seine Fahnen, die wenig Verständnis für notorische Libertins wie ihn erwarten ließ. Darin täuschte er sich nicht. Auf Bestreben der Präsidentin wurde der Haftbefehl Ludwigs XV. vom neuen König anstandslos erneuert.

Währenddessen hatte der Marquis seine Gattin nach Paris geschickt, wo sie in seiner Sache vorstellig werden sollte; mit auf den Weg gegeben hatte er ihr eine vehemente Anklageschrift gegen seine Ankläger und Richter. Darin stellte er sich wie üblich als das unschuldige Opfer seiner Schwiegermutter dar, die mit allen Kräften seinen Untergang herbeizuführen versuche. Das Echo darauf fiel gespalten aus. Einerseits waren die Tage des Schattenparlaments gezählt und damit auch dessen Urteile fragwürdig geworden. Insofern rannte Madame de Sade, die jetzt nicht nur den Vorwurf des Giftmords, sondern auch der «Sodomie» bestritt, offene Türen ein. Daher schien es nur noch eine Frage der Zeit zu sein, bis dieser Schuldspruch kassiert werden würde. Andererseits war der Ruf de Sades so irreparabel geschädigt, dass dessen Annullierung nicht automatisch das Ende aller Verfolgung, geschweige denn die vollständige Rehabilitierung zur Folge haben musste. Ganz im Gegenteil: War das «Schandurteil» erst einmal aufgehoben, gelangte die königliche *lettre de cachet* zur Anwendung. Diesem raffinierten Kalkül seiner Schwiegermutter war der Marquis, wie immer in eigener Sache blind, nicht gewachsen.

Für ihn jedenfalls klangen die Nachrichten aus Paris so ermutigend, dass er es im Herbst 1774 wagte, nach Lacoste zurückzukehren und dort den Winter zu verbringen. Das war ein riskanter Schritt, weil das Todesurteil weiterhin in Kraft und der Aufenthaltsort des Marquis ein offenes

Geheimnis war. Zudem hielt jetzt niemand mehr die schützende Hand über den Outlaw. Es hätte einer einzigen geheim gehaltenen Aktion eines Überfallkommandos wie im Januar bedurft, um seinem Leben in Freiheit ein jähes Ende zu bereiten. Dass es dazu nicht kam, zeigt, wie wenig ausgebildet die «Staatsgewalt» der angeblich «absoluten» Monarchie in Wirklichkeit war. Offensichtlich waren sich die Polizeibehörden weder in Paris noch in Avignon sicher, diese Operation mit Erfolg durchführen zu können. Außerdem schreckten sie vor dem Aufsehen zurück, das eine solche Menschenjagd verursachen musste; erfahrungsgemäß solidarisierte sich die Bevölkerung sofort mit dem «Banditen», egal welcher Herkunft.

So richteten sich Monsieur und Madame de Sade auf einen stillen Winter in Lacoste ein, ganz *en famille*. Dem zurückgezogenen Lebensstil gemäß wurde das Abendessen schon um drei Uhr nachmittags aufgetragen und das Schlosstor bei Einbruch der Nacht verriegelt. Gäste erwartete der Schlossherr um diese Zeit nicht mehr, doch Theater wurde trotzdem gespielt, allerdings nur im engsten Kreis, von Liebhabern für Liebhaber, im wahrsten Sinne des Wortes, und ausschließlich nach den Anweisungen des Regisseurs de Sade. Dafür hatte dieser zusammen mit seiner Frau im Herbst 1774 in Lyon und Vienne – wohlweislich nicht in Marseille! – fünf Mädchen und einen «Sekretär», allesamt um die fünfzehn Jahre alt, angeworben, wahrscheinlich ohne das Einverständnis der Eltern einzuholen und natürlich ohne die neuen «Dienstboten» über die von ihnen erwarteten Dienstleistungen aufzuklären. Um sich von dem Vorwurf, Minderjährige entführt zu haben, reinzuwaschen, behauptete der Marquis später, bei dieser Aktion auf die guten Dienste einer Kupplerin namens Nanon zurückgegriffen zu haben, die er ebenfalls in Dienst gestellt hatte.

Was genau mit diesem Ensemble im Dezember 1774 und Januar 1775 auf Schloss Lacoste gespielt wurde, ist bis heute geheimnisumwittert. Dass sich der Marquis der Mädchen, wie er es selbst ausdrückte, «bediente», ist sicher, dass der «Sekretär» ähnlichen Zwecken diente, anzunehmen. Dass Madame de Sade bei all diesen Orgien mitwirkte, steht gleichfalls außer Frage. Als eines der Mädchen im Januar 1775 von Verwandten aus Lacoste nach Saumane zum Onkel des Marquis in Sicherheit gebracht wurde, schrieb die Marquise dem Abbé ungewöhnlich offenherzig in eigener Sache: «Was für Schrecken kann Ihnen diese Kreatur über mich erzählen!»[27]

Damit waren keine Schreckenstaten, sondern erduldete Qualen gemeint. Nach einhelliger Aussage der jungen Mädchen vor dem Untersuchungsrichter, der sich nach der Strafanzeige der Eltern des Falls annahm, war die Gattin des Marquis «das Hauptopfer einer Wut, die sich nur als Wahnsinn bezeichnen lässt».[28] Sie war nicht die einzige, die aus diesen Inszenierungen lädiert hervorging. Bei zumindest zwei der Mädchen, der Tänzerin Du Plan und ihrer Gefährtin Rosette, waren die Verletzungen, die ihnen der Marquis mit der Peitsche zugefügt hatte, Mitte Februar noch nicht ausgeheilt. Der «Sekretär» namens André wiederum steckte sich mit der Syphilis an, wofür der Marquis jede Verantwortung von sich wies.

Überhaupt war seiner Ansicht nach die ganze «Affäre der kleinen Mädchen» nichts als künstlich erzeugte Aufregung. In diesem Sinne äußerste sich auch Madame de Sade in einem Brief an den Abbé, den ihr der Marquis aller Wahrscheinlichkeit nach zuerst in die Feder diktierte und danach noch einmal sorgfältig korrigierte:

> Langeweile allein hat die Flucht dieses kleinen Mädchens verursacht. Sie hatte nun einmal mehr Lust ihre Herden zu hüten, als in ihrem Zimmer Garn zu spinnen. In Saumane wird sie sich sicher wohl fühlen, wenn Sie mir den Gefallen tun wollen, sie dort aufzunehmen. Wenn sie sich, trotz ihres Ausscheidens aus dem Dienst, über tätliche Übergriffe oder Beleidigungen von Seiten meiner Domestiken zu beklagen hat, so kann das nur daran liegen, dass ich sie trotz aller Sorgfalt meinerseits dagegen nicht schützen konnte. Aber dass Herr de Sade dafür verantwortlich und auch ich an solchen Schandtaten beteiligt gewesen sei, ist reine Verleumdung.[29]

Die kleine Garnspinnerin wollte also lieber eine Hirtin werden und hatte sich deshalb unerlaubt von ihrem Dienstort entfernt. Wenn alles so harmlos war, warum beschwor Renée-Pélagie den Abbé dann in einem zweiten Brief, Rosette auf keinen Fall medizinisch untersuchen zu lassen?

Für die Bauern von Lacoste und Umgebung war der Fall klar: Bei den nächtlichen Orgien auf dem Schloss musste sich um die Jahreswende 1774/75 Ungeheuerliches zugetragen haben. Hatte man den Marquis nicht bei Nacht und Nebel Knochen in seinem Garten vergraben sehen? War er gar ein Werwolf? Jahre später hat sich der Marquis in einem ausführlichen Brief zu den makabren Dekorationen seiner Inszenierungen geäußert:

> Diese Gebeine sind von einem der Mädchen namens Du Plan herbeigebracht worden; sie ist quicklebendig und kann jederzeit verhört werden. Wir haben uns den Spaß gemacht, damit ein Kabinett auszustatten – ob das von gutem oder schlechtem Geschmack zeugt, müssen Sie selbst entscheiden. Jedenfalls haben wir sie ausschließlich für Dekorationszwecke benutzt und danach, als der Scherz oder vielleicht besser: die Dummheit zu Ende war, im Garten deponiert.[30]

Über Geschmack lässt sich streiten, doch von ungewöhnlichen Vorlieben zeugen modrige Menschenknochen an Zimmerwänden ohne Frage. Thanatos und Eros, Tod und Sexualität gehörten für den Marquis zusammen und mussten daher auch auf seinen Bühnen zusammenkommen. Schon Jeanne Testard hatte er damit gedroht, sie zu ermorden und eigenhändig in seinem Garten zu begraben. Diese fixe Idee setzte der Marquis elf Jahre später in die Tat um, allerdings wiederum in einer wesentlich entschärften Version: Keine der Mitwirkenden musste ihr Leben lassen, die Gebeine stammten offenbar vom örtlichen Friedhof. Selbst die hemmungslosesten Orgien blieben um Welten hinter den Exzessen der Einbildungskraft zurück: Gemäß dieser Maxime waren die fauligen Knochen ein Fetisch, an dem sich die Phantasie des Marquis bis zur Weißglut erhitzen konnte.

Getötet worden war bei den winterlichen Inszenierungen in Lacoste also nicht, gezeugt hingegen wohl. Nanon, die angebliche Kupplerin, war schwanger und brachte ein Mädchen zur Welt, dessen Vater nach menschlichem Ermessen nur der Marquis sein konnte. Offenbar glaubte sie nun, Privilegien geltend machen zu können, und trat gegenüber

Im Untergrund 137

So grässlich wie in dieser Illustration zu de Sades zweiter «Justine» stellten sich die Einwohner von Lacoste die Orgien des Marquis in seinem Schloss vor. Doch dort stammten die Knochen an den Wänden nachweislich vom Dorffriedhof.

Madame de Sade immer impertinenter auf. Auf dem Höhepunkt des Streites verbarrikadierte sie sich sogar im Schloss und drohte damit, unerhörte Geheimnisse auszuplaudern. Im Gegenzug wurde sie von der Marquise beschuldigt, Silberbesteck gestohlen zu haben, und angezeigt. Das war eine Anklage, die sie an den Galgen bringen konnte. Unschuldige Dienstboten des Diebstahls zu bezichtigen und sich danach an der Grausamkeit der ungerechten Justiz zu weiden, gehörte zu den Standardmethoden der de Sadeschen Romangestalten. Nicht nur in seinen Texten, sondern auch in der realen Gerichtspraxis des Ancien Régime saßen die Herren und Herrinnen fast immer am längeren Hebel, selbst wenn sie einen so übel beleumdeten Namen trugen wie die Marquise de Sade. So ließ ein königlicher Haftbefehl, mit dem sich die unliebsame Querulantin Nanon aus dem Weg räumen ließ, nicht lange auf sich warten. Die polizeilichen Untersuchungen gegen das adelige Paar wurden hingegen nach anfänglichem Elan nur schleppend vorangetrieben und dann ganz eingestellt. Offenbar war man davon überzeugt, diesmal einem Fehlalarm aufgesessen zu sein. Die «Küken», wie de Sade seine jugendliche Dienerschaft zu titulieren pflegte, waren nachweislich am Leben und zumindest im Sommer 1775 gesundheitlich auch nicht mehr geschädigt.

Doch in Sicherheit war der Marquis deshalb nicht. Im Mai hatte sich der Abbé an den Minister des königlichen Hauses mit dem dringlichen Ersuchen gewandt, seinen Neffen gefangen zu setzen; dieser störe mit seinen Wahnsinnstaten nicht nur den Frieden der Familie, sondern der ganzen Gesellschaft. Auch die Präsidentin war nicht untätig geblieben. Anfang Juli 1775 stürmte ein weiteres Polizeikommando das Schloss Lacoste, doch erneut ohne greifbares Resultat. Diesmal hatte sich der Marquis sogar auf dem Dachboden verstecken müssen. Allmählich wurde es eng für ihn.

*Italienische Reise*

Das Unvermeidliche mit dem Angenehmen zu verbinden und nach all diesen Aufregungen erst einmal zu entspannen: Nach dieser Devise reiste der Marquis am 17. Juli 1775 nach Italien. Dort glaubte er sich unbeobachtet und meinte daher, sich ungezwungen geben zu können. Doch das war ein Irrtum. Der rührige Inspektor Marais hatte seine Spitzel auch südlich der Alpen, wo sie als Kaminkehrer oder Gemüsehändler verkleidet getreulich ihre Informantenpflichten erfüllten. Sonderlich aufregende Neuigkeiten hatten sie über das Verhalten der observierten Zielperson allerdings nicht zu berichten. Der Graf von Mazan, wie sich der Marquis wieder einmal nannte, bezog in Florenz und Rom sein Quartier bei Honoratioren, die über jeden Verdacht erhaben waren. Tagsüber zeigte er sich so bildungsbeflissen, dass es für seine Späher eine wahre Qual war. Wer hätte gedacht, dass es in Italien so viele Galerien, Bilder und Statuen gab? Von seinen Abenden war zu vermelden, dass er sie meistens zu Hause, in Gesellschaft gut situierter Persönlichkeiten, verbrachte – mit einer einzigen Ausnahme. In Florenz nahm der flüchtige «Giftmörder» mit Pierre Angel Goudar Kontakt auf, dessen Skandale vor Jahrzehnten die Klatschspalten der Metropolen von London bis Konstantinopel gefüllt hatten. Doch inzwischen war nicht mehr der in die Jahre gekommene Abenteurer, sondern seine fast vierzig Jahre jüngere, hinreißend schöne irische Gattin Sarah die Attraktion der Salons. Ihr Mann war zugleich ihr Zuhälter und «vermittelte» sie mit großem Erfolg an die Reichen und Mächtigen Europas. Auch Ferdinand IV., König von Neapel, hatte ihren Reizen nicht widerstehen können und sie zu sich nach Neapel geholt, doch währte die Glanzzeit des Paares am Fuß des Vesuvs nicht lange. Für de Sade war es eine Sache der Ehre, sie zu erobern und danach darüber zu schreiben.

Sarah Goudar blieb nicht die einzige Eroberung, die der Marquis in Italien machte. In Florenz stieg er im Hause des Doktor Mesny ab, seines Zeichens Leibarzt des Großherzogs der Toskana, international anerkannter Naturforscher, Kunstkenner von Rang und als solcher für seinen wissbegierigen Gast eine unerschöpfliche Auskunftsquelle. Mesny hatte fünf Töchter, von denen die dreißigjährige Chiara mit einem Zolleinnehmer namens Moldetti verheiratet war; von ihm hatte sie fünf Kinder und erwartete ein sechstes. Ausgerechnet sie machte de Sade in Florenz zu seiner Geliebten. Reizte ihn wie die harmloseren seiner Roman-Libertins der Ehebruch als Akt des Betrugs? Was für ihn eine flüchtige Affäre war, wurde für Chiara Moldetti zuerst zu einer Herzensangelegenheit und dann zu einer Tragödie der verschmähten Liebe:

> Bitte verzeihen Sie mir, wenn ich Sie schon so bald wieder behellige, aber ich finde einfach keinen Frieden – ich weiß wohl, dass ich schwach und Ihrer daher unwürdig bin. Aber ich liebe Sie eben, mein Teuerster, und schwöre Ihnen, dass ich künftig alles machen werde, was Sie begehren. Verzeihe derjenigen, die dich mit den lebendigen Empfindungen eines aufrichtigen Herzens liebt! Alles, was ich dir hier schreibe, ist von den Tränen meiner

aufrichtigen Empfindungen begleitet. Ich erwarte Sie heute Abend mit höchster Ungeduld bei mir, um Sie zu umarmen.[31]

Diese Geliebte beherrschte nicht den modischen Herzschmerz-Jargon der Pariser Salons, ja nicht einmal die Regeln der Anrede – vom «Sie» wechselt sie zum «Du» und danach wieder zurück zur förmlichen Anrede. Gerade weil es ihr an Floskeln mangelt und sich die Wendungen wiederholen, klingen die Liebesbeteuerungen echt. Wenig später steigerten sie sich zu Klagen über den verlorenen Geliebten, der etwas Licht in eine graue Existenz gebracht hat. Auch das klingt sehr glaubwürdig. Dem Marquis war so viel Anhänglichkeit bald nur noch lästig; aus den Antworten auf seine Briefe, die nicht erhalten sind, ist zu schließen, dass er sich kalt und abweisend gab. Das stand in Einklang mit seinen Vorstellungen von den perfekten Geschlechterbeziehungen, wie er sie zwischen zwei Museumsbesuchen festhielt:

> Die Liebe ist nicht für einen Mann gemacht, der arbeitet. Wenn sich seine Begierden entzünden und er sie nicht sogleich stillen kann, so tritt dieses Feuer an die Stelle seiner schöpferischen Kraft, und sein Werk leidet darunter.[32]

Männer von Geist und Talent – so die Schlussfolgerung – sollten daher vom Souverän mit jederzeit verfügbaren Lustobjekten ausgestattet werden, damit sie ihr Genie nicht vergeudeten. Zu Chiara Moldetti war damit alles gesagt. Frauen waren für den Marquis wenig mehr als Möbelstücke. Ohne sie kam der heißblütige Aristokrat bei seiner fast einjährigen Italienfahrt nicht aus.

Doch als Beigabe, die sie nun einmal waren, durften die Frauen den Hauptzweck der Reise nicht gefährden. Er bestand darin, die Antike und das Christentum an ihren Wurzeln zu untersuchen, die Auswirkungen der heidnischen und der katholischen Religion auf die Menschen der Vergangenheit wie der Gegenwart zu ermessen und auf diese Weise Grundlagenarbeit zur Erforschung des menschlichen Bewusstseins zu leisten. Das war eine Aufgabe, die eines neuen Galilei wohl würdig war. Um sie zu erfüllen, waren gründliche Studien nötig.

Italienische Reise                                                               141

*In Italien den Atheismus mit der Seele suchen: In diesen Brief seines florentinischen Gastgebers Mesny (große Schrift) fügte der Marquis eine Tirade gegen die christliche Eucharistie ein.*

Ein so kühnes, ja subversives Unterfangen kam ohne Tarnung nicht aus. Zu diesem Zweck trat der Marquis bei der philosophischen und literarischen Aufarbeitung seiner Italienfahrt, die er gleich nach seiner Rückkehr nach Lacoste im Juli 1776 mit Feuereifer in Angriff nahm, als Briefschreiber auf, der einer ungenannten adeligen Empfängerin wie ein Reiseführer die zahllosen Kunstwerke von Florenz, Rom und Neapel erst auflistete und dann erläuterte, und dies mit stupender Bildung und einem ganz speziellen Einfühlungsvermögen. Doch diese Anleitung zum Genuss der Kunstwerke Italiens blieb Nebensache. Gewiss, der Marquis war der Überzeugung, die zahllosen Fehler älterer Italien-Guiden korrigieren zu können, und hielt mit seiner Meinung über deren Torheiten auch nicht hinter dem Berg. Doch in Wirklichkeit hatte er eine viel höhere Mission zu erfüllen: der irregehenden Menschheit die Wahrheit

Der Maler Jean-Baptiste Tierce (1737–1794) hat den Marquis de Sade auf einem Abschnitt von dessen Italienreise begleitet und für den Bericht darüber stimmungsvolle Illustrationen geschaffen. Auf dem ersten Bild sieht der von Norden kommende Reisende – wie de Sade genau vermerkt – sechs Meilen vor der Ewigen Stadt die Kuppel des Petersdoms aufscheinen: für ihn ein Symbol des finstersten Aberglaubens. Die zweite Illustration zeigt das Grab des Gaius Cestius mit der berühmten Pyramide am westlichen Stadtrand Roms. Der Marquis stieg in die darunterliegende

Italienische Reise                                                              143

Grabkammer hinab, die ihn wie alle Stätten des Todes unwiderstehlich anzog.
Ansicht Nummer drei hält eine heitere Landpartie in der römischen Campagna mit
dem Kastell von Ariccia im Hintergrund fest. Ganz ähnlich wie der Marquis de Sade
(rechts auf dem Stein) ließ sich ein Jahrzehnt später Johann Wolfgang Goethe in einer
so geschichtsträchtigen Umgebung verewigen. Die letzte Vedute ist den Ruinen von
Tivoli gewidmet, laut de Sade «ein Aysl der Ausschweifung und der Verbrechen».

über einen Gott, den es nicht gab, und eine Welt, die sich vom Aberglauben täuschen ließ, zu verkünden.

Sein Reisebericht in fiktiven Briefen liest sich als eine Einführung in die Psychologie der Religionen, speziell des Christentums, und damit als Anleitung zum Atheismus. Aufgrund der widrigen Umstände seiner Abfassung – der Marquis musste in Lacoste jederzeit mit erneuten Polizeirazzien rechnen – blieb sein erster großer Text ungeachtet seiner monumentalen Ausmaße und seines kühnen Anspruchs eine Baustelle. An zahlreichen Stellen vermerkte der Marquis, der sich dabei als waschechter Aristokrat in der dritten Person Plural anredete, Stellen, die später nachgeprüft, ergänzt oder verbessert werden sollten. Doch dazu sollte es nicht mehr kommen. De Sades *Italienreise* blieb auf diese Weise ein Torso.

Reiseberichte zu verfassen gehörte für die Angehörigen der höheren Stände, die etwas auf ihre Bildung hielten, zum guten Ton. Eine längere Tour durch Italien zu unternehmen, war für junge Adelige seit der Renaissance eine Pflicht, die sie erfüllen mussten, wenn sie zur Elite zählen und mitreden wollten. Im 18. Jahrhundert hatten sich dafür feste Wahrnehmungsmuster ausgebildet. Im Bewusstsein ihrer kulturellen Überlegenheit schilderten die aufgeklärten Touristen aus Frankreich Italien als rückständig und pittoresk zugleich. Während die einheimische Führungsschicht ihrer Vorrangstellung nachtrauerte, die sie spätestens um 1600 an Frankreich hatte abtreten müssen, lebten die kleinen Leute wie in einem riesigen Freilichtmuseum, bei dessen Besuch das moderne Europa fasziniert und schaudernd zugleich eine Reise in seine eigene finstere Vergangenheit antrat. Denn dieses Italien des Volkes war für die aufgeklärten Reisenden arm, schmutzig, abergläubisch und gewalttätig, aber auch farbig, poetisch, spontan und ursprünglich und auf diese Weise immerhin noch interessanter als die Lebenswelt der faden Eliten, die doch nur vergeblich die neuesten Pariser Moden zu imitieren versuchten. Der Abstand des gegenwärtigen Italien zu den zivilisatorischen Höchstleistungen der Antike und der Renaissance stach daher ins Auge: Wie konnte eine Nation, die zweimal so hoch aufgestiegen war, so tief abstürzen? Die üblichen Antworten verwiesen auf fehlenden Erwerbsfleiß, mangelhafte Disziplin, ungenügende Bildung, und das alles als Folge der katholischen Religion und besonders des Papsttums, das Italien vom Licht der Wissenschaft abschnitt und im tiefsten Aberglauben verharren ließ. Nicht minder konventionell fiel in solchen Standardtexten das pathetische Lob der wenigen guten Herrscher aus, die wie der junge Großherzog der Toskana aus dem Hause Habsburg-Lothringen das Bildungsmonopol der Kirche aufhoben und segensreiche Reformen in allen Lebensbereichen durchsetzten.

Alle diese Klischees nahm auch de Sade in sein Italienbild auf. Doch ein Menschenforscher wie der Marquis konnte sich mit solchen Oberflächlichkeiten, die vielleicht auch nur als Tarnung dienten, nicht zufrieden geben. Das eigentliche Leitmotiv seiner Erkundungsreise war die Gewalt. Gewalt entdeckte de Sade allenthalben: in Bildern, in Hinrichtungsmaschinen, in der Natur und in Festen. Seine Beschreibung des «Schlaraffenlands» in Neapel, bei dem auf einem hohen Gerüst leckere Lebensmittel tonnenweise platziert wurden, zeigt ihn auf der Höhe seiner Forschungsmission:

> Exakt um zwölf Uhr Mittag ist das ganze Volk auf der Piazza, die bessere Gesellschaft an den Fenstern und der König auf einem Balkon seines Palastes. Dann ein Kanonenschuss! Auf dieses Signal hin wird die Kette geöffnet, das Volk stürzt herein, und binnen eines Wimpernschlages ist alles weggenommen, abgerissen, geplündert, und zwar mit einem unbeschreiblichen Furor. Als ich diese Schreckensszene zum ersten Mal sah, erinnerte sie mich an eine Hundemeute, der man zu fressen gab. Nicht selten endet das Ganze tragisch. Zwei Konkurrenten balgen sich um eine Gans oder um eine Ochsenhälfte, und zwar auf Leben und Tod. Und ich erlebte eine weitere Szene des Grauens, die mir die Haare zu Berge stehen ließ. Zwei Männer kämpften um eine Kuhhälfte, wahrlich eine lohnende Beute. Sofort waren beide mit dem Messer zur Hand; in Rom und Neapel endet jede Auseinandersetzung so. Einer der beiden stürzt und schwimmt in seinem Blut. Doch auch der Sieger wird seines Triumphes nicht lange froh. Die Leiter, auf der er seine Beute davontragen will, stürzt ein, und mit der Kuhhälfte fällt er auf seinen unglücklichen Konkurrenten.[33]

Der Mensch, so das Fazit de Sades, ist ein gewalttätiges Tier, das sich an eigenen und fremden Grausamkeiten berauscht. Schließlich sieht der König höchst selbst dem blutigen Schauspiel des entfesselten Pöbels zu, bei dem sich Tierkadaver und Menschenleichen zu einem blutigen Einerlei vermischen. So drängte sich die Frage auf, wer tiefer stand: die armen Tagelöhner, denen angesichts des «Schlaraffenlands» das Wasser im Munde zusammenlief, oder die High Society, die sich an diesem Überlebenskampf delektierte. Zu allem Überfluss war dieses blutige Fest gleich zweifach, von König und Kirche, abgesegnet. Welche Heuchelei war es vor diesem Hintergrund – so die unausgesprochene Schlussfolgerung –, einem ernsthaften Wissenschaftler wie dem Marquis seine harmlosen Experimente mit der Peitsche so grausam zu vergelten? Im Unterschied zur Gewaltorgie in Neapel beförderten sie die Erkenntnis, dass jeder Mensch ein Despot ist, dem nichts so viel Lust verschafft, wie andere zu quälen. Die ganze Italienreise erscheint wie eine Fortsetzung der Forschungen, die de Sade mit Jeanne Testard begonnen hatte und nach dem Vorfall mit den «Küken» unterbrechen musste, und zugleich wie deren Rechtfertigung.

In de Sades Beschreibung des Sturms auf den Fleischberg stechen die Töne des Entsetzens hervor. Sein tiefer Widerwille gegen die von oben geschürte Wut des entfesselten Volks ist nicht geheuchelt. Diese vulgäre Form der Gewalt löste beim Marquis Unbehagen aus, nicht nur weil er als Aristokrat den Zorn der kleinen Leute zu fürchten hatte, sondern auch weil die höchste Stufe der Zerstörung der Imagination vorbehalten bleiben sollte. Diese mörderischen Gedanken gehören zur Grundausstattung des Menschen, wie de Sade anlässlich seines Rom-Aufenthalts festhielt:

> In der Engelsburg sah ich eine Art kleinen Bogen von einzigartiger Anlage, der einst einem Spanier gehört hatte. Dessen einziges Vergnügen bestand darin, mittels dieser Maschine vergiftete Stecknadeln auf die Straßen und in die Menschenmengen zu schießen, sei es auf öffentlichen Plätzen, sei es beim Verlassen der Kirchen, und zwar zu keinem anderen Zweck als um des dabei angerichteten Schadens willen. Diese seltsame Vorliebe, Böses aus reinem Vergnügen am Bösen zu tun, ist eine der am wenigsten verstandenen

und daher auch am wenigsten analysierten Leidenschaften des Menschen. Und doch würde ich es wagen, diese Passion zu den häufigsten Ausschweifungen der Einbildungskraft zu zählen. Allerdings enthebt mich ihre Seltenheit zum Glück für die Menschheit dieser Analyse.[34]

Der Nachsatz war purer Sarkasmus, denn wie kann eine Leidenschaft selten sein, wenn sie zur Grundausstattung des Menschen gehört? Außerdem fehlt die Analyse in der *Italienreise* keineswegs. Vielmehr entdeckt der Gewaltforscher de Sade den intimen Zusammenhang zwischen Religion und Gewalt auf allen Ebenen.

Wenn das tiefste Wesen des Menschen Despotismus und damit Gewalt ist, dann muss jede Religion, die den Menschen emotional überwältigen will, Gewalt offenbaren und zur Gewalt anleiten. Die Geschichte des Christentums ist daher – wie ausgedehnte historische Passagen der *Italienreise* darlegen sollen – eine einzige Orgie der Gewalt. Dieser Gewalt fallen Abweichler aller Schattierungen, doch auch Gegenpäpste und andere Rivalen der Kurie zum Opfer. Allerdings muss die Kirche diese alltägliche Gewalt gegen all diejenigen, die sich ihren Anweisungen widersetzen, systematisch verschleiern und sich selbst als Opfer der Gewalt darstellen. Deshalb betreibt sie den Kult der Märtyrer, deren Bilder de Sade in der Ewigen Stadt fasziniert in Augenschein nahm. Dabei machte er eine weitere Entdeckung. Nach offizieller Deutung der Theologen sollten Kunstwerke mit Marterszenen die Leiden der Blutzeugen verherrlichen und die Gewalt der Henker verabscheuungswürdig machen. Doch der Marquis beobachtete genau das Gegenteil. Für ihn ist die christliche Kunst ein dauernder Appell, das Gewaltpotential zu aktivieren, das in jedem Menschen schlummert, und daher eine permanente Aufforderung zum Mord unter dem Deckmantel der Frömmigkeit. Diesen Kitzel verspürte der Marquis vor Stefano Madernos Marmorstatue der heiligen Cäcilie in der gleichnamigen Kirche von Trastevere besonders heftig:

Sie ist eine schöne Blume, die vor der Zeit niedergemäht wurde. Cäcilie wurde sehr jung verheiratet und während der ersten Zeit ihrer Ehe im Bad ermordet. Die Spuren ihrer Verletzungen sind an ihrem bloßen Nacken klar zu erkennen. Man sieht dort die drei Schwerthiebe, denen sie zum Opfer fiel; Blut tritt aus diesen Wunden aus, und fraglos ist sie sterbend so gestürzt, wie sie der Künstler darstellt ... Sie trägt dasselbe Hemd wie im Bad; die Feinheit des Faltenwurfs und die Eleganz, mit der die Umrisse des Körpers durchscheinen, sind wirklich erhaben. Cäcilia war klein, aber köstlich und zum Malen schön ... Man atmet noch die ganze Delikatesse und die ganze Eleganz einer jungen Person von siebzehn oder achtzehn Jahren ein, die ebenso interessant wie hübsch ist ... Es herrscht in diesem göttlichen Werk eine Wahrheit, die man nicht ohne tiefe Bewegung betrachten kann.[35]

Diese Bewegung ist nicht Mitleid und erst recht nicht Andacht, sondern sinnliche Erregung. Dieselben Empfindungen überwältigten den Marquis beim Besuch der Unterkirche von Sant'Agnese an der Piazza Navona: Hier wurde die junge Titel-Heilige erst vergewaltigt und dann ermordet. Für den Besucher aus Lacoste scheinen ihre Todesschreie noch von den düsteren Wänden widerzuhallen. Ähnliche Emotionen stellten sich beim Besuch eines Vesta-Tempels ein. Die Priesterinnen dieser Göttin gelobten ewige Keuschheit und wurden lebendig begraben, wenn sie dieses Gebot übertraten. Damit verweist das Heidentum, das Sexualität ansonsten frei auslebte und die Allmacht des Triebes feierte, auf das Christentum:

> Es ist hassenswert, Frauen wie die «gefallenen» Vestalinnen zu bestrafen, die nichts anderes getan haben, als neues Leben zu erzeugen. Unsere Klöster sind gewissermaßen das Abbild dieser alten Barbarei. Aber der Mensch wird immer blind und abergläubisch sein. Und so wird er immer glauben, dass die Gottheit nach Opfern verlangt.[36]

Religion, ob heidnisch oder christlich, ist für de Sade Barbarei, weil sie auf Gewalt und Grausamkeit beruht und die Menschen im Namen der Götter dazu aufruft. Das Christentum ist schlimmer als das Heidentum, weil es die menschliche Urkraft Sexualität unterdrückt und durch diesen künstlichen Stau den Menschen vollends zur Bestie abrichtet. Das fällt ihr umso leichter, als diese Neigung zur Gewalt in jedem Menschen

Italienische Reise 149

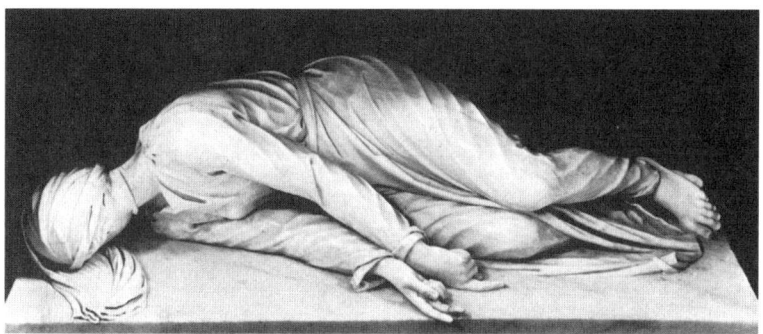

*Im Jubiläumsjahr 1600 schuf der Bildhauer Stefano Maderno (1575–1636) die Statue der heiligen Cecilia, wie sie 1599 in den Kalixtus-Katakomben aufgefunden worden war.*

schlummert. Auch der Italienreisende de Sade gesteht freimütig ein, wie jeder Mensch von Natur aus für die Reize der Gewalt empfänglich zu sein, aber die legale Gewalt des Staates und der Kirche verabscheut er zutiefst. Er ist gegen die Todesstrafe und lobt den toskanischen Großherzog, der sie abgeschafft hat. Noch viel mehr wettert er gegen die Scheiterhaufen der intoleranten Kirche. Im Namen der Vernunft – so seine Selbstdarstellung als Aufklärer – erkennt er seine Leidenschaften, um sie zu beherrschen. Zu diesen kategorischen Vernunfturteilen gehört die Ablehnung der Kastraten:

> So sah ich zum ersten Mal diese Art von Halb-Männern auf der Bühne, deren beklagenswerter Zustand ursprünglich auf die ausgefallensten Akte der Ausschweifung zurückzuführen ist. Dass es diesen schändlichen Missbrauch heute noch gibt, liegt am musikalischen Geschmack. Die Menschlichkeit aber fühlt sich beleidigt und seufzt darüber … Als ich diese Art von Monstren zum ersten Mal hörte, war ich empört – es ist nicht zu fassen, dass aus so massiven und oft unförmigen Leibern eine so helle Stimme hervorgeht, die das Organ der Frauen an Höhe weit übertrifft.[37]

Im Geiste aufgeklärter Reformen preist der Marquis die Mächtigen Italiens, die sich mittelloser Mädchen annehmen, um diese auszubilden und zu verheiraten. In seinen großen Romanen, die er zwanzig Jahre danach verfasste, klingt das jedoch ganz anders. Von den beiden Schwestern, die nach dem Bankrott ihres Vaters buchstäblich auf der Straße stehen, triumphiert die lasterhafte Juliette, die felsenfest davon überzeugt ist, dass Almosen nur Schmarotzer am Leben erhalten; die mildtätige Justine hingegen erlebt den Menschen als Raubtier. Überhaupt ist Italien in diesen späteren Texten nicht wiederzuerkennen. Dasselbe Schlaraffenland-Fest, das der echte Marquis voller Ekel beschrieb, wird von Juliette mit Begeisterung aufgenommen: So und nicht anders muss man das Volk, diese wütende Bestie, traktieren! Die Vulkane, die der Reisende des Jahres 1775 fasziniert, doch auch von ihrer unheimlichen Zerstörungskraft erschreckt, besteigt, verwandeln sich für den unersättlichen Lustmörder Jérôme in beglückende Schoße feuerspeiender Verwüstung. Der Fürst Borghese, der während de Sades Italienaufenthalt von den Besuchern seines Palastes Eintrittsgelder erbettelt, wechselt im Roman das Geschlecht, wird zur Lustmörderin aus Leidenschaft und zur Gefährtin Juliettes auf ihrer Reise durch Süditalien, wo sie in einem Vulkanschlund ihr grausiges Ende findet. Die späteren Variationen des Italien-Motivs zeigen, wie virtuos der Marquis eigene Lebenserfahrungen und Weltsichten in literarische Entwürfe des absoluten Bösen umzuschmelzen verstand.

Eine Leittechnik der späteren Romane durchzieht bereits den Bericht über die eigene Italienreise: die staccatohafte Wiederholung von Erkenntnissen und Einsichten, die dem Leser auf diese Weise regelrecht eingehämmert werden. Die wichtigste dieser Erkenntnisse lautet: Ursprung und Urgrund aller Kunst ist die Sexualität, speziell in ihrer Kombination mit Grausamkeit und Tod. Mit unfehlbarer Sicherheit filtert de Sades Auge aus den Tausenden von Statuen und Bildern, die er besichtigt, die Schlüsselszenen heraus. In der Antike sind das die sterbende Kleopatra, die sich eine Giftschlange an den entblößten Alabasterbusen hält, der rasende Sonnengott Apoll, der dem Silen Marsyas, einem Mischwesen aus Mensch und Tier, bei lebendigem Leib die Haut abzieht, der Pan, der im Schilf eine Nymphe vergewaltigt, und der Satyr, der seine Lust an einer Ziege stillt. Aus dem Themenschatz der christlichen Kunst hebt der Marquis neben den zahlreichen Martyriumsszenen Bilder der heiligen Familie hervor, die für ihn eine platte Betrugsgeschichte illustrieren: Maria, die Ehebrecherin, erfindet die Empfängnis durch den Heiligen Geist und führt damit ihren Ehemann Joseph an der Nase herum. Da Kunst im Kern auf Betrug hinausläuft, hält sich de Sades Begeisterung für ihre Werke und Schöpfer in Grenzen. Damit ist bereits der eigentliche Glaubensartikel der *Italienreise* gestreift. Er lautet: Jede Religion ist Aberglaube und daher Täuschung. Ohne Religion keine Tyrannei, doch ohne Religion auch kein Umsturz. Die überwältigende Mehrheit der Menschen ist dumpf, dumm, verführbar und lechzt nach Wundern. Das ist nicht nur im Neapel der Gegenwart so, wo Pöbel und Adel gleichermaßen in Ekstase geraten, wenn die Betrüger im Priestergewand das Blut des heiligen Gennaro zu verflüssigen behaupten, sondern war schon immer so und wird auch immer so bleiben:

> Es hat den Anschein, als bilde der Aberglaube seit Jahrhunderten das eigentliche Wesen der Menschheit und als ob man nicht Mensch sein könne, ohne die dichte Kruste der Vorurteile mit sich herumzutragen.[38]

So folgt Irrtum auf Irrtum, und was sich wandelt, ist nur die Art und Weise, wie man den Wahnvorstellungen huldigt:

> Die Überzeugung, dass es Geister, Dämonen und Gespenster gibt, hat in Italien schon immer vorgeherrscht. Und ist der religiöse Irrtum der Gegenwart, der an die Stelle des religiösen Irrtums in der Antike getreten ist, etwa dazu geeignet, diese Vorurteile zu zerstören? ... Der Irrtum ist und bleibt derselbe, und wir haben nur die Art und Weise, vor ihm Weihrauch zu schwenken, geändert.[39]

Doch nicht alles ist gleich geblieben. Die alten Römer haben die Welt erobert. Das hatte nicht nur mit ihrer Religion zu tun, die den volkstümlichen Aberglauben dem Staat zunutze machte, sondern auch mit ihrer Sexualität. Diese wurde, wie die Kunstwerke belegen, in der Antike frei, herrisch und herrlich ausgelebt, und zwar in allen Formen, die die Natur den Menschen eingibt. Die Alten legten den Menschen keine widersinnigen Verbote auf, huldigten unterschiedslos beiden Geschlechtern und schämten sich selbst des Verkehrs mit Tieren nicht. Dadurch standen sie der Natur, der alles beherrschenden Kraft auf Erden, viel näher als die Christen. Das Christentum hingegen hat den Menschen dadurch, dass es die meisten natürlichen Neigungen für pervers erklärte, verformt und verkrüppelt. Hier sprach der Marquis in eigener Sache, was den Hass auf das Christentum und seinen Begründer weiter anfachte. Da dieser Hass alle Konventionen sprengte, musste er in einem Reisebericht, der sich an ein breiteres Publikum wenden sollte, gezügelt werden. Doch das gelang de Sade keineswegs immer, wie der kurze Kommentar zur römischen Kirche Santa Prassede belegt. Dort wird ein Stück der Säule gezeigt, an der Christus gegeißelt worden sein soll:

> Man versichert sogar, dass der Ring, an den die Hände dieses Abenteurers sehr zu Recht gefesselt wurden, noch zu sehen sei. Meine Augen vermochten ihn nicht zu entdecken, denn mein Glaube war nicht stark genug, um meine Sinne zu täuschen.[40]

Kurz zuvor spricht der Marquis von Christus als einem «Schurken», von dessen Art im Königreich der Juden mindestens hunderttausend auf die gleiche Weise, nämlich am Kreuz, gestorben seien.

Betrug sind für de Sade alle Religionen, weil sie dem Menschen etwas vorspiegeln, was er nicht ist und was er nicht hat, nämlich ein höheres Wesen und Unsterblichkeit, wie sie prachtvolle Grabmäler verheißen:

> Wie unnütz sind diese doch. Großer Gott, reicht es denn nicht, dass der Mensch sein Leben in Irrtum und Vergeblichkeit verbracht hat! Muss die Stätte seiner traurigen Überreste, um seinem toten Stolz zu schmeicheln, der Nachwelt von seinem Luxusleben und seinem Aberglauben künden?[41]

So drängt sich am Ende dieser Forschungsreise in das Land der Kirchen, Paläste und Grabmäler die Frage auf, ob es nicht besser wäre, alle diese Monumente zu vernichten, die doch nur von der Nichtigkeit des Menschen künden. Juliette und Jérôme, zwei der destruktivsten Romanfiguren des Marquis, werden diese Meinung nicht nur lauthals verkünden, sondern auch zur Tat schreiten, die eine in Rom, der andere in Sizilien.

## Der Weg in die Falle

Beim Aufenthalt des Marquis in Neapel kam es zu einem kuriosen Zwischenfall. Er wurde mit einem französischen Finanzbetrüger verwechselt, der gleichfalls unter falschem Namen an den Vesuv gereist war. Dieser Irrtum hätte fast zur Verhaftung des «Grafen von Mazan» geführt und zwang diesen, seine Identität zu offenbaren. Da die Affäre einigen Staub aufwirbelte, hielt es de Sade für ratsam, nach Hause zurückzukehren. Ende Juni 1776 war er wieder in Lacoste. Dort hatte Madame de Sade, die treue Seele, die Spätfolgen des «Küken-Skandals» beseitigen und die Revision gegen das Todesurteil vom 12. September 1772 weiter vorantreiben können. So standen die Aussichten, die Giftmord- und Sodomie-Sentenz aufzuheben, nicht schlecht. Das in seine Rechte und Funktionen wieder eingesetzte frühere Parlament von Aix-en-Provence machte sich geradezu ein Vergnügen daraus, die Entscheidungen seiner schattenhaften Vorgänger-Instanz zu kippen. Auch für seriöse Juristen stachen am Prozess gegen den Marquis und seinen Diener, wie er seinerzeit geführt worden war, gravierende Mängel hervor. Moniert wurden vor allem die Schnelligkeit des ganzen Verfahrens und die damit verbundenen Versäumnisse. Dennoch war das Urteil weiter in Kraft und der Widerstand des Verurteilten dagegen illegal. Das ließ sich nur ändern, wenn sich de Sade dem Gericht stellte. Doch dazu war der in effigie Verbrannte nicht bereit. Das ging gegen seinen Stolz. Zudem blieb ein Restrisiko. Wenn das neue Gericht wider Erwarten den Spruch des alten bestätigte oder die Strafe nur wenig herabsetzte, war er geliefert.

Wie üblich verdrängte der Marquis die unangenehme Realität und machte sich an die Arbeit an seinem Italienbuch. Ob er die jungen Sekretäre, die er jetzt in Dienst stellte, mit gelehrten Recherchen beauftragte oder für nächtliche Vergnügungen benötigte, ist nicht bekannt. Nach dreieinhalb Monaten intensiver Studien schien es dem Menschenforscher de Sade jedenfalls an der Zeit, wieder einmal von der Theorie zur Praxis überzuwechseln. Das für solche Experimente unverzichtbare Personal warb er diesmal in Montpellier an. Dort traf er mit Rosette auch eines der «Küken», das für eine zweite Dienstzeit auf Lacoste sofort zu haben war. Mehr noch: Sie vermittelte dem Marquis eine Bekannte namens Adélaïde, der sie das Domestikendasein auf dessen Schloss in den rosigsten Farben ausmalte. Wie Madame de Sade selbst war auch Rosette im Winter 1774/75 offensichtlich zur Komplizin des Schlossherrn geworden. Danach wandte sich der Marquis an einen Franziskanermönch namens Durand, der ihm mit der zweiundzwanzigjährigen Catherine Trillet, der Tochter eines Webers, die Dritte im Bunde vermittelte. Ihre Anstellung gestaltete sich etwas schwieriger, da Vater Trillet mit seiner Zustimmung zu diesem Dienstverhältnis zögerte; wahrscheinlich hatte er etwas läuten gehört. Erst nachdem ihm der Mönch hoch und heilig versicherte, dass es auf Lacoste züchtig wie in einem Kloster zugehe, gab Trillet seinen Widerstand auf. Misstrauisch dürfte er trotzdem geblieben sein.

Konnte man so schlecht informiert oder so naiv sein? War Durand gar ein Kuppler und damit ein Komplize? Oder hatte der Marquis seine schauspielerischen Talente eingesetzt und dem braven Klosterbruder den tugendhaften Feudalherrn oder den reumütigen Libertin vorgespielt? Wie seine literarischen Texte und seine Briefe zeigen, beherrschte er den Jargon der Empfindsamkeit perfekt. Offenbar hatte er diesen Ton in Montpellier glänzend getroffen, denn Durand begleitete Catherine Trillet bis zum Schlosstor von Lacoste. Dort traf kurz darauf auch der Marquis ein. Damit war das Ensemble für die Theatersaison 1776/77 komplett: ein Sekretär, drei Mädchen, Madame de Sade als Mädchen für alles und ihr Gatte als Regisseur. Das machte unter dem Strich eine Darstellerin weniger als zwei Jahre zuvor, doch der Qualität der Aufführungen musste diese geringere Besetzung keinen Abbruch tun.

Ein viel ernsteres Hindernis war die Geldknappheit. Die Einkünfte des Marquis aus seiner Provinz-Statthalterschaft waren seit seiner Verur-

# Der Weg in die Falle

teilung wie fast alle anderen Erträge sistiert. So fehlte es im Schloss an allem, selbst an Holz für den Kamin und an Fensterglas. Kein Wunder, dass die Marquise sich erkältete und das Bett hüten musste. Auf ihre flehentlichen Bittbriefe hin schickte Madame de Montreuil etwas Geld, doch vorsichtshalber nicht direkt, sondern an den Verwalter Gaufridy. Darüber ärgerte sich wiederum der Marquis, der seinem Jugendfreund deswegen sehr unberechtigte Vorwürfe machte. Trotz seiner notorischen Geldknappheit beauftragte der Schlossherr im Dezember 1776 den Mönch Durand, vier weitere Domestiken anzuwerben, zwei weiblich und zwei männlich.

Über das, was kurz vor Weihnachten 1776 in Lacoste geschah, liegen eine Anklageschrift des Webers Trillet und eine Verteidigungsschrift des Marquis de Sade vor. Bei Vater Trillet, dem fraglos ein Rechtsanwalt die Feder führte, lesen sich die Ereignisse so: Nach dem Abendessen schließt der Marquis alle seine Domestiken einzeln in ihren Zimmern ein. Nachts aber schleicht er sich zu ihnen und zeigt ihnen seine Geldbörse, um sie sich gefügig zu machen. Doch bleibt er mit einer einzigen Ausnahme erfolglos. Einige der Bedrängten können fliehen und informieren Trillet, dessen Tochter noch auf dem Schloss ist. Daraufhin macht dieser Durand die schwersten Vorwürfe und wiederholt diese in einem Brief an dessen Prior, der den pflichtvergessenen Mönch daraufhin aus seinem Kloster weist. In der Gegendarstellung des Marquis stellt sich die Situation völlig anders dar. Nicht er habe die Dienstboten angeworben und auch nicht Durand in seinem Auftrag, sondern diese hätten sich ihm regelrecht aufgedrängt. Nach Musterung der neuen Domestiken im Schloss habe er die meisten von diesen sofort nach Hause zurückgeschickt – mangels Bedarf, doch auch aufgrund ihrer extremen Hässlichkeit. Ihm zu unterstellen, diese «Schrecken der Natur»[42] sexuell bedrängt zu haben, sei eine Beleidigung für seinen guten Geschmack:

> Wenn ich sie für würdig befunden hätte, meine Begierden zu befriedigen, so hätte ich sie ja wohl logischerweise bei mir behalten, umso mehr als sie sich freiwillig für einen solchen Aufenthalt angeboten hatten. Wenn ich sie aber behalten hätte, so hätte ich nicht bei Nacht und Nebel ihrer Tugend nachstellen müssen, sondern hätte alle Zeit der Welt dafür gehabt ... Und was die Geldbörse betrifft, so weiß niemand besser als Herr Gaufridy, dass ich

zu dieser Zeit nicht einen Sou besaß. Das alles sind frei erfundene Beschuldigungen und Verleumdungen.[43]

Während Catherines Vater in Montpellier vorstellig wurde, machte sich ein weiteres Greifkommando nach Lacoste auf den Weg, um den Marquis endlich zu verhaften. Dieser wurde jedoch durch ein anonymes Schreiben gewarnt und konnte seinen Häschern ein weiteres Mal entkommen. Weit von seinem Schloss konnte er sich nicht versteckt haben, denn am 17. Januar 1777 war er dort wieder anzutreffen – wie die sensationellen Ereignisse dieses Tages belegen. Kurz nach zwölf Uhr mittags pochte der beunruhigte Vater Trillet ans Tor. Er war gekommen, um seine Tochter aus diesem verrufenen Ort zu befreien, und sparte nicht mit Beleidigungen. Nach einem heftigen Wortwechsel zog der Weber plötzlich eine Pistole und schoss auf den Marquis, verfehlte diesen jedoch und floh ins Dorf. Catherine ließ daraufhin ihren Vater suchen, um ihn zu beruhigen. Doch dieser kehrte aufgebrachter als zuvor in Begleitung einiger Dorfbewohner zurück und gab erneut einen Schuss ab, wiederum ins Leere. Seine Begleiter flohen, während der wütende Vater im Gasthaus von seinen Heldentaten erzählte. Die Einheimischen hörten ihm gebannt zu und kamen gar nicht auf die Idee, den erfolglosen Rächer seiner Tochter, der immerhin auf ihren Lehnsherrn geschossen hatte, festzuhalten. Diese Tatenlosigkeit machte ihnen der Marquis in seiner Version des Geschehens zum Vorwurf: Schöne Vasallen waren das, die sich keinen Deut um das Leben ihres *seigneur* scherten!

Ein Vorfall wie dieser musste polizeiliche und gerichtliche Folgen haben. Vater Trillet machte den Anfang und deponierte seine Anklageschrift in Aix-en-Provence, der Marquis zog kurz darauf nach, nicht ohne sich über den geringen Verfolgungseifer der Justiz in Sachen Trillet zu beschweren. Damit hatte er nicht einmal Unrecht. Die Akte de Sade platzte allmählich aus allen Nähten. Wem sie in dieser undurchsichtigen Affäre Glauben schenken sollten, einem unbescholtenen Handwerker oder dem berüchtigten Marquis, dem nicht einmal mehr seine eigenen Untertanen zur Seite standen, war für die Untersuchungsorgane keine Frage. So beschlossen sie, dass Catherine ihrem besorgten Vater unverzüglich zurückzugeben sei, und behielten sich weitere Schritte gegen den schrecklichen Marquis vor.

Die Richter sahen die trübe Episode im winterlichen Lacoste im noch trüberen Licht von de Sades Vorleben. Zu frappant ähnelte der herbstliche «Menscheneinkauf» in Montpellier den zwei Jahre zuvor in Lyon und Vienne getroffenen Vorbereitungen. Für ihre anständigen täglichen Bedürfnisse benötigten Marquise und Marquis kaum so viele zusätzliche Domestiken, ganz abgesehen davon, dass sie diese aus eigenen Mitteln gar nicht mehr bezahlen konnten. Und selbst wenn Catherine Trillet, das eigentliche Streitobjekt, so hässlich gewesen wäre, wie de Sade behauptete, so hätte ihn das – wie alle, die seine Vorlieben kannten, einhellig bestätigten – kaum von sexuellen Annäherungen abgehalten. Andererseits war es nicht sein Stil, sich die Gefälligkeiten solcher «Kreaturen» – so die bevorzugte Bezeichnung von Madame und Monsieur de Sade für ihre jungen Dienstboten – mit der Geldbörse zu erkaufen. Ein Lebemann, der die schöne Madame Goudar erobert hatte, würde sich kaum so weit erniedrigen. In dieser Hinsicht lässt eine Wendung in de Sades Gegendarstellung tief blicken: Wenn ich sie für würdig befunden hätte … Ihm, dem berühmten Verführer, sexuell zu Diensten sein zu dürfen, war eine Ehre, die beileibe nicht jeder Frau zuteil wurde.

So muss man wahrscheinlich beide Versionen kombinieren, um der Wahrheit einen Schritt näher zu kommen. Sicher hat der Marquis die jungen Leute für sexuelle Dienstleistungen angeworben, aber dass ihnen die zugedachte Rolle als Lustobjekte bewusst war, darf bezweifelt werden. Dass der enttäuschte Schlossherr daraufhin das ganze Unternehmen abbrach, bildete den Schlusspunkt der von Anfang an missglückten «Affäre». Die wechselseitige Abneigung zwischen Catherine Trillet, dem Marquis und der Marquise dürfte jedoch nicht so unüberwindlich gewesen sein, wie alle Seiten behauptet hatten, denn trotz aller Aufregung und einer gegenteiligen Anweisung des Richters blieb Catherine auf eigenen Wunsch in den Diensten des Ehepaars de Sade. Sie nahm nun das Dienstboten-Pseudonym «Justine» an, dem noch eine große literarische Karriere bevorstand.

Ende Januar 1777 fuhr de Sade in Begleitung seiner Gattin nach Paris, um nach eigener Aussage seine schwer kranke Mutter ein letztes

Mal zu sehen. Diese war zu diesem Zeitpunkt bereits tot, doch war die Nachricht noch nicht nach Lacoste gelangt. Da der Marquis jahrzehntelang auf jeglichen Kontakt mit der Gräfin verzichtet hatte, klingt seine Begründung für diese Reise wenig glaubwürdig. Wollte er vielmehr wider besseres Wissen seine Schwiegermutter dazu bewegen, ihm erneut ihre Unterstützung zukommen zu lassen? Oder hatte ihm diese schlicht eine Falle gestellt? Was der Marquis von ihr zu erwarten hatte, schrieb sie um dieselbe Zeit an dessen Verwalter Gaufridy:

> Wenn man mich angreift, so wie man es mir androht, so weiß ich, was ich dagegen zu tun habe, und ich fürchte nichts und niemanden auf der Welt.[44]

Am 8. Februar 1777 kamen die Reisenden in Paris an. Der Marquis quartierte sich bei seinem alten Erzieher, dem Abbé Amblet, ein, mit dem er seit seiner Schulzeit freundschaftliche Beziehungen unterhielt. Zugleich weckte sein altes Jagdrevier Paris seine Jagdinstinkte. Daran änderte auch die Nachricht vom Tod seiner Mutter nichts, der ihn nach Aussage von Madame de Sade schwer traf. De Sade verabredete sich mit einem alten Freund zu einem Herrenabend nach seinem Geschmack, doch aus diesem Unternehmen wurde nichts. Am 10. Februar hatte Madame de Sade ihre Mutter darüber informiert, dass der Marquis in der Hauptstadt weilte. Drei Tage später wurde de Sade festgenommen, und zwar von seinem alten Bekannten, dem Inspektor Marais. Dieser begleitete den Gefangenen ins Schloss von Vincennes, wo sich – zumindest nach de Sades Angaben – neunzehn schwere Eisentüren hinter ihm schlossen. Auf die Vorhaltungen ihrer Tochter entgegnete die Präsidentin kühl, dass sie mit der Verhaftung ihres Schwiegersohns nichts zu tun habe; zu einem solchen Verrat sei sie gar nicht fähig. Das bezweifelte nicht nur der Marquis selbst. Allerdings war seine Reise nach Paris kein Geheimnis und die Überzeugung, dass sie mit seiner Festsetzung enden würde, allgemein verbreitet. Wer auch immer dem Inspektor den entscheidenden Hinweis gab, er machte vielen damit eine große Freude. Endlich, es war auch allerhöchste Zeit! So wie Madame de Montreuil reagierte auch der Abbé de Sade, der die öffentliche Meinung auf den Punkt brachte:

Dieser Mann ist verhaftet und hinter den Mauern einer Festung bei Paris eingeschlossen. Jetzt habe ich endlich meine Ruhe. Und ich glaube, diese Zufriedenheit ist allgemein.[45]

Aus dem gehätschelten Lieblingsneffen war jetzt «dieser Mann» geworden. Was so viele erwartet und erhofft hatten, machte den Betroffenen selbst fassungslos:

Ich fühle, dass ich einen so grausamen Zustand nicht lange ertragen kann. Die Verzweiflung bemächtigt sich meiner. Es gibt Augenblicke, in denen ich mich selbst nicht mehr kenne. Mein Temperament ist zu heftig, um eine so schreckliche Einzwängung auszuhalten. Ich fange an, meine Wut gegen mich selbst zu richten. Wenn ich binnen vier Tagen nicht draußen bin, werde ich mir den Kopf an den Mauern einschlagen – nichts ist sicherer![46]

*Der letzte Ausbruch*

In den Briefen, die de Sade aus dem Gefängnis an die Marquise richtete, herrschten von jetzt an Entsetzen, Selbstmitleid und emotionale Erpressung vor: Tu etwas, wenn du mich lebend wiedersehen willst! Wirf dich den Ministern zu Füßen, setze Himmel und Hölle in Bewegung! Diese Appelle verhallten nicht ungehört. Renée-Pélagie de Sade, geborene de Montreuil, kämpfte unermüdlich für die Sache ihres Gatten, der sie in Freiheit unablässig betrogen und für seine Zwecke ausgenutzt hatte. War sie dem dämonischen Regisseur dieser dunklen Lustbarkeiten verfallen und in ihrer masochistischen Hörigkeit süchtig geworden nach dem Wechselspiel von Demütigungen und Ausschweifungen? Oder hatte sie die skandalösen Auftritte ihres destruktiven Gatten nur klaglos, loyal und um nüchterne Schadensbegrenzung bemüht hingenommen? Da die Rolle, die die Marquise in den winterlichen Inszenierungen ihres Gatten gespielt hatte, trotz aller Beteuerungen der «Küken» und anderer Zeugen letztlich unklar bleibt, lassen sich dazu nur Vermutungen vorbringen.

Ob aktive «Mittäterin» oder nur zitternde Tatzeugin, mit der Gefangenschaft de Sades wandelte sich die Stellung der Marquise grundlegend. Von jetzt an war sie Sachwalterin, Ratgeberin, Kummerkasten und Beichtmutter ihres seelisch instabilen Mannes, den sie mit unwandelbarer Zuversicht und liebevoller Zuwendung aufzurichten und zu motivieren versuchte. Die Töne, die sie dabei anschlug, klangen mit der Zeit immer fürsorglicher und mütterlicher. Die Marquise, die sich den Gewohnheiten ihres Standes gemäß kaum um die Erziehung ihrer leiblichen Kinder gekümmert hatte, nahm den flatterhaften Gatten jetzt an Kindes statt an. Wie ein unmündiges Kind war er von ihrem guten Willen abhängig und auf ihre Vermittlung zur Außenwelt angewiesen.

Dieser Rollenwandel blieb dem Marquis nicht verborgen. Auf die neuen Machtverhältnisse reagierte er mit einer Mischung aus Anpassungsbereitschaft, Vertrautheit, Eifersuchtsanfällen und rasender Wut. Diese richtete sich vor allem gegen Madame de Montreuil, «diese Megäre», die ihre niederen Racheinstinkte an ihm befriedigte, doch immer wieder auch gegen die Marquise, die er bezichtigte, mit ihrer Mutter unter einer Decke zu stecken. Dieser Verdacht war viele Jahre lang unbegründet. Wegen ihrer unerschütterlichen Loyalität zu ihrem Gatten entzweite sich Renée-Pélagie mit ihrer Mutter und nahm dafür gravierende Nachteile in Kauf. Allerdings drängt sich bei der Lektüre des Briefwechsels schon früh der Eindruck auf, dass sie mit einem Marquis hinter Festungsmauern besser fuhr als in der Freiheit von Lacoste. Ob sie das zu diesem Zeitpunkt selbst so sah oder sich sogar eingestand, muss offen bleiben. Der Marquis jedenfalls scheint es geahnt zu haben, was seinem Seelenfrieden alles andere als zuträglich war.

Ruhige Reflexionen über eigene Missgriffe und Irrtümer fehlen in de Sades ausgedehnter Korrespondenz aus dem Gefängnis fast völlig. Er hatte nicht das geringste Gespür dafür, wie er von anderen wahrgenommen wurde. Nach seiner Einschätzung war ihm das perfide Zusammenspiel von Madame de Montreuil und einem anonymen System der Tyrannei mit seinen unbefristeten Haftbefehlen, undurchsichtigen Netzwerken und Verschwörungen einflussreicher Feinde zum Verhängnis geworden. Tränentriefende Bekehrungsbriefe, in denen der Häftling de Sade seine

Freiheit erbettelte, damit er seine Läuterung vor Gott und den Menschen vollenden könne, dürfen nicht als Zeugnisse einer nüchternen Selbstüberprüfung gelten, denn solche Texte gehörten seit jeher zu seinem literarischen Repertoire.

Die finstere Gegenwelt, die der Marquis für sein «Unglück» verantwortlich machte, fand in seinen Texten aus der Zeit der Gefangenschaft ihren literarischen Niederschlag. Seine Lustmörder spielen mit anderen Menschen wie mit Marionetten; sie fädeln die Intrigen ein, durch die sie ihre nichts ahnenden Opfer ins Verderben stürzen. Darüber hinaus verhöhnen sie diese in einer Weise, die jeder Gerechtigkeit spottet. Staatsgewalt und Justiz sind die Instrumente, derer sie sich zur Befriedigung ihrer zerstörerischen Lüste bedienen. In der Realität sah sich de Sade selbst als hilfloses Objekt solcher Machenschaften. In der literarischen Fiktion träumte er sich in die Bewusstseinswelten und in die Lustexzesse solcher Monstren in Menschengestalt hinein. Auch manche seiner Überzeugungen legte er ihnen in den Mund. Dass ihn die straflosen Zerfleischungsorgien dieser Bestien in Menschengestalt faszinierten und erregten, steht außer Frage. Alter Egos sind sie trotzdem nicht, sondern literarische Phantasien, die das triste Dasein hinter Kerkermauern erträglicher machen sollten.

Die Verzweiflung, die der Marquis schon am Tag seiner Einlieferung nach Vincennes bekundete, war jedoch voreilig, weil noch gar nicht entschieden war, was mit ihm geschehen sollte. Hätte er allerdings gewusst, was die Präsidentin plante, so wäre sein Pessimismus abgrundtief gewesen. Madame de Montreuil folgte nämlich unbeirrbar ihrer Devise, dass das schwarze Schaf auf dem Altar der Familienehre geopfert werden müsse. Um die Reputation seiner Verwandtschaft wiederherzustellen, musste das peinliche Urteil vom September 1772 kassiert werden, um den von der Anklage des Giftmords und der Sodomie freigesprochenen Marquis dann bis zu seinem hoffentlich unbeachteten Ende hinter Festungsmauern versauern zu lassen.

Im September 1777, ein gutes halbes Jahr nach de Sades Verhaftung, kam sein Fall endlich wie von allen Seiten erhofft vor den königlichen *conseil des dépêches*. Dieses einflussreiche Gremium zerpflückte zwar die

Verurteilung vom 12. September 1772 rein juristisch – vor allem mit dem Argument, dass im Auswurf der kranken Prostituierten kein Gift nachgewiesen worden sei –, erklärte sich aber für eine Annullierung nicht zuständig. Das hieß, dass der Gefangene von Vincennes den Weg nach Aix-en-Provence antreten musste, um dort seine formelle Lossprechung zu erreichen, sofern man ihn nicht für geisteskrank erklärte. Doch auf den nicht ganz uneigennützigen Vorschlag der Präsidentin, sich als unzurechnungsfähig deklarieren zu lassen, reagierte der Marquis mit so wütenden Protesten, dass man von diesem Plan Abstand nahm.

Alle diese Prozeduren und Beratungen kosteten Zeit. Für den Marquis verging sie quälend langsam. Dabei konnte er sich über die näheren Umstände seines Zwangsaufenthalts nicht beklagen. Er wurde standesgemäß behandelt und lebte recht komfortabel. Sein «Apartment» lag so hoch, dass er über die Schlossmauern blicken konnte. Im Januar 1778 erreichte ihn dort die Nachricht, dass sein Onkel in der Neujahrsnacht das Zeitliche gesegnet hatte. Bei aller Entzweiung, die sich im Laufe der Jahre eingestellt hatte, waren mit dem Abbé und Schloss Saumane nostalgische Erinnerungen an heitere Jugendjahre in der geliebten Provence verknüpft. Heftiger Streit um die Hinterlassenschaft des Onkels ließ nicht lange auf sich warten.

Zu den schlechten Nachrichten aus der Provence gesellte sich quälendes Misstrauen im Hinblick auf den Prozess. Wenn er wirklich nur zu seinem Besten nach Aix-en-Provence reiste, warum sollte er dann wie ein gewöhnlicher Verbrecher von einer ganzen Polizeistaffel flankiert werden? Am Ende erklärte sich der standesbewusste Marquis mit einer Minimaleskorte einverstanden; sie bestand nur aus Inspektor Marais und dessen Assistenten. De Sade selbst durfte in Begleitung eines vertrauten Dieners fahren. Es stand also zwei zu zwei.

Am 27. Mai 1778 war es endlich so weit. König Ludwig XVI. erteilte dem Marquis de Sade die Erlaubnis, sich dem Parlament von Aix-en-Provence zu stellen, um sich dort von allen Vorwürfen zu reinigen; diese waren laut königlicher Order seit langem durch grundlegende Defekte der Urteilsbildung entkräftet. Trotzdem dauerte es nochmals fast drei Wochen, bis sich der kleine Trupp in Bewegung setzte. In Aix musste

*Der letzte Ausbruch*

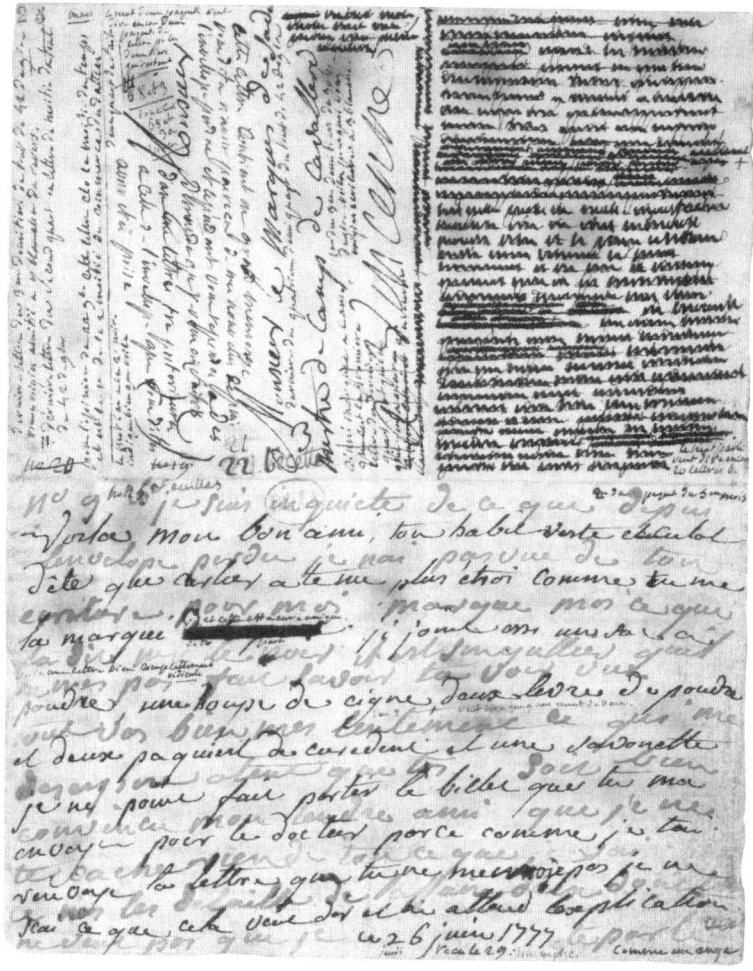

*In diesen Brief der Marquise de Sade vom 27. Juni 1777 fügte de Sade eine Nachricht mit Geheimtinte ein – vergeblich. Die Aufpasser von Vincennes kannten den Trick und tilgten die unerlaubte Botschaft durch schwarzes Gekritzel.*

sich der Marquis, um den Vorschriften Genüge zu leisten, erneut ins Gefängnis begeben und dort die Aufhebung seines Todesurteils abwarten. Obwohl das Gericht nach Absprache mit dem königlichen Rat das komplizierte Verfahren mit ungewöhnlicher Schnelligkeit abwickelte, gebärdete sich der adelige Häftling aufsässig und überschüttete seine Aufseher mit Eingaben und Protesten. Dabei lebte er auch hier auf großem Fuß. Die erlesenen Speisen, die er sich täglich schicken ließ, kosteten stolze 72 Livres; und als unverbesserlicher Verführer machte er einer reizvollen jungen Mitgefangenen schöne Augen.

Am 30. Juni musste de Sade vor dem versammelten Gerichtshof erscheinen und letzte Aussagen machen. Daraufhin plädierten sowohl der Staatsanwalt als auch sein Verteidiger für die Aufhebung des Urteils, das am 14. Juli in einer weiteren öffentlichen Sitzung endgültig annulliert und in eine bloße «Ermahnung» umgewandelt wurde. Darin wurde de Sade in gravitätischen Tönen aufgefordert, sich künftig seinem Stand gemäß zu benehmen; ferner wurde ein dreijähriges Aufenthaltsverbot für die Stadt Marseille ausgesprochen und eine Geldbuße von 50 Livres zugunsten armer Häftlinge verhängt. Danach winkte ihm die Freiheit – so schien es zumindest.

Doch zwischen der Freiheit und dem Marquis stand immer noch die königliche *lettre de cachet* vom 13. Februar 1777, wie der Marquis zu seinem Entsetzen am nächsten Morgen gewahr wurde. In aller Herrgottsfrühe wurde er von Inspektor Marais abgeholt, der mit ihm nach Vincennes zurückfahren wollte. Dort sollte der von Giftmord und Sodomie freigesprochene Marquis die wahren Sünden büßen, die er gegen das Ansehen der Familie de Montreuil begangen hatte – für ihn eine unerträgliche Vorstellung. Immerhin ersparte ihm Marais die Demütigung, auf diesem Rücktransport die Stadt Avignon zu durchqueren, wo die Schaulustigen schon Schlange standen.

Am 16. Juli 1778 traf der Gefangene mit kleiner Eskorte in Valence ein, wo seine Aufseher ihr Abendessen einnahmen. De Sade selbst behauptete, keinen Appetit zu haben, und suchte kurz darauf, vom Bruder des Inspektors begleitet, die Toilette auf. Nach einigen Minuten öffnete er die Tür des Aborts, täuschte ein Straucheln vor, stieß seinen Aufpasser die Treppe hinunter und ward nicht mehr gesehen. Weit konnte er nicht gekommen sein, so die Einschätzung seiner Verfolger. Doch die Durchsuchung des Gasthauses blieb ergebnislos. Für eine groß angelegte Suchaktion außerhalb der Stadttore war es zu spät; diese wurde auf den nächsten Morgen verschoben und blieb ohne greifbares Resultat. Zu diesem Zeitpunkt war der Marquis bereits auf einem Boot rhoneabwärts unterwegs; die Nacht hatte er in einem Schuppen unweit der Stadtmauern verbracht. Am Abend des 17. Juli erreichte der Flüchtling Avignon, wo er sich bei Freunden stärkte, um in der Nacht nach Lacoste weiterzufahren. Dort hatte er nichts Eiligeres zu tun, als der schönen Mitgefangenen aus Aix, die gleichfalls auf freiem Fuß war, zu schreiben und sie auf sein Lustschloss einzuladen. Doch dieses romantische Rendez-vous mit dem Outlaw kam nicht mehr zustande.

In seinem Schloss, das ihm schon so oft als Zufluchtsort gedient hatte, wiegte sich der Marquis in Sicherheit. Zu Unrecht, wie sich schnell zeigen sollte. Am 19. August wurden verdächtige Unbekannte im Dorf gesichtet. Daraufhin versteckte sich der Schlossherr in einer Scheune bei Oppède. Nach vier Tagen hielt er die Gefahr für überstanden, schlug alle Warnungen in den Wind und kehrte nach Lacoste zurück. Dort wurde er am 26. August um vier Uhr früh von einer Bedienten aus dem Schlaf gerissen. Sie warnte ihn, dass eine Polizeitruppe im Anmarsch sei. Doch nach so vielen Fluchten war der Marquis zu erschöpft, um seinen Häschern ein weiteres Mal ein Schnippchen zu schlagen, und ließ sich von dem erbosten Marais widerstandslos festnehmen.

Von Rücksicht auf seinen Stand konnte jetzt keine Rede mehr sein. Die Gefangennahme und der Transport des entflohenen Verbrechers wurden als Schauspiel der gerechten Strafe durch einen gerechten Staat inszeniert. Genau vierzig Tage hatte der Marquis seit seiner Flucht in Freiheit verbracht. Für die nächsten elfeinhalb Jahre schlossen sich die Gefängnistore hinter ihm.

DRITTES KAPITEL

*Hinter Festungsmauern*

1778–1790

*Gefängnisleben*

In Vincennes waren die Haftbedingungen des Marquis zunächst äußerst streng. Volle drei Monate lang schirmte man ihn von der Außenwelt ab, ohne Besuch, ohne Hofgang und, noch schmerzhafter, ohne Schreibgerät. Alle Erleichterungen wurden nur tröpfchenweise zugestanden: zuerst Tinte und Papier, dann eine Stunde Spaziergang pro Woche. Wie es dabei zuging, hat de Sades Mitgefangener und entfernter Verwandter, der Graf de Mirabeau, präzise und sarkastisch beschrieben:

*Der Schlossturm von Vincennes (vorherige Seite) und eine seiner Zellen. Selbst für die königliche Gefängnisverwaltung entsprach dieser düstere Kerker nicht mehr den humanitären und hygienischen Standards der Zeit.*

Die Meistbegünstigten (und ihrer sind sehr wenige) dürfen eine Stunde am Tag in einem zehn Meter langen Garten spazieren gehen, und zwar von ihren Schließern begleitet. Diese laufen direkt neben den Gefangenen, dürfen jedoch auf deren Anrede nicht antworten. Dann schlägt die Stunde, und man kehrt in seine Höhle zurück. Um den Widersinn dieser Spaziergänge zu ermessen, muss man wissen, dass der Garten von allen Seiten für die Aufseher einsehbar ist, dass er von 15 Meter hohen Mauern umschlossen ist und danach tiefe Gräben folgen. So kann der arme Spaziergänger, wenn ihm nicht gnädige Engel Flügel verleihen, keine dieser Barrieren überwinden.[1]

Hinter dem späteren Revolutionsführer Mirabeau schlossen sich die Tore von Vincennes nur für drei Jahre. Das Dossier, das Inspektor Marais über seinen Lebenswandel führte, stand an Umfang und Skandalen der

Akte de Sade kaum nach – mit dem Unterschied, dass Mirabeau blasphemische Handlungen vor den Augen der Öffentlichkeit vermied und so später den tugendhaften Politiker spielen konnte. Persönlich gekannt haben sich die beiden Libertins nicht.

Zu den Favoriten des Gefängnisdirektors de Rougemont gehörte der Marquis de Sade nicht. Obwohl ihm seine Vertrauten unablässig rieten, sein Temperament zu zügeln und sich durch «gute Führung» lieb Kind zu machen, protestierte er unablässig gegen die tägliche Routine in Vincennes, die er als persönliche Schikanierung verstand. Immerhin erkämpfte er sich auf diese Weise weitere winzige Freiräume. Bis zum Juli 1779 erhöhte sich die Zahl seiner wöchentlichen Spaziergänge auf fünf. Ein halbes Jahr zuvor hatte ihm der oberste Kerkermeister erstmals einen Besuch abgestattet. Bei beiden war es Antipathie auf den ersten Blick. Rougemont war der uneheliche Sohn eines französischen Adeligen und einer Engländerin, hatte sein Amt wie damals üblich gekauft und war bestrebt, so viel Rendite wie möglich herauszuschlagen. Dafür unterschlug er laut de Sade Gelder, sparte am Essen und erpresste seine «Schützlinge» nach Strich und Faden. Der Graf de Mirabeau zeichnete ein ähnlich abschreckendes Bild von seinem Peiniger, doch sind beide Zeugnisse wohl kaum objektiv.

Immerhin provozierte de Rougemont den Marquis dazu, seine satirischen Talente in Versform zu erproben. Die fiktive Grabschrift, die er auf den Festungs-Kommandanten verfasste, strotzt nur so vor Invektiven:

> Hier liegt der Kerkermeister von Vincennes
> Er war klein, gemein, ein Hahnrei und gehässig
> und sein höchstes Glück waren Leid
> und Tränen der Unglücklichen.
> Die Erde will ihn daher ganz für sich.
> Wanderer, du siehst alles, was von ihm übrig blieb, hier unten:
> Frag nicht nach seiner Seele,
> der Schweinehund hatte keine.[2]

Auch den Lieblingsausspruch des Oberaufsehers «Das ist nie so gemacht worden, das habe ich meiner Lebtag nicht gesehen» fand der Gefangene de Sade erlesener Hasstiraden wert:

Du blödes Tier, wenn dich unerwartete Dinge so erschrecken, dann unterlass sie gefälligst selbst. Wenn du nicht in Erstaunen versetzt werden willst, musst du darauf verzichten, die anderen vor den Kopf zu stoßen. Was nie so gemacht worden ist und was ich, zum Beispiel, meiner Lebtag nicht gesehen habe, ist, dass sich ein 68jähriger in einen apfelgrünen Gehrock kleidet und sich sechs Lagen Locken brennen lässt. Was nie so gemacht worden ist und was ich, zum Beispiel, meiner Lebtag nicht gesehen habe, ist, dass jemand seine Frau prostituiert, um Gefangene und Kinder zu bekommen, die er selbst nicht machen konnte. Was nie so gemacht worden ist und was ich, zum Beispiel, nie gesehen habe, ist, dass jemand einen schmutzigen Gefängnis-Büttel zu seinem Lustknaben macht.[3]

So konnten Zusammenstöße nicht ausbleiben. Voller Verachtung für diesen «Lumpen in Wams und Stiefeln» forderte der Marquis als Oberst der Kavallerie von Rougemont eine Achtung ein, die dieser ihm genüsslich versagte. Immerhin boten solche Reibereien eine kleine Abwechslung in der endlosen Abfolge der öden Tage mit ihren immer gleichen Abläufen. Wie für den Gefangenen Giacomo Casanova gut zwei Jahrzehnte zuvor in den venezianischen Bleikammern war für de Sade die Ungewissheit, wie lange dieses trostlose Dasein dauern würde, die größte Qual. Da die Häftlinge selbst nicht den geringsten Einfluss darauf hatten, lag es nahe, Orakel zu befragen. Casanova war schließlich überzeugt, mit dem Allerheiligen-Tag das günstigste Datum für seine Flucht gefunden zu haben. De Sade seinerseits war schon im Februar 1779, nach einem knappen halben Jahr Haft, sicher, «Signale» zu empfangen, und zwar richtige und falsche:

> Dieses bezaubernde Signal kommt einfach zu oft. Dadurch wirkt es nicht mehr natürlich, wie es Ihrer Absicht nach doch sein sollte.[4]

Solche «Zeichen» glaubte der Marquis von jetzt an in Zahlen und Zahlenkombinationen zu erkennen, die ihm von Eingeweihten, Helfershelfern seiner Feinde und potentiellen Rettern gleichermaßen zugespielt worden sein mussten, sei es, um ihm Fluchtwege aufzuzeigen oder das Ende seiner Haft anzukündigen, sei es, um ihn noch tiefer ins Elend zu

*Was sagen die Zahlen über das Datum meiner Entlassung? Die Berechnungen des Marquis auf diesem Brief aus der Bastille blieben ohne Ergebnis.*

stürzen. Dabei war ihm zumindest am Anfang bewusst, woher diese Entschlüsselungs-Manie rührte:

> So geht es in den Köpfen von Gefangenen eben zu. Sie sehen alles auf diese eine Art und Weise.[5]

Aus den Versuchen, den vermeintlichen Geheimcode zu knacken, entsprangen die wildesten Verschwörungs-Phantasien. Besonders die Marquise sah sich dem Vorwurf ausgesetzt, eine «falsche Signalgeberin» zu sein, sei es, um in ihrem Gatten unbegründete Hoffnungen zu wecken, sei es, weil sie mit Madame de Montreuil unter einer Decke steckte.

Eine weitere Möglichkeit, der erdrückenden Monotonie des Kerkerlebens zu entfliehen, bestand darin, Aufstände anzuzetteln. Auch dies ließ der aufmüpfige Marquis nicht unversucht; aufgrund der strengen

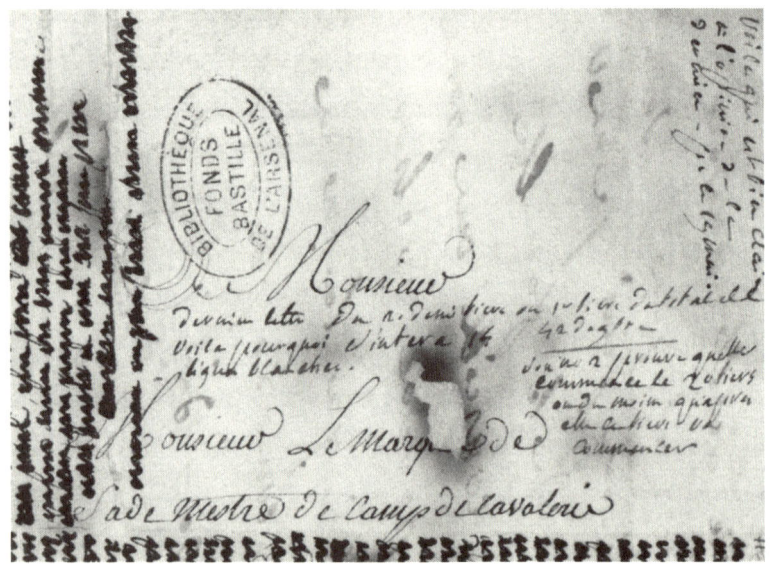

*Ein weiterer Versuch de Sades, mit Geheimtinte Botschaften nach außen dringen zu lassen, ist fehlgeschlagen. Der Zensor der Bastille hat den Brief an eine Kerze gehalten und die verborgene Schrift sichtbar gemacht, ein Loch hineingebrannt, Zeilen geschwärzt und als guter Beamter das Corpus delicti ins Archiv überwiesen, wo es noch heute liegt.*

Sicherheitsvorkehrungen blieben die Brandreden, die er an seine Mitgefangenen hielt, jedoch folgenlos. Außerdem zahlte er für die nutzlosen Aufrufe zur Rebellion durch die Streichung aller Vergünstigungen einen hohen Preis. Im Vergleich dazu erwies sich der Umgang mit Büchern als der einfachere Weg, um dem grauen Alltag zu entfliehen. Als Lesedroge dienten de Sade vor allem die Werke Petrarcas. Dass ihm nach solchen Tagträumereien seine schöne Stammmutter Laura höchstpersönlich als nächtliche Erscheinung besuchte, verwundert nicht. Noch mehr Abwechslung bot ihm der Briefwechsel. In seiner Korrespondenz mit der Marquise diskutierte er nicht nur praktische Fragen wie die Verwaltung der Güter und der schrumpfenden Einnahmen, sondern lud auch reichlich Hass und Frustration ab.

Amüsanter war die Korrespondenz de Sades mit seinem letzten Kammerdiener, der in Lacoste mit dem Spitz- beziehungsweise Dienstnamen La Jeunesse («die Jugend») gerufen wurde. «La Jeunesse» teilte die Vorlieben seines Herrn für sexuelle Eskapaden, allerdings waren seine Vorlieben konventioneller. In seinen Briefen berichtete er nicht nur von seinen Abenteuern, sondern erwies darüber hinaus erstaunliche literarische Talente. Im Stile des volkstümlichen Schelmenromans schilderte er seine täglichen Verrichtungen: Er kämpfte heroisch gegen die übermächtige Armee der Grillen, die ihn mit ihrem Kriegsgeschrei betäubten, ritt wie ein zweiter Don Quichotte auf einer Ziege gegen die Windmühlen betrügerischer Pächter an und schlug als zweiter Alexander die Frosch-Truppen des Darius zurück. Der Marquis war entzückt und schlug in seinen Antwortbriefen ähnliche Töne an. Dabei bediente er sich einer französisch-provenzalischen Mischsprache voller witziger Wortneubildungen und von geradezu überbordender Bilderfülle:

> Wie kommen Sie dazu zu behaupten, dass ich neue Inseln im Mittelmeer entdeckt haben soll – ich, der ich nie auch nur eine Armbreit Meer durchquert oder auch nur einen Graben übersprungen habe? Sie aber, mein Herr, sind ein zu allem entschlossener Seemann. Sie lassen den Steuermann das Ruder halten und den Maat auf den Mast klettern, um den Sturm im Voraus zu erkennen. Dort war ihr Kommando so nützlich wie auf den Gondeln von Venedig. Ein armer Teufel wie ich aber steckte permanent im Kielraum, wo ich Gott um gutes Wetter bat und Sie ein herrliches Manöver nach dem anderen vollziehen sah. Dabei fraßen Sie für vier, rauchten die Pfeife wie ein Pirat und gaben Befehle wie ein Admiral.[6]

In diesen Briefen zeigte sich de Sade von seiner burlesken Seite. Die imaginären Abenteuer zu Wasser und zu Lande waren eine willkommene Flucht aus dem «Kielraum» von Vincennes und ein Akt gelassener Sublimierung. Dabei zeigte der bekennende Volksverächter eine echte, ungekünstelte Volkstümlichkeit – ein weiterer der zahlreichen Widersprüche in Leben und Werk des hochfahrenden Aristokraten.

Auch das eigene Leben aufzuarbeiten, machte in der Abgeschiedenheit der Festung Sinn. De Sade wäre nicht de Sade gewesen, wenn es in dieser «Lebensbeichte» nicht auf eine einzige große Rechtfertigung seiner selbst hinausgelaufen wäre. Selbst die Eingeständnisse, die er sich abrang, wandeln sich in einem Brief an die Marquise zu einer umfassenden Selbstverherrlichung:

> Ja, ich bin ein Libertin, ich gebe es zu. Ich habe mir auf diesem Gebiet alles vorgestellt, was man sich nur vorstellen kann, aber ich habe mit Sicherheit nicht alles gemacht, was mir in den Sinn gekommen ist, und ich werde das auch niemals tun. Ich bin ein Libertin, doch ich bin kein Verbrecher und erst recht kein Mörder ... Ich bin ein Libertin, aber drei Familien in ihrem Wohnquartier haben fünf Jahre lang von meinen Almosen gelebt; diese habe ich auf diese Weise vor dem äußersten Elend bewahrt. Ich bin ein Libertin, aber ich habe einen Deserteur, den sein Oberst und sein Regiment bereits aufgegeben hatten, vor dem Tode gerettet. Ich bin ein Libertin, aber ich habe in Evry, vor den Augen eurer ganzen Familie, ein kleines Kind unter Lebensgefahr davor bewahrt, von einem Karren zerquetscht zu werden, dessen Pferde durchgegangen waren, und zwar dadurch, dass ich mich selbst davor stürzte. Ich bin ein Libertin, doch habe ich die Gesundheit meiner Frau nie aufs Spiel gesetzt.[7]

Deutlicher konnte der Schriftsteller de Sade die Trennlinie zwischen dem eigenen Leben und den Ausgeburten seiner ausufernden Phantasie nicht ziehen. Mochte seine Phantasie auch Ungeheuerlichkeiten ausmalen, im wahren Leben war er dieser «Lebensbeichte» zufolge das schiere Gegenteil: tapfer, mildtätig und uneigennützig bis zur Selbstaufgabe. Doch diese Qualitäten wurden in einer ungerechten Weltordnung nicht honoriert, sondern bestraft. Der Mut, der das wahre Wesen des Adels ausmacht und allein seine Privilegien rechtfertigt, wurde in einer vom Amtsadel regierten Welt nicht nur nicht belohnt, sondern verachtet.

Mit Briefen allein ließ sich die Leere von Vincennes nicht ausfüllen. «La Jeunesse» hatte dem schiffbrüchigen Passagier mit seinen Geschichten gezeigt, wie der Weg in die Freiheit zu finden war. Der *Homme de lettres* de Sade musste dort weitermachen, wo er mit dem Bericht über seine Italienreise aufgehört hatte. Er musste Bücher schreiben.

## Befehle der Natur

Nach knapp vier Jahren Haftzeit im Staatsgefängnis von Vincennes verfasste der Marquis de Sade seinen *Dialog eines Priesters und eines Sterbenden*. Er datierte den kurzen Text von – modern gemessen – knapp 20 000 Anschlägen auf den 12. Juli 1782. Bei seiner üblichen Schreibgeschwindigkeit wird er ihn in wenigen Tagen niedergeschrieben haben, denn dieses philosophische Glaubensbekenntnis muss ihm wie von selbst aus der Feder geflossen sein. Die Rahmenhandlung lässt sich in wenigen Sätzen zusammenfassen. Der Priester will dem Moribunden die Beichte abnehmen und ihm die Glaubenswahrheiten der heiligen Mutter Kirche nahebringen. Doch der Sterbenskranke verwickelt den Kleriker in ein Gespräch über Gott, die Welt und deren Entstehung. Darin entwickelt er Positionen, die der katholischen Doktrin diametral entgegenstehen. Als er sein Ende nahen fühlt, ist für die letzte Inszenierung alles bereit; sechs schöne Frauen warten nur auf sein Signal:

> Der Todgeweihte läutete, die Frauen traten ein, und der Geistliche, der sich als unfähig erwiesen hatte, das Wesen der verdorbenen Natur zu erklären, wurde in ihren Armen zu einem durch die Natur verdorbenen Menschen.[8]

Dieser Schluss hat etwas von einem philosophischen Kalauer, ergibt im Zusammenhang mit dem Gedankenaustausch zwischen den Kontrahenten jedoch Sinn, weil der ganze Dialog nicht nur als eine Widerlegung des Christentums, sondern auch als eine Persiflage auf das literarische Genre «So sterben große Männer» konzipiert ist. Diese Textgattung wurde seit der Antike eifrig gepflegt. Ihre Höhepunkte bildeten Platos Bericht über Sokrates, der unschuldig den Giftbecher leert und seine Anhänger tröstet, und Tacitus' Schilderung der letzten Stunden Senecas, der seine Adern öffnet und bis zum letzten Blutstropfen weiter philosophiert. Im 18. Jahrhundert erlebten Anthologien, die solche «schönen

Tode» sammelten und zur Nachahmung empfahlen, zahlreiche Auflagen. Weiterhin viel gelesen wurden auch christliche Andachtsbücher, aus denen man die «Kunst zu sterben» lernen konnte. Sie bestand darin, auf dem Totenbett Frieden mit den Menschen zu schließen, der Sorge um irdische Güter ledig zu werden, Gott rückhaltlos alle Sünden zu offenbaren und dann auf seine Barmherzigkeit zu hoffen. Genau so möchte auch der Priester dem Todkranken zu einem guten Tod verhelfen:

> Du bist jetzt an diesem Wendepunkt angekommen, an dem der Schleier der Illusion zerreißt und der Blick des verführten Menschen auf das Schreckensbild seiner Fehler und Laster fällt. Mein Sohn, bereust du die zahlreichen Sünden, zu denen dich die menschliche Schwäche und Unbeständigkeit getrieben haben?[9]

Als sich der Moribunde reuig zeigt, glaubt sich der Kleriker am Ziel und bereitet den nächsten Schritt vor:

> Nun wohl, dann nutze diese glücklichen Gewissensbisse, um in der kurzen dir noch verbleibenden Zeit vom Himmel die Generalabsolution für deine Sünden zu erlangen. Bedenke dabei, dass du diese Vergebung des Allmächtigen nur durch die Vermittlung des allerheiligsten Buß-Sakraments erlangen kannst.[10]

Doch darauf folgt der Eklat. Der Sterbende hat den Priester bewusst getäuscht und ins Leere laufen lassen. Er bereut zwar, doch das Gegenteil von dem, was er nach Lehre der Kirche bereuen sollte:

> Die Natur hat mich mit lebhaften Vorlieben erschaffen und dazu mit starken Leidenschaften ausgestattet. Sie hat mich einzig und allein dazu in die Welt gestellt, um mich diesen Vorlieben und Leidenschaften zu widmen und diese zu befriedigen. Dieser Zweck meiner Erschaffung leitet sich also nahtlos aus den Absichten der Natur ab. Oder, wenn du es so lieber magst: Darin bestanden die Pläne, die die Natur mit mir hegte, und zwar in voller Übereinstimmung mit ihren Gesetzen. So bereue ich nur, ihre Allmacht

nicht gebührend erkannt zu haben. Und meine einzigen Gewissensbisse entstehen daraus, dass ich von den (in deinen Augen verbrecherischen, für mich bloß natürlichen) Fähigkeiten, die sie mir verliehen hat, um ihr zu dienen, nur mittelmäßigen Gebrauch gemacht habe."

An die Stelle Gottes ist die Natur getreten. Sie allein hat den Menschen geschaffen, sie allein verleiht seiner Existenz Auftrag und Sinn. Fromme Christen glauben das Paradies zu gewinnen, wenn sie dem Willen Gottes folgen, so unvollständig sie dies auch aufgrund ihrer Sündhaftigkeit vermögen. Ein überzeugter Atheist wie de Sades Todkranker hat es da um einiges leichter: Er muss nur auf seine innere Stimme hören und den Neigungen folgen, die ihm die Natur eingegeben hat. Das schwerste Vergehen besteht darin, diesen Befehl der Natur zu verweigern, so wie es das Christentum lehrt. Die schlimmste Sünde gegen das Gesetz der Natur ist aus christlicher Sicht die höchste Tugend, die darin besteht, sich selbst Schranken aufzuerlegen. In seiner letzten Stunde wertet der Moribunde zum Nutzen und Frommen der Nachwelt die herrschende Moral radikal um. Gut ist nicht die christliche Triebhemmung, sondern die natürliche Hemmungslosigkeit. An die Stelle des «Erkenne dich selbst!» der klassischen Philosophie setzt de Sade die Maxime «Lebe dich aus!», ohne jede Rücksicht auf Normen und Konventionen. So wie Gott für den Christen das absolut Gute verkörpert, ist die Natur für den Sterbenden, der sich im Einklang mit ihren Prinzipien weiß, die absolute Richtschnur seines Handelns und damit Sinnstifterin. Was sie mit dem Menschen vorhat, kann nicht schlecht sein und ist daher erlaubt.

Diese Aufwertung der Natur zum alleinigen Maßstab der Moral war 1782 nicht neu. Vor allem de Sades geistiger Intimfeind, der Genfer Kleinbürgersohn Jean-Jacques Rousseau, hatte die Natur zur Lehrmeisterin der Pädagogik, der Politik und der Theologie erklärt. Dass man Gott, seine Güte, seine Allmacht und seinen Willen aus der reinen Betrachtung der Schöpfung und ihrer Schönheit erkennen konnte, war schon lange vor Rousseau von den Vertretern einer *theologia naturalis* gelehrt worden, allerdings mit einem bedeutsamen Unterschied: Für die Vertreter der Natürlichen Theologie war die Natur nach dem vom freien

Willen des Menschen verschuldeten Sündenfall zugleich gut und verdorben. Der Mensch blickte also in einen zerbrochenen Spiegel, wenn er sich und die übrigen Werke der Schöpfung betrachtete. Diese Schuldzuweisung ließ Rousseau nicht mehr gelten. In seinem «Glaubensbekenntnis eines savoyischen Vikars», das er in den Erziehungsroman *Emile* einfügte, ist die christliche Erbsünde getilgt und die Natur uneingeschränkt gut. Sie hat dem Menschen zwei Haupteigenschaften verliehen: den Selbsterhaltungstrieb (der nicht mit seiner von der Zivilisation verschuldeten Perversion, der Eigenliebe, verwechselt werden darf) und das Mitleid. Diese innere Stimme des Mitgefühls kann der Mensch so, wie er von der Fehlentwicklung der Zivilisation verformt und verfremdet worden ist, zwar übertönen, doch nie vollständig zum Schweigen bringen. Wenn er diesem Basisinstinkt der Nächstenhilfe zuwider handelt, melden sich unweigerlich die Gewissensbisse. Die Natur ist damit vom Bösen freigesprochen und der Mensch, der im Einklang mit ihren Grundsätzen lebt, gut. Das Böse ist allein durch die Geschichte in die Welt gekommen; nur durch die Korrektur der Geschichte kann es wieder aus ihr verschwinden.

Diese Sicht der Natur und des Menschen zu widerlegen, machte sich der Marquis in seinem Gefängnis zur Lebensaufgabe. Dazu nutzte er das Repertoire, das Forschungsreisende wie Bougainville, Lapérouse und Cook und Historiker von Herodot bis Voltaire über die Sitten und Gebräuche fremder und untergegangener Völker zur Verfügung stellten. Deren Argumente machte er sich von jetzt an auf sehr selbständige und nicht selten eigenwillige Art und Weise zu eigen und brachte sie mit allen ihm zur Verfügung stehenden Mitteln des Scharfsinns, der Ironie und der Parodie zur Anwendung. Sein Hohn klingt bereits an, wenn der Moribunde von seinen Gewissensbissen spricht: Ich habe der Natur ungenügend gehorcht! Das sagte Rousseau auch, und zwar in eigener Sache in seinen eigenen *Bekenntnissen*: Ich habe mich eine Zeitlang von den Verlockungen der fehlgeleiteten Zivilisation in die Irre führen, das heißt: zu einem der menschlichen Natur fremden Leben verleiten lassen, bevor ich meinen Fehler erkannte, korrigierte und zu einer naturgewollten Existenz nach den einfachen Regeln der Tugend und der Menschenliebe zurückfand. De Sades munterer Moribunder aber meint genau das Gegenteil: Ich habe mich an der Natur versündigt, weil ich dem hemmungslosen Lebensgenuss ungenügend gefrönt habe. Das war eine Persiflage der Bibel, der Aufklärung und ihrer Kassandra Rousseau zugleich.

Was meinte der sterbende Philosoph mit diesem zügellosen Hedonismus im Einzelnen? War dadurch, dass die Natur die Menschen mit unterschiedlichen Vorlieben ausgestattet hatte, alles erlaubt? Auf diese entscheidende Frage steuert der Dialog zu. Der Sterbende nimmt auch in dieser Hinsicht kein Blatt vor den Mund:

> Der Natur hat es gefallen, mich nach ihren Absichten und Bedürfnissen zu schaffen. Und da sie den gleichen Bedarf an Lastern wie an Tugenden hat, hat es ihr beliebt, mich den ersteren zu widmen. Wenn sie Tugenden wollte, hat sie mir diese eingegeben, und ich habe auch diesen Auftrag erfüllt.[12]

Doch das ist dem beunruhigten Priester nicht klar genug. Was heißt in diesem Zusammenhang Laster? Auch hier lässt die Antwort seines Dialogpartners an Deutlichkeit nicht zu wünschen übrig:

> Es gibt keine Tugend, die für die Natur nicht notwendig wäre, und es gibt kein Verbrechen, das sie nicht braucht. So hält sie beides in einem vollendeten Gleichgewicht, darin besteht ihre ganze Kunst.[13]

Aus Gottesdienst ist Naturdienst geworden; dieser Naturdienst kann in Werken der Nächstenliebe, aber auch in Mord und Totschlag bestehen. Die Natur hat eine weitere Gemeinsamkeit mit dem christlichen Gott, speziell dem reformierten:

> Wer würde im Angesicht des Schafotts ein Verbrechen begehen, wenn er frei wäre, es nicht zu begehen? Wir werden von einer unwiderstehlichen Kraft mitgerissen und sind nicht einen Augenblick lang in der Lage, uns in eine andere Richtung zu bewegen, als unsere inneren Neigungen wollen.[14]

Damit bezog der Marquis in einer Kontroverse Position, die so alt war wie das Christentum selbst: Hatte der Mensch nach dem Sündenfall noch einen Rest von freiem Willen, der es ihm erlaubte, die von Gott durch den Opfertod Christi angebotene Gnade anzunehmen oder abzulehnen? Auf dem Konzil von Trient (1545–1563) hielten die Katholiken an diesem minimalen *liberum arbitrium* fest, während die reformierten Theologen diese Wahlfreiheit leugneten. Am schroffsten von allen bestritt sie der Genfer Reformator Jean Calvin. Dessen Meinung macht sich de Sade hier zu eigen, allerdings in einer stark «verweltlichten» Version und mit einigen gewichtigen Unterschieden: Alles im Leben ist von der Natur vorherbestimmt. Dadurch ist der Mensch, der seinen Neigungen, auch den mörderischsten Trieben, nachgibt, nicht nur unschuldig, sondern er erfüllt darüber hinaus die einzige Aufgabe, die ihm im Leben gestellt ist:

> Können wir je nach der Seite, zu der wir uns wenden, schuldig werden? Nicht mehr als eine Wespe, die ihren Stachel durch deine Haut bohrt![15]

Dieser Freispruch ist, theologisch und philosophisch betrachtet, teuer erkauft: Der Mensch ist ein Lebewesen unter Hunderttausend anderen, nicht mehr wert als ein Wurm oder eben eine Wespe. Die Erfinder des Christentums haben den Menschen eingeredet, dass sie die Krone der Schöpfung sind und eine unsterbliche Seele haben, um ihnen vor der Hölle Angst zu machen und sie auf diese Weise besser unterdrücken und ausbeuten zu können. In Wahrheit ist der Mensch nichts als Materie, und zu Materie vergeht er nach seinem Tod auch wieder. Das ist die einzige Form der Unsterblichkeit, die ihm gewiss ist: zu vergehen und als Made wieder aufzuerstehen.

Die materialistischen Lehren, dass die Natur in permanenter Bewegung ist, sich dadurch selbst erzeugt und sich selbst genügt, ohne eines Weltschöpfers zu bedürfen, hatte de Sade aus seiner Lektüre der Philosophen Holbach, Helvétius und La Mettrie bezogen. Auch die Widerlegung des Christentums, zu welcher der Sterbende ausholt, ist alles andere als originell. Neu hingegen ist, dass de Sade die Argumente seines Gegners

Rousseau dazu verwendet, das Gegenteil von dessen Schlussfolgerungen zu beweisen. Für beide steht der Anspruch des Christentums, allein die göttliche Wahrheit zu offenbaren, auf tönernen Füßen. Dagegen spricht, dass sich diese angebliche Wahrheit nicht gleichzeitig in allen Weltteilen ausgebreitet hat. Vor allem müsste die wahre Religion nicht aus schwierigen und kontrovers interpretierten Büchern gelehrt werden, sondern in den Herzen aller Menschen wiederzufinden sein; zudem lassen sich die Wunder, die den Monopolanspruch des Christentums untermauern sollen, bei näherer Betrachtung als natürliche Phänomene erklären. Mit diesen aufgeklärten Standardargumenten zieht der Moribunde und mit ihm sein Erfinder einen Schlussstrich unter das Christentum: Wie alle Religionen ist auch das Christentum aus der Angst des Menschen vor dem Unbekannten hervorgegangen und dient den Mächtigen dazu, das Volk in Aberglaube und Abhängigkeit zu halten. Damit knüpft der *Dialog* unmittelbar an die *Italienreise* an. Dem in seinem kurzen philosophischen Erstlingswerk abgelegten Credo sollte der Marquis bis zum Ende seiner Tage treu bleiben; die darin niedergelegten Dogmen werden künftig nicht mehr in Frage gestellt, wohl aber ergänzt und zugespitzt. Der Mensch ist Materie und nichts als Materie. Geist und Bewusstsein bestehen aus Atomen und sind genauso vergänglich wie Blumen und Blätter. Unsterblichkeit, Jenseits und Jüngstes Gericht sind durchsichtige Erfindungen machtsüchtiger Priester. Der Tod des Menschen, auch der massenhafte und gewaltsam herbeigeführte, kommt der Natur gelegen, weil er ihr hilft, neue Formen des Daseins hervorzubringen. Zu diesem Zweck hat sie dem Menschen den Hass auf den Mitmenschen eingepflanzt und, um ganz sicher zu gehen, die Lust zu töten. Die Natur ist also nicht für den Menschen gemacht, sondern der Mensch das willenlose Geschöpf der Natur. Lebensgenuss um jeden Preis – so lautet also die Devise des philosophisch vernünftigen Lebens. Nur so lässt sich das trostlose Dasein zumindest vorübergehend aufhellen. Wie weit der Mensch beim Ausleben dieser Lust gehen darf, ist die Kernfrage aller de Sadeschen Texte. Seine erfundenen Libertins akzeptieren dafür keine Grenzen und zeigen so, wie das menschliche Leben nach den Gesetzen der Natur aussieht: wie eine Hölle auf Erden.

So anstößig die Lehre des Marquis in frommen ebenso wie in aufgeklärten Ohren schon jetzt klingen musste, so schien er am Ende der kurzen Bekenntnisschrift doch noch zu einem Zugeständnis an die Konventionen der Gesellschaft bereit zu sein:

> Alle menschliche Moral ist in diesem einen Wort beschlossen: Mache die anderen so glücklich, wie du glücklich zu sein begehrst! Und tue ihnen niemals etwas Böses an, das dir nicht selber widerfahren soll. Das, mein Freund, sind die einzigen Prinzipien, denen wir folgen müssen. Um diese zu schätzen und zu bekennen, bedarf es weder einer Religion noch eines Gottes, sondern nur eines guten Herzens![16]

War diese Schlusswendung ironisch oder ernst gemeint? Wenn hier weiterhin der sterbende Libertin sprach, dann war es ein letzter Akt der Verhüllung. Wenn stattdessen der «echte» de Sade das Wort führte, sticht die Übereinstimmung mit dem großen Bekenntnisbrief an die Marquise hervor: Ich bin ein Libertin, ich stehe dazu, denn damit mache ich mich glücklich, ohne andere unglücklich zu machen. Soweit ich kann, schütze ich andere sogar vor dem schlimmsten Unglück. Das war nicht ganz dasselbe, wie andere glücklich zu machen, doch diese Gabe war dem einsamen Triebwesen Mensch in dieser bösen Welt nicht verliehen.

De Sades *minima moralia* lauten somit: Folge der Natur, die dich zum Egoismus verdammt hat, doch ohne das legitime Selbsterhaltungs- und Genussstreben der anderen ohne zwingende Not zu durchkreuzen. Das war nicht das, was Theologen und Philosophen als Tugend lehrten, doch im Gegensatz dazu ehrlich und lebbar. Wahre Tugend heißt laut de Sade also, den Mut zu den Lastern zu haben, zu denen die Natur den Menschen zwingt. Diesen Mittelweg zwischen der falschen, da borniertzen, selbstgerechten und in einer bösen Welt zum Untergang verurteilten Tugend auf der einen Seite und dem Laster der mörderischen Libertins auf der anderen Seite hat de Sade in seinen literarischen Werken kaum je aufgezeigt. Ihn muss der Leser selbst finden.

## Rechtfertigungen und Rebellionen

Der Kontrast des Dialogs zu den Lebensbedingungen seines Verfassers sticht ins Auge: Von Lebensgenuss und ausgelebter Individualität konnte in Vincennes keine Rede sein. Wegen schlechter Führung wurden dem Gefangenen de Sade im Juli 1782 sämtliche Hofgänge gestrichen. Zeitweise wurde ihm sogar die Lektüre von Büchern untersagt, weil diese seine üble Gesinnungsart förderten. Kein Wunder also, dass der Marquis in einem Brief an Mademoiselle de Rousset, die reizende Erzieherin seiner Kinder und «Statthalterin» auf Lacoste, melancholische Töne anschlug:

> Weil ein Gefangener alles auf sich bezieht und sich einbildet, dass alles, was geschieht, ihn selbst betrifft, und alles, was gesagt wird, mit einer bestimmten Absicht gesagt wird, habe ich mir in den Kopf gesetzt, dass das Glockenspiel von Vincennes mit mir sprach und mir ganz leise die folgenden Strophen zuflüsterte:
> Ich beklage dich, ich beklage dich, für dich gibt es nur noch ein Ende in Staub, in Staub, in Staub.
> Alles Vergnügen, allen Genuss, lass fahren dahin, meine Seele, meine Seele, meine Seele …
> Was für ein Martyrium, was für ein Martyrium, ich sehe wohl, ich muss leiden, ohne Ende, ohne Ende, ohne Ende.[17]

Zwischen diese traurigen Anfangs- und Schlussverse streute der verzweifelte Marquis obszöne Zeilen ein, die seine Stimmungslage in der Abgeschlossenheit der Festung abrundeten. Mit solchen Tönen erregte der Gefangene das Mitleid, doch auch das Missfallen der Marquise: Wenn er sich doch endlich dazu bequemen könnte, so ehrenhaft zu denken und zu schreiben, wie es seinem guten Herzen entsprach, anstatt seine Briefe mit den wüsten Ausschweifungen seiner Phantasie zu füllen! Solche Ausgeburten seiner lodernden Einbildung fielen doch nur seinen Feinden in die

Hände und wurden von diesen gegen ihn verwendet. Doch diese Ermahnungen stießen bei ihrem Gatten auf taube Ohren:

> Was mich persönlich betrifft, so verspreche ich Ihnen gar nichts. Das Tier ist einfach zu alt. Glauben Sie mir, hören Sie auf, es erziehen zu wollen. Es gibt Denkungsarten, die einfach mit unserer ganzen Existenz verschmolzen sind. Vor allem dann, wenn man sie mit der Muttermilch aufgesogen hat, kann man nicht mehr darauf verzichten ... Unsere Sitten hängen nicht von uns ab, sondern von unserer ganzen Körperlichkeit und Wesensart. In unserer Verantwortung liegt es, unser Gift nicht nach außen zu verspritzen und dafür Sorge zu tragen, dass unsere Umgebung nicht darunter leidet und am besten gar nichts davon mitbekommt.[18]

War diese Anspielung bewusst oder unbewusst? Mit seiner «Bonbon-Affäre» hatte de Sade Gift verspritzt und das Leben seiner Familie vergiftet. Trotzdem bleibt die Trennlinie zwischen Imagination und Realität sowie der damit verbundene ethische Imperativ bestehen: Es liegt in der Freiheit des menschlichen Willens, halt zu sagen und diese Grenze nicht zu überschreiten. Im Gegensatz zur absoluten Prädestination durch die natürlichen Neigungen, wie sie die Protagonisten der de Sadeschen Texte predigen, gibt es in den Briefen des bekennenden Libertins de Sade eine Eigenverantwortlichkeit, die den Mitmenschen schützt.

Gift beschäftigte den Marquis auch in eigener Sache. Er war davon überzeugt, dass ihm sein Kerkermeister «Drogen» ins Essen mischte, und sah den Beweis dafür in der Augenkrankheit, die ihn Anfang 1783 heimsuchte. Doch trotz aller Widrigkeiten und Klagen über die Unerträglichkeit der Haft blieb der Selbstbehauptungswille des Gefangenen ungebrochen. Dazu trug die Lektüre der Werke Rousseaus wesentlich bei, die ihm die Gefängnisleitung aus Sorge um seine «Gesinnung» zuerst vorenthalten wollte. Für solche Bedenken hatte de Sade verständlicherweise nur Hohn und Spott übrig:

> Sie tun mir viel Ehre an, wenn Sie glauben, dass ein deistischer Autor wie dieser für mich gefährlich werden könnte. Schön wär's, wenn ich mich noch in diesem Stadium befände! Meine Herren Anstaltsleiter, Sie sind nicht

sehr erfindungsreich bei der Auswahl der mir zugedachten Heilmittel! Sie müssen erst noch lernen, dass der Zustand des Patienten darüber entscheidet, was gut und was schlecht ist, nicht die Sache an und für sich. Russische Bauern kann man mit Arsen vom Fieber kurieren; der Magen einer hübschen Frau würde sich für diese Kur bedanken ... Jean-Jacques ist für mich, was für Sie «Die Nachfolge Christi» ist. Die Moral und die Religion Rousseaus sind für mich eine ernste Sache, ich lese sie, wenn ich mich erbauen will.[19]

Die beißende Ironie kann den Ernst dieses Bekenntnisses nicht verdecken: Rousseau ist erbaulich, weil der Marquis bei dieser Lektüre seine Gegenpositionen und damit sich selbst aufbaut. Die Mauern und Gräben von Vincennes haben das Experiment der praktischen Menschenforschung unterbrochen. Hinter diesen Bastionen wurde es jetzt theoretisch fortgesetzt.

Den Anfang der seit 1783 immer reicher fließenden Textproduktion machten drei Theaterstücke, die der Marquis Szene für Szene ausarbeitete und mit ausführlichen Erläuterungen versah. In *Jeanne Laisné oder Die Belagerung von Beauvais* wagte er sich an einen historischen Stoff. Im Jahr 1472 versuchte Karl der Kühne, seines Zeichens Herzog von Burgund, im Krieg mit König Ludwig XI. von Frankreich die Stadt Beauvais, eine der Schlüsselfestungen vor Paris, zu erobern. Seine starke Artillerie (die der Offizier außer Diensten de Sade fachmännisch beschreibt) hatte Bresche auf Bresche in die Mauern geschossen, und diese waren schon fast erstürmt, als plötzlich ein Frauenbataillon auftauchte, die erfahrenen Söldner des Herzogs im Kampf Frau gegen Mann zurückdrängte und die Stadt vor Einnahme und Plünderung bewahrte. Die Anführerin dieses Amazonentrupps namens Jeanne Laisné wurde als Belohnung für ihre Heldentat vom König ehrenvoll verheiratet und auf Lebenszeit von allen Steuern befreit. Damit schließen die Quellen. Was reizte einen de Sade an diesem vaterländischen Erbauungsstoff?

Das ist mein Thema. Jetzt ist es Sache des Publikums, darüber zu urteilen. Möge ihm dieses Stück so viel Vergnügen bereiten wie mir bei seiner Niederschrift. Möge es dem Publikum so viele süße, köstliche Tränen entlocken, wie sie meine Wangen bei der Arbeit daran so oft benetzten – Tränen, die einem französischen Herzen diese erhabenen Szenen eines Patriotismus, der von Anfang eine seiner natürlichen Tugenden bildete, von selbst entreißen müssen.[20]

Auch hier stellt sich wieder die Frage, ob der Gefühlsausbruch ironisch oder ernst gemeint war. De Sade hatte diese Passage ursprünglich mit einem Kommentar versehen, der eine klare Antwort gibt: Bei allem Hass auf die Mächtigen seines Landes und ihre Machenschaften war der Marquis ein leidenschaftlicher Patriot.

Den patriotischen Stoff formte er jedoch nach seinem eigenen Geschmack um. In der platten Realität verabschiedet sich die Retterin von Beauvais aus der Geschichte wie im Märchen – sie wird gut verheiratet und lebt glücklich bis ans ferne Ende ihrer Tage. So viel bürgerliche Idylle konnte der Marquis seiner Heldin nicht gönnen. Auf seiner Bühne wird sie schwer verwundet und stirbt als unbeugsame Patriotin einen qualvollen Tod. Kurz zuvor hat sie erfahren müssen, dass ihr Vater, der Bürgermeister von Beauvais, ein Verräter ist. Mehr «Gift» mischte der Marquis in dieses Stück nicht hinein. Eine stärkere Dosis hätte die vaterländische Begeisterung, auf die der Verfasser seine Hoffnungen setzte, allzu sehr abgekühlt.

Mit seinem nächsten Stück unter dem Titel *Der Pflichtvergessene* versuchte sich de Sade im Genre der empfindsamen Komödie. Darin geht es um ein reiches Erbe, das ein treuer Vormund für sein Mündel gegen die Machenschaften gieriger Verwandter sichern muss. Der schlimmste Erbschleicher ist ausgerechnet der Richter, der über diesen Fall zu entscheiden hat und zu allem Überfluss auch noch der verschollene Bruder des legitimen Erben ist. Dieser böse Magistrat wähnt sich schon am Ziel, doch werden seine Machenschaften durch eine klug eingefädelte Gegenintrige am Ende aufgedeckt. Danach finden die Guten und Liebenden zueinander. Ja, am Ende kehrt selbst der verlorene Sohn, der mit Schimpf und Schande aus seinem Richteramt verjagt wurde, in den Schoß der wiedervereinten Familie zurück. Mehr konventionelle Empfindsamkeit und Moral in ein und demselben Stück war kaum möglich. Den Fingerabdruck des Marquis verrät nur der käufliche Richter; dass die Gerechtigkeit am Ende über ihn triumphiert, blieb ein Wunschtraum des gefangenen Verfassers.

Am 14. Februar 1784 bestätigte die Marquise de Sade ihrem Gatten, das Manuskript des Stückes *Tancrède* erhalten zu haben, das dieser im Katalog seiner Werke vom 1. Oktober 1788 als lyrische Szene nach Torquato Tasso bezeichnete. In Anlehnung an dessen Versepos *Das befreite Jerusalem* spielt das Drama während des ersten Kreuzzugs unter den Mauern des belagerten Jerusalem. Als sich der Vorhang hebt, brennen gerade die Sturmböcke, mit denen die französischen Ritter am Vortag vergeblich die feindlichen Festungen berannt hatten. Das Feuer hat ein tollkühner Trupp sarazenischer Krieger unter Führung der als Ritter verkleideten Clorinde gelegt. Nach erfüllter Mission zieht sich das Kommando, das von Tancrède und seinen Männern verfolgt wird, in die belagerte Stadt zurück. Tancrède ist seit langem in Clorinde verliebt, erkennt seine Angebetete in deren Rüstung jedoch nicht. Wie es das grausame Schicksal will, bleiben beide allein vor dem Stadttor zurück. Dort liefern sie sich, von ihren Anhängern angefeuert, einen wilden Zweikampf, in dem Tancrède schließlich die Oberhand behält. Als er seinem besiegten Gegner mit ritterlicher Geste zu trinken geben will, erkennt er, wen er tödlich verwundet hat, und bricht in heftige Klagen aus. Clorinde will letzte Worte sprechen, doch ihr Auge bricht. Ihr Leichnam wird mit allen Ehren ins Lager der Kreuzfahrer gebracht und dort prachtvoll aufgebahrt, und zwar so, dass das Publikum einen ungehinderten Blick auf die schöne Tote hat. Tancrède wird von seinen Getreuen entwaffnet, damit er sich kein Leid antun kann, und danach auf eine Bank gesetzt. Zuerst noch ohne Bewusstsein, kommt er nach und nach zu sich und wird so der Geliebten ansichtig, die er mit eigener Hand getötet hat. Vorhang.

Hier ging der Marquis stärker aus sich heraus. Gewiss, Tancrède ist kein Mörder, geschweige denn ein Lustmörder. Er leidet unter seiner Tat selbst am meisten. Doch der nackte Tatbestand ist derselbe wie in de Sades Romanen: Der Liebhaber tötet das Objekt seiner Lust und verbringt danach Stunden damit, das Ergebnis seiner Gewalttat zu betrachten. An der schönen Leiche darf sich auch das Publikum ergötzen,

*Der erste Kreis der Hölle? Die Zeichnung aus dem Jahr 1785 zeigt die Bastille als Schattenreich zwischen der mondänen Welt und der Isolation hinter Kerkermauern.*

in allen Ehren, versteht sich. Doch von der sittsamen Totenklage zur verbrecherischen Nekrophilie, der die Libertins in de Sades Romanen frönen, war es nur ein Schritt. Auch das Motiv der Liebenden, die sich bekämpfen, ohne sich zu erkennen, ließ sich ausbauen. In einem späteren Stück wird der Marquis Vater und Tochter gegeneinander antreten lassen.

Am 29. Februar 1784, zwei Wochen nach Absendung des *Tancrède*, wurde der Marquis aus dem Schloss von Vincennes, dessen Tage als Gefängnis zu Ende gingen, in die Pariser Bastille verlegt. Dort bezog er im zweiten Stockwerk des «Turms der Freiheit» einen etwa dreißig Quadratmeter großen Raum. Decke und Wände waren weiß gekalkt, der Fußboden bestand aus Ziegelsteinen. Zur Ausstattung gehörten ein Himmelbett, zwei Tische sowie Stühle. Darüber hinaus durften die

Gefangenen eigene Möbel mitbringen. Die Verpflegung hing wie in Vincennes von den Zahlungsmöglichkeiten der «Gäste» ab. Obwohl die Marquise selbst kaum noch genug zum Leben hatte, fehlte es ihrem Gatten weiterhin an nichts. Schon in Vincennes hatte dieser ein ausgeprägtes Faible für Konfekt und andere Süßigkeiten entwickelt, die ihm auch in die Bastille von den besten Pariser Confiserien geliefert wurden. Diese Vorliebe blieb nicht ohne Folgen – der zuvor so schlanke Marquis wurde allmählich füllig. Immerhin konnte er sich in seinem neuen Gefängnis etwas freier bewegen. Spaziergänge waren im Hof, seltener auch auf dem Dach der Zwingburg erlaubt, wo die Kanonen standen, die bei freudigen Ereignissen wie den Geburten königlicher Prinzen Salut schossen. Zum Zeitpunkt von de Sades Verlegung saßen in der Bastille insgesamt nur dreizehn Häftlinge ein, darunter weitere Adelige, die der König als Schande ihres Standes den kritischen Augen der Öffentlichkeit entziehen zu müssen meinte. Das galt auch für das Schloss von Vincennes, das als «Zwingburg des Despotismus» ins Visier aufgeklärter Kritik geraten war und deshalb auf königlichen Befehl dem Erdboden gleichgemacht werden sollte. Wie weit der Wille des Monarchen damals reichte, zeigte sich daran, dass das Schloss nicht abgerissen, sondern provisorisch als Bäckerei und Manufaktur für Gewehrzubehör genutzt wurde. Aller Hass der Öffentlichkeit richtete sich jetzt auf die Bastille, wo man unschuldige Opfer absolutistischer Willkür eingekerkert glaubte.

Als Opfer sah sich weiterhin auch der Marquis, der die Leitung seines neuen Gefängnisses mit Klagen, Beschwerden und Bitten um Vergünstigungen überschüttete. Dabei waren seine Lebensumstände, verglichen mit Vincennes, alles andere als unzumutbar. So durfte er häufiger als zuvor Besuche seiner Gattin empfangen, die zeitweise fast jede Woche kam und bis zu sechs Stunden blieb. Ihre finanzielle Lage war zwar weiterhin desolat, doch hatte sie gelegentlich auch Erfreuliches zu berichten. So wurde ihr ältester Sohn im Oktober 1784 in den Malteserorden aufgenommen; die Eskapaden seines berüchtigten Vaters standen einer ehrenvollen Karriere also nicht im Wege. Die Strategie der Präsidentin, den Marquis hinter Festungsmauern in Vergessenheit geraten zu lassen, zahlte sich offenbar aus.

*Ein Buch, ein Schicksal. Auf kleinen Zetteln geschrieben, zusammengeklebt, versteckt, beschlagnahmt, verschollen und wiederentdeckt: Die 120 Tage von Sodom*

Doch die Ruhe in der Bastille erwies sich schnell als trügerisch. Im Juli 1786 schrieb der Kommandant de Launay an seinen Vorgesetzten von den Sorgen, die ihm die wöchentlichen Besuche der Marquise bereiteten. Immer häufiger – so seine Klagen – ließ sich ihr Gatte, der «extrem schwierige und gewalttätige Häftling»[21] zu heftigen Wutausbrüchen hinreißen, von den Scheußlichkeiten, die er in seinen Briefen über seine Familie und die Bastille verbreitete, ganz zu schweigen. Zum Besten der gutherzigen Marquise, die in unwandelbarer Treue diesem Monster-Gatten jeden Wunsch von den Augen ablas, müsse man diese Besuche auf einmal pro Monat beschränken. Dann folgte ein Satz, der tief blicken ließ:

Die Wahrheit ist, dass sie um ihr Leben fürchtete, wenn er eines Tages seine Freiheit zurückgewinnen würde.[22]

Wahrscheinlich tobte der Marquis so heftig, weil er diese unangenehme Wahrheit ahnte.

## Die 120 Tage von Sodom

Wie in Vincennes entfaltete der Marquis in der Bastille eine intensive literarische Tätigkeit, die immer mehr zu seinem eigentlichen Lebensinhalt wurde. Er brachte den Plan für den «philosophischen Roman» *Aline et Valcour* aus Vincennes mit, und wahrscheinlich hatte er dort auch schon mit der Arbeit an seinem berühmtesten Werk, *Die 120 Tage von Sodom oder Die Schule der Ausschweifung* begonnen, das Manuskript dann aber wieder beiseite gelegt. In der Bastille wandte er sich dieser Enzyklopädie der zerstörerischen Lüste wieder zu.

Das wohl berüchtigste Werk der Weltliteratur hat eine der seltsamsten Überlieferungsgeschichten überhaupt. De Sade hat die einzig erhaltene Fassung mit dem Vermerk «Dieser ganze große Streifen wurde am 22. Oktober 1785 begonnen und in siebenunddreißig Tagen vollendet» versehen. Vollendet sind diese 120 Tage der fiktiven Ausschweifungen jedoch nicht. Mehr oder weniger ausgeführt ist nur der erste Teil und damit der erste der vier Orgien-Monate; doch auch dazu hat der Marquis Überprüfungen, Korrekturen und Kritiken in beträchtlicher Zahl hinterlassen. Die übrigen neunzig Tage sind nur in Form eines «Programms» skizziert, das die Geschehnisse auf den verschiedenen Handlungsebenen knapp zusammenfasst. Diese Kombination aus ausgeführten und unfertigen Passagen hat de Sade in Hunderten von 12 Zentimeter breiten Zetteln auf einen mehr als 12 Meter langen Papierstreifen geklebt, der sich zusammenrollen und so vor den Augen der Gefängnisaufseher verbergen ließ. Doch das gelang ihm nicht auf Dauer. Im Sommer 1789 musste der Marquis das «Manuskript» in der Bastille zurücklassen; von dort wanderte es durch verschiedene Privatsammlungen und wurde 1904 erstmals veröffentlicht.

Warum sind die *120 Tage von Sodom* ein Torso geblieben? Hat der Verfasser selbst das Interesse an seinem ungeheuren Plan verloren? Das

Vorhaben selbst stellte er nach einer ausführlichen Präsentation der Protagonisten und ihrer Neigungen, der Opfer und des übrigen Personals, der Räumlichkeiten, Reglements und des Tagesablaufs, der in diesen vier Monaten beachtet wurde, wie folgt vor:

> Jetzt, lieber Freund und Leser, musst du dein Herz und deinen Geist auf den schmutzigsten Bericht, seit es die Welt gibt, einstellen. Ein solches Buch gibt es weder bei den Alten noch in neueren Tagen.[23]

Der zweite Satz ähnelt der Einleitung, die Jean-Jacques Rousseau seinen *Bekenntnissen* vorangestellt hat. In dieser Autobiographie sollte die Menschheit nicht nur das Individuum Rousseau, sondern den *homme de la nature*, den Menschen in seiner natürlichen Beschaffenheit schlechthin, erkennen. Diesen Anspruch erhob auch der Marquis in seinem Gegen-Werk. In seinen *120 Tagen von Sodom* wollte er die dunkelsten Seiten des Menschen ausloten, aufgeteilt auf sechshundert Varianten der perversen Lust und ihrer Befriedigung, die dem Leser in der Präsentation des Werks offeriert werden:

> Ich erzähle hier die Geschichte einer großartigen Mahlzeit, bei der deinem Appetit sechshundert Gerichte angeboten werden. Willst du sie alle essen? Sicherlich nicht, aber diese phantastische Zahl lässt deiner Wahl breitesten Raum ... Halte dich daran: Wähle aus und lass den Rest, ohne gegen diesen Rest zu wettern, nur weil er dir nicht zu gefallen vermag.[24]

Der Leser ist also gewarnt. Wenn er trotzdem weiterliest, dann auf eigene Gefahr und Verantwortung, denn dann wird er zum Komplizen und Voyeur – es sei denn, er liest nur, um sich zu empören. Doch dazu würde eine einzige der sechshundert Episoden genügen.

Die Erzählung besteht zum großen Teil aus Erzählungen anderer, die ihrerseits andere Personen zu Wort kommen lassen; dadurch ergibt sich eine regelrechte Rede-Kaskade, bei der der Leser sich immer wieder vergewissern muss, auf welcher Ebene er sich eigentlich befindet. Alle diese Geschichten gestaltet der Leser mit seinen inneren Buntstiften aus.

Unschuldsbeteuerungen nimmt ihm danach niemand mehr ab. Seine Komplizenschaft ist allerdings verzeihlich: Die Einbildungskraft ist frei und niemandem Rechenschaft schuldig. Im Gegensatz zu den vier Tyrannen von Schloss Silling, die das Geschehen diktieren, schändet, verstümmelt und mordet der Leser ja nicht selbst.

Von der Lage dieses Lust-Schlosses auf einsamer, durch Launen der Natur uneinnehmbarer Bergeshöhe war schon die Rede. Die vier Herren, die dort ihr blutiges Szepter schwingen, entsprechen ganz der kruden Geographie. Der erste dieser bekennenden Menschenquäler ist der Herzog von Blangis. Ihn hat die Natur, «diese bizarre Mutter»,[25] mit einem ungeheuren Vermögen und weiteren Glücksgütern ausgestattet, sodass er sich mühelos eine unbegrenzte Straflosigkeit für seine Verbrechen erkaufen kann. Diese sind sein ganzer Lebenssinn:

> Zusammen mit einem nachtschwarzen, durch und durch bösen Geist hatte ihm die Natur die verbrecherischste und verhärtetste Seele verliehen und dazu Verirrungen im Geschmack und in den Vorlieben. Aus ihnen entsprang die furchtbare Ausschweifung, welcher der Herzog mit einzigartiger Intensität ergeben war. Von Geburt her falsch, hart, herrschsüchtig, barbarisch, egoistisch, verschwenderisch für seine Lüste und geizig für gute Zwecke, verlogen, verfressen, versoffen, furchtsam, allen sexuellen Perversionen ergeben, Liebhaber des Inzests, Mörder, Brandstifter und Räuber, wies er nicht eine einzige Tugend auf, die diese Laster hätte ausgleichen können.[26]

Er liebt sich so, wie ihn die Natur geschaffen hat, und fühlt sich verpflichtet, der Natur zu Willen zu sein:

> Ich habe mich schon früh von den Hirngespinsten der Religion frei gemacht und habe so schon in jungen Jahren die Überzeugung gewonnen, dass die Existenz des Schöpfers eine empörende Absurdität ist, an die selbst kleine Kinder nicht mehr glauben. So muss ich meinen Neigungen keinen Zwang antun, um der Natur zu gefallen. Von der Natur habe ich diese Neigungen erhalten, also würde ich die Natur stören, wenn ich mich ihnen widersetzte. Wenn sie mir böse Neigungen verliehen hat, dann, weil sie diese braucht. In ihren Händen bin ich nur eine Maschine, die sie nach ihrem Belieben betätigt; so dient ihr jedes meiner Verbrechen. Je mehr sie mir zu diesen rät,

desto dringender benötigt sie diese Dienste. So wäre ich töricht, dagegen Widerstand zu leisten.[27]

So lautet auch das Glaubensbekenntnis seiner drei Genossen. Da Gut und Böse auf diese Weise umgewertet werden, wäre es konsequent, für «Tugend» und «Laster» neue Begriffe einzuführen. Doch das unterlassen die Libertins bewusst: Sie gieren weiterhin nach dem Rausch, den ihnen allein das Bewusstsein der Abweichung verschaffen kann. Erst das Gefühl, die Regeln der anderen zu übertreten, bereitet ihnen den höchsten Genuss in der endlosen Abfolge ihrer Orgien.

Den Neigungen und dem Lebenslauf des Herzogs, den die Leichen seiner Familie und seiner Schutzbefohlenen säumen, entspricht sein Körper. Der schreckenerregende Koloss ähnelt einem Herkules oder einem Zentauren. Seine Kräfte sind so übermenschlich wie die Dimensionen seines Geschlechtsorgans und seine sexuellen Bedürfnisse. Pro Tag kommt er ohne die geringsten Ermüdungserscheinungen auf achtzehn «Entladungen», die nicht selten für das Objekt seiner Triebabfuhr tödlich enden. Währenddessen stößt er Schreie aus, die nichts Menschliches an sich haben – wie sollten sie auch, ist er doch mehr Tier als Mensch. Dabei ist der Analverkehr seit Jahrzehnten seine einzige Leidenschaft, am liebsten in der passiven Variante. Einmal hatte er gewettet, dass er fünfundfünfzig solcher «Attacken» aushalten könne, und mühelos gewonnen. Dass ein solches Monstrum einen angeregten Stoffwechsel hat, kann nicht überraschen. Blangis verschlingt ungeheure Mengen der erlesensten Speisen und trinkt im Durchschnitt dreißig Flaschen Wein am Tag, kann diesen Verbrauch jedoch nach eigenen Angaben mühelos auf fünfzig steigern.

So verschwenderisch von der Natur ausgestattet, rühmt sich der Herzog vollmundig, der vollendete Libertin zu sein. Diesen Ehrentitel darf nur führen, wer Lustmörder aus Leidenschaft und aus Gesinnung zugleich ist. Im Taumel sexueller Erregung zu töten, ist einfach. Sich rein rational, allein durch die Philosophie der Libertinage, in Mord-Stimmung zu versetzen, gilt als viel schwieriger und daher als der eigentliche Initiationsritus, um in den exklusiven Kreis der Superschurken aufgenommen zu werden. Fehlt nur noch ein Farbtupfer am Gemälde des amoralischen Übermenschen:

> Und trotzdem – wer hätte das gedacht? – konnte ein entschlossenes Kind diesen Koloss in Angst und Schrecken versetzen, so wenig entspricht die Seele sehr häufig den körperlichen Voraussetzungen. Sobald er sich eines Feindes nicht mehr mittels List und Verrat entledigen konnte, wurde er schüchtern und feige, und die Vorstellung eines fairen Kampfes, und sei er noch so harmlos, hätte ihn bis ans Ende der Welt getrieben. Gleichwohl hatte er, dem Brauch der Zeit entsprechend, an ein oder zwei Feldzügen teilgenommen, doch hatte er sich dabei so entehrt, dass er den Militärdienst unmittelbar danach aufgegeben hatte. Dabei stand er zu seiner Schande mit ebenso viel Geist wie Frechheit und behauptete kühn, dass Feigheit ein Gebot der Selbsterhaltung sei und einem von klugen Leuten unmöglich zum Vorwurf gemacht werden könne.[28]

Der mörderische Herzog als zitternder Hasenfuß: eine groteskere Karikatur des Bösen lässt sich schwerlich denken. Mit seiner Hymne an die Feigheit widersprach Blangis allem, was dem echten Marquis heilig war: der Ehre auf dem Schlachtfeld und der Ehre des ganzen Standes. Wenn der Herzog von der Pflicht der Starken schwadroniert, die Schwachen zu unterdrücken oder besser noch: großflächig auszurotten, deckt er unfreiwillig das Wesen des Despotismus auf: Die Gewalt der Mächtigen ist ein Zeichen ihrer Angst und damit ihrer Schwäche.

Nicht nur, was seine Feigheit betrifft, ist der intelligente Tyrann zur Selbsterkenntnis fähig. Er legt sich ebenso Rechenschaft darüber ab, dass der Verstand des Menschen von seinen Leidenschaften beherrscht und gelenkt wird. Er weiß also sehr wohl, dass seine Weltsicht von seinen Emotionen, das heißt: von Grausamkeit und Feigheit, diktiert wird und seine Philosophie keinem anderen Zweck dient, als diese Leidenschaften zu rechtfertigen. So zeigt sich der tonangebende der vier Tyrannen von Silling als ein Mischwesen: Gewisse Grundsätze teilt er mit seinem Schöpfer, doch ganz überwiegend ist er eine Ausgeburt von dessen Hass und Verachtung.

Das alles gilt auch für seine drei Mittäter. Blangis' Bruder, der Bischof ohne Eigennamen, ist von zarter Konstitution und mörderischer Hinterlist. Die Kunst, seine Mitmenschen und besonders die Ärmsten der Armen ins tiefste Elend zu stürzen, hat er zur Perfektion ausgebildet. So verdient auch er das Gütesiegel des doppelt geprüften Wüstlings, obwohl die physischen Voraussetzungen für seine sexuellen Vergnügungen von Natur aus eher bescheiden sind. Der dritte im Bunde ist – wie kann es anders sein? – ein «Präsident» namens Curval:

> Über sechzig, von den Ausschweifungen extrem ausgezehrt, war er fast nur noch ein Skelett: groß, trocken, dürr, mit hohlen und erloschenen Augen, stinkendem und fauligem Mund, markantem Kinn und langer Nase, wie ein Satyr behaart, mit flachem Rücken und weichen Hinterbacken, die wie zwei dreckige Fackeln über seine Schenkel herabfielen.[29]

Wie nicht anders zu erwarten, besteht die Lieblingsbeschäftigung dieses hohen Richters darin, Unschuldige zu den furchtbarsten Todesqualen zu verdammen und sich an ihren Martern sexuell zu erregen. Doch das fällt ihm aufgrund seines Alters und seiner Abnutzung nicht mehr leicht; so bedarf es stundenlanger Quälorgien, um ihm noch Samen zu entlocken. Zu diesen Szenarien gehört der Schmutz, in dem er sich suhlt; auch seine Sprache besteht nur noch aus Unflätigkeiten.

Komplettiert wird das schaurige Quartett von einem Financier namens Durcet. Nach dem Bären Blangis, der Hyäne mit der Bischofsmütze und dem alten Klepper Curval verkörpert er in diesem Club der Tier-Menschen das rosige Schweinchen und wirkt so auf den ersten Blick weniger gefährlich. Doch dieser Eindruck täuscht. Rundlich, haarlos und in seinem Körperbau fast geschlechtslos, spielt er in Gesellschaft gerne den Alleinunterhalter, doch sind seine Neigungen nicht minder tödlich als die seiner Kameraden.

Diese teuflischen vier verabreden sich zum Winteraufenthalt in Silling, das zum Sodom wird. Dafür werden minutiöse Vorbereitungen getroffen: Man sorgt für opulente Nahrung, üppige Kostümierung und natürlich für das Menschenmaterial, das für die geplanten Menschenversuche zur Verfügung stehen muss. Schließlich handelt es sich hier um ein Menschheits-Experiment ohnegleichen. Der Menschenpark besteht aus den Töchtern, die alle vier in diese Unternehmung einbringen, und ihren Ehefrauen (hier muss nur der Bischof passen). Dass bei den Orgien Ehebruch und Inzest kunstvoll vermischt werden, ist für die bekennenden Verächter aller Familienbande Ehrensache. Im Gegensatz zu ihnen werden die prädestinierten Opfer schablonenhaft geschildert:

> Adélaïde, die Frau Durcets und die Tochter des Präsidenten, war Constance (= der Frau des Herzogs und Tochter Durcets) an Schönheit vielleicht sogar noch überlegen, doch auf ganz andere Art. Sie war zwanzig Jahre alt, klein, schlank, zerbrechlich und zart, wie zum Malen geschaffen, mit den schönsten blonden Haaren, die man sich nur denken kann. Dazu kam ein Ausdruck von Mitgefühl und Empfindsamkeit in ihrer ganzen Person und speziell in ihren Gesichtszügen, der ihr das Ansehen einer Roman-Heldin verlieh. Ihre Augen waren außerordentlich groß und ein Spiegel von Zärtlichkeit und Anstand.[30]

Wehe diesem «Typus A» der Lustobjekte! Er hat genau die Tugenden, die die Libertins zur Weißglut reizen. Die tränenseligen Blondinen mit den Himmelsaugen, deren Lieblingsbeschäftigung das Verteilen von Almosen ist, haben in allen Romanen des Marquis die geringsten Überlebenschancen. Doch auch «Typus B» ergeht es kaum besser:

> Constance, Gattin des Herzogs und Tochter Durcets, war eine große Frau, schlank, mit den richtigen Kurven, wie zum Malen und von den Grazien selbst geschaffen ... Ihr Gesicht war etwas lang, mit äußerst edlen Zügen, eher majestätisch als lieblich und eher großartig als fein. Ihre Augen waren groß, schwarz und voller Feuer ... Ihr Atem duftete nach Rosen. Sie hatte einen vollen und sehr runden Busen, weiß und fest wie Alabaster.[31]

Frauen wie sie haben mehr Widerstandskraft. Doch gerade ihr Protestpotential reizt die Tyrannen zu ausgesuchten Peinigungen, sodass auch Constances Leidensweg vorherbestimmt ist. In dieser Hinsicht bildet nur Julie, die Frau des Präsidenten und Tochter des Herzogs, eine Ausnahme. Als der Marquis am Ende seiner Zettelrolle notiert, welche seiner Figuren nach den 120 Tagen von Sodom noch am Leben sind, gelangt er zu folgender Bilanz: Sechsundvierzig Personen zogen nach Silling, sechzehn davon kehren nach Frankreich zurück. Zu diesen Verschonten zählt auch Julie. Dass sie zu dieser privilegierten Minderheit gehören würde, konnte der Leser bereits aus ihrem Steckbrief schließen:

> Julie war groß und wohlgestalt, obgleich sehr fett und rundlich, mit den schönsten braunen Augen, die man sich denken kann, mit zauberhafter Nase, markanten Zügen und wunderschönen kastanienbraunen Haaren, weißer Haut, schön geschwungenen Formen und einem Hinterteil, das einem Bildhauer wie Praxiteles zum Vorbild dienen konnte ... Doch war ihr Mund mit seinen entzündeten Zähnen hässlich, und ihr ganzer Körper starrte vor Schmutz.[32]

*Mens insana in corpore insano* – wie der vergiftete Köper, so der böse Charakter. Als Kind und Ehefrau der Tyrannen ist Julie eigentlich zum Opfertod vorherbestimmt. Doch als Sympathisantin ihrer Peiniger arbeitet sie sich Schritt für Schritt zur fast gleichwertigen Komplizin empor. Auf diesem dornigen Weg erwarten sie zahlreiche Prüfungen, die sie sämtlich mit Glanz und Gloria besteht, sowohl passiv, als Objekt fremder Lust, als auch aktiv, als selbständige Lustmörderin. Auf diese Weise sprengt sie als einzige die rigide Hierarchie der Schlossgesellschaft auf. Wer sich dem Laster verschreibt, fällt in dieser Welt stets auf die eigenen Füße.

Auf Stufe zwei der Hierarchie stehen die vier Zuhälterinnen, die für die langen Winterabende als Berichterstatterinnen angeworben sind. Sie sind gewissermaßen die Feldforscherinnen des Experiments. In jahrzehntelanger Berufspraxis haben sie die Gelüste des Menschen in allen nur denkbaren Variationen erlebt, nicht selten am eigenen Leibe, und legen ihre Erfahrungen den vier Libertins jetzt zum Auswerten und Ausprobieren vor. Als wissenschaftliche Hilfskräfte sind sie zur Planerfüllung unverzichtbar und dürfen sich daher in relativer Sicherheit wiegen; da sie ihre Aufgabe zur Zufriedenheit der Tyrannen erfüllen, gehören auch sie am Ende zu den Überlebenden. Ihr Äußeres entspricht ihren Erzählungen. So weist Madame Duclos, die von unblutigen Leidenschaften zu berichten hat, noch beträchtliche Reste ihrer ursprünglichen Schönheit auf und wird als lebenslustig und umgänglich geschildert. Diese angenehmen Eigenschaften haben ihre Kolleginnen, die von immer zerstörerischeren Leidenschaften zu künden haben, zunehmend verloren, bis in Gestalt der vierten und letzten Berichterstatterin eine Allegorie des Todes höchstpersönlich zu den Wüstlingen spricht. Dass sie selbst nicht nur Beobachterin, sondern auch aktive Lustmörderin ist, erhöht ihr Ansehen und ihren Wert in den Augen des regierenden Quartetts enorm; auch sie wird so nahezu gleichrangig.

Das restliche Personal zerfällt in drei weitere Klassen. Auf einer relativ geschützten Stufe befindet sich die Dienerschaft. Unantastbar bis zum Schluss sind aus naheliegenden Gründen die Köchinnen. Auch die übrigen Domestiken sollten nach interner Abmachung der Libertins eigentlich tabu sein, doch kommt es hier zu einzelnen mörderischen Übergriffen, die als Verstöße gegen die selbstauferlegte Ordnung mit Geldbußen belegt werden. Da alle vier Lustmörder unermesslich reich sind – durch Verrat und Mord, versteht sich –, ist diese Strafe rein symbolisch. Viel gefährlicher leben die Lustknaben und «Haremsdamen», die ebenfalls für Geld angeworben worden sind und den Herren permanent zu Willen sein müssen. Wie die Prostituierten von Marseille oder die jungen Dienstboten aus Montpellier oder Lyon auf Schloss Lacoste, müssen sie ihre «Arbeitskraft», das heißt: ihren Körper, verkaufen und sind als Lohnsklaven der Willkür ihrer «Arbeitgeber» ausgeliefert. Kein Wunder, dass die meisten von ihnen die Anstellung in Silling mit dem Leben bezahlen. Die wenigen von ihnen, die durch die Fürsprache eines der vier Herren der Todesqual entgehen, erfahren wie der Marquis am eigenen Leib, wie unberechenbar Netzwerke und Protektion nun einmal sind.

Auf der untersten Stufe rangieren schließlich die schönen Knaben und Mädchen, die das Quartett von den erfahrensten Menschenjägern Frankreichs hatte einfangen lassen. Dabei war nur das Allerbeste gut genug: Alle Lustobjekte – je nach Geschlecht «schön wie die Liebe selbst» oder «reizend wie Adonis» – sind von vornehmster Geburt und zwischen zwölf und fünfzehn Jahre alt. Sie alle waren bis vor kurzem noch die Augäpfel ihrer liebevollen Eltern, deren Stolz und Hoffnung. Jetzt müssen sie sich die folgende Rede anhören:

Ihr schwachen und angeketteten Wesen, die ihr ausschließlich unseren Lüsten dient, ihr habt euch hoffentlich nicht eingebildet, dass euch die lächerlichen Privilegien, die ihr in der Welt genießt, auch hier gewährt werden. Hier seid ihr tausendmal schlimmer unterworfen als Sklaven, hier erwarten euch nur Demütigungen, und eure einzige Tugend muss der Gehorsam sein ... Überflüssig, euch zu verhehlen, dass euer Dienst hart, schmerzhaft und streng sein wird und die kleinsten Fehler mit schweren Körperstrafen belegt werden. Ich kann euch also nur peinlichste Genauigkeit, Unterwerfung und vollständige Selbstverleugnung empfehlen, um allein auf unsere Wünsche zu hören: Diese sollen eure einzigen Gesetze sein, ihnen müsst ihr vorauseilen, ahnt sie im Voraus und schürt sie kräftig![33]

So fühlte sich auch der Marquis in Vincennes und in der Bastille: ausgeliefert, rechtlos, zum Objekt fremder Entscheidungen degradiert. Wie er wissen auch die Entführten nicht, ob sie die Freiheit wiedersehen werden, denn ihre Kerkermeister machen aus ihren finsteren Absichten kein Hehl:

Alle Frauen, die diese Welt bewohnen, zu vernichten, kümmert uns so wenig, wie eine Mücke zu zerquetschen. Und es wird fraglos wenige Exzesse geben, zu denen wir uns nicht hinreißen lassen werden. Keine von euch möge daher widerstreben, gebt euch hin, ohne mit der Wimper zu zucken, und lasst alles mit Geduld, Unterwürfigkeit und Mut über euch ergehen. Wenn unglücklicherweise eine von euch an der Heftigkeit unserer Leidenschaften zugrunde geht, so trage sie ihren Tod mit Fassung. Wir sind nicht in dieser Welt, um immer zu existieren – und was kann einer Frau Glücklicheres passieren, als jung zu sterben?[34]

Ein Aufruf zum standhaften Martyrium aus dem Mund eines bekennenden Feiglings: was für eine perfide Paradoxie! Und zugleich eine weitere Analogie zum Häftling de Sade. Er, der wegen seiner Tapferkeit allseits anerkannte Offizier, sah sich als Opfer rückgratloser Kriecher, die sich ein Vergnügen daraus machten, ihn mit widersinnigen Reglements zu schikanieren.

In Silling nötigt eine minutiöse Ordnung die Opfer zur vollständigen Selbstaufgabe. Alle ihre Körperöffnungen, Körperfunktionen und Körperflüssigkeiten gehören den Herren. Diese machen sich ein diabolisches

Vergnügen daraus, Verstöße gegen die Regeln zu konstruieren und mangels echter «Delikte» Übertretungen zu erfinden. Damit provozieren sie bewusst die Proteste der Unschuldigen, die ihre Lüste damit nur noch heftiger anheizen. So herrscht nicht trotz, sondern wegen der ausgefeilten «Hausordnung» in Silling die absolute Willkür und damit der uneingeschränkte Terror; im Namen einer rigorosen Rechtsordnung regiert die absolute Rechtlosigkeit. Sich als schrankenlose Herren über Leib und Leben ihrer Untertanen zu fühlen, verleiht den vier Tyrannen unbeschreibliche Lustgefühle. In seiner erregten Hass-Phantasie steigert der Häftling de Sade seine Leiden und die dumpfe Zufriedenheit seiner Kerkermeister zu den blutigen Exzessen seiner fiktiven Tyrannen.

Das Reglement des Schwarzwaldschlosses sieht allgemeines Wecken um neun Uhr morgens vor. Darauf folgen erste Lustübungen der Herren mit den Objekten ihrer Wahl, um elf Uhr gibt es eine Mahlzeit, es folgen weitere «Ausschweifungen» und im Anschluss daran strenge Kontrollvisiten in den Schlafräumen der Sklavinnen und Sklaven. Die dabei festgestellten beziehungsweise erfundenen Verstöße haben Bestrafungen und diese wiederum sexuelle Exzesse zur Folge, die eine Stärkung in Form eines ausgiebigen Diners erforderlich machen. Dieses zieht sich mit Kaffee und Likören bis in den frühen Abend hin. Für sechs Uhr ist dann der erste Höhepunkt angesetzt. Eine der Zuhälterinnen wird zur Erzählerin; ihr Auftritt wird minutiös inszeniert.

> Die Herren nehmen in ihren Nischen Platz, und folgende Ordnung gilt für den Rest: Auf dem Thron sitzt die Berichterstatterin; die Stufen ihres Thrones werden von sechzehn Kindern so geschmückt, dass jeweils vier, und zwar zwei Mädchen und zwei Jungen, einer der vier Herren-Nischen gegenübersitzen. So hat jede Nische ein gleiches Quartett vor sich ... Jedes Kind aus diesen Quartetten trägt eine Kette aus künstlichen Blumen, die bis in die jeweilige Nische reicht. So muss der Herr der Nische nur an der Blumenschnur ziehen, und das jeweilige Kind wird sich in seine Arme werfen.[35]

In der Ständegesellschaft des Mordschlosses hat jeder und jede einen festen Platz. Die rigorose Disziplinierung, der auch die Herren als Täter unterworfen sind, ist von einem regelrechten Horror vacui diktiert, der keinen Müßiggang und keine Lücken duldet. Jedes Lustobjekt muss jederzeit verfügbar sein und daher stets am vorgesehenen Ort zu finden sein. Nicht weniger minutiös reglementiert ist die Kleidung. Wie in der sozialen Wirklichkeit des Ancien Régime entspricht die Kostümierung dem Stand. Unheil verkündende Abzeichen machen deutlich, wen sein Schicksal als nächstes ereilen wird. In den Zerfleischungsorgien der Endphase tragen die Handlanger des Todes Henkerhabit und die Opfer Märtyrergewänder. Das Jesuitentheater des *Collège Louis-le-Grand* feierte hier eine makabre Wiederauferstehung.

Die Erzählungen der «Historikerinnen» dauern vier Stunden. Um Punkt zehn schlägt dann die Stunde der Ausschweifungen, die sich an den vorangehenden Erzählungen orientieren. So gibt es an jedem der 120 Tage von Sodom einen Themenabend. Diese Gesetzmäßigkeit entgeht auch den Opfern nicht. Was eben noch berichtet wurde, wird sogleich an ihnen ausprobiert oder sogar noch gesteigert werden. Die Trennlinie zwischen Fiktion und Realität, die de Sade für das eigene Leben zog, wird also permanent überschritten. Zum Spektrum der menschlichen Lüste, von denen die Zuhälterinnen erzählen, gehören Voyeurismus und Exhibitionismus, das Verzehren von Exkrementen in allen nur denkbaren Varianten, Demütigungen, Gewaltandrohungen, Auspeitschungen, Verstümmelungen und schließlich Lustmorde mit einer stetig zunehmenden Zahl von Opfern. Da der Übergang von der Theorie zur Praxis zu den ehernen Gesetzmäßigkeiten des Schlosslebens gehört, wissen die Opfer, dass der Hauch Hoffnung, der ihnen bei ihrem unfreiwilligen Dienstantritt noch blieb, pure Illusion ist. So wie die Lustobjekte in den Erzählungen der schauerlichen Berichterstatterin des vierten und letzten Monats rettungslos verloren sind, sehen auch sie einem qualvollen Tod entgegen. Bevor sie körperlich zerfleischt werden, werden sie psychisch gemartert. So finden die Herren ein teuflisches Vergnügen darin, ihre Sklavinnen und Sklaven zu Mittätern zu machen. Du oder sie – vor diese Alternative gestellt, müssen sie ihre Mitopfer quälen oder töten, um zumindest für den Moment das eigene Leben zu retten. Bevor die Körper zerfetzt werden, sollen die Seelen gebrochen werden. Diesem Zweck dienen auch die zahlreichen Reden der Libertins über ihre Lieblingsthemen. Sie begleiten und untermalen die genauestens geplanten Orgien, die auf die Erzählungen folgen und den Tagesablauf in Sodom beschließen. In diesen philosophischen und theologischen Vorträgen sollen die religiösen Überzeugungen der Opfer und damit ihre letzten Zufluchtsstätten zerstört werden.

## Die 120 Tage von Sodom: Diskurse und Fragen

Sechshundert Erzählungen von sexuellen Perversionen, eine bizarrer, bedrohlicher und blutiger als die andere; dazu einhundertzwanzig Schilderungen der post-narrativen Ausschweifungen im Schloss, bei denen keine Körperöffnung ungenutzt bleibt – der Ermüdungseffekt für den Leser ist unübersehbar. Nicht jedoch für de Sade. Er widmet sich den Orgien-Schilderungen mit der Pedanterie eines Regisseurs, der seine Schauspieler mit einer wahren Besessenheit für Ordnung und Zahlensymmetrie bis aufs Blut schindet.

In diesem Moment sagte der erhitzte Herzog, dass er vor Tisch diese Phantasie ausprobieren wolle. Und so machte er es: Er ließ Sophie vortreten und empfing ihren Kot in seinem Mund und befahl danach Zélamir diesen Kot zu essen. Dieses Ansinnen hätte für jeden außer einem Kind wie Zélamir ein echter Genuss werden können; noch nicht erfahren genug, um dessen ganze Köstlichkeit zu empfinden, empfand er dabei nur Ekel und wollte sich sträuben. Doch der Herzog bedrohte ihn mit seinem ganzen Zorn, wenn er weiter zögerte, und daraufhin gehorchte er. Die Idee wurde als so amüsant empfunden, dass alle sie mehr oder weniger getreu nachahmten. Durcet forderte nämlich, dass man die Gunsterweise gerecht verteilen müsse; es sei nicht gerecht, dass die kleinen Jungen die Scheiße der kleinen Mädchen äßen, während diese nichts bekämen. Folglich ließ er sich von Zéphir in den Mund scheißen und befahl Augustine, diese Köstlichkeit zu essen, was dieses schöne und anziehende Mädchen auch tat, nicht ohne dabei bis aufs Blut zu erbrechen. Curval folgte dieser Umkehrung und empfing den Kot seines geliebten Adonis, den Michette verzehrte, und zwar mit nicht weniger Widerwillen als Augustine. Was den Bischof betraf, so ahmte er seinen Bruder nach und ließ die zarte Zelmire scheißen und zwang Celadon, diese

Konfitüre zu schlucken ... Der Bischof und der Herzog entluden sich, die beiden anderen konnten oder wollten nicht, und so ging man zum Abendessen über.³⁶

Das waren für die zum Nachspielen der Erzählungen verdammten Sklavinnen und Sklaven widerwärtige Übungen, doch ging es dabei noch nicht um Leben und Tod. Diese gesteigerten Vergnügungen sparen sich die Libertins für den letzten Monat auf:

An diesem Abend gibt man Michette der Wut der Lüstlinge preis. Zuerst wird sie von allen vier Libertins gepeitscht, dann reißt ihr jeder einen Zahn aus; danach schneidet ihr jeder einen Finger ab. Man verbrennt ihr darauf an vier Stellen, vorne und hinten, die Schenkel. Der Herzog knetet eine ihrer Brustwarzen, bis diese völlig zerquetscht ist, und verkehrt dabei mit Giton anal. Danach tritt Louison auf. Man lässt sie scheißen, verabreicht ihr 800 Schläge mit dem Ochsenziemer, reißt ihr alle Zähne aus und verbrennt ihr die Zunge, den After, das Geschlecht, die übrige Brustwarze und die Schenkel an sechs Stellen.³⁷

An den wenigen Leerstellen sowie an ähnlichen Mängeln der Komposition entzündete sich die Selbstkritik des Marquis; hier sah er Nachbesserungsbedarf.

Dagegen bleibt eine Frage unbeantwortet, die sich dem Leser aufdrängt: die Machtfrage. Vier Herren, einer feiger als der andere, und zweiundvierzig Nicht-Herren: Wie konnten die mörderischen Vier angesichts dieser ungleichen Machtkonstellation ruhig schlafen? Wer sorgte in dieser Menschenversuchsanstalt für die nötige Ordnung? Formell ist der jeweilige Regisseur des Tages dafür zuständig, doch welche Machtmittel hatte er für dieses Amt? Je länger der Aufenthalt in Silling dauerte, desto deutlicher traten die Risiken für das Personal aller Kategorien hervor. Spätestens zu Beginn des tödlichen Monats Februar musste absehbar sein, dass für die unteren Klassen alles verloren war und die scheinbar privilegierten «Angestellten» in ein Vabanque-Spiel um Leben und Tod eintraten. Dennoch kommt es nur ein einziges Mal zu schwächlichen Ansätzen einer Verschwörung, die mit Leichtigkeit im Keim erstickt wird.

Für den Marquis in seinen Kerkern war die Rebellion ein Selbstbehauptungsmittel, in Silling traben die Lämmer nahezu widerstandslos zur Schlachtbank. Warum? Ein fast geglückter Aufstand, der in letzter Minute blutig niedergeschlagen und grausam bestraft wird, hätte der immer ermüdenderen Wiederholung der immergleichen Orgien und damit dem Text insgesamt Spannung verliehen. Der Dramatiker de Sade war bei der Komposition seiner Stücke stets auf der Suche nach solchen Spannungselementen; hier werden sie verschenkt.

Eine Erklärung dafür ist die Funktion des Textes als Selbsttherapie. Der Marquis malte sich Kerkerqualen aus, die sein Häftlingsdasein vergleichsweise erträglich erscheinen ließen. Die Libertins seiner Romane raten ein ähnliches Vorgehen zur Steigerung des Lustgewinns an, nach dem Muster: Stürze andere ins Unglück und errege dich an diesem Kontrast zu deinen Gunsten! Im Vergleich mit den Opfern von Silling war de Sade nicht nur privilegiert, sondern auch stark; ihr Widerstandspotential war verbraucht, seines hingegen intakt.

Eine weitere Erklärung für die Schwäche der fiktiven Opfer ist die Tugendhaftigkeit, in der sie gefangen sind. In ihrem philosophischen System ist der Mensch gut und Widerstand gegen Tyrannei nicht vorgesehen. Für sie ist Leiden seliger als Handeln; so sehnt sich die zarte Adélaïde nach dem himmlischen Lohn für ihr irdisches Martyrium. Andere wie die herkulischen Lustknaben hoffen zweifellos, zu den Überlebenden zu gehören. Was aber schützt das mörderische Quartett vor Aggressionen aus den eigenen Reihen? Wenn die höchste Lust – wie die Libertins zu verkünden nicht müde werden – der kühnsten Normenübertretung und dem krassesten Tabubruch entspringt, wäre es logisch, dass ein Herr den anderen verrät und tötet. Gerade weil ein solcher Anschlag unerwartet erfolgte, verspräche er Erfolg und Erregung ohnegleichen. Trotz aller Versicherungen, nicht gegeneinander vorzugehen, leben die Kunstfiguren in den späteren Romanen des Marquis in der steten Furcht vor Ihresgleichen. Nicht so in Silling. Was macht die vier so sicher, dass kein Judas unter ihnen ist?

Zum einen sind sie selbst Gefangene ihrer Dogmen, und das Dogma Nummer eins lautet: Innerhalb des Wolfsrudels herrscht Solidarität. Das ist elitär gedacht. Die wenigen, die sich zur Erkenntnis der Wahrheit durchgerungen haben, verdienen alle Vorrechte der Welt; dazu gehört die Verschonung vor einer Bedrohung, die alle anderen in Atem hält. Zum anderen will es die Natur so und nicht anders. Wer ihr so rückhaltlos dient wie der exklusive Kreis der Libertins, darf nicht sterben; sein Tod wäre ein Verlust für die Natur. Die Sicherheit der Herren in Silling beruht darauf, dass ein Lustmörder dem anderen nicht den Lebensfaden durchschneidet.

Vor allem aber sehen sich die Menschenschinder von Schloss Silling als empirische Menschenforscher. Nachdem sie sich des Langen und Breiten darüber ausgetauscht haben, dass sich ihre Neigungen nicht mehr korrigieren lassen, tut der monströse Herzog de Blangis unvermutet einen tiefsinnigen Ausspruch: «Oh, welches Rätsel ist doch der Mensch!»[38] Diese Sentenz hallt in der Atmosphäre allgemeiner Ausschweifung so nachhaltig wider, dass selbst die obszöne Antwort, dass man den Menschen lieber vergewaltigen als verstehen solle, die allgemeine Beklemmung nicht vertreiben kann. Kurz zuvor hatte Blangis Bruder, der grauenhafte Bischof, in seiner Persiflage auf eine Bußpredigt ähnliche Töne angeschlagen:

> Welcher Bestrafung in dieser wie in der nächsten Welt wäre nicht würdig, wer sich hemmungslos darin gefallen würde, alle Kapricen, Neigungen und geheimen Schrecknisse bekannt zu machen, in die sich die Menschen im Feuer ihrer Einbildung verirren?[39]

Der Mensch ist ein Abgrund; ein Blick in diese Tiefe erregt Schwindel. Dieser Meinung war schon der strenge Reformator Calvin gewesen, zu dessen Glauben sich die Mehrheit der Einwohner von Lacoste im 18. Jahrhundert bekannte. Im Gegensatz zu den Theologen suchen die Libertins von Silling nicht nach Wegen, die den Menschen aus dieser allgegenwärtigen Sündenverfallenheit heraus und zu Gott zurückführen konnten, sondern machen sich auf die Suche nach den Schrecken im Menschen selbst.

Damit tritt eine wichtige Gemeinsamkeit zwischen dem Marquis und den grausigen Ausgeburten seiner Phantasie hervor: Der Autor und seine Figuren verstehen ihr gesamtes Tun als ein großes Experiment. Als eine der Erzählerinnen, die in Schloss Silling vier Monate lang Geschichten von perversen Gelüsten vortragen, Einzelheiten der Ausschweifung verschweigt, unterbricht sie der Herzog de Blangis und fordert mit dem folgenden Einwand Klarheit:

> Das hat mit der Geschichte des menschlichen Herzens zu tun, an der wir hier mit höchstem Nachdruck arbeiten.[40]

Da jeder Mensch seine Neigung von der Natur eingepflanzt bekommen hat, sind diese Recherchen Natur-Wissenschaft der vornehmsten Art.

Eines der wichtigsten Ergebnisse, die das mörderische Quartett im verschneiten Schwarzwald auf seiner blutigen Erkenntnis-Reise gewinnt, ist die Einsicht, dass eine Kluft besteht zwischen der menschlichen Sehnsucht nach Grenzenlosigkeit und seiner Nichtigkeit hienieden, seiner Lächerlichkeit im Kosmos. Daran leiden selbst die größten Verbrecher, die ansonsten jedes menschliche Empfinden hinter sich gelassen haben. Was ihnen bleibt, ist die Flucht in die Imagination:

> Ich schwöre, sagte der Herzog, dass, seit wir hier sind, mein Samen nicht ein einziges Mal wegen der Objekte geflossen ist, die hier sind, sondern wegen derer, die nicht hier sind.[41]

Das ist ein ungewöhnliches Geständnis aus dem Munde eines Mannes, der seit Tagen die schönsten und zartesten Lustobjekte beiderlei Geschlechts geschändet hat.

Im blutigen Laboratorium von Silling werden auch die Täter auf die Probe gestellt; ganz im Sinne des Orakels von Delphi, das die Zuhälterinnen auf ihrem Erzähl-Podest imitieren, erkennen sie sich selbst. So kann das große Experiment ungefährdet voranschreiten. Die Folterer wollen beweisen, dass sie nicht nur das Recht, sondern sogar die Pflicht haben, die ihnen ausgelieferten Schwachen zu vernichten. Sie behaupten, in Übereinstimmung mit der Ordnung der Natur zu handeln. Dadurch verstärken sie die Qualen der Opfer, denen so jede Berechtigung genommen wird, sich über die ihnen zugefügten Misshandlungen zu empören. Die Mörder aber treten mit dem Anspruch auf, wahre Philosophen, Freunde der Wahrheit und Weisheit im tiefsten Sinne des Wortes zu sein.

## Die 120 Tage von Sodom: Freiheit und Dogmen

An sich selbst entdecken die Mörder von Sodom – widerwillig, schamhaft, empört oder abgeklärt ironisch – die Lust an der Profanierung. Ein großes Leitmotiv von Schloss Silling wie auch im Leben des Marquis ist die Lust an der rituellen Grenzüberschreitung. Die Norm nur zu brechen, genügt nicht; das, was den anderen heilig ist, muss rituell mit Füßen getreten, beleidigt, herabgewürdigt, mit einem Wort: geschändet werden. So müssen die Libertins die Andersartigkeit, die ihnen ihre Identität verleiht, stets aufs Neue mit Zeremonien der Abweichung zelebrieren. Ihre Orgien entfalten sich daher nach regelrechten Drehbüchern. Dieser minutiösen Planung gemäß wird die kleinste Übertretung angemahnt, wenn es sich um die Regelwidrigkeit eines Herrn handelt, und grausam bestraft, wenn der Verstoß von einem Opfer begangen wird. Dementsprechend treten die kunstvoll angeordneten Paarungsgruppen erst dann in sexuelle Aktion, wenn der Regisseur sein Einverständnis und danach das Startsignal gegeben hat. Vorher aber muss er regelmäßig zur Ordnung rufen, denn ohne diese strikte Reglementierung verliert die Orgie jeglichen Sinn. Dieser Sinn liegt nicht primär im Lustgewinn der Akteure, die mindestens ebenso oft auf Anweisung des Spielleiters auf ihre «Entladung» zu verzichten haben, sondern in der zum Exzess gesteigerten Schändung und damit in der Zahl der gebrochenen Tabus. Alle Gesellschaften sind durch die Kombination von Sexualität und Grausamkeit am verwundbarsten. Durch die grausigsten Verbindungen von Inzest und Mord werden die Grundlagen des menschlichen Zusammenlebens am stärksten überhaupt erschüttert.

Zu diesen Riten der Profanierung gehört mit monotoner Regelmäßigkeit die Schändung der Hostie, des Gottes aus Brot, wie sie der Gott-

und Brotverächter de Sade höhnisch nennt. Doch warum schänden, wenn doch das Christentum für ihn wie für seine Helden tausendfach widerlegt ist? Das fragen sich nicht nur die Libertins von Silling, sondern auch die weiblichen Wüstlinge in den späteren Werken des Marquis:

> So, sagte sie, ich bin befriedigt. Ich weiß wohl, dass diese Schändungen Kindereien und Nutzlosigkeiten sind, aber was soll's, sie erhitzen mir halt den Kopf.[42]

Ihre Komplizinnen überzeugt die Lustmörderin Clairwil damit nicht. Sollte sie etwa heimlich weiter der verhassten Religion anhängen? Wenn ja, wäre ihr Todesurteil damit gesprochen, denn die ehrenfesten Atheistinnen verstehen in dieser Hinsicht, ganz wie die spanischen Inquisitoren auf der anderen Seite, keinen Spaß. Auch de Sade selbst kann von diesem Verdacht nicht freigesprochen werden. Noch viel mehr als seine Kunstfiguren zeigt er sich dem Christentum in rasendem Hass und dem daraus entspringenden Willen zur Profanierung unauflöslich verbunden; das ist ein Schlüssel zum Verständnis seiner Persönlichkeit und seiner Texte.

Abweichung und Schändung erzeugen nicht nur ein Übermenschen-Bewusstsein, sondern auch ein Außenseiter-Gefühl. Dieser Wille, außerhalb aller Ordnungen zu stehen, verknüpft ebenfalls Werk und Leben des Marquis. Diesem Lebensgefühl verleihen alle vollgültigen Libertins de Sades, sei es in Silling, sei es wie hier Voldomir, ein nach Sibirien verbannter Ex-Günstling Katharinas der Großen, exemplarischen Ausdruck:

> Mit allen diesen Morden, so Voldomir, bin ich nur einverstanden, wenn sie entsetzlich sein werden. Seit langem stehlen und töten wir nur aus Not. Doch alle diese Taten muss man aus Bosheit, aus Geschmack am Bösen tun. Die Welt muss zittern, wenn sie von den Verbrechen hört, die wir begangen haben. Die Menschen müssen im Bewusstsein, zur selben Spezies wie wir zu gehören, vor Scham erröten. Ich verlange überdies die Errichtung eines Denkmals, welches der Welt dieses Verbrechen verkündet und auf dem wir von eigener Hand unsere Namen verewigen.[43]

Was für die stumpfsinnige Welt Schande ist, ist für die Außenseiter selbst ein Zeugnis ihrer Größe, ja, ihrer Einmaligkeit. So versichern sich die de Sadeschen Libertins permanent, Grenzen zu überschreiten, die noch niemand hinter sich gelassen hat, und in eine Terra incognita des unerhört Bösen vorzustoßen – wie Forschungsreisende, die die Romanwelt des Marquis bezeichnenderweise so zahlreich durchziehen.

Doch in Wirklichkeit sind die selbsternannten Menschenforscher von Silling, die sich andauernd versichern, dem Rest der Menschheit himmelweit überlegen zu sein, schwach. Ihre Schwäche ist die Abhängigkeit von den Reaktionen ihrer Opfer. Ihre Lust kommt ohne das stereotype Flehen der Opfer um Mitleid und Schonung gar nicht auf Touren. Umgekehrt ausgedrückt: würden sie ihre Peiniger um auserlesene Qualen bitten und damit deren Philosophie zustimmen, würde deren Libido in sich zusammenbrechen. Doch diesen Königsweg zur Rettung aus den finsteren Folterverliesen finden nur wenige; die anderen sind in den Konventionen der Tugend gefangen und schütten dadurch Öl ins Feuer der zerfetzenden Leidenschaften. Oder wie es das mörderische Quartett der *120 Tage von Sodom* präzise auf den Punkt bringt: Wenn die Welt sich dem Laster verschriebe, würden wir uns der Tugend widmen. Das klingt paradox, entspricht jedoch ganz und gar der Beweisführung in den Diskursen der Libertins: Was gut und böse ist, differiert von Kontinent zu Kontinent, ja oft genug von Land zu Land. Was in einem System höchste Anerkennung genießt, ist jenseits der Grenzen ein todeswürdiges Verbrechen. Der Reiz liegt also in der bewusst vollzogenen Abweichung:

> Ich, wie ich hier zu euch spreche, habe mich immer nur am Stehlen, Morden und Brandstiften erregt. Und dabei bin ich felsenfest davon überzeugt, dass es nicht das Objekt unserer Ausschweifung ist, das uns anreizt, sondern die Idee des Bösen; so erregt man sich allein am Bösen und nicht am Gegenstand der Orgie. Ja, wenn dieses Objekt der Fähigkeit entkleidet würde, uns Böses tun zu lassen, verlöre es für uns vollständig seinen Reiz.[44]

Das ist die hohe Dialektik des Lustmords. Wird er, wie im radikalrepublikanischen Manifest gefordert, legalisiert, so verliert er seine Existenzberechtigung – er bereitet nicht mehr Lust, sondern wird zur lästigen Bürgerpflicht oder, schlimmer noch, er langweilt. Lust macht nur, was im krassen Gegensatz zu den herrschenden Normen des dumpfen Herdenviehs Mensch steht. Die Lust des Sadeschen Libertins ist äußerst elitär und schon deshalb unstillbar:

> Es gibt nur zwei oder drei Verbrechen in der Welt, die es sich zu begehen lohnt, und wenn dies getan ist, ist alles gesagt ... Wie oft, Gott sei es geflucht, habe ich mir gewünscht, die Sonne anhalten zu können, um die Welt zu versengen. Das wären wahre Verbrechen und nicht kleine Übertretungen wie die unsrigen, die sich darauf beschränken, aus einem Dutzend Kreaturen Erdklumpen zu machen.[45]

Doch solche Frustrationen, wie sie sich Curval in Silling in einem Moment der Erschlaffung und der Besinnung eingesteht, müssen die Libertins so weit wie möglich verdrängen. Das beste Heilmittel gegen solche Anfechtungen besteht darin, sich als Herren über Leben und Tod aufzuführen und sich entsprechend verherrlichen zu lassen. Das gilt nicht nur für Sodom auf einsamer Bergeshöhe, sondern auch für alle ihre Nachfolgerinnen und Nachfolger im Geiste in den Werken de Sades. So fragt die künftige Über-Schurkin Juliette, die frühzeitig gelernt hat, den Mächtigen zu schmeicheln, um selbst zur Macht aufzusteigen, an einer entscheidenden Station ihrer Karriere mit gezielter Schmeichelei den Superverbrecher Saint-Fond:

> Aber ihr, ihr ehrwürdigen Wesen, glaubt ihr wirklich, dass ihr bloße Menschen seid? Nein, nein und nochmals nein, das kann nicht sein, wenn man den Menschen so wenig ähnelt und sie mit so unbeschränkter Machtfülle beherrscht, kann man unmöglich von derselben Rasse sein.[46]

Damit trifft die schwach geborene Starke, die selbst herrschen will, voll und ganz das Selbstverständnis ihres Herrn und Lehrers:

Sie hat Recht, sagte Saint-Fond, ja, wir sind Götter! Wie Götter müssen wir nur unsere Wünsche hegen, um sie postwendend erfüllt zu sehen. Ach, wer will daran zweifeln, dass es unter den Menschen eine überlegene Klasse gibt, die unendlich weit über dem schwachen Gemeintypus steht und die man mit Fug und Recht den Gottheiten zuordnen kann. Ich bin zwar, wie ich leider fühle, nicht Herkules, sagte der Prinz, doch dafür möchte ich Pluto sein und die Aufgabe haben, die Sterblichen beim Eintritt in die Hölle zu zerfetzen.[47]

Doch so viel Überschwang ist auch in Silling unangebracht. Die Resultate, die die Libertins aus ihren Versuchen im Menschenpark von Silling gewinnen, fallen ernüchternd aus. Mit Ausnahme von Julie, die schon vor der Reise in den winterlichen Schwarzwald Zeichen der Bekehrung zum Bösen aufweist, bleiben die Opfer ihren hergebrachten Überzeugungen treu bis in den Tod. Ihre Seelen haben sich nicht wirklich brechen lassen. Dieses Ergebnis war nach der materialistischen Philosophie der Folterer zumindest vorhersehbar, denn der Mensch ist von der Natur prädestiniert und kann seine Neigungen nicht ändern, selbst wenn es ihn das Leben kostet. Trotzdem haben die Folterer mehr erwartet. Sie verzeihen den Opfern ihren ruhigen Tod und die darin beschlossene Erlösung nicht.

In einem weiteren Kernpunkt sehen die Libertins ihre Dogmen voll und ganz bestätigt. Sie haben alles mit Füßen getreten, was Gott und den Menschen heilig ist, und nichts ist passiert:

> Diese dummen Kreaturen sollten sich endlich davon überzeugen lassen, dass die Existenz Gottes eine Verrücktheit ist, die heutzutage nicht mehr als zwanzig Anhänger findet, und dass die christliche Religion eine lächerliche, von Betrügern erfundene Fabel ist, die uns damit nur allzu offensichtlich täuschen wollen. Entscheidet selbst: Wenn es einen Gott gäbe und dieser Gott Macht besäße, würde er es zulassen, dass eure Tugend, mit der ihr ihn ehrt, dem Laster und der Ausschweifung geopfert wird?[48]

Die *120 Tage von Sodom* sollten also den definitiven Beweis erbringen, dass es keinen Gott gibt. Dieses *Quod est demonstrandum* liegt nach vier Monaten so eindeutig vor, wie es sich die Tyrannen nur wünschen können. Sie haben geschändet, profaniert und provoziert, doch es traf sie kein Blitz, kein Vorhang zerriss, nicht einmal ein Aufschrei war zu hören, denn

> das Verbrechen ist ein Modus der Natur, eine Methode, den Menschen anzutreiben. Warum soll ich mich nicht genauso durch das Verbrechen bewegen lassen wie durch die Tugend? Die Natur braucht das eine wie das andere.[49]

Dieser Glaubenssatz wird bei allen sich bietenden Gelegenheiten wie ein Mantra wiederholt:

> Ich hoffe, euch durch diese Mitteilung für meine feste Überzeugung gewinnen zu können, dass die einzige Art, der Natur zu dienen, darin besteht, ihren Wünschen blind zu folgen, wie immer diese auch beschaffen sein mögen. Denn um ihre Gesetze aufrechterhalten zu können, ist sie auf das Laster ebenso dringend wie auf die Tugend angewiesen.[50]

Prinzipienfeste Lustmörder – so weiter der verbrecherische Richter Curval – stehen auf einer Stufe mit Eroberern und Feldherrn, die für ihre großen Pläne Tausende opfern, ohne mit der Wimper zu zucken. Große Schurken wie wir, so seine Schlussfolgerung, stehen ihnen an Größe also nicht nach:

> Wagen wir es ruhig auszusprechen: Wenn das Verbrechen auch nicht die Feinheit der Tugend besitzt, ist es dafür nicht erlauchter, hat es nicht den Charakter der Großartigkeit und der Erhabenheit, der es über die monotone und verweichlichte Anziehung der Tugend triumphieren lässt?[51]

Warum das Verbrechen so unvergleichlich attraktiver ist als die fade Tugend, wird ebenfalls mit wahrer Besessenheit eingeschärft:

> Die Objekte unserer Leidenschaften hinterlassen eine so starke Erschütterung im elektrischen Fluidum, das in unseren Nerven fließt, und der Schock,

den die Lebensgeister, die dieses Fluidum ausmachen, dadurch empfangen, ist dermaßen heftig, dass die ganze Maschine davon mitgerissen wird. So kann man bei diesen heftigen Lusterschütterungen seine Schreie ebenso wenig zurückhalten wie bei starken Schmerzen.[52]

Nach dieser «Nervenfluidum-Übertragungs-Theorie» verschafft der stärkste Schmerz des Opfers dem Folterer die größte Lust. Doch diese Gleichung gilt nur für die Starken, für die Schwachen sind diese Erschütterungen unerträglich stark. Sie ziehen die milden und für die Starken so faden Reize der Tugend vor.

Auch das haben die vier Menschenforscher lange vor dem Eintritt ins Laboratorium von Silling gewusst. Doch obwohl alle Lehrsätze des Quartetts durch den Versuch erhärtet werden, stechen Symptome der Unsicherheit ins Auge. Sie schlagen sich in rigorosen Verboten nieder. So wird im neuen Sodom ein absoluter Atheismus verordnet. Wer von diesem allein selig machenden System abweicht, zum Beispiel durch ein Gebet, wird mit dem Tode bestraft. Zudem wird mit zwanghafter Regelmäßigkeit alles profaniert, was Christen heilig ist. So werden die todgeweihten Lustobjekte untereinander verheiratet und gleich danach geschändet. Damit wird das sechste Gebot verhöhnt. Das fünfte Gebot «Du sollst nicht töten», dessen Übertretung ohnehin die höchste Lust der Libertins bildet, wird in deren Diskursen zum Befehl «Du sollst im Namen der Natur töten» umgewertet. Frankreich leidet an einem bedrohlichen Menschenüberschuss, so lautet eine weitere Lieblingsthese der Tyrannen. Diese Menschenmasse droht sich zusammenzuballen und zu rebellieren. Ein Präventivschlag, der Millionen überflüssiger und schädlicher Existenzen auslöscht, ist daher nicht nur im Sinne der Natur, sondern nützt darüber hinaus einer Politik, die sich auf Gewalt, eine ungerechte Justiz und die Lizenz zur Libertinage stützt.

Im selben Stil wird das vierte Gebot, die Eltern zu ehren, im Anti-Dekalog der Wüstlinge lustvoll zu einem «Du sollst deine Eltern hassen und deine Mutter ermorden» pervertiert. Lügen, Verleumden und Stehlen sind so selbstverständliche Verhaltensleitlinien, dass sie nicht einmal mehr einer ausführlichen Widerlegung wert sind. Es genügt den Libertins, darauf zu verweisen, dass sie alle vier ihren fabulösen Reichtum durch die heimtückische Enteignung der legitimen Erben und durch lustvolles Ablegen falschen Zeugnisses angesammelt haben. Mit höchster Erbitterung hingegen wird der biblische Aufruf «Seid fruchtbar und mehret euch» bekämpft. Sexualität dient der Lust und der Macht. Fortpflanzung hingegen wird von der Natur nur begrenzt geduldet, im Übermaß ist sie ihr schädlich und daher verhasst – auch das bildet ein Leit- und Lieblingsmotiv in den Diskursen des Herzogs, des Bischofs, des Präsidenten und des Financiers.

Am verhasstesten aber ist ihnen das christliche Grundprinzip der Nächstenliebe. Die Natur hat den Menschen zum schrankenlosen Egoismus bestimmt. Wer gute Werke tut, versündigt sich an den Starken und an der Natur:

> Ich betrachte das Almosen nicht nur als an und für sich schlecht, sondern halte es sogar für ein Verbrechen an der Natur, die uns durch die Vermögensunterschiede anzeigt, dass sie diese Ordnung nicht gestört sehen möchte. Anstatt den Armen aufzuhelfen, Witwen zu trösten und Waisen zu unterstützen, handle ich nach den wahren Absichten der Natur. Das heißt, ich lasse die Elenden nicht nur in dem Zustand, in den sie die Natur versetzt hat, sondern unterstütze darüber hinaus die Absichten der Natur, indem ich die Dauer dieser Misere verlängere und mich allen Versuchen, diesen Zustand zu verändern, entgegensetze. In dieser Hinsicht halte ich alle Mittel für legitim.[53]

Aber die Befolgung der «Absichten der Natur» war mehr als eine lästige Pflicht, denn alle Großverbrecher der de Sadeschen Romane machen sich ein Vergnügen daraus, die ohnehin schon Armen vollends zu ruinieren und danach auf ausgesuchte Art und Weise zu töten. Trotzdem waren die Libertins in Silling nicht frei. Ihr großes Experiment lief auf eine Gegen-Weltordnung und Gegen-Weltsicht hinaus, die letztlich keinen Freiheitsspielraum mehr ließ, wollte man sich nicht gegen die Natur versündigen. Auf diese Weise bleiben der Herzog, der Bischof, der Präsident und der Financier dem Christentum, das sie doch aus ihrem Herzen und Handeln getilgt zu haben behaupten, enger

*Der Marquis de Sade, wie ihn sich die Nachwelt vorstellte. In diesem anonymen Phantasie-Porträt des 19. Jahrhunderts blasen und flößen die Teufel dem schönen jungen Adeligen alle Laster der Hölle ein.*

verbunden, als ihnen lieb ist, und mindestens ebenso sehr in Dogmen befangen.

Die Prinzipien der vier Schlossherrn sind oft für die Philosophie de Sades gehalten worden, doch diese Gleichsetzung übersieht nicht nur die Verachtung des Autors für seine Figuren und die Ironie, die er in ihre Reden einfließen lässt, sondern lässt auch die biographischen Zeugnisse außer Acht. Anders als die vier Herren auf Silling es getan hätten, rechnete es sich der berüchtigte Marquis de Sade zur Ehre an, fünf Familien mit Almosen unterstützt und todesmutig Mitmenschen aus höchster Lebensgefahr gerettet zu haben.

Die *120 Tage von Sodom* aber zeigen, zu welchen Verrohungen der schrankenlos egoistische Mensch in einer entgotteten Welt neigt, wenn er die Privilegien und die Macht hat, sie straflos zu begehen. So betrachtet, sind die de Sadeschen Texte ein Nullpunkt der anthropologischen Bestandsaufnahme – und zugleich eine heilsame Warnung.

## «Aline et Valcour» oder Das Elend der Tugend

Im unmittelbaren Anschluss an die *120 Tage von Sodom* oder auch schon kurz zuvor, also im Sommer oder Herbst 1785, nahm de Sade den Briefroman *Aline et Valcour ou le Roman philosophique* in Angriff, den er schon in Vincennes konzipiert und 1788 im Wesentlichen fertiggestellt hatte, danach mit Anmerkungen zu den sich überschlagenden revolutionären Ereignissen versah, 1795 unter dem Pseudonym «Bürger S» veröffentlichte und mit dem Zusatz «Verfasst in der Bastille ein Jahr vor der Französischen Revolution» versah. Was mit «philosophisch» gemeint ist, zeigt schon die Datierung der insgesamt zweiundsiebzig Briefe, die im Zeitraum eines knappen Jahres zwischen den verschiedenen Akteuren gewechselt werden. Das erste dieser Schreiben wird am 3. Juni 1778 abgeschickt. Einen Monat danach starb Jean-Jacques Rousseau – und mit ihm seine Philosophie. Sie ein für alle Mal zu widerlegen, war der Anspruch, den de Sade an sich stellte. Während die *120 Tage von Sodom* mit der überschaubaren Versuchsanordnung auf dem abgeschiedenen Schloss Silling beweisen sollten, dass der Mensch von Natur aus ein Abgrund des Bösen ist, werden dieselben Belege in *Aline et Valcour* auf zwei Reisen um die ganze Welt geliefert.

Zwei getrennte Liebende, Sainville und Léonore, fahren auf der Suche nach einander und nach der Wahrheit über den Menschen um den gesamten Erdball, doch in umgekehrter Richtung. Dreimal treffen sie bei dieser Weltumrundung aufeinander, doch ohne sich zu erkennen und ohne sich in ihrer bedrängten Lage helfen zu können. Trotzdem finden sie am Ende zueinander, weil zumindest die eine der beiden die richtigen Schlussfolgerungen aus ihrer Menschheits-Besichtigung gezogen hat. Sie lautet: Das Böse triumphiert, und zwar immer und überall!

*Noch trifft die Rute des Wüstlings die Dienstmagd, doch das Verbrechen strebt schon jetzt nach Höherem (Illustration zu Aline et Valcour, 1795).*

Auch die zwei im Titel des Romans genannten Protagonisten, Aline und Valcour, lieben sich innig und können doch nicht zueinander finden. In ihrem Fall ist nicht der widrige Wind auf den sieben Weltmeeren, sondern ein waschechter Libertin, Alines Vater, der Präsident de Blamont, das Hindernis. Er ist – wie der Leser schon aus den ersten Briefen erfährt – fest entschlossen, seine schöne und äußerst tugendhafte Tochter an seinen Mit-Wüstling Dolbourg zu verheiraten. Diesem perfiden Vorhaben widersetzt sich die Präsidentin, die im Gegensatz zu ihrem amtsadeligen Gatten aus altem Adel stammt und sich durch die altmodischen Vorzüge der Sittsamkeit, Glaubenstreue und Standhaftigkeit auszeichnet. Ein echter Aristokrat, der auf dieselben unzeitgemäßen

Prinzipien von Ehre und Treue schwört, ist auch Alines Herzensfavorit Valcour, dessen Liebe zu ihrer Tochter die Präsidentin nach Kräften begünstigt. Valcour seinerseits kann bei seinen Bemühungen, die ferne Geliebte für sich zu gewinnen, auf seinen gleichgesinnten Freund Déterville zählen.

In der Haupthandlung treten somit Tugend und Laster gegeneinander an. Dabei haben die Bösen fast stets das Heft des Handelns in der Hand und die Nase vorn. Die Hegemonie des lasterhaften Präsidenten wird ein einziges Mal erschüttert, als Valcour und Déterville durch intensive Detektivarbeit einem seiner frühen Schurkenstreiche auf die Spur kommen. Blamont hatte eine seiner beiden Töchter kurz nach der Geburt für tot erklären lassen und diese dann ohne Wissen seiner Gattin einer Amme übergeben. Dahinter stand die Absicht, diese Tochter später für seine inzestuösen Ausschweifungen in Gesellschaft Dolbourgs zu benutzen. Die geldgierige Bäuerin, der die Kleine zur Aufzucht anvertraut worden war, vertauschte diese jedoch später mit ihrer eigenen Tochter und einem weiteren Mädchen. So herrscht über weite Strecken des Romans über die jeweilige Abstammung und damit über adelige oder nichtadelige Identität Unklarheit.

Vertauschte Kinder und verborgene Verwandtschaften waren ein beliebtes Motiv damaliger Romane und Theaterstücke. Bei de Sade gewinnt es allerdings eine besondere Pointe: Der Präsident glaubt, seine Gespielin sei seine für tot erklärte Tochter, mit der er Inzest begehe, täuscht sich jedoch bei diesen wollüstigen Vorstellungen gründlich. Das zeigt, dass er in der Schule der Libertins zwar weit vorangeschritten, doch noch längst nicht perfekt ist. Trotzdem beherrscht er mit seinen Intrigen voll und ganz das Feld und kommt seinem Ziel, seine andere Tochter, die tugendhafte und liebliche Aline, mit dem grotesk hässlichen und dümmlichen Dolbourg zu verheiraten, also die Schöne mit der Bestie zu paaren, immer näher. Das liegt nicht nur an seiner eigenen Skrupellosigkeit, sondern auch daran, dass die Gegenseite kein anderes Mittel findet, als auf Zeit zu spielen. Noch schlimmer ist, dass sich die Guten aufgrund ihrer geradezu lachhaften Befangenheit in Konventionen niemals zu einer entschlossenen Gegen-Intrige durchringen können. Eine Ehefrau klagt nicht gegen den Gatten, eine Tochter nicht gegen den Vater, ja dem eigenen Erzeuger traut man selbst dann nichts Schlechtes zu, wenn die Beweise unübersehbar sind. Mit dieser dünkelhaften Borniertheit treibt die Partei Alines, Valcours und Madame de Blamonts dem Untergang entgegen. Selbst einen letzten Wink des Schicksals verstehen sie nicht zu nutzen. Kurz vor dem Triumph des verbrecherischen Präsidenten treffen in ihrem Hauptquartier, dem abgelegenen Landschloss Vertfeuille, Sainville und Léonore ein, die sich nach langen Irrungen und Wirrungen schließlich gefunden haben und ihren Gastgebern ausführlich von ihren Abenteuern erzählen; auf zwei überlange Briefe verteilt, bilden ihre Berichte einen eigenen Roman im Roman. Verknüpft mit der Haupthandlung sind die Erlebnisse, Erfahrungen und Erkenntnisse der beiden Weltumsegler gleichwohl; sie bilden einen Lehrstoff, aus dem Aline, ihre Mutter und Valcour, der davon brieflich erfährt, nur die richtigen Schlussfolgerungen ziehen müssten, um sich erfolgreich zu wehren. Denn diese Lektion lautet: Die Welt belohnt das Laster, weil die Natur das Böse braucht und will.

Anders als in den *120 Tagen von Sodom*, wo dieses Credo ein ums andere Mal eingehämmert wird, ging de Sade in seinem «philosophischen Roman» behutsamer vor. Im Gegensatz zur Vulgärsprache von Silling wird selbst in den Briefen der Bösewichter der sexuelle Vollzug nur verhüllt ausgedrückt und das Verbrechen sogar nur angedeutet. Dieser Ökonomie der Stilmittel entspricht die Vielfalt der Seelenregungen, Weltanschauungen und Handlungsperspektiven. Auf diese Weise gelingt es dem Marquis, seine Figuren lebendig werden zu lassen und eine ebenso beklemmende wie düstere Spannung zu erzeugen.

Am Ende stehen der Triumph des Bösen und die vollständige Niederlage der Guten. Der Präsident hat seine Gattin zuerst durch überraschende Liebesbezeugungen in Sicherheit gewiegt und danach durch eine bestochene Hausangestellte vergiften lassen. Valcour ist durch ein Attentat gedungener Mörder schwer verletzt worden und daher im entscheidenden Moment handlungsunfähig; zudem wird er von einer korrupten Justiz belangt. Aline ist damit dem finsteren Libertin-Paar schutzlos ausgeliefert, entzieht sich jedoch der Hochzeit mit dem lächerlichen

*Es ist vollbracht: Die tugendhafte Aline stirbt von eigener Hand, das Laster geht leer aus und triumphiert am Ende trotzdem (Illustration zu Aline et Valcour, 1795).*

Monstrum Dolbourg dadurch, dass sie sich in der Nacht davor die Adern öffnet und so in Tugend und Schönheit stirbt. Ihr platonischer Geliebter Valcour zieht sich für den Rest seiner Tage in die Einsamkeit frommer Meditationen zurück. Alines Freitod hat zwar die plötzliche Bekehrung Dolbourgs zur Folge, doch ihren verbrecherischen Vater läutert dieses Selbstopfer nicht. Der Präsident muss sich zwar nach London ins Exil zurückziehen, doch dort mangelt es ihm an nichts, da ihm Léonore, die kühne Weltumseglerin, die sich inzwischen als seine zweite Tochter herausgestellt hat, hilft, wo sie nur kann. Das Böse ist wie Unkraut: Es vergeht nicht, weil es im Einklang mit der Natur und daher mit dem Wesen des Menschen steht. Die Tugend hingegen scheitert an ihrer eigenen Selbstgerechtigkeit.

Das sind nur zwei von mehreren Wahrheiten, die de Sades philosophischer Roman vermitteln möchte. Mit seinen beiden Haupthandlungssträngen ist *Aline et Valcour* wie eine komplexe, wissenschaftlichen Maßstäben verpflichtete Versuchsanordnung aufgebaut. Diese besteht aus einem reich abgestuften Spektrum von Menschentypen, dessen Eckpunkte von «extrem mordlüstern in Tat und Gesinnung» bis «engelhaft sanft, fromm und martyriumsergeben» reichen. Das erste Extrem wird von Ben Mâacoro, seines Zeichens Häuptling der Butua in Zentralafrika, das zweite von Aline selbst verkörpert. Dazwischen gibt es abgestufte Grautöne. Der Präsident de Blamont verknüpft seine perversen Neigungen mit seinen bösen Gesinnungen, ergötzt sich an Inzest und gibt Meuchelmorde in Auftrag, doch gegen Ben Mâacoro, der sich tagtäglich in der seriellen Zerfleischung seiner weiblichen Untertanen ergeht, ist er ein Waisenknabe. Dolbourg ist nur ein Wüstling aus dumpfer Triebhaftigkeit und daher weniger gefährlich. Da es ihm an festen Grundsätzen mangelt, ist seine Bekehrung zur Tugend am Ende nur konsequent.

Viel mehr Libertin-Format hat Léonore, die als «pikante» Schönheit schon rein physisch nicht für die Tugend, sondern für die stärkeren Genüsse des Lasters geschaffen ist. Daher kann sie die «richtigen» Lehren aus ihrer Weltumfahrung ziehen: Da die Tugend überall Schiffbruch erleidet, geht sie ohne Bedauern zum Bösen über, das heißt: sie betrügt und täuscht, dass es nur so eine Art hat, und macht daraus in ihrer Erzählung kein Hehl. Seltsamerweise ist sie jedoch ihrem Gatten Sainville treu ergeben und versagt sich jegliche Form der nicht ehelichen Sexualität. Zumindest behauptet sie das; Zweifel daran kommen selbst unter den tugendhaftesten ihrer Zuhörerinnen in Schloss Blamont auf.

So weit wie Léonore geht Sainville nicht. Auch er vermeidet alle Arten sexueller Vergnügungen, und ihm traut man diese Abstinenz auch zu. Weltanschaulich kehrt er sich im Laufe seiner Welterfahrung zwar vom Christentum ab, doch wechselt er nicht wie seine Gattin zum reinen

Atheismus, sondern zu einem human eingefärbten Deismus über. So ist es kein Wunder, dass Léonore für ihn die Kastanien aus dem Feuer holen muss; auf ihren Irrfahrten hat sie Gesinnungsgenossen ihres Gatten getroffen, die vom Schicksal rücksichtslos dahingerafft wurden.

Jenseits von Sainville regiert dann nur noch die Tugend in ihrer ganzen Aussichtslosigkeit. Immerhin rafft sich Madame de Blamont zumindest zeitweise zu entschlossener Gegenwehr auf, allerdings ausschließlich mit ehrenhaften Mitteln und mit zu viel Rücksicht auf die Gesetze des Anstands. Valcour behauptet zwar, in seiner Jugend ein heißblütiger Sünder gewesen zu sein, doch diese wilde Vergangenheit nimmt man ihm nicht ab. Er rafft sich zwar zeitweise zu kriminalistischen Nachforschungen auf, doch ansonsten seufzt, schmachtet und leidet er nur. Will er es gar nicht anders? Der Verdacht, dass er die süße Melancholie der Niederlage mehr liebt als den kühnen Genuss des Sieges, drängt sich auf.

Eine noch viel ausgeprägtere Neigung zur frommen Selbstaufgabe zeigt Aline, die in völliger Passivität verharrt, weil sie an das Gute im Menschen und an einen gütigen Gott glaubt, der ihr zum verdienten Glück verhelfen wird. In den beiden Hauptgestalten verdichtet sich somit die ganze Kläglichkeit des guten Menschen, der zu entschlossenem Handeln unfähig ist und in der Konfrontation mit dem Bösen stets aufs Neue seinen Grundsätzen untreu und dadurch kompromittiert wird. So wissen Aline und ihre Mutter, dass Léonore nicht aus der reichen Herzogsfamilie der Bretagne stammt, deren Erbe sie antritt, doch hüllen sie sich aus Scham und Anstand in Schweigen. Der Untergang der Tugend ist somit durch ihre Bigotterie und Feigheit vorherbestimmt und damit auch verdient.

Trotzdem nimmt der Leser, wie ihn sich der Marquis wünscht, instinktiv Partei für die Guten, um die sich die Schlinge der Bösen immer enger zusammenzieht. Ja, er möchte den beiden Tugendhelden am liebsten zurufen: tut doch endlich etwas, macht euch von euren Vorurteilen frei – und muss stattdessen erleben, wie beide in den Abgrund taumeln. Nicht zuletzt darin besteht das ausgeklügelte Spiel, das der Autor mit seinem Publikum treibt. Welche Botschaft will er ihm durch den Ausgang seines literarischen Experiments zukommen lassen? Dass in dieser bösen Welt das Böse siegt, ist jedenfalls nicht der Weisheit letzter Schluss,

Frankreich als Unrechtsstaat: Gedungene Mordgesellen überfallen Valcour, damit das Laster siegt – und niemand tut etwas dagegen (Illustration zu *Aline et Valcour*, 1795).

denn in seinem finsteren Stück Weltliteratur entwirft de Sade zugleich die Utopie einer vom Bösen befreiten Welt.

### Der Traum der Tugend

Das Fleckchen Erde, das dem irdischen Paradies so weit wie möglich entspricht, ist eine Insel, ganz wie es die literarische Gattung der Utopien verlangt. Sie liegt, wie es die literarischen Konventionen des 18. Jahrhunderts nicht minder kategorisch gebieten, in der Südsee, und zwar unweit Tahitis. Von den dort herrschenden Verhältnissen wussten Forschungsreisende wie der französische Entdecker Bougainville wahre Wunderdinge zu erzählen. Glaubte man ihren Schilderungen, dann lebten dort schöne, friedliche Menschen, voller Anmut und Sinnlichkeit, im Einklang mit der Natur.

Einer der prominentesten Leser solcher Berichte war Denis Diderot (1713–1784), der führende Kopf und die treibende Kraft hinter dem Jahrhundertwerk der *Encyclopédie*. In diesem Gemeinschaftsunternehmen präsentierten und analysierten die führenden Aufklärer Frankreichs alles Wissen, das die Menschheit im Laufe des Zivilisationsprozesses erworben hatte, in prägnanten Artikeln, aber auch in zahlreichen Abbildungen. Die Artikel listeten nicht trocken die Fakten auf, sondern waren voller Polemik gegen Ignoranz, Intoleranz und Fanatismus und die Kräfte, die sich dem unaufhaltsamen Fortschritt widersetzten. Doch gegen Ende seines Lebens vollzog der große Lobredner der Zivilisation Diderot eine radikale Kehrtwende. In seinem *Supplément au voyage de Bougainville* diskutieren verschiedene Europäer, darunter ein Geistlicher, über die Vor- und Nachteile des Südsee-Lebens im Vergleich mit Europa. Dabei haben die Verteidiger Tahitis die besseren Argumente auf ihrer Seite, ja, ihre Apologie der Südsee wird zu einer vernichtenden Abrechung Diderots mit der abendländischen Geschichte insgesamt. Seiner Ansicht nach hat das Christentum den Menschen unheilbar verformt. Es zwingt ihn, gegen seine Natur zu leben, und erlegt ihm unerfüllbare Forderungen auf, die zu einem dauerhaften Zwiespalt zwischen seinen natürlichen Trieben und dem herrschenden Moralkodex führen. Dieses Dilemma spiegelt sich im Bewusstsein der Sündhaftigkeit und damit in einer regelrechten Schizophrenie wider, die nur durch die Zerstörung aller inneren und äußeren Fesseln geheilt werden kann. Die Freiheit des Einzelnen verträgt keine Bevormundung mehr, weder von der Kirche noch vom Staat und am allerwenigsten von selbsternannten Morallehrern im Geiste der Aufklärung.

Einige dieser Leitmotive finden sich auch in de Sades Südsee-Utopia namens Tamoé. Dort herrscht allerdings keine Anarchie, sondern ein

*Quelles graces je rends à la fortune de l'accident qui m'arrive*

Sainville und Léonore treffen in Vertfeuille ein: Mit ihren Erzählungen halten Zauber und Schrecken der Südsee ihren Einzug in die französische Provinz (Illustration zu Aline et Valcour, 1795).

weiser Despot namens Zamé. Die Lebensordnung, die der unfreiwillige Weltreisende Sainville auf der Insel antrifft und seiner staunenden Zuhörerschaft auf Schloss Vertfeuille vorträgt, ist ganz und gar das Werk dieses großen Gesetzgebers. Wie ihr Schöpfer, der aus der Verbindung eines Franzosen mit einer Einheimischen hervorgegangen ist, sind die Verhältnisse auf Tamoé eine Synthese aus Tahiti und Europa. Sie vereinigen das Beste beider Weltgegenden, und das ist kein Zufall. Zamé ist im Auftrag seines tugendhaften Vaters, von dem er die Vormundschaft über die Insel geerbt hat, durch die Welt gereist, um dort die Erkenntnisse zu gewinnen, nach denen der künftige Idealstaat errichtet werden soll. Während dieser Expedition zur Erforschung der verschiedenen

Zivilisationsstufen hat er sich auch drei Jahre in Frankreich aufgehalten und die dortigen Sitten und Gebräuche als das Produkt von Machtverhältnissen, ökonomischen Ressourcen und Religion genau erforscht – mit vernichtenden Ergebnissen. Parallel zu seiner Erkundung der bestehenden Gesellschaften und Staaten studierte der Philosophenherrscher in spe die Texte antiker Lebenslehrer wie Plato und Epikur. Für die Insel Tamoé war nur das Beste aus Vergangenheit und Gegenwart gut genug.

So gelingt es Zamé, den ältesten Traum aller Staatsdenker Wirklichkeit werden zu lassen, nämlich Macht auf Liebe zu gründen. Zamé ist Gesetzgeber, Religionsstifter und Regent in Person, doch hat er zur Durchsetzung seines Willens keine Leibgarde und keine Geheimpolizei, sondern nur die Autorität, die ihm als wohltätigem Vater und Erzieher seiner Mitbürger zukommt. Um dieses überragende Ansehen für seine weise Regierung zu nutzen, braucht er keinen Hof und erst recht keine Insignien der Macht. Trotzdem ist die Ungleichheit zwischen dem ungekrönten Herrscher und seinen «Kindern» groß, was dieser auch gar nicht in Abrede stellt:

> Wenn die Gesetze gerecht, gut und wenig zahlreich sind, müssen sie nirgendwo anders als in den Herzen jedes Bürgers niedergelegt werden, und dort lassen sie sich auf natürliche Weise platzieren. So gibt es zwischen mir und meinem Volk keinerlei Mittler; keine auf meine Autorität eifersüchtigen Konkurrenten können diese aushöhlen oder schwächen.[54]

Ein Staat mit zahlreichen Gesetzen macht die Menschen unglücklich, weil sie sich in einem solchen Wust von Vorschriften verfangen. Eine gute Lebensordnung kennt wenige, dafür jedoch unverbrüchliche und vor allem natürliche Regeln:

> Bedenke, dass der einzige Nutzen der Gesetze darin besteht, den Menschen glücklich zu machen. Betrachte alles, was von diesem Prinzip abweicht, als falsch und grausam![55]

Das gilt auch für die Religion, die Zamé als aufgeklärter Reformer ausschließlich von ihrer irdischen Seite her betrachtet. Jede Religion ist so gut wie die Moral, die sie lehrt. Am besten ist also das Glaubenssystem, das den Menschen zur Reinheit des Herzens, zur Mitmenschlichkeit und Wohltätigkeit anleitet. Ob es den Gott, der diese Tugenden verlangt, auch wirklich gibt, bleibt offen und ist zweitrangig. Religion ist eine nützliche Erfindung zur Verbesserung des Menschengeschlechts. Folgerichtig duldet dieser Glaube keine Priester und kommt mit sehr wenigen und einfachen Zeremonien aus.

Wie die Libertins von Silling leitet Zamé die Regeln aus der Natur des Menschen ab, nur mit entgegengesetzten Ergebnissen. Welche Gesetze aber passen zum natürlichen Leben? Eigentlich gar keine, so Zamé:

> Der Naturzustand des Menschen ist das wilde Leben. Er wurde wie der Tiger oder der Bär im Schoße der Wälder geboren. Und erst, nachdem er seine Bedürfnisse verfeinert hatte, befand er es für nützlich, sich zusammenzuschließen, um diese besser zu befriedigen. Will man den Menschen zivilisieren, muss man hier ansetzen, das heißt an seinen ursprünglichen Zustand denken, das heißt an die Urfreiheit, für die ihn die Natur geschaffen hat. So darf man nur das hinzufügen, was den glücklichen Zustand verbessern kann, aus dem er hervorgegangen ist.[56]

Das klingt nach Rousseau. Dessen Diskurs über die Ursachen der Ungleichheit unter den Menschen lässt sich kaum besser auf den Punkt bringen: Die Zivilisation ist weit über ihr Ziel hinausgeschossen, sie hat den Menschen zum Sklaven seiner künstlich geschaffenen Bedürfnisse gemacht. Alle diese eingebildeten Genüsse des Luxus, des parasitischen Wohllebens und des Handels, der diese perversen Gelüste nährt, sind daher von Zamés Insel Tamoé genauso verbannt wie aus dem Idealstaat Korsika, den Rousseau in einer späten Denkschrift entwarf.

Wie aber sieht Zamés sanfte Zivilisation, die dem Naturzustand des Menschen so nahe wie möglich kommen, ja, geradezu eine künstliche Natürlichkeit schaffen soll, im Einzelnen aus? Wie lassen sich natürliche Neigungen und Gesetze miteinander vereinbaren? Mit dieser Frage kommt erstmals das Individuum de Sade ins Spiel. Alles, was Zamé zu

Gott und dem Menschen im Allgemeinen verkündet, ist von Grundgedanken Rousseaus geprägt, den der Marquis widerlegen will. So bewegt sich der Text auf einem schmalen Grat zwischen Pathos und Ironie. Eine Parodie Rousseaus sind die Passagen, in denen Zamé die Schlichtheit und Sittsamkeit, Schamhaftigkeit und Tugendhaftigkeit beider Geschlechter und ihrer Beziehungen zueinander rühmt und zugleich angedeutet wird, dass sich die sexuellen Beziehungen aufgrund der Disproportionalität der Geschlechtsorgane zumindest anfangs schwierig gestalten. Trotz der spöttischen Anwandlungen nimmt de Sade sein selbstgeschaffenes Utopia im Wesentlichen ernst. Er ist ernsthaft bestrebt, eine Lebensordnung zu entwerfen, in der der Einzelne seinen Neigungen folgt, ohne mit den geltenden Normen in Konflikt zu geraten. Unausgesprochen, aber beherrschend steht damit eine andere, viel persönlichere Frage im Raum: Wie muss eine Gesellschaft beschaffen sein, in der ich, das Ausnahme-Individuum de Sade, in Frieden mit meinen Mitmenschen auskommen kann?

Die Grundregel lautet: Toleranz, so weit sie sich mit den Selbsterhaltungsinteressen der anderen vereinbaren lässt. Der dadurch geschaffene Gestaltungsspielraum gilt unterschiedslos für beide Geschlechter. Mann und Frau haben zweimal die Wahl. Entspricht der erste Partner nicht den Vorstellungen, sind Rückgabe und Umtausch möglich. Kommt es jedoch erneut zu einem Missgriff, bleibt nur noch stummes Dulden. Kinder spielen in diesen Beziehungen eigentlich keine Rolle, da für ihre Erziehung der Staat zuständig ist, sobald sie nicht mehr gestillt werden.

Auf Tamoé herrscht eine strikte Gleichheit des Besitzes. Alle erhalten ein gleich großes und gleichwertiges Stück Land zur Bebauung zugewiesen. Das private Eigentum ist als Ursache aller privaten und öffentlichen Übel ausfindig gemacht und ausgeschaltet worden. Konkurrenz und sozialer Aufstieg, die verderblichen Folgen der Ungleichheit, sind damit ebenfalls ausgeschlossen. Das heißt nicht, dass besondere Verdienste unbelohnt bleiben, aber Zamé hat ein System der unschädlichen Auszeichnungen entworfen, das gütlichen Wettbewerb fördert, ohne Eifersucht zu erzeugen: Ein Empfang beim Herrscher, ein ehrenvoller Händedruck, eine lobende Erwähnung und im äußersten Fall ein höherer militärischer Rang reichen aus, um die Insulaner anzuspornen.

Schön und gut, so fragt der beeindruckte Sainville bohrend weiter, doch lassen sich auf diese Weise auch die Turbulenzen der menschlichen Leidenschaften unterdrücken? Was ist mit denen, die anders sind, anders denken, fühlen und leben? Was hat Zamés allgemeines Beglückungssystem denen zu bieten, die abweichende Vorstellungen von Glück, Trieberfüllung und Lebenssinn hegen? Die Antwort ist, dass sich alle Abweichugen durch weise Einrichtungen des Staates in erträglichen Grenzen halten. Ideologische Differenzen und daraus entspringende politische Unruhen gibt es auf Tamoé nicht, da alle oder doch fast alle davon überzeugt sind, in der besten aller möglichen Welten zu leben:

> Die Gleichheit der Güter fördert die Eintracht, und die Milde der Regierung hat zur Folge, dass alle Untertanen gleichermaßen ihre Herrschaft lieben. So gibt es keine Staatsverbrechen und keine Revolutionen.[57]

Auch alle sonstigen Verbrechen, so der selbstzufriedene Gesetzgeber Zamé, sind äußerst selten. Da alle gleich viel besitzen, entfällt der Antrieb zum Diebstahl. Da die Kinder weitab von ihren Familien unter der Leitung erprobter Erzieher aufwachsen, gibt es keinen Inzest; die leichte Auflösung der Ehen macht Ehebruch weitgehend überflüssig, die Gleichheit des Ranges verhindert Verbrechen aus Ehrgeiz und ungestillter Ehre. Da es nichts zu erben gibt, leben die Generationen in Frieden miteinander.

Ist der Stachel des Bösen also für immer gezogen?

> Gleichwohl, ich gestehe es, werden auf diese Weise nicht alle Übertretungen verhindert. Man müsste ein Gott sein und mit anderen Wesen als Menschen zu tun haben, um das Verbrechen völlig von der Erde verschwinden zu lassen.[58]

Wie soll man mit dieser unvermeidlichen Abweichung umgehen? Zuerst entwickelt Zamé Regeln für ein so durch und durch schlechtes Land wie Frankreich, wo der Bürger allein schon durch den Widerspruch zwischen

# Der Traum der Tugend

*Das finstere Gegenbild zum humanen Inselstaat Tamoé: Sainville vor dem grausamen Gericht der spanischen Inquisition ist de Sades Ebenbild vor dem Parlament von Aix-en-Provence (Illustration zu Aline et Valcour, 1795).*

dem Zwang zur Tugend und der Lasterhaftigkeit der Mächtigen zum Verbrechen getrieben wird. In einem so schizophrenen System ist der Verbrecher selbst das Opfer:

> Bestraft ihn nicht, wenn er Böses tut, denn dann macht ihr es ihm unmöglich, Gutes zu tun. Anstatt solche Menschen zu quälen, solltet ihr lieber euer Regierungssystem auswechseln. Denn solange dieses schlecht ist, kann es nur schlechtes Betragen geben, denn dann ist es nicht der Einzelne, sondern der Gesetzgeber, der sich schuldig macht.[59]

Mit einem Schlage wandelt sich Sainvilles Bericht zu einer Anklage de Sades an seine Richter: Ihr habt kein Recht, über mich zu richten, denn ich bin das Ergebnis perverser Verhältnisse. Gibt es auf Tamoé, wo die Laster fast völlig erloschen sind, überhaupt noch Tugend, die sich doch als Gegenbild und Überwindung des Bösen definiert? Frankreich, so Zamé, hat nicht nur falsche Vorstellungen vom Verbrechen, sondern auch vom Guten:

> Tugend heißt nicht, keine Laster zu begehen, sondern unter den gegebenen Umständen das Bestmögliche zu tun ... Wohltätigkeit wird bei uns nicht wie bei euch von frommen Stiftungen ausgeübt, die doch nur Mönche fett machen, geschweige denn durch Almosen, die zum Nichtstun verführen. Wohltätigkeit heißt bei uns, seinem Nachbarn zu helfen, Kranken und Alten beizustehen, gute neue Erziehungsprinzipien zu erfinden, Streit und innere Zwietracht zu unterbinden. Mut zeigt sich darin, die Übel, die uns die Natur schickt, geduldig zu ertragen.[60]

Hier redet nicht mehr der Naturschwärmer Rousseau, sondern der Marquis selbst. Wenn Tugend darin besteht, sich für Menschen in Not einzusetzen, und mit Verhaltensweisen vereinbar ist, die üblicherweise als Laster bezeichnet werden, dann – so der de Sadesche Ton in der Rede Zamés – bin ich, der bekennende Libertin de Sade, tugendhaft!

Gemäß diesen Prinzipien fallen auf Tamoé die Strafen für diejenigen, die trotz aller pädagogischen Anleitungen und aller Ermunterungen zur Tugend ein abweichendes Verhalten an den Tag legen, viel milder aus als im barbarischen Frankreich:

> Unsere Strafen sind, den einzigen Delikten unserer Nation entsprechend, leicht; sie demütigen und entehren nicht.[61]

So treiben sie die Übertreter des Gesetzes nicht zum Äußersten. Stattdessen hat der weise Zamé sie der Mentalität seines Volkes angepasst:

# Der Traum der Tugend

Unsere Strafen bestehen hier nur aus der herrschenden Meinung. Ich habe den Geist dieses Volkes genau studiert. Es ist empfindsam und stolz, und es liebt den Ruhm. So packe ich sie bei ihrer Ehre, wenn sie Böses tun. Wenn ein Bürger eine schwere Schuld auf sich geladen hat, lasse ich ihn zwischen zwei öffentlichen Ausrufern spazieren, die seine Verfehlung mit lauter Stimme bekannt machen.[62]

Leichte Verfehlungen werden dadurch geahndet, dass der Übeltäter ein schlechteres Stück Land bebauen muss, bis er sich nachweislich gebessert hat. Gefängnisse sind dagegen verpönt, denn sie entsprechen nicht dem Ziel der Bestrafung:

Sobald sich ein Bürger etwas zuschulden kommen ließ, gibt es nur noch ein Ziel: Wenn man gerecht sein will, muss seine Strafe ihm oder den anderen nützlich sein.[63]

Diese Resozialisierung kann nicht in der Abgeschiedenheit hinter Gefängnismauern geschehen:

Man bessert einen Missetäter nicht durch Isolation, sondern dadurch, dass man ihn in die Gesellschaft, die er geschädigt hat, entlässt.[64]

Solche Ideen waren seit Cesare Beccarias *Delle pene e dei delitti* von 1763 auf der Tagesordnung aufgeklärter Debattierzirkel; unter der Feder des Häftlings de Sade gewinnen sie eine sehr personliche Bedeutung. Auf dem Höhepunkt der Französischen Revolution, als die Guillotine einen immer höheren Blutzoll einforderte, fügte de Sade dem Roman *Aline et Valcour* noch kritische Bemerkungen zur Todesstrafe hinzu. Sie ist für ihn ein Verbrechen des Staates, des alten wie des neuen:

Man erwartete etwas Menschliches in dieser Hinsicht von unserer ersten Gesetzgebungsperiode, und stattdessen hat man uns Blutmenschen geschenkt, die miteinander darüber streiten, wie sie ihre Mitmenschen am besten töten können.[65]

Im krassen Gegensatz zum Blutregime der *terreur* wird auf Tamoé selbst für Mord – das schwerste und seltenste Verbrechen – kein Schafott errichtet; ein Staat, der Menschen zum Tode verurteilt, ist schlimmer als ein Mörder aus Leidenschaft: Aber von allen Gesetzen ist das schrecklichste das Gesetz, das einen Menschen zum Tode verurteilt, der nur den Neigungen nachgibt, die stärker als er selbst sind. Auf Tamoé ist die Strafe für überführte Mörder humaner:

> Der Steckbrief des Verbrechers wird in alle Städte geschickt, zusammen mit dem Verbot, ihn aufzunehmen. Ich gebe ihm ein Kanu mit Lebensmitteln für einen Monat. Er steigt allein ein und erhält den Befehl, sich für immer zu entfernen und unter Androhung der Todesstrafe niemals auf die Insel zurückzukehren.[66]

Im Anschluss daran hält der gelehrte Gesetzgeber Zamé eine flammende Anklagerede gegen die französischen Parlamente, die er als Horte der Niedertracht und des politischen Aufruhrs brandmarkt. Spätestens jetzt hat sich der Ton von der Parodie zum Pathos gewandelt.

Ist Tamoé also der ideale Lebensraum des Marquis? Die Lösungen, die Zamé für die de Sadeschen Problemzonen Sexualverhalten und Straffälligkeit findet, sprechen dafür. Bizarre Vorlieben aller Art bilden auf Tamoé keinen Stein des Anstoßes. Allerdings ist schwer erkennbar, wie sie sich in dieser tugendhaften Gesellschaft der Gleichen ausleben lassen sollten, es sei denn durch die Gleichheit der Neigungen. Gerade eine solche Gleichgestimmtheit aber schreckte den Marquis ab. Oder war er davon überzeugt, dass nur eine so perverse Ordnung wie in Frankreich, die die Tugend pries und das Laster belohnte, seine eigentümlichen Vorlieben überhaupt erst hatte aufkommen lassen? Seine eigenen «Exzesse» waren nicht zuletzt ein Protest gegen eine bigotte Gesellschaft und ihre verlogenen Normen; sie sollten seine Andersartigkeit, seine Individualität und damit seine Ehre beweisen.

Erloschen alle faustischen, aristokratischen und destruktiven Triebe in einer tugendhaften Gesellschaft von selbst? Starb in der süßen Gleichheit von Tamoé der Drang ab, das, was den anderen heilig war, mit Füßen

Der Traum der Tugend

*Toutes les parties de ce beau corps étaient formées par la main des grâces.*

*Die Szene, die die tugendhafte Tafelrunde der Zuhörerinnen auf Schloss Vertfeuille erröten lässt: Sainville, der Weltreisende wider Willen, waltet seines Amtes und wählt neue Sklavinnen für den brutalen Häuptling Ben Mâacoro aus.*

zu treten? Wurde die persönliche Freiheit in der allgemeinen Freiheit überflüssig? Die Antwort bleibt offen.

In der Erzählung Sainvilles folgt das Glückserlebnis in der Südsee auf die Schreckenserfahrungen im Afrika Ben Mâacoros. Unter seiner Tyrannei des Terrors gelten bei den Butua Frauen weniger als Haustiere, ist der Lustmord höchster Lebenssinn. Dort trifft der Weltreisende einen portugiesischen Hofmarschall namens Sarmiento. Seine Aufgabe besteht darin, die Frauen, die die diversen Unterhäuptlinge als Tribut an die Zentrale liefern müssen, auf ihre Tauglichkeit für die blutigen Vergnügungen des großen Chefs zu überprüfen. Sarmiento ist Geist vom Geist Sodoms. Wie die Libertins von Silling predigt er einen absoluten Determinismus der Natur: Diese will die Zerstörung, um Neues zu schaffen; wer Böses tut, dient ihr hingebungsvoll. Der Stamm der Butua und die Insel Tamoé, der Häuptling Ben Mâacoro und der Gesetzgeber Zamé bezeichnen Extreme des Menschseins. Bei den Butua herrscht die Neigung zum Bösen, auf Tamoé zum Guten. War das der ganze Sinn dieser Gegenüberstellung?

In dem «philosophischen Roman» *Aline et Valcour* triumphieren die Kunstfiguren de Sades in dem Maße, in dem sie sich dem Bösen verschreiben. Ihr Sieg zeigt, in welchem Zustand sich die Welt und speziell Frankreich befindet. Die finsteren Protagonisten der de Sadeschen Romane werden nicht müde, ihre vollständige Unerziehbarkeit zu betonen. Die Südseeinsel Tamoé liefert jedoch Gegenargumente: Unter günstigen Umständen musste es möglich werden, die Menschen zu einem humanen Zusammenleben zu erziehen.

*Tristesse und Schwänke*

Während der Marquis von fremden Ländern und Menschen schrieb, die er nie gesehen hatte, nahm das Gefängnisleben seinen eintönigen Fortgang. Die Erlaubnis zu Spaziergängen wurde im Rhythmus von Ebbe und Flut entzogen und wieder gewährt; Einschränkungen dieser minimalen Bewegungsfreiheit quittierte der Häftling wie üblich mit wüsten Beschimpfungen, die wiederum zeitweilige Besuchsverbote für die Marquise zur Folge hatten. Dazu kam eine lästige Augenkrankheit, die immer wieder ausbrach und die Lektüre erschwerte. Ganz wie die Präsidentin gehofft hatte, begann die Außenwelt den Gefangenen zu vergessen. Auch innerhalb der Familie sollte er seiner letzten Funktionen enthoben werden. Zu diesem Zweck kamen im Oktober 1786 zwei Notare in die Bastille; sie brachten einen Schriftsatz mit, in dem die Verwaltung des de Sadeschen Besitzes einem vierundachtzigjährigen Onkel übertragen wurde. Dass dieser Strohmann für Madame de Montreuil war, die damit den Rest des immer weiter zusammengeschmolzenen Güterbestands unter ihre Kontrolle bringen wollte, war dem Marquis klar. So weigerte er sich, die ihm vorgelegte Vollmacht zu unterschreiben, und beantragte seine Freilassung, um seine Rolle als Familienoberhaupt spielen zu können. Doch solche Eingaben wurden von den zuständigen Stellen schon lange nicht mehr beantwortet. Spätestens jetzt musste dem Gefangenen bewusst werden, dass er seine Tage hinter Festungsmauern beschließen sollte.

Wie wenig er noch zählte, zeigte sich daran, dass seine Weigerung, die geforderte Vollmacht zu erteilen, folgenlos blieb. Im Juni 1787 wurden dem Marquis die Rechte über seine Besitzungen entzogen, und es kam noch schlimmer: Auch die Rechte des Vaters gegenüber seinen Kindern wurden ihm aberkannt; auf ihre Berufe und Heiraten hatte er jetzt keinen Einfluss mehr. Der wirtschaftliche und soziale Tod sollte dem physischen Ableben vorausgehen. Die Präsidentin hielt eisern an ihren Vernichtungsplänen fest.

Der Gefangene aber verlagerte seine ganze Energie jetzt noch konsequenter auf das Schreiben. Wenn ihm die Außenwelt das Recht auf eine eigenständige Existenz absprach, musste er sich seines Daseins als *Homme de lettres* versichern. Dabei war er mehr denn je auf die guten Dienste der Marquise angewiesen. Auf seinen Wunsch hin versorgte sie ihn mit Bergen von Fachliteratur; durch ihre Vermittlung fanden nicht nur Reiseberichte, speziell zur Iberischen Halbinsel, sondern auch Traktate über die Seelenwanderung ihren Weg in die Bastille.

Seelenwanderung? Kehrte ihr Gatte seinem seelenlosen Atheismus endlich den Rücken? Die Marquise wurde nicht müde, auf eine solche Bekehrung zu hoffen:

> Ich baue tausend Luftschlösser für den Augenblick deiner Freilassung, für unsere Beschäftigungen danach, für alles, was dich glücklich macht.[67]

Solche Liebes- und Treueschwüre standen im Widerspruch zu der Beobachtung des Festungs-Kommandanten, dass die Gattin des tollen Marquis um ihr Leben fürchtete, falls dieser wieder auf freien Fuß gesetzt werde. Ab 1786 mehrten sich die Anzeichen dafür, dass die Marquise für eine Zukunft ohne ihren Mann plante. Zugleich stellte sie dem Marquis gegenüber klar, wie sich ihre Zweisamkeit künftig gestalten sollte: Sie werde ihrem angestammten Glauben treu bleiben, allerdings ohne Verbohrtheit und Fanatismus. Das sollte wohl heißen, dass es keine gotteslästerlichen Spielchen mehr geben werde wie einst auf Lacoste.

Damit konnte sich der Marquis einverstanden erklären, die Phase der aktiven Blasphemien hatte er hinter sich gelassen. 1787 hatte seine Leibesfülle so gewaltig zugenommen, dass er sich kaum noch alleine ankleiden konnte; die vielen Süßigkeiten hatten Wirkung gezeigt. So wurde dem Häftling de Sade 1788 ein Diener genehmigt, der ihm bei seinen täglichen Verrichtungen zur Hand gehen sollte. Außerdem durfte er innerhalb der Bastille in das höher gelegene, geräumigere und luftigere Apartment «Liberté 6» umziehen und so viele Zeitungen und Zeitschriften lesen, wie er wollte; das waren nicht wenige.

Mit seinem Interesse am Tagesgeschehen stand der Häftling de Sade nicht allein da. Seit 1787 waren die verkrusteten Macht- und Herrschaftsverhältnisse Frankreichs – so schien es der aufgeregten Öffentlichkeit – in Bewegung geraten. Der Notstand der öffentlichen Finanzen, der sich infolge der Steuerblockade durch die Parlamente nicht hatte beheben lassen, führte zu vorsichtigen Neuerungen, die die Historiker später als «Vor-Revolution» bezeichneten. Die Besitzenden durften jetzt Gemeinderäte wählen, in denen Adelige und Bürger gleichberechtigt vertreten waren. Dazu wurden Honoratiorenversammlungen einberufen, die die Regierung bei ihrem Erneuerungswerk beraten sollten. Überdies erhielten die in Frankreich verbliebenen Calvinisten nach mehr als hundert Jahren der Unterdrückung einen Zivilstand, der ihnen bürgerliche Grundrechte einräumte. Für die entschiedenen Aufklärer waren diese Reformen zu ängstlich, für die konservativen Aristokraten gingen sie hingegen zu weit. Zu den Letzteren gehörten die Präsidentin sowie die Marquise de Sade. Einst hatten sie sich über den Marquis zerstritten; die gemeinsame Angst vor dem Umsturz führte sie wieder zusammen. De Sade musste die Umwälzungen, die sich am Horizont abzeichneten, mit gemischten Gefühlen betrachten. Der Ruf nach umfassend garantierter Rechtssicherheit und nach einer vom König unabhängigen Justiz kam ihm fraglos entgegen. Ja, solche Forderungen, die auf eine Annullierung der *lettres de cachet* hinausliefen, mussten seine kühnsten Hoffnungen wecken. Andererseits beriefen sich die Wortführer der Rechtsstaatlichkeit auf eine bürgerliche Tugend, die der aristokratische Libertin de Sade fürchten musste – es sei denn, er passte sich diesem Trend zur tränenseligen Moral dem Schein nach an. Schon sein «philosophischer Roman» über das unglückliche Liebespaar Aline und Valcour war, oberflächlich betrachtet, viel weniger anstößig ausgefallen als die kruden *120 Tage von Sodom*. Daher bot es sich an, den herrschenden Konventionen noch mehr Tribut zu zollen, sei es, um künftig als Schriftsteller sein Brot zu verdienen oder sei es auch nur, um die Kerkermeister gnädiger zu stimmen. Immerhin hatte der Marquis sein patriotisches Drama über Jeanne Laisné vor dem versammelten Festungsrat der Bastille vortragen dürfen. Hieran ließ sich anknüpfen.

So verfasste der Marquis in diesen vor-revolutionären Zeiten eine Reihe von Prosatexten, deren wichtigste er im Jahr 1800 unter dem Titel *Die Verbrechen der Liebe* veröffentlichte; die übrigen wurden erst lange nach seinem Tod als «kleine Erzählungen» sowie «Erzählungen und Schwänke» herausgegeben. Auch wenn die einzelnen Texte sehr unterschiedlich ausfielen – von der historischen Anekdote über erotische Novellen bis hin zu Romanskizzen und autobiographischen Abrechnungen –, sticht doch ein gemeinsames Merkmal ins Auge: «Die alte Bestie», wie sich der Marquis in einem Brief an seine Frau bezeichnete, ließ sich nicht wirklich zähmen, sondern allenfalls hinter selbst geschmiedeten Gitterstäben kurzfristig in den Käfig der Wohlanständigkeit sperren. So geistern durch fast alle Erzählungen die Leitmotive des «echten» de Sade: Junge Frauen werden in dunklen Wäldern ausgesetzt oder von ihren Feinden so lange gequält, bis sie an der Schwelle des Todes stehen; Tugendbolde beiderlei Geschlechts erweisen sich als zu schwach für diese böse Welt, während es sich ihre lasterhaften Gegenbilder gut gehen lassen. Über die Dogmen und den Lebensstil des katholischen Klerus wird ätzender Spott ausgegossen, und selbst Gespenster haben ihren Auftritt. Ob sie nur in der Einbildung derjenigen existieren, die mit ihnen kommunizieren möchten, oder tatsächlich einer anderen Welt angehören, wird geflissentlich offen gelassen. Geistererscheinungen waren eine literarische Mode der Zeit und verkauften sich gut auf dem Buchmarkt. Was der Marquis als überzeugter Materialist davon hielt, hat er in späteren Texten klipp und klar gesagt: Alles Humbug!

In den meisten dieser Texte schlägt der Erzähler moralische Töne an und stellt sich damit auf die Seite der traditionellen Werte. Von dieser Warte aus beklagt er den Verfall der Sitten und mahnt Eltern bei der Erziehung ihrer hübschen Töchter zur Wachsamkeit. Doch lehrt der fiktive Autor dort, wo es der frivole Stoff nahelegt, auch lockere Regeln, nach dem Motto: Da wir die Welt nicht ändern können, müssen wir ihr entgegenkommen. Das bedeutete konkret, Nachsicht zu üben, wenn die Triebe überborden, bei Seitensprüngen tolerant zu sein und dabei die Gleichberechtigung der Geschlechter zu gewährleisten. Der echte de Sade ist weder mit dem Moralapostel noch mit dem Weltmann identisch. Er verleugnet seine Vorlieben, so weit es geht, doch völlig unterdrücken kann er sie auch in seinen konventionellsten Texten nicht.

So wird in der Erzählung *Emilie de Tourville* das Motiv des Zur-Ader-Lassens aufgenommen, das in späteren Fassungen der *Justine* als mörderische Lustfolter wieder erscheint. In dieser Novelle sind es «nur» zwei finstere Brüder, die die verlorene Tugend ihrer Schwester dadurch rächen wollen, dass sie diese verschleppen und langsam verbluten lassen wollen. Doch so weit kommt es nicht. Die Ehre wird durch die Heirat mit dem pflichtvergessenen Verführer wiederhergestellt, und die beiden menschlichen Vampire haben das Nachsehen.

In der vor geschliffenen Dialogen und Wortwitz nur so funkelnden Screwball-Novelle *Augustine de Villeblanche* wird dagegen mit sexuellen Neigungen und Identitäten ein virtuoses Verwirrspiel getrieben. Ein junger Mann namens Franville verliebt sich in die Titelheldin, die sich trotz junger Jahre bereits als bekennende Lesbe einen Namen gemacht hat, und ersinnt eine raffinierte Eroberungsstrategie. Er verkleidet sich als Mädchen und wird wie erhofft von Augustine umworben. Als die Hüllen fallen, erkennt diese ihren Irrtum und bricht in wüste Beschimpfungen aus, die der junge Mann mit gleicher Münze heimzahlt: Er habe sich als schwaches Geschlecht verkleidet, weil er nur junge Männer liebe. Ja, er habe geschworen, niemals eine Frau zu berühren. Durch die Verführung Augustines sei er eidbrüchig und entehrt! Unter wechselseitigen Beschimpfungen kommen sich die beiden näher und schließlich sehr nahe. Fade ist allein der Schluss, da aus der stolzen und emanzipierten Augustine eine brave Ehefrau wird.

Er steht auch im Widerspruch zur absoluten Gleichberechtigung der Geschlechter, die de Sade sonst in der Novelle verkündet. Seine Freisprechung der Homosexualität, ob weiblich oder männlich, von jedem Makel war mutig und zugleich ein verschwiegenes Bekenntnis in eigener Sache.

Düsterere Töne schlägt der Marquis in der allegorischen Erzählung *Rodrigo* an, die zum Titel des Bandes *Die Verbrechen der Liebe* nicht recht passen will. Die Titelfigur ist ein spanischer König, der als Tyrann im großen Stil mindestens so schlimm gewütet hat wie die vier Libertins im Mikrokosmos von Schloss Silling zusammen. Er hat alle Burgen seiner Adeligen schleifen lassen, um sich straflos an deren Töchtern zu vergehen, und steht nun, da die Araber die Invasion über die Straße von Gibraltar planen, isoliert da. Da bietet sich ihm eine letzte Chance: ein Goldschatz, der tief im Inneren eines Schlosses verborgen liegt. Der Weg dorthin entpuppt sich als eine Art pädagogische Geisterbahnfahrt. Bei der dreizehntägigen Wanderung durch finstere Täler und über blitzumtoste Bergeshöhen werden dem Tyrannen seine Schandtaten vor Augen geführt, meist von den Opfern selbst. Doch alle Schrecknisse machen aus Rodrigo keinen besseren Menschen. Am Ende stirbt er im aussichtslosen Zweikampf gegen einen von den Toten auferstandenen Recken, dessen Tochter er besonders perfide gemeuchelt hat. Die Pointe dieser gescheiterten Bekehrungsgeschichte besteht darin, dass Rodrigo von der Vergeblichkeit seiner Bemühungen um Schatz und Rettung weiß, aber trotzdem nicht aufgibt. Schließlich bleibt ihm nur noch sein unbeugsamer Mut. Zumindest in diesem Punkt dürfte sich de Sade mit dem unbußfertigen Libertin Rodrigo identifiziert haben.

In drei weiteren Novellen aus der Sammlung *Die Verbrechen der Liebe* scheitern die Schurken am Ende an ihrer eigenen Halbherzigkeit und Inkonsequenz. In *Ernestine* entführt und entehrt der lasterhafte Graf Oxtiern zwar die schöne Titelheldin und bringt ihren braven Verlobten mit allerlei Intrigen hinter Gitter, doch am Ende verhilft ein weiser König der Tugend zum Triumph auf der ganzen Linie. Und – oh Wunder! – aus dem Wüstling, der seine Ausschweifungen eben noch mit eiskaltem Zynismus gerechtfertigt hat, wird ein Wohltäter der Menschheit. Das war für de Sade selbst zu viel des Guten. Er nahm den Stoff einige Jahre später noch einmal auf und arbeitete ihn zu einem viel effektvolleren Theaterstück um.

In *Eugénie de Franville* geht es um den Inzest zwischen Vater und Tochter. Der Schurke Franville heiratet wie sein Gesinnungsgenosse, der Präsident de Blamont aus *Aline et Valcour*, nur, um sich für seine blutschänderischen Gelüste eine schöne und gefügige Tochter heranzuzüchten. Zu diesem Zweck unterrichtet er sie in Sprachen und Naturwissenschaften, doch nicht in Religion. Sein Erziehungsexperiment hat die erhofften Wirkungen: Die kleine Eugénie de Franville entwickelt sich, geschützt vor den schädlichen Einflüssen der Gesellschaft und ihrer Konventionen, zu einer durch und durch amoralischen Schönheit, die ihren Vater liebt und ihre Mutter als Konkurrentin aus tiefster Seele hasst. So muss ihr Vater keine großen Überredungskünste aufwenden, um sie zum Muttermord anzustiften. Doch im Gegensatz zu ihrer literarischen Nachfahrin Juliette ist Eugénie einem solchen Verbrechen genauso wenig gewachsen wie ihr Vater. Die Tochter sieht die gemeuchelte Mutter unter Qualen sterben und haucht aus Entsetzen darüber selbst ihre Seele aus. Franville, der von den Häschern des Königs, aber auch von den Furien seines Gewissens gehetzt wird, tötet sich selbst. Trotz des erbaulichen Endes bleibt eine böse Botschaft haften: Wenn man einen jungen Menschen ganz nach der Natur erzieht, wird er nicht wie Rousseaus Emile in dessen gleichnamigem Roman tugendhaft, sondern böse – wie die Natur es verlangt.

Hand an sich legt zum Schluss auch die Schurkin Florville in *Florville und Courval*. Sie hat ihren eigenen Vater, den tugendhaften Courval, der nichts von ihrer Identität ahnte, geheiratet, um im Schutz von dessen Ansehen und Vermögen die abscheulichsten Verbrechen zu begehen; unter anderem bringt sie ihre Mutter aufs Schafott und ermordet ihren eigenen Sohn. Die Themen Inzest und Hass zwischen Eltern und Kindern ließen den Marquis nicht mehr los. Die Familie war für ihn nicht der gesunde Kern der Gesellschaft, sondern ein Hort der Unterdrückung und Entfremdung, der fatalen Begierden und der tödlichen Spannungen. Gerade weil in der Familie die Machtverhältnisse so ungleich zugunsten der Eltern und besonders der Väter verteilt waren, brachen hier mit innerer Notwendigkeit mörderische Kämpfe um Selbstbehauptung und Selbstentfaltung aus.

Eine Kurzfassung von *Aline et Valcour* mit Happy End für die Guten ist die mit fast zweihunderttausend Anschlägen recht umfangreiche Novelle *Der gefoppte Präsident*. Dieser zugleich burleske und bitterböse Text verkehrt auch de Sades eigene Lebensgeschichte ins Gegenteil.

Die schöne und kokette Baronin de Téroze, «taufrisch wie die Blumengöttin Flora und bezaubernd wie die Grazien selbst», ist mit ihren achtzehn Lenzen seit geraumer Zeit die Geliebte des Grafen d'Elbène, soll aber auf Wunsch ihres starrsinnigen Vaters den ältlichen Herrn de Fontanis, seines Zeichens Präsident des Parlaments von Aix-en-Provence, heiraten. Die Konstellation ist dieselbe wie in de Sades «philosophischem Roman», doch geht es hier nicht um das Aufeinandertreffen von Tugend und Laster, sondern um den Triumph des wahren Adels und seiner listenreichen Weltklugheit über die abstoßenden Parvenüs aus dem Milieu der *robins*:

> Auf einem skelettartigen, krummen Rumpf thronte ein dünner, flacher und zurückweichender Schädel mit einer gelblichen Stirn, die fast immer auf pedantische Art von einer Perücke verdeckt wurde, wie man sie in Paris nie gesehen hatte; zwei schiefe Beine hatten alle Mühe der Welt, diesen schwankenden Kirchturm aufrecht zu halten, aus dessen Brust eine zänkische Stimme erschall. Wenn er den Mund aufriss, um teils auf Französisch, teils auf Provenzalisch alberne Komplimente herunterzuleiern, sah man tief in einen nachtschwarzen Rachen ohne Zähne, der an eine Latrine erinnerte.[68]

Um diesem abstoßenden und lächerlichen Vertreter eines ebenso schädlichen wie schändlichen Standes eine gebührende Lektion zu erteilen, fädeln die echten Aristokraten eine Intrige ein, die es in sich hat. Der Präsident wird mit der schönen Baronin getraut, doch dann wird ihm übel mitgespielt. In einer wahren Orgie der Demütigungen wird der frisch gebackene Ehemann mit Abführmitteln, Eiswasser, einem Sturz in einen Schweinestall, Leim auf dem Abort, grotesken Kostümierungen, brutalen Aderlässen, Einschließung in finsteren Verliesen und fingierten Geistererscheinungen so fürchterlich drangsaliert, dass er am Ende bereit ist, die nicht vollzogene Ehe annullieren zu lassen, auf alle Ansprüche zu verzichten und, mehr oder weniger belehrt und bekehrt, zurück in die Provence zu ziehen.

Vorher hat er jedoch reichlich Gelegenheit, entlarvende Bekenntnisse abzulegen. So votiert er wortreich für eine Terrorjustiz, die lieber tausend Unschuldige opfert, als ein einziges Vergehen, und sei es noch so harmlos, ungestraft zu lassen. Nicht weniger rückhaltlos plädiert er für die unbarmherzige Verfolgung aller Ketzer und Andersdenkenden, für Folter und erzwungene Geständnisse – und für die Glaubwürdigkeit von Huren als Zeuginnen. Damit beginnt sich die wahre Handlung der Novelle auf den Marquis und seine «Bonbon-Affäre» zu konzentrieren:

> Letztes Jahr war es mein Verdienst, dass das Gericht einen Edelmann, der seinem König stets treu gedient hatte, für zwei Jahre verbannte und ihn so für immer ruinierte – einer läppischen Dirnengeschichte wegen.[69]

Mit seiner literarischen Einhämmerungs-Taktik nimmt de Sade dieses Motiv mehrfach auf und gestaltet es dabei immer autobiographischer aus:

> Eine unbedeutende Störung der Gedärme wird in Marseille und in Aix zu einer schweren und dauerhaften Krankheit. Seit wir erfahren mussten, wie eine Bande von Schurken – die werten Kollegen dieser traurigen Figur hier – ein paar Huren, die nur Magenkrämpfe hatten, als vergiftet ausgaben, dürfen wir uns nicht darüber wundern, dass eine solche Kolik für einen provenzalischen Richter eine ernste Sache ist.[70]

Damit meldet sich der Marquis d'Olincourt, Kurzzeit-Schwager des Präsidenten, Sprachrohr und Alter Ego des Autors, zu Wort. Natürlich wird auch die «Küken-Affäre» literarisch verarbeitet. Die Schilderung dieses «Verbrechens» ist wiederum dem Präsidenten vorbehalten:

> War das nicht eine wirklich anstößige Geschichte? Da kam ein dreizehnjähriger Diener, der von uns zuvor bestochen worden war, und berichtete uns auf unsere Aufforderung hin, dass dieser Edelmann auf seinem Schloss Mädchen ermordet habe.[71]

Kompletter konnte sich der Marquis literarisch nicht reinwaschen. Die Geschichte seiner Verfolgungen wird als Intrige korrupter und machtgieriger *robins* erklärt, die ihn als Repräsentanten des königstreuen Adels schlagen und die Monarchie damit schwächen wollen. Glaubte de Sade wirklich an diese beschönigte Version seiner Lebensgeschichte? Die Häufung des Motivs zeugt von der Besessenheit, mit der er seine «Exzesse» nachvollzog und rechtfertigte:

> Im Jahr 1772 wollte ein adeliger junger Herr vom Land seine spaßhafte Rache an einer Prostituierten nehmen. Sie hatte ihm eine Geschlechtskrankheit angehängt, wofür er sie verprügeln ließ. Der Präsident, dieser würdelose Finsterling, machte aus einem Spaß ein Verbrechen, ja sogar einen Giftmord.[72]

Im Anschluss an dieses wiederholt auftauchende Motiv der unschuldigen Verurteilung plädiert der Marquis d'Olincourt jeweils ganz im Geiste des weisen Gesetzgebers Zamé für eine humane Justiz. Gute Richter, so sein Tenor, brandmarken unglückliche Menschen nicht für die Neigungen, die ihnen die Natur eingegeben hat. Sie verhängen milde Strafen, die nicht entehren, sondern bessern.

Seine köstlichste Rache nahm de Sade auf dem Höhepunkt der Erzählung, als der Marquis d'Olincourt als todesmutiger Dragoner-Oberst, der Präsident hingegen als erbärmlicher Feigling auftritt. Feigheit war für de Sade ein hervorstechendes Merkmal des Amtsadels, besonders der käuflichen Richter, dem der Marquis d'Olincourt in schneidenden Tönen jede Existenzberechtigung abspricht:

> Ich will Ihnen nicht verschweigen, Herr Präsident, dass ich nur die nützlichen Stände schätze. Ein Mensch, der nichts anderes kann als Götter erfinden und Menschen töten zu lassen, verdient in meinen Augen nur die Verachtung der Öffentlichkeit.[73]

Mit wenigen Federstrichen schrieb der Marquis zweihundert Jahre Sozialgeschichte, in denen sich Schwert- und Robenadel angenähert hatten, und seine eigene Lebensgeschichte um. Frankreich stünde besser da ohne den käuflichen Amtsadel, und er selbst wäre besser dran, wenn er nicht die Tochter der Präsidentin aus diesem verfluchten Parvenü-Stand geheiratet hätte!

Ebenfalls im Jahr 1788 verfasste de Sade die Erzählung *Die Unglücksfälle der Tugend*, die den Untertitel «philosophische Novelle» verdient hätte, weil es auch hier wie in *Aline et Valcour* darum geht, eine philosophische These zu beweisen. In diesem Fall will de Sade zeigen, dass die Tugend im gegenwärtigen Frankreich zu allen nur denkbaren Qualen und am Ende zum Untergang verdammt ist. Diese bittere Erfahrung macht die ebenso schöne wie empfindsame und fromme Justine, die an das Gute im Menschen glaubt und auf ihrem irdischen Kreuzweg immer wieder eines Schlimmeren belehrt wird. Nach dem plötzlichen Bankrott und Tod ihres Vaters mittel- und schutzlos, weigert sie sich, dem Beispiel ihrer lebensklugen und leichtlebigen Schwester Juliette zu folgen, die sich an die meistbietenden Liebhaber verkauft, und wird daraufhin zum hilflosen Opfer der abgefeimtesten Schurken und ihrer perversen Gelüste. Auf der letzten Station ihrer *Via crucis* wird sie unschuldig zum Tode verurteilt, doch in letzter Minute von Juliette und ihrem einflussreichen Geliebten gerettet. So scheint sich alles zum Besten zu wenden, doch der Himmel spielt nicht mit: Justine wird vom Blitz erschlagen, als sie im Schloss ihrer Wohltäter einen Fensterladen schließen will. Für Juliette war das ein Gottesurteil: Wenn die Tugend in Menschengestalt so dahingerafft wird, wie wird es dann erst denjenigen ergehen, die die moralischen Gebote der Religion auf die leichte Schulter genommen haben! So zieht sie sich in ein Kloster zurück und wird dort zum moralischen Vorbild der Nonnen. Ihr flatterhafter Geliebter aber wird zum Minister berufen und arbeitet unablässig zum Wohl des Volkes. Diese Huldigung an die Konventionen war dick aufgetragene Ironie. Für eingeweihte Leser war die Botschaft aus dem Gewitterhimmel klar: Die Natur entledigt sich mittels elektrischer Entladung der Guten, die ihre Kreise stören.

De Sade selbst betrachtete den Stoff als unausgeschöpft und legte später zwei stark erweiterte Versionen nach.

## Sturm auf die Bastille

Während der Marquis fieberhaft Seite auf Seite füllte, beschleunigten sich die Ereignisse im gärenden Frankreich. Die Blockade der Parlamente, die weiterhin alle neuen Steuergesetze verhinderten, hatte Folgen. Am 8. August 1788 verkündete Ludwig XVI., dass im Mai des nächsten Jahres die Generalstände (*Etats-Généraux*) zusammentreten sollten. Diese bestanden aus dem Klerus, dem Adel und dem wohlhabenden Stadtbürgertum (*Tiers Etat*), bildeten also ein Forum der Eliten zur Durchsetzung ihrer Interessen. Nach Meinung des Parlaments von Paris sollten dabei die Interessen von Adel und Klerus im Vordergrund stehen. Die einflussreichen *robins* bestanden daher auf einer Zusammensetzung der Ständeversammlung nach dem Muster der letzten Zusammenkunft von 1614. Demnach sollten alle Stände gleich stark vertreten sein und als Stand eine Stimme haben; so war eine Mehrheit der privilegierten Stände selbst dann garantiert, wenn die nichtadeligen Abgeordneten weiterreichende Reformen verlangen sollten.

Mit solchen Forderungen war in der Tat zu rechnen. Seit etwa 1750 hatte sich die französische Öffentlichkeit immer weiter politisiert. In zahlreichen Büchern, Broschüren, Zeitungen und Flugblättern wurden eine Verfassung, Gleichheit vor dem Gesetz, die Aufhebung der Ständeordnung, eine offene Zivilgesellschaft ohne Privilegien der Geburt oder Einmischung der Kirche sowie eine liberale Wirtschaftsordnung und eine gerechte Besteuerung eingeklagt. In zahlreichen Städten schossen Lesegesellschaften, in denen über diese Druckerzeugnisse debattiert wurde, wie Pilze aus dem Boden. Als Folge dieser Diskussionen radikalisierten und polarisierten sich die Positionen. So standen sich zu Beginn des Jahres 1789 zwei Hauptfronten gegenüber. Die konservativen Vertreter aus Schwert- und Robenadel wollten an den ständischen Privilegien nicht rütteln lassen, verlangten aber eine stärkere Beteiligung an der politischen Entscheidungsfindung. Noch viel konsequenter stellten die liberalen Repräsentanten des Adels und des Besitzbürgertums das dreifache Gewaltmonopol des Königs in Legislative, Exekutive und Judikative in Frage. Sie glaubten nicht mehr daran, dass ein aufgeklärter Herrscher die notwendigen Reformen durchbringen würde, und setzten stattdessen auf das Modell der konstitutionellen Monarchie. Ein nur von den Besitzenden gewähltes Parlament sollte für die Gesetzgebung zuständig werden. Der Monarch würde die Exekutive einschließlich der militärischen Kommandogewalt behalten, doch sollte er die Hoheit über die Justiz, die den Marquis de Sade hinter Festungsmauern gebracht hatte, an unabhängige Gerichte abtreten, die für alle gleiche Gesetze anzuwenden hatten. Eine kleine Gruppe radikaler Aufklärer ging weiter und verlangte mehr: die ersatzlose Abschaffung aller Feudallasten und gleiche politische Rechte für alle volljährigen Franzosen. Doch diese Stimmen verhallten vorerst ungehört.

Für die Aristokraten bot sowohl das konservative als auch das konstitutionelle Modell Chancen und Risiken. Behielten die alten Eliten in den *Etats-Généraux* die Oberhand, würde sich deren Einfluss weiter verstärken. Doch war die Gefahr nicht von der Hand zu weisen, dass eine solche Verengung der Machtverhältnisse starke Gegenkräfte auf den Plan rufen und so zu einer unerwünschten Mobilisierung der Massen führen würde. Das liberale Modell sah die Abschaffung der Ständeordnung und damit das Ende der jahrhundertealten Adelsprivilegien vor. Zahlreiche Sonderrechte am Hof, in Armee und Kirche sowie bei der Besteuerung sollten entfallen, und die Feudalabgaben auf dem Lande wurden zumindest in Frage gestellt. Wovon sollten Aristokraten wie der

*Sturm auf die Bastille*

Marquis de Sade künftig leben, wenn die Bauern von Lacoste nicht mehr das übliche Achtel ihrer Feldfrüchte an den Lehens- und Grundherrn im Schloss abführten? Dann blieb den Adeligen nur noch der Ertrag aus der Verpachtung von Eigenbesitz. Die ehemaligen Lehnsherren wären dann nur noch Grundeigentümer wie alle anderen auch.

Andererseits würde die Abschaffung des königlichen Gewaltmonopols nach menschlichem Ermessen die Annullierung der *lettres de cachet* und damit die Freilassung aller «Sondergefangenen» zur Folge haben. So verfolgte der Marquis de Sade den Verlauf der politischen Entwicklung mit atemloser Spannung. Für die meisten Beobachter sah alles nach einem Triumph der konservativen Kräfte und ihres Gralshüters, des Pariser Parlaments, aus. Wenn die reaktionären *robins* wirklich den Sieg davontrugen, musste de Sade damit rechnen, seine Tage hinter Festungsmauern zu beschließen. Setzten sich wider Erwarten die liberalen Kräfte durch, musste er auf vieles verzichten, doch höchstwahrscheinlich nicht mehr auf seine persönliche Freiheit.

Als nach sechs Wochen immer noch keine Einigung darüber erzielt worden war, wie die drei Stände abstimmen sollten, erklärte sich der *Tiers Etat* am 17. Juni 1789 kurzerhand zur Nationalversammlung und damit zur einzig legitimen Vertretung Frankreichs. Nicht wenige Abgeordnete des Klerus, vor allem einfache Pfarrer, schlossen sich dieser Bewegung an. Der König hingegen sah seine Machtstellung aufs Höchste gefährdet und verweigerte diesem Rumpfparlament von eigenen Gnaden die Anerkennung. Zu dessen Führer hatte sich mit dem Grafen Mirabeau de Sades ehemaliger Zellennachbar im Gefängnis von Vincennes und entfernter Cousin aufgeschwungen. Allerdings spielte er von jetzt an bis zu seinem frühen Tod im April 1791 eine Doppelrolle als «Volksführer» und Agent der Monarchie.

So standen die Dinge, als der Marquis de Sade seine Zuschauerrolle satt hatte und auf seine Weise ins revolutionäre Geschehen eingriff. Am Mittag des 2. Juli 1789 trat er an sein Fenster in der Bastille und rief aus Leibeskräften um Hilfe, wie der Kommandant der Bastille berichtete:

In der Bastille würden die Gefangenen ermordet, man möge ihnen zur Hilfe eilen! Dieses Geschrei und diese Klagen hat er danach mehrfach erneuert. Diesen Mann in diesem kritischen Augenblick hier zu behalten, wäre gefährlich und würde dem Dienst schaden.[74]

De Sades Aufseher Lossinotte berichtete noch detaillierter vom revolutionären Treiben des aufsässigen Gefangenen:

> Herr de Launay (= der Kommandant) beharrte auf seinem Verbot (= auf dem Dach spazieren zu gehen). Daraufhin ergriff Herr de Sade ein langes Blechrohr, an dessen einer Seite ein Trichter angebracht war, mittels dessen er seinen Urin bequem in die Latrinengrube entleeren konnte. Mit diesem selbst gebastelten Sprachrohr rief er von seiner *tour de la Liberté* auf die Rue Saint-Antoine hinunter, sodass sich viele Leute versammelten. Er erging sich in Beschimpfungen des Kommandanten, forderte die Bürger auf, ihm zur Hilfe zu kommen, und schrie, dass man ihn erwürgen wolle.[75]

Ein Aristokrat, der wegen Vergehen gegen die Sittlichkeit eingekerkert war, rief durch eine Abortleitung zum Sturm auf die Zwingburg der Tyrannei auf: Das war eine denkwürdige und symbolische Szene. Der Marquis schmiedete in der revolutionären Folgezeit seinen ganz persönlichen Mythos aus dieser Heldentat: Er persönlich habe den Sturz der Willkürherrschaft eingeleitet!

Zwölf Tage nach dem Aufruf des Grafen stürmte der aufgebrachte Mob jedenfalls tatsächlich die Bastille und brachte deren Kommandanten auf bestialische Weise ums Leben. Doch von dieser Befreiungsaktion konnte der Gefangene de Sade nicht mehr profitieren. Man hatte ihn aufgrund seiner «Volksverhetzung» umgehend an einen sichereren Ort verbracht. Am 4. Juli um ein Uhr nachts rissen ihn sechs schwer bewaffnete Spezialagenten aus dem Bett, stießen ihn in eine Kutsche und eskortierten ihn in die Anstalt von Charenton. In diesem von Geistlichen geleiteten Institut waren nach Auskunft des Marquis Geisteskranke und Epileptiker untergebracht. Noch viel schwerer als diese Zwangsumsiedlung wogen für ihn die damit verbundenen Verluste:

Mehr als hundert Louisdor an Möbeln und Kleidung, sechshundert Bücher, darunter einige sehr wertvolle, und, unersetzlich, fünfzehn handschriftliche Bände meiner Werke, die für den Drucker fertiggestellt waren. Alle diese Besitztümer wurden vom Kommissar der Bastille versiegelt, während Madame de Sade zu Abend speiste, den Abort aufsuchte, beichtete und selig einschlief.[76]

Für die unersetzlichen Manuskripte ihres Gatten erklärte sich die Marquise in der Tat nicht zuständig. Diese Weigerung kam nicht überraschend. Kurz zuvor hatte sie als erste Leserin ihres Mannes dessen Roman *Aline et Valcour* scharf kritisiert. Offensichtlich sah sie ihn als Vorreiter der Revolution, die sie aus tiefster Seele fürchtete und hasste. Als sich am 5. Oktober 1789 eine riesige Volksmenge nach Versailles aufmachte, um den König nach Paris «heimzuholen», floh sie aufs Land. So gehörte auch die Marquise zu den Verlusten, die der Marquis in Rechnung stellen musste, doch trauerte er seinen in der Bastille zurückgelassenen Manuskripten mehr nach als seiner Gattin. Seinen kostbarsten Schatz, das unvollendete Manuskript der *120 Tage von Sodom*, hat er nie wieder gesehen.

Nach dem Willen der alten Gewalten sollte der Marquis den Rest seiner Tage unter Geisteskranken verbringen. Daher trug sein Einlieferungsschein den amtlichen Vermerk: Dauer unbegrenzt. Doch die Tage des Ancien Régime waren gezählt. Am 23. März 1790 nahm sich die *Constituante*, die verfassunggebende Nationalversammlung, endlich des Problems der *lettres de cachet* an und verkündete die Freilassung aller königlichen Spezial-Häftlinge innerhalb von sechs Wochen. Obwohl das entsprechende Dekret Ausnahmen für besonders schwere Fälle vorsah, war der Marquis de Sade am 2. April 1790 wieder auf freiem Fuß – nach einer Haft von elf Jahren, sieben Monaten und acht Tagen.

VIERTES KAPITEL

## *Im Schatten der Guillotine*

1790–1801

*Scheidung und andere Dramen*

Der Marquis kehrte in ein grundlegend verwandeltes Frankreich zurück. Im August 1789 hatte die Nationalversammlung mit ungeheurem Pathos die «Feudalität» abgeschafft. Ersatzlos gestrichen wurden die adelige Rechtsprechung, die (ohnehin seit langem weitgehend verschwundene) Leibeigenschaft sowie die zahlreichen Privilegien des Standes bei der Jagd, der Besteuerung und der Bekleidung von Ämtern. Künftig sollten alle öffentlichen Positionen allein nach individueller Befähigung besetzt werden, ohne Rücksicht auf Namen und Abstammung. Doch ganz so schlimm kam es für die Aristokraten dann doch nicht. Die eigentlichen Feudalabgaben, das heißt die von den Bauern in Geld oder Naturalien zu entrichtenden Gebühren für die Nutzung von Grund und Boden, wurden für rückkaufpflichtig erklärt, da sie als legitimer Besitz vom Gesetz geschützt seien. Natürlich war das eine Geschichtsklitterung ersten Ranges. Die feudalen Gefälle waren ein integraler Bestandteil des Feudalsystems und von diesem in keiner Weise zu trennen. Da nur wenige ländliche Familien das zum «Rückkauf» nötige Kapital aufbringen konnten, war die Enttäuschung auf dem Land groß, wo man auf eine sofortige Befreiung von den Abgaben ohne Wenn und Aber gehofft hatte.

Die Frustration schlug schnell in Wut und Aggression um. Besonders heftige Unruhen erschütterten den Süden. Hier bildete das päpstliche Herrschaftsgebiet um Avignon vorerst noch eine feudale Insel inmitten des «befreiten» Umlandes, was die ländliche Bevölkerung zur Weißglut reizte. Viele Aristokraten im päpstlichen Comtat Venaissin waren daher ihres Lebens nicht mehr sicher. Eine Rückkehr nach Lacoste, wo der treue Gaufridy die immer weiter zusammengeschmolzenen Einkünfte der Familie de Sade verwaltete, erschien dem Marquis daher nicht ratsam. Immerhin hatte er kurz nach seiner Entlassung aus Charenton die Verfügung rückgängig machen können, die ihn unter wirtschaftliche Kuratel gestellt hatte, und war somit wieder geschäftsfähig.

Währenddessen braute sich neues Unheil zusammen. Die Marquise trieb ihre Scheidung, zu der sie sich nach eigenen Worten seit langem entschlossen hatte, energisch voran. Schon im Juni 1790 war sie am Ziel. Die gerichtliche Trennungs-Verfügung sicherte ihr die Rückzahlung ihrer Mitgift und damit einen Betrag von mehr als 160 000 Livres zu. An die Erstattung einer solchen Summe war jedoch nicht zu denken, was schwierige Verhandlungen unter der Leitung eines neutralen Vermittlers notwendig machte. Am Ende einigten sich die Ex-Eheleute de Sade darauf, dass er ihr jährlich 4000 Livres an Unterhalt zahlen sollte. Doch selbst diese äußerst bescheidene «Rente» warfen die mit Hypotheken überlasteten Besitzungen nicht mehr ab. Wie sie ihrem Gatten vorher angedroht hatte, veröffentlichte Renée-Pélagie daraufhin ein Memorandum, in dem sie ihre Gründe für die Scheidung aufführte, darunter die hässlichen Affären mit den Prostituierten in Marseille und mit den «Küken» in Lacoste. Diese Art von Öffentlichkeit kam de Sade, der sich eine bürgerliche Existenz einzurichten versuchte, äußerst ungelegen. Er musste alles tun, damit seine bewegte Vergangenheit als «Werwolf der Provence» in Vergessenheit geriet. Natürlich vermutete er Beichtväter und besonders die Präsidentin als Anstifter der Scheidung.

Was der Marquis seiner ehemaligen Gattin als Verrat ankreidete, stellte sich aus ihrer Sicht als letzter Akt eines langen Ehedramas dar. Auf die Zeiten der Hörigkeit und der Mütterlichkeit war die Phase der Ernüchterung und dann des Abscheus gefolgt. Wüstlinge wie die Herren de Sade und Mirabeau hatten zuerst mit ihren Ausschweifungen die Moral ausgehöhlt, den Unglauben in Mode gebracht und am Ende die gottgewollte Monarchie gestürzt. Die Folgen ihrer Wühlarbeit spürte man jetzt allenthalben, und ein Ende war nicht absehbar. Die Tochter der Präsidentin ging auf die fünfzig zu und erreichte somit das Alter, in dem die meisten Libertins ihren Frieden mit Gott und den herrschenden Konventionen machten. Renée-Pélagie war bei den Orgien ihres Mannes ohnehin mehr Objekt als Mittäterin gewesen, allenfalls war sie eine Komplizin mit schlechtem Gewissen, die sich im Nachhinein um Schadensbegrenzung bemühte und einen Schlussstrich unter ihre anrüchige Vergangenheit ziehen wollte. Dabei wusste sie ihre Kinder auf ihrer Seite. Beide Söhne wollten militärisch vorankommen, Madeleine-Laure de Sade stand ihrer Mutter an Frömmigkeit in nichts nach.

Im Alter von fünfzig Jahren stand Donatien Alphonse François de Sade vor den Trümmern seiner Existenz oder, positiv ausgedrückt, vor einem völligen Neuanfang. Völlig mittellos, wie er die Anstalt von Charenton verlassen hatte, kam er für die ersten vier Nächte bei seinem Rechtsanwalt unter, borgte sich danach bei diversen Verwandten kleinere Summen zusammen und mietete dafür und aus den bescheidenen Erträgen, die ihm Gaufridy aus der Provence überwies, möblierte Zimmer. Aus dem stolzen Aristokraten war, was Finanzen und Lebensstil anging, ein Kleinbürger geworden, der künftig von den Erträgen seiner Arbeit leben musste. Der Marquis selbst zog es vor, sich als Homme de lettres zu betrachten, der die Produkte seines kühnen Geistes – Theaterstücke, Romane und Erzählungen – dem Zwang der Umstände entsprechend zu Geld machen musste. Das Nullpunktbewusstsein hatte de Sade mit Frankreich gemeinsam. Was er von diesem Land, das wie er selbst seine Vergangenheit auslöschte und sich eine neue, bessere Zukunft zu bahnen versuchte, hielt, legte er im Mai 1790 in einem Brief an den Advokaten Reinaud, seinen Vertrauten in Aix-en-Provence, nieder:

> Halten Sie mich in politischer Hinsicht nicht für einen Fanatiker. Ich kann nur beteuern, dass ich völlig unparteiisch bin. Ich bin verärgert, weil ich viel verliere, doch noch mehr trifft es mich, meinen Souverän in Ketten gelegt zu

sehen … Andererseits weine ich dem Ancien Régime keine Träne nach, dazu hat es mich zu sehr ins Unglück gestürzt. Da haben Sie mein ganzes Glaubensbekenntnis – ich lege es ohne Furcht vor Ihnen ab.[1]

Diesem Credo blieb der Marquis auch treu, als sich die Revolution radikalisierte und sich der Reigen der Regime beschleunigte. Wer den Menschen wie de Sade als ein zum Egoismus verdammtes und für seine Mitmenschen zerstörerisches Gebilde aus Materie sah, konnte nicht an ein Fortschreiten zu höheren Gestaden der Humanität glauben:

> Das Hauptwerk aller Philosophie würde darin bestehen, die Mittel aufzuzeigen, derer sich die Vorsehung bedient, um zu dem Ziel zu gelangen, das sie sich hinsichtlich des Menschen gesetzt hat. In diesem Sinne müsste man Verhaltensweisen aufzeichnen, die diesem unglücklichen Zweifüßler verständlich machen, wie er auf der dornigen Laufbahn des Lebens voranzuschreiten hat, um die bizarren Einfälle des Schicksals zu vermeiden, dem man zwanzig verschiedene Namen gegeben hat, ohne es jemals verstanden, geschweige denn näher bestimmt zu haben.[2]

Solche Töne fielen anderthalb Jahrhunderte später bei existenzialistischen Philosophen auf fruchtbaren Boden: Der Mensch ist zum Widerstand gegen ein absurdes Fatum verdammt! Der Marquis setzte von jetzt an drei Prioritäten: überleben, beobachten und schreiben. Das Beobachten ergab sich von selbst. Ganz Europa blickte gebannt auf die immer rasanteren Veränderungen, die sich im Hexenkessel Paris zutrugen. Für den religiös und politisch glaubenslosen Marquis waren die entfesselten Revolutionäre und die von ihnen fanatisierten Massen faszinierende Objekte seiner Studien, die schon immer den Abgründen des Bösen und der Dummheit gegolten hatten. Dass er sein Mäntelchen nach dem Wind hängte, um in diesen stürmischen Zeiten nicht unterzugehen, war dem Egoismus des Überlebens geschuldet, zu dem die Natur jedes Lebewesen verdammt hatte. Dieser Opportunismus schloss nicht aus, dass der angewiderte Zeitzeuge de Sade mit der einen oder anderen Maßnahme der Revolution, zum Beispiel mit der systematischen Ausrottung des Christentums, sympathisierte.

Wundersamerweise fand sich in dieser Welt des Eigennutzes ein Menschenwesen, das sich ihm in unwandelbarer Solidarität und Loyalität anschloss: Marie-Constance Quesnet, geborene Rebelle, eine dreißigjährige Schauspielerin, die von ihrem Ehemann zusammen mit ihrem Kind verlassen worden war. Seiner «Constance», mit der er sich im August 1790, nur vier Monate nach seiner Haftentlassung, liierte, hat der Zyniker de Sade rührende literarische Denkmäler gesetzt:

> Ja, Constance, dir widme ich dieses Werk. Du gereichst nicht nur deinem Geschlecht zur Ehre, sondern vereinst darüber hinaus die empfindsamste Seele mit dem rechtschaffensten und aufgeklärtesten Geist. So soll dir die Süße der Tränen gehören, die uns das Unglück der Tugend entlockt. Da du die verlogene Argumentation der Libertins und ihrer Glaubenslosigkeit verabscheust und sie andauernd in Tat und Wort bekämpfst, fürchte ich mitnichten, dass dir die gottlosen Reden der Personen in diesen Aufzeichnungen schaden könnten.[3]

So empfindsam und zärtlich lautet die Widmung eines der berüchtigtsten Texte der Weltliteratur, des Romans *Justine oder Die Unglücksfälle der Tugend*, den de Sade 1791, wohlweislich anonym, veröffentlichte. Dass diese Zueignung von aufrichtigen Empfindungen des Autors durchpulst ist, steht außer Frage. Aber war auch die Distanzierung de Sades von «der verlogenen Argumentation der Libertins», das heißt von seinen literarischen Figuren, ernst gemeint? Dass er sich von deren mörderischen Exzessen distanziert, darf man ihm glauben, nicht jedoch, dass er ihre Beweisführungen zur Nichtexistenz Gottes und zur Nichtigkeit des Christentums missbilligte. Doch mit dieser Glaubenslosigkeit konnte Constance offensichtlich leben; ihre Beziehung zum Marquis de Sade hielt ein knappes Vierteljahrhundert lang bis zu dessen Tod.

Nach dem Überleben und dem Beobachten kam also das Schreiben. Seit langem sah sich de Sade als zu Unrecht verkannter Schriftsteller und Philosoph. Mit dem Sturz des alten Systems glaubte er den Moment gekommen, um sich der Öffentlichkeit als Literat zu präsentieren. Hatte er nicht in einem früheren Leben mit Erfolg eigene Stücke auf eigener Bühne zur Aufführung gebracht? So lag es nahe, sich als Stückeschreiber zu betätigen und durch Aufführungen seiner Dramen auf den großen Bühnen von Paris Ruhm, Anerkennung und nicht zuletzt auch Geld zu verdienen. Wer konnte ihm dabei besser zur Seite stehen als die Schauspielerin Quesnet? Selbst der Zeitgeschmack schien dem Marquis zu Hilfe zu kommen. Schauerstücke über die Verbrechen des Despotismus und die Willkür des Adels waren en vogue. Dieses Genre beherrschte er bestens. So machte er sich daran, die Vorlieben des Publikums für finstere Tyrannen und abgefeimte Schurken auf seine Weise zu bedienen, und schrieb seine Erzählung *Ernestine* für die Bühne um.

Als Theaterstück hieß die Novelle jetzt wie die verruchte Hauptperson, nämlich *Oxtiern*. Dieses Drama mit dem Untertitel *oder Die Folgen der Ausschweifung* legte der Marquis den Direktoren der beiden wichtigsten Pariser Theater mit der Bitte um Annahme vor. Während sich der eine mit Grauen von diesem «ekelhaften Machwerk» abwandte, brachte der andere es zur Aufführung. So gelangte im Oktober 1792 zum ersten Mal ein Werk de Sades auf eine öffentliche Bühne. Wie kaum anders zu erwarten, erregte *Oxtiern* einiges Befremden, wie der Autor selbst seinem treuen Sachwalter Gaufridy meldete:

> Endlich erschien ich in der Öffentlichkeit, mein lieber Advokat. Letzten Samstag, am 22. Oktober, wurde ein Stück von mir gegeben. Aufgrund von Intrigen und geheimen Abmachungen und wegen der Frauen, von denen schlecht gesprochen wurde, hielt sich der Erfolg sehr in Grenzen. Am 29. ist eine Wiederholung mit einigen Änderungen angesetzt. Beten Sie für mich, wir werden weiter sehen. Adieu![4]

Bei der zweiten Aufführung, die auf den 4. November verschoben wurde, provozierte das Stück sogar einen veritablen Theaterskandal. Ein empörter Zuschauer schrie «Vorhang runter», was die Bühnenarbeiter für eine Regieanweisung hielten. Daraufhin kam es zu erregten Auseinandersetzungen zwischen Anhängern und Gegnern des Stücks, wobei sich die Befürworter am Ende durchsetzten und der Autor auf der Bühne akklamiert wurde. Der Erfolg ermutigte zu einer Wiederaufnahme; eine solche wurde zwar ins Auge gefasst, blieb aber vorerst aus. Zwei Tage nach dem

# Scheidung und andere Dramen 259

Aufruhr erschien in einer viel gelesenen Zeitung eine ausführliche Besprechung. Der Theaterkritiker resümiert zuerst die Handlung, der er Spannung nicht abspricht, gelangt aber letztlich zu einem negativen Urteil über die Hauptgestalt und damit über das Stück insgesamt:

> Es gibt in diesem Stück interessante Momente und Energie, doch ist die Rolle des Oxtiern von empörender Grausamkeit. Er ist noch schurkischer und niedriger als Lovelace und gewiss nicht liebenswürdiger als dieser.[5]

Lovelace war der sprichwörtliche Verführer aus einem englischen Roman und damit ein Prototyp für bürgerliche Trauerspiele, in denen es um verlorene Ehre und Unschuld ging. Diesem beliebten Genre versuchte sich de Sade anzunähern, mit bemerkenswertem Misserfolg, wie die Reaktionen zeigen.

Warum? Der Kritiker und zumindest die eine Hälfte des Publikums muss gespürt haben, dass es hier um mehr als unvereinbare Vorstellungen von Ehre und Ehe ging. Oxtiern ist in der Tat mehr als ein Lovelace, nämlich ein wortmächtiger Liebhaber und Theoretiker des Bösen. Wie in der Novelle hat er die ebenso schöne wie tugendhafte Ernestine nicht nur entführt und vergewaltigt, sondern steht auch voller Überzeugung zu diesen Missetaten:

> Was hast du denn, mein Freund? Die Laster, mit denen ich sie jetzt ins Unglück stürze, habe ich von den Frauen überhaupt erst gelernt.[6]

Das klang in den Ohren des schönen Geschlechts, wie der Marquis selbst vermerkte, nicht nett. Doch muss man berücksichtigen, wer da sprach: ein notorischer Lügner, Verräter und Betrüger, der nicht davor zurückschreckte, Unschuldige ins Unglück zu stürzen. So bekennt sich Oxtiern wie die Tyrannen von Schloss Silling dazu, aus seinen Verbrechen höchsten Lustgewinn zu ziehen, und leugnet jegliche Gewissensbisse. Ein weiterer seiner Leitsätze lautet, dass man Frauen quälen muss, um ihre Liebe zu wecken Der Folterer und sein Opfer gehen also eine Symbiose ein, nach dem Motto: Du willst es doch auch! Doch das konnte man auf offener Bühne so nicht sagen; schon die Andeutung genügte, um in einem Teil des Publikums Entsetzen zu erregen – trotz aller Zugeständnisse an Tugend und Empfindsamkeit, an denen es im weiteren Verlauf des Stücks nicht fehlt.

Dem Schurken Oxtiern, der wie die Libertins von Sodom Grausamkeit mit Feigheit kombiniert, erwachsen in Ernestine und ihrem Vater, dem kernigen alten Oberst Falkenheim, tugendhafte und todesmutige Gegner. Ja, beide suchen geradezu den Tod als Wiederherstellung ihrer geschändeten Ehre:

> Sei versichert, meine Ernestine, dein Vater wird dich nie mehr im Stich lassen. Teures und unglückliches Kind, entweder werden wir gemeinsam triumphieren oder in Umarmung vereint untergehen. Der Geist, der den Enkel des Mannes beseelt, der König Karl XII. als Freund zur Seite stand, ist auch in dir lebendig, um Ehre und Ruhm der Familie zu stützen.[7]

Um ihre Ehre zu retten, fordern Tochter und Vater den Schurken zum Zweikampf heraus, wohl wissend, dass sie dabei untergehen müssen. Dem feigen Oxtiern aber gelingt es durch seine perfiden Machenschaften, Vater und Tochter, die sich in ihrer Verkleidung nicht erkennen, aufeinander zu hetzen. Beide kämpfen auf Leben und Tod miteinander. Doch bevor sie sich in ihrer blinden Wut auf den Verbrecher Schlimmes antun können, greift die Vorsehung ein, die die Tugend belohnt sehen will. Wie ein *Deus ex machina* ist Ernestines Verlobter dem Kerker, in den ihn Oxtiern mit seinen Intrigen geworfen hatte, entkommen und tötet diesen mit einem Pistolenschuss. Danach trennt er die Kämpfenden und erhält zur Belohnung Ernestines Hand. Die Guten haben also auf der ganzen Linie gesiegt, und trotzdem kam tiefes Unbehagen an diesem «unmoralischen» Stück auf.

Die de Sadeschen Dämonen sind trotz der tugendhaften Schlusswendung nicht wirklich gebändigt. Der Oberst und seine Tochter wissen zwar ebenso wenig wie König Ödipus, der seinen Vater tötet und seine Mutter ehelicht, was sie tun, und am Ende zerfleischen sich Vater und Tochter auch nicht. Doch war schon die Andeutung einer schuldlosen

Schuld für den empfindsamen Teil des Publikums eine Zumutung; wie im Gegenlicht schien durch, wozu die ungezügelte Phantasie des Autors in der Lage war, wenn er sich nicht wie hier Zwang antat.

Auf zwei weitere Stücke setzte de Sade große Hoffnungen, die anfangs auch berechtigt schienen. Mit der Comédie Française nahm die führende Hauptstadt-Bühne seinen *Menschenfeind aus Liebe* an, eine auch *Sophie et Desfrancs* genannte «Komödie in fünf Akten und freien Versen». Doch zur Aufführung gelangte das Stück nicht. Auch in diesem Fall lautete die Begründung, dass man dem Publikum ein so anstößiges Machwerk nicht zumuten könne.

Eine weitere Verskomödie des Marquis mit dem Titel *Der Verführer* wurde immerhin als Vorspiel zu einer Revolutionsoper angesetzt. Doch kaum hatte sich am Abend des 5. März 1792 der Vorhang gehoben, brach auch schon ein Tumult los. Ein Störtrupp, dessen Mitglieder seltsam gekrümmte rote Kopfbedeckungen aus Wolle trugen, skandierte Parolen gegen die Aristokraten, die geschworenen Feinde der Freiheit. In diesem Fall war es also nicht nur das Stück, das Anstoß erregte, sondern auch sein Verfasser, der aufgrund seiner adeligen Herkunft automatisch als «Volksfeind» abgestempelt wurde. Im Übrigen führten die Jakobiner bei dieser Gelegenheit erstmals ihre «phrygische Mütze» vor, die bald zur obligatorischen Tracht guter Patrioten gehören sollte. Der Marquis sah sich wieder einmal als Opfer des Zeitgeistes. Wer auch immer seine gute Gesinnung unter Beweis stellten wollte, suchte sich ihn als Feindbild und Sündenbock aus.

Unbegreiflich war für ihn auch die Ablehnung von *Sophie et Desfrancs*. Tatsächlich ist die moralische Entrüstung der Theaterdirektion auf den ersten Blick schwer nachvollziehbar. Auch in diesem Stück lösen sich am Ende alle Konflikte, die die Bösen – in diesem Falle eine perfide Amme und ihre Freunde – zu verantworten haben, in Wohlgefallen auf, und am Ende steht eine ehrbare Heirat. Auch das Motiv der vertauschten Pflegekinder, das der Handlung überhaupt erst die nötigen Irrungen und Wirrungen verschaffte, gehörte zum Standardrepertoire der damaligen Theaterproduktion. Den Stein des Anstoßes bildete erneut das Tabuthema des Inzests, obwohl es hier nur in der äußerst abgeschwächten Version eines gezielt geschürten falschen Verdachts auftritt. Armance ist unsterblich in Desfrancs verliebt, der ihr sein Töchterchen, die Frucht einer frühen Liebesaffäre, zur Pflege übergab. Die Mutter der Kleinen wird als Folge dieses Fehltritts verstoßen und stirbt bald darauf aus Kummer über diese Entehrung. Ihr unglückliches Kind folgt ihr rasch ins Grab, doch davon ahnt Desfrancs, der sich nach diesem tragischen Abenteuer zu strenger Sittsamkeit bekehrt, nichts. Armance gibt ihm gegenüber ein anderes kleines Mädchen als seine Tochter aus, das schließlich in Liebe zu ihrem vermeintlichen Vater entbrennt. Dieser teilt ihre Gefühle, gibt ihnen jedoch nicht nach. Im Gegenteil, er wehrt sich mit allen rationalen und moralischen Mitteln gegen diese «blutschänderischen» Neigungen, bis am Ende das Komplott der selbstsüchtigen Amme aufgedeckt wird und die Liebenden zueinander finden dürfen. Obwohl diese Zuneigung am Ende als natürlich erwiesen und von jeglicher Perversion freigesprochen wird, genügte der Schatten des Verdachts, um das Stück für ein wohlanständiges Publikum unspielbar zu machen.

Eine solche Reaktion erscheint im Falle des *Verführers*, eines Einakters in Versen, sehr viel verständlicher. Denn in dieser «Komödie» führt mit Saint-Fal einer der typischen Wüstlinge de Sades das Wort. Mit der üblichen Eloquenz des ideologisch gefestigten Libertins legt er seinem entsetzten Diener nicht nur seinen heimtückischen Plan dar, die schöne junge Adélaïde zu verführen und ihre Familie ins Unglück zu stürzen, sondern rechtfertigt dieses verbrecherische Vorhaben auch noch philosophisch. Auf den Vorwurf seines Domestiken, dass seine Seele vom Bösen nicht losgekommen sei, entgegnet der Schurke nonchalant:

Ach, wird man so von seinen schlechten Neigungen geheilt?
Beschwer dich bei der Natur, mein Freund,
wenn sie unseren Charakter prägt,
muss man ihr nachgeben, sich austoben und schweigen.[8]

Für Jakobiner, die in der Nachfolge ihres Leit-Philosophen Rousseau die Tugend als höchsten Auftrag der Natur priesen, war diese Aufforderung, alle Neigungen, auch die verbrecherischsten, auszuleben, eine Provokation ohnegleichen. Dass sie von einem Wüstling ausgesprochen wird, dessen Pläne am Ende zuschanden werden, tat der moralischen Entrüstung keinen Abbruch. Bis es so weit war, wurden die Guten nämlich nach allen Regeln der de Sadeschen Kunst gequält. Adélaïdes gutgläubiger Vater Pontac wird von Saint-Fal um eine Erbschaft gebracht und in den Ruin gestürzt. Damit nicht genug, hetzt dieser Teufel in Menschengestalt den Vater gegen die Tochter, die Tochter gegen den Vater, diesen gegen deren schmachtenden Verehrer Florival und damit alle Guten gegeneinander auf. Doch wozu all diese Umtriebe, wenn er doch Adélaïde gar nicht heiraten will? Als Antwort auf diese Frage seines Dieners kann Saint-Fal nur resigniert mit dem Kopf schütteln: Die anderen begreifen einfach nicht, welche Lust dem Libertin seine Verbrechen bereiten! Bei seinen Missetaten fühlt er sich wie alle erfundenen Monster de Sades nicht nur gerechtfertigt, sondern geradezu als Vollstrecker der Natur und ihres heiligen Willens. Diese finsteren Pläne werden am Schluss durch eine ebenso plötzliche wie unwahrscheinliche Wendung durchkreuzt, sodass Adélaïde in die Arme ihres Florival sinken und sich damit in einem «blühenden Tal» ergehen darf – das zumindest lässt der Name ihres künftigen Ehemannes erwarten. Dem «heiligen Phallus» des raffinierten Verführers ist sie damit entkommen, doch bleibt offen, ob ihr damit nicht etwas entgangen ist:

> Adélaïde, hör auf die Stimme der Natur,
> sie spricht zu dir, und ihre unfehlbare Stimme
> macht aus Widerstreben ein Verbrechen.
> Als sie deine Leidenschaften mit ihrer Flamme nährte,
> da warst du für ihre Pläne unverzichtbar.
> … Gib ihrem himmlischen Befehl nur nach.
> Jung und empfindsam, wie geschaffen, um zu verführen,
> pflücke die Blumen, die auf deinem Wege blühen![19]

Mit anderen Worten: Die Tugend ist fade, das Laster aber macht Spaß. Lebe dich aus, denn die Natur will es nicht nur, sie gebietet es geradezu, denn sie ist auf deine Ausschweifungen angewiesen.

Für Robespierre und seine Anhänger, die sich anschickten, eine zweite Revolution im Namen der Tugend auszurufen, war das eine Kriegserklärung.

## Justine oder Die Welt, wie sie ist

Dass der Marquis de Sade auf der schwarzen Liste der selbsternannten Gralshüter der Moral stand, hatte nicht zuletzt damit zu tun, dass er 1791 ein Buch auf den Markt geworfen hatte, vor dem er seinen Rechtsbeistand ausdrücklich warnte:

> Man druckt gerade einen meiner Romane. Doch ist dieser zu amoralisch, um einem braven, frommen und anständigen Mann wie Ihnen zugeschickt zu werden. Ich brauche Geld, mein Verleger verlangte einen gepfefferten Text, und so habe ich ihn so geschrieben, dass er den Teufel verderben kann. Er heißt *Justine oder Die Unglücksfälle der Tugend*. Wenn er Ihnen durch Zufall in die Hände fällt, so lesen Sie ihn nicht, sondern verbrennen Sie ihn. Im Übrigen streite ich die Verfasserschaft ab.[10]

An dieser Verleugnung seines Romans hielt der Marquis ebenso konsequent fest wie später seine Familie. Auf dem Titelblatt wurde kein Verfasser, nicht einmal eine Abkürzung, Holland als Erscheinungsort und «die vereinten Buchhändler» als Verlag genannt. Dahinter verbarg sich der Verleger Girouard in Paris, den die tugendhaften Jakobiner später köpfen ließen, was die Herausgabe von *Aline et Valcour* um Jahre verzögern sollte. Girouards Schicksal zeigt, dass sich die Öffentlichkeit von derlei Camouflage nicht täuschen ließ. Mit seinem ersten gedruckten Prosawerk erregte de Sade ungeheures Aufsehen und noch größere Empörung. Sie tat dem Erfolg des Buchs keinen Abbruch, ganz im Gegenteil. Das zeigte sich an den Neuauflagen, die nicht lange auf sich warten ließen. Eine erste erschien schon 1792, vier weitere folgten 1794, 1797, 1800 und 1801. Der Erfolg ermutigte den Marquis, in diesem Jahr eine nochmals stark erweiterte und um den Lebensbericht von Justines Schwester Juliette ergänzte Fassung herauszubringen. So gibt es drei *Justines*: die noch hinter den Mauern der Bastille verfasste, doch von de Sade nicht veröffentlichte Novelle, den 1791 erschienenen Roman sowie den Doppelroman von 1801, der zur Irreführung der Zensur das Druckdatum 1797 trägt. Die Version von 1791 verhält sich zur Novelle wie ein großformatiges Gemälde zur vorbereitenden Zeichnung. So hat nicht nur der Umfang um mehr als das Doppelte zugenommen, auch die Schilderungen des Lasters sind viel expliziter geworden. Wurden sexuelle Handlungen in der Erzählung nur angedeutet, so werden sie im Roman so dargestellt, dass der Leser den Vollzug im Rahmen der kompliziert inszenierten Orgien bis ins letzte physische Detail nachvollziehen kann. Allerdings bleibt die Sprache dieser Ausschweifungen eigentümlich verhangen. De Sade bedient sich weder des aseptischen anatomischen Vokabulars noch der Vulgärsprache, sondern einer Mischung aus mythologischer, theologischer, biologischer, militärischer und mechanischer Metaphorik:

> Antonin tritt auf: Schauen wir uns diese kostbare Tugend einmal näher an; sie ist nur von einem einzigen Angriff beschädigt, sodass man es kaum sieht. Also zieht er blank und würde sich gerne wie sein Mönchs-Bruder Clément betätigen. Ich habe es euch ja schon gesagt, auch er liebt es, seine Opfer zu peitschen, aber da er es eilig hat, genügt ihm der Zustand, in dem sein Mit-Mönch mich hinterlassen hat. Er überprüft diesen Zustand, genießt ihn und lässt mich in derselben Stellung auf den Knien verharren, die sie alle so sehr lieben. Dann erforscht er einen Augenblick lang die Festungswerke, die den Einlass schützen. In seiner Wut berennt er die Eingangstüren des Tempels und dringt rasch in das Heiligtum ein. Obwohl sein Angriff so heftig wie der Severinos ausfällt, gilt er doch einem weniger engen Pfad und ist daher nicht so schwer auszuhalten. Der kräftige Athlet packt mich an der Hüfte und erschüttert mich, die ich mich nicht bewegen kann, immer heftiger – als ob dieser Herkules mit seinen immer wilderen Anstrengungen nicht nur den Platz erobern, sondern in Stücke schlagen wollte. So schreckliche und für mich zugleich neue Attacken lassen mich unterliegen, doch unbekümmert um meine Leiden denkt der grausame Sieger nur daran, sein Vergnügen zu verdoppeln. Alles schart sich um ihn, alles erregt ihn, alles dient seiner Wollust.[11]

Durch diese verhüllenden Umschreibungen, die doch alles durchscheinen lassen, wird die Unmenschlichkeit der Szene weiter gesteigert. Heiligtümer sollten dem Kult einer gütigen Gottheit dienen, an die Justine, das Opfer dieser Vergewaltigung, so inbrünstig glaubt; stattdessen werden sie brutal geschändet. Szenen wie diese reihen sich in der *Justine* dutzendfach aneinander. Ausgerechnet diesem Buch hatte der Marquis die Widmung an seine neue Gefährtin vorangestellt, deren Tugend er dadurch nicht gefährdet, sondern gestärkt glaubte.

Wie der Leser auf diese Akte der menschenverachtenden Ausschweifung reagiert, bleibt ihm selbst überlassen: Ob mit Abscheu, mit Lüsternheit oder mit einer Mischung aus beidem, das hängt ganz von seinen Neigungen ab. Das Publikum wird so zum Teil des Experiments, das Justine am eigenen Leibe erfahren muss. Die Versuchsanordnung besteht wie schon in der Novelle darin, zu testen, wie die Gesellschaft mit einem armen und mittellosen Waisenmädchen umgeht, das nach unschuldig erduldetem Unglück auf seiner Wanderschaft Mildtätigkeit erfleht. Wendet sich der Leser in einer Aufwallung empörten Mitleids von diesem Buch ab, widerlegt er die Kernthese des Autors, dass das Böse regiert. Ergötzt und erregt er sich an den Orgien der Bösen, gibt er ihm voll und ganz Recht. Doch auch wenn er mit Abscheu und Faszination zugleich reagiert, bestätigt er die Diagnose des Autors: Die Lust am Bösen schlummert in jedem Menschen, man muss sie nur wecken. Das Publikum wird auf diese Weise selbst zum Versuchsobjekt des Verfassers. Wie es de Sade schon in den *120 Tagen von Sodom* sagte: Niemand ist gezwungen weiterzulesen. Wer das Buch trotz dieser Warnung nicht aus der Hand legt, handelt auf eigenes Risiko. Er läuft Gefahr, sich selbst hellsichtiger zu erkennen, als es ihm lieb sein kann.

Aus dem behaglichen Nest einer heilen Familie jäh hinausgeworfen, findet sich Justine in einer Gesellschaft wieder, für die sie mit ihren Eigenschaften nicht geschaffen ist:

> Gerade einmal zwölf Jahre alt, war Justine von melancholischer, ja düsterer Wesensart, die sie das Grauen ihrer Situation umso schmerzhafter fühlen ließ. Mit erstaunlicher Zartheit und Empfindsamkeit ausgestattet – Eigen-

schaften, die sie von ihrer falschen und raffinierten Schwester abhoben –, war sie von einer Naivität und einer Gutgläubigkeit, durch die sie in zahlreiche Fallen geriet. Dieses junge Mädchen verband so zahlreiche Qualitäten mit einem lieblichen Äußeren und war damit von einer ganz anderen Schönheit als ihre ebenfalls schöne Schwester Juliette. Im Antlitz der einen sah man Falschheit, Ränke und Koketterie, in den Zügen der anderen bewunderte man Schamhaftigkeit, Anstand und Schüchternheit, ein Madonnengesicht, große blaue Augen voller Seele und Mitgefühl, schneeweiße Haut, eine biegsame und geschmeidige Gestalt, eine Stimme, die rührte, Zähne wie aus Elfenbein und die schönsten blonden Haare: So sieht die Skizze dieser charmanten Person aus, deren unschuldiger Reiz und zarte Wesenszüge sich jeder Beschreibung entziehen.[12]

Mit diesem Charakter und dieser Physiognomie ist Justine zum Opfer vorherbestimmt. Dabei könnte sie ihre unschuldige Schönheit unschwer als wertvolles Kapital vermarkten. Dass unter Menschen alles käuflich ist, hat die robuste und dreiste Juliette im Gegensatz zu ihrer Schwester schnell begriffen. Sie wird sich frei von allen moralischen Hemmungen schnell nach oben schlafen. Dass in dieser Gesellschaft nur das Gesetz von Macht und Geld zählt und diejenigen, die beides nicht haben, gar nichts wert sind, erfährt Justine schnell. Die alten Freunde ihrer Eltern wenden sich mit Entsetzen von der in Armut und Elend gestürzten Tochter ab. So glaubt sie, Trost und Unterstützung bei den Männern der Kirche zu finden. Ihre Klagerede klingt denn auch zum Steinerweichen:

Sie sehen mich, mein Herr, in einer Lage, die für ein junges Mädchen niederschmetternd ist; ich habe Vater und Mutter verloren. Der Himmel nimmt sie mir genau zu dem Zeitpunkt, an dem ich ihre Hilfe am dringendsten brauche. Sie sind im Elend gestorben, wir haben gar nichts mehr. Das ist alles, was sie mir hinterlassen haben, fuhr sie fort und zeigte ihre letzten zwölf Goldstücke, nicht einmal einen Winkel, wo ich meinen armen Kopf zur Ruhe betten kann, habe ich jetzt noch. Sie werden doch Mitleid mit mir haben, nicht wahr, mein Herr? Sie sind ein Diener der Religion, und die Religion war immer die Tugend meines Herzens. Im Namen des Gottes, den ich anbete und dessen Sachwalter Sie sind, sagen Sie mir wie ein zweiter Vater, was ich tun und was aus mir werden soll!"[13]

Doch damit gerät Justine an den Falschen. Tugend ist die falsche Münze für eine Gesellschaft, in der nur zwei Gesetze gelten: im besten Falle das Gesetz «Ich gebe, wenn du mir gibst» und im schlimmsten Fall das Gesetz des Stärkeren, der sich nimmt, ohne zu fragen und erst recht ohne zu geben. Der Priester schlägt der entsetzten Justine einen Tauschhandel der ersten Art vor: Almosen gegen Sex, und zwar in der umgekehrten Reihenfolge. Danach bittet das arme Mädchen den reichen Financier Dubourg um Hilfe und erhält denselben Bescheid, nur viel drastischer formuliert:

> Wie können Sie beanspruchen, dass die Reichen Ihnen helfen, wenn Sie den Reichen in keiner Weise zu Diensten sein wollen?[14]

Welche Gegenleistungen der lüsterne Krösus erwartet, ist rasch geklärt. Eigentlich müsste der Leidensweg der Tugend damit beendet sein, denn das Opfer hat schon beim zweiten Anlauf begriffen, wie aussichtslos ihr Unterfangen ist, Mitleid für ihr Schicksal zu erregen:

> Oh, mein Herr – antwortete ich, das Herz von Seufzern schwer –, es gibt also keine Ehrbarkeit und keine Wohltätigkeit mehr auf der Welt! Sehr, sehr wenig, entgegnete Dubourg. Man spricht zwar viel davon, doch wie sollte es so etwas geben? Man ist von der Manie abgekommen, die anderen gratis an sich zu binden. Man hat erkannt, dass das Vergnügen der Wohltätigkeit nichts anderes ist als die Freude am eigenen Hochmut. Und da es keinen schwächeren Genuss als diesen gibt, hat man sich stärkeren Gelüsten zugewandt ... Der lebenslange Ruf, freigebig, mildtätig und großzügig zu sein, wiegt nicht einen einzigen Moment des einfachsten Sinnengenusses auf.[15]

Justines Problem besteht darin, dass sie ihre Einsicht nicht in strategisches Verhalten umsetzt. Je schmerzhafter sie erfährt, dass das Gesetz der Welt Eigennutz ist und Egoismus mit dem hemmungslosen Streben nach Lustgewinn zusammenfällt, desto mehr sträubt sie sich gegen diese Erkenntnis. Ja, sie geht sogar einen noch gefährlicheren Schritt weiter und versucht, die verhärteten Wüstlinge, denen sie in die Hände fällt, zu ihrer Tugend zu bekehren. Damit wird ein Schlagabtausch der Diskurse eröffnet und *Justine oder Die Unglücksfälle der Tugend* zu einem weiteren «roman philosophique». Wurden die *120 Tage von Sodom* von den monotonen Monologen der vier Tyrannen dominiert und in *Aline et Valcour* die unterschiedlichsten Sichten des Menschen und der Welt von den Vertretern verschiedener Völkerschaften vorgetragen, so ist *Justine* dialogisch aufgebaut. Justine und die Libertins pflegen einen regen Gedankenaustausch, in der Regel nach den Ausschweifungen und Torturen, die die unbeeindruckte Vertreterin der Tugend über sich ergehen lassen muss.

Diese Zwiegespräche folgen einer Gesetzmäßigkeit, der Justine bis zum Schluss nicht entkommt. Ihre Tugend-Reden feuern die Libertins, in deren Gewalt sie sich befindet, erst richtig an, ja, sie sind ein unverzichtbarer Bestandteil von deren Macht- und Lust-Übungen. Jammer, Klage und moralische Entrüstung der hilflosen Guten vergewissern die Bösen stets aufs Neue, wie weit sie sich von der offiziellen Moral entfernt haben. Allein diese Ausbrüche hilfloser Empörung verleihen ihnen das Selbstgefühl, machtvolle und privilegierte Abweichler zu sein. Erst dieses Bewusstsein, alle Normen straflos übertreten zu dürfen, erzeugt die grenzenlose Lust daran, andere sexuell zu unterwerfen und zu quälen. Auf diese Weise wird Justine das Opfer ihrer Uneinsichtigkeit, die für sie Unbeugsamkeit bedeutet. Mehr noch: Sie macht aus dieser Widerständigkeit einen Ehrentitel und findet ihre Identität als Märtyrerin der Tugend. So bleibt eine wirkliche Kommunikation aus, stattdessen reden Täter und Opfer aneinander vorbei. Bei diesem Schlagabtausch bestimmen die Libertins die Themen. So geht es im Hause des Finanzmagnaten Dubourg um Sozialpolitik. Dieser plädiert wortreich dafür, die überflüssigen Armen verhungern zu lassen und ihre Kinder schon bei der Geburt zu ersticken.

Auf der Suche nach Auskommen und Unterkunft verdingt sich Justine danach als Dienerin bei dem ältlichen Ehepaar Du Harpin. Deren Sinn steht – wie ihr Harpagon, dem Geizigen Molières, ähnlicher Name anzeigt – ausnahmsweise nicht nach fleischlichen Genüssen, sondern nach Geld. Beide sind reich und gerade deshalb so geizig, dass Justine mit einem Sieb Kalk von den Mauern schütteln muss, um den Puder für die Perücken ihrer Herrschaft zu sparen. Deren unersättliche Habgier wird ihr schon bald zum Verhängnis. Du Harpin stiftet Justine zu einem Diebstahl an, den er nach ihrer entrüsteten Weigerung selbst begeht und ihr danach in die Schuhe schiebt. Die Justiz glaubt dem lasterhaften Reichen und verurteilt die unschuldige Arme, sodass die verfolgte Unschuld zum ersten Mal hinter Gitter wandert. Im Gefängnis macht sie die Bekanntschaft der Berufsverbrecherin Dubois, die ihr die Weltsicht der Outlaws erklärt:

> Die Verhärtung der Reichen rechtfertigt das schlechte Verhalten der Armen. Wenn sich ihre Börse für uns öffnet und Menschlichkeit in ihren Herzen regiert, so werden sich die Tugenden auch in unserem Gemüt niederlassen können. Aber solange unser Unglück, die Geduld, mit der wir es ertragen, unsere Gutgläubigkeit und unsere Unterwürfigkeit nur dazu dienen, unsere Ketten doppelt zu schmieden, sind unsere Verbrechen ihr Werk. Und wir wären schön dumm, wenn wir uns diese Verbrechen versagen, die das Joch, das uns erdrückt, abmildern. Justine, die Natur hat uns alle gleich geschaffen. Wenn sich das Schicksal einen Spaß daraus macht, dieses erste Grundgesetz der Gleichheit zu stören, dann ist es an uns, diese Streiche zu korrigieren und durch unsere Geschicklichkeit den Raub der Reichen wettzumachen. Ich liebe es, wenn die Reichen und Mächtigen, die Richter und Priester uns Tugend predigen. Wie schwer ist es doch, ohne Diebstahl zu leben, wenn man drei oder viermal so viel hat, wie man zum Leben braucht![16]

Die Reichen machen Gesetze und Moral, um uns umso besser ausbeuten zu können: Dieser Räuber-Katechismus ist von bestechender Logik. Selbst die tugendhafte Justine kann sich der Schlüssigkeit dieser Argumentation nicht völlig entziehen:

> Ich gebe zu, wenn ich jemals ins Grübeln und Schwanken geriet, dann durch die Verführungskünste dieser schlauen Frau. Doch meldete sich in mir eine Stimme, die stärker war als sie und die diese Sophismen in mir bekämpfte; ihr ergab ich mich ganz und gar.[17]

Diese Stimme ist die Stimme des Gewissens; wer ihr folgt, hat schon verloren. Trotz ihres Abscheus flieht Justine mit der Dubois aus dem Kerker zu deren Räuberbande. Schnell muss sie erfahren, dass auch bei den Gesetzlosen das Gesetz von Geben und Nehmen gilt. Da sie sich weigert, an Überfällen auf unschuldige Passanten teilzunehmen, wird sie zur sexuellen Beute des Räuberhauptmanns und danach der ganzen Bande. In der nachfolgenden Diskussion geht es wie schon im Gefängnis um das Verhältnis von Mächtigen und Armen, Starken und Schwachen. Dabei lernt die schwache Justine eine neue Lektion: Es gibt schwache Schwache wie sie und starke Schwache wie die Räuber. Die schwachen Schwachen nehmen ihr elendes Schicksal nicht nur demütig hin, sondern danken sogar noch einem imaginären Gott für ihre Misere. Die starken Schwachen werden zwar schwach geboren oder durch das Unglück niedergeworfen, doch wehren sie sich dagegen mit allen ihnen zur Verfügung stehenden Mitteln. Auf diese Weise können sie weit nach oben kommen, wie die schurkischen Minister im Königreich Frankreich, oder aber Parallelgesellschaften wie eine Räuberbande gründen und sich so den Lebensgenuss gewaltsam verschaffen, der ihnen zusteht. Doch auch dazu ist Justine nicht bereit, und so setzt sich ihr mittlerweile selbstverschuldeter Leidensweg fort.

Ihre nächste Leidensstation kündigt sich an, als sie einem Gefangenen der Räuberbande namens Saint-Florentin das Leben rettet. Zum Dank dafür wird sie von diesem vergewaltigt. Darauf versteckt sie sich und erlebt unfreiwillig mit, wie sich der junge und schöne Graf de Bressac im Wald seinem Diener hingibt und dabei in höchste Ekstase gerät. Natürlich wird sie entdeckt und vom Grafen, der sie für eine Spionin hält, grausam ausgepeitscht. Obwohl es de Bressac danach gelüstet, sie zu töten, lässt er sie am Leben, denn er hat Verwendung für sie. Seine Tante, auf deren Schloss er in Saus und Braus lebt, braucht eine neue Zofe.

Justine und die Gräfin sind gleichermaßen tugendhaft und sich daher sofort sympathisch. So beginnt für die geplagte Waise jetzt ein mehrjähriger Lebensabschnitt der Ruhe und Entspannung. Selbst ein kleines Glück scheint ihr beschieden. Justine liebt wider besseres Wissen den jungen Grafen und versucht, ihm mit aller Sittsamkeit die Reize der Liebe zwischen Mann und Frau näherzubringen – erfolglos, wie leicht vorhersehbar. De Bressac seinerseits hält ihr Vorträge über die unwiderstehlichen Genüsse des sexuellen Rollentauschs sowie des passiven Analverkehrs und legt ihr danach sein Bild von einer Welt ohne Gott dar. Seinem kruden Materialismus gemäß ist Mord für ihn eine Kleinigkeit; einen Menschen zu töten bedeutet nicht mehr, als ein lästiges Insekt zu zerquetschen. Damit geht die Ruhepause vor dem nächsten Sturm zu Ende. De Bressac plant, seine Tante zu ermorden, um sich deren Erbe anzueignen, und das, obwohl er soeben eine reiche Hinterlassenschaft eines entfernten Verwandten angetreten hat. Es geht ihm also nicht in erster Linie ums Geld, sondern ums Prinzip und damit um die Lust. Aus der Abweichung von den Normen der anderen zieht er wie alle Libertins den höchsten Genuss.

Feige, wie er ist, hat er es Justine zugedacht, ihrer Herrin das tödliche Gift zu verabreichen. Als sich diese empört weigert, heuchelt de Bressac Verständnis für sie, schüttet selbst das Arsen in die heiße Schokolade des Opfers und beschuldigt danach Justine des Giftmordes. Natürlich glauben die Richter dem Herrn und nicht der Dienerin, die mit knapper Not fliehen kann und bei dem berühmten Chirurgen Rodin und dessen liebreizender Tochter Rosalie Unterschlupf findet. Dieser schient nicht nur gebrochene Beine und Arme, sondern führt zugleich eine Privatschule für Jungen und Mädchen aus gutem Hause. Im Lichte ihrer jüngsten Erfahrungen findet Justine diesen Doppel-Beruf verdächtig. Doch da ihr der Hausherr ein gutes Gehalt bietet und sie mit Nachstellungen verschont, tritt sie in seine Dienste. Einen Wohltäter denunziert man nicht; nach diesem Motto verfängt sich die absolute Tugend erneut in den von ihr selbst geknüpften Fallstricken. Nach und nach entdeckt die neue Haushälterin, dass es in diesem scheinbar so ehrenwerten Haus nicht mit rechten Dingen zugeht. Durch ein Loch in der Wand wird sie Zeugin, wie Rodin seine Zöglinge beiderlei Geschlechts für erfundene Vergehen auspeitscht und sich dabei sexuell befriedigt. Aber diese Züchtigungs-Orgien sind nur ein Vorspiel zu noch viel schwereren Verbrechen. Rodin plant ein chirurgisches Experiment an seiner Tochter, das diese das Leben kosten muss. Justine versucht, die Untat zu verhindern, doch stürzt sie sich damit ins Unglück, ohne Rosalie helfen zu können. Rodin brandmarkt seine verräterische Domestikin mit einem glühenden Eisen,

Justine oder Die Welt, wie sie ist 273

sodass sie jetzt auch körperlich als Verbrecherin dasteht. Den «naturwissenschaftlichen» Interessen des Hausherren entsprechend, geht es in seinen Debatten mit Justine vorwiegend um die Natur und ihr Verhältnis zu Tugend und Laster.

Aus dem Bannkreis des mörderischen Mediziners verschlägt es Justine in die Einsamkeit der Natur. Im Schoße der Wälder erklingt eine Glocke, die sie magisch anzieht und damit an den grausigsten aller Folterorte lockt. Im einsamen Kloster Sainte-Marie-des-Bois haust nämlich eine Mönchsgemeinschaft, die den Vergnügungen von Schloss Silling frönt. Zu diesem Zweck haben sie sich einen Harem schöner junger Mädchen angelegt, die ihnen nach einem ebenso ausgeklügelten wie unbarmherzigen Reglement zu Diensten sein müssen. Wie im abgelegenen Schwarzwaldschloss kommt es während der minutiös inszenierten Gruppen-Orgien zu Bestrafungen und Demütigungen aller Art. Ihre Opfer tauschen die gewalttätigen Klosterbrüder aus, wenn sie sich mit ihnen zu langweilen beginnen. Wann der Zeitpunkt für eine solche «Reform» kommt, weiß niemand. Auch wohin der Weg die «reformierten» Mädchen führt, bleibt beängstigend offen: in die Freiheit oder geradewegs auf den nahegelegenen Klosterfriedhof? Das fragen sich die anderen, die vorerst bleiben müssen beziehungsweise dürfen. Die Mönche schweigen dazu. Nur einem von ihnen entschlüpft auf dem Höhepunkt der Erregung die verräterische Bemerkung, dass die abgelegten Mädchen ein für alle Mal beseitigt werden. Für die geschworenen Atheisten in der härenen Kutte heißt das: Materie wird wieder zu Materie, wir dienen der Natur.

So geht in Sainte-Marie-des-Bois die Todesangst um. Der geistlichen Stätte entsprechend handeln die Diskurse der Wüstlinge von der Unfreiheit des menschlichen Willens und der Unwiderstehlichkeit des Bösen. Dass sie bei der Erörterung dieses theologischen Problems das Loblied der Sünde anstimmen, versteht sich von selbst. Diese Debatten klingen für den Leser monoton, weil alle Libertins, denen Justine auf ihrem Leidensweg in die Hände fällt, dieselben Dogmen lehren. Das ist kein Zufall. Die mörderischen Libertins aller Länder sind gut vernetzt, genießen die höchste Protektion, zum Beispiel des Papstes, neigen zur Zirkelbildung und helfen sich gegenseitig, wenn es ein unvorsichtiger

Staatsdiener ausnahmsweise wagt, seine Nase in ihre Angelegenheiten zu stecken. Die Natur will und braucht das Verbrechen, ihrer Vorherbestimmung kann sich niemand entziehen – so lauten die Kernsätze ihres Bekenntnisses, das die philosophierenden Verbrecher der verfolgten Justine und damit dem Leser bis zum Überdruss einbläuen.

Mit dem perversen Kloster hat der Roman seinen Höhepunkt erreicht, doch zu Ende ist der Kreuzweg der Tugend deshalb noch lange nicht. Kaum ist Justine der Hölle von Sainte-Marie-des-Bois entflohen, da fällt sie auch schon zwei Häschern des Grafen de Gernande in die Hände. Dessen Leidenschaft besteht darin, seine schöne junge Gattin so oft zur Ader zu lassen, dass sie einem langsamen und qualvollen Tod entgegensieht. Den Lebenssaft, den er der Gräfin entzieht, saugt der Graf begierig auf und erreicht bei dieser perversen Transfusion regelmäßig den Gipfel der Lust. Seine zweite große Leidenschaft besteht darin, schönen Knaben den Samen auszusaugen. Blutsauger ist Gernande auch im übertragenen Sinne: Er verachtet das Volk und presst es mit überhöhten Abgaben aus. Damit entspricht er perfekt dem revolutionären Klischee des Vampir-Aristokraten. De Sades schwarzer Humor ergießt sich über den eigenen Stand.

Für seine Sklavin Justine hat der Graf statt physischer Foltern psychische Qualen reserviert. Er macht sie zur Assistentin seiner blutigen Operationen und droht damit, seine Frau sofort zu töten, sollte sie ihm nicht helfen. Vor die Frage gestellt, ob sie zur Handlangerin des Schurken werden soll, um das Opfer möglicherweise zu retten, oder sich dieser Komplizenschaft zu verweigern, wählt Justine den falschen Mittelweg, sich unter Protest zu einer begrenzten Kooperation bereit zu erklären, und stürzt damit alle Guten ins Unglück. Der grenzenlosen Verachtung des Grafen für Frauen entsprechend handeln die Debatten auf Schloss Gernande von der natürlichen Ungleichheit der Geschlechter.

Kaum wieder in Freiheit, begegnet Justine erneut ihrem Vergewaltiger Saint-Florentin, der es in der Zwischenzeit zu Reichtum und Einfluss gebracht hat. Er peinigt sie mit triumphalen Reden über den Widersinn der Wohltätigkeit und prahlt mit seinen wucherischen Getreideaufkäufen, die schwere Hungersnöte zur Folge hatten und ganze Provinzen verheerten.

Danach betätigt sich die arme Wanderin erneut als Samariterin und hilft einem verwundeten Reisenden namens Roland auf, der sie zum Dank dafür auf sein abgelegenes Bergschloss bei Grenoble entführt. Dort betreibt er eine florierende Falschmünzerei, für die Frauen wie Galeerensklaven arbeiten müssen. Rolands Foltern sind noch raffinierter als die Gernandes. Er legt Justine einen Strick um den Hals und stellt sie auf eine Falltür, die er mit einer Schnur betätigen kann. Zugleich gibt er ihr eine Sichel in die Hand. Er selbst setzt sich dem Galgen gegenüber in einen Sessel und beginnt sich sexuell zu stimulieren. Wenn er den Höhepunkt erreicht – so lautet die letzte Spielregel –, wird er die Schnur ziehen und Justine erhängen, es sei denn, sie ahnt den Moment seiner Klimax voraus und durchtrennt rechtzeitig die Schnur. Schneidet sie zu früh, hat sie verloren und ist des Todes. Doch Justine hat inzwischen so viel Erfahrung mit Wüstlingen aller Art, dass sie die Krisis kommen sieht und sich rettet.

Andere perverse Wettkämpfe um Leben und Tod im Falschmünzerschloss enden weniger harmlos. Roland macht sich ein diabolisches Vergnügen daraus, seiner Gefangenen die Grenzen ihrer Tugend aufzuzeigen. Wenn es darum geht, wer sterben muss, sind sich auch die Guten selbst am nächsten. Sogar die tugendhafte Justine ist nicht bereit, das Martyrium auf sich zu nehmen, um ihrer Freundin das Leben zu retten. Im perversen Spiel «Wer hängt wen?» entfaltet sie sogar besondere Geschicklichkeit und stürzt die Freundin im wahrsten Sinne des Wortes in den Abgrund. Zum Tyrannenmord aber hat sie nicht das Zeug, obwohl der Tyrann selbst den Kopf in die Schlinge legt. Feige wie alle Libertins, fürchtet Roland den Tod am Galgen, der ihm für seine Falschmünzerei droht. Um sich von dieser Angst zu befreien, will er testen, wie es sich als Gehängter stirbt – schmerzvoll oder lustvoll? Zu diesem Zweck muss ihn Justine zuerst hängen und dann, unmittelbar vor Eintritt des Exitus, retten. Der Falschmünzer weiß dabei genau, dass ihn seine tugendhafte Gefangene nicht sterben lassen wird. Genauso kommt es. Justine nimmt ihn im richtigen Moment vom Galgen, und Roland, der sein Nahtoderlebnis genossen hat, ist seiner Todesangst ledig. Als Dank dafür kündigt er Justine ihre Hinrichtung an, die danach ebenfalls um ein Haar vollzogen wird. Dem finsteren Genius Loci und seinem nicht minder schwarzen Naturell entsprechend diskutiert Roland mit Justine über den Widersinn der Dankbarkeit und den Kitzel des Superverbrechens. Während sich der Falschmünzer mit diesen Spielen die Zeit vertreibt, laufen seine Geschäfte auf Hochtouren. Soeben hat er seine falschen Millionen nach Venedig transferiert, um sich dort für den Rest seines Lebens den Ausschweifungen zu widmen, und reist kurz darauf selbst unbehelligt an die Lagune. Sein Nachfolger als Chef-Falschmünzer behandelt die Sklavinnen milde und wird dafür vom Schicksal mit Gefangennahme und Hinrichtung belohnt. Justine entgeht als Komplizin der Falschmünzer um Haaresbreite dem Galgen und trifft kurz darauf mit der Dubois eine alte Bekannte wieder. Diese hat ihre Räuberbande verlassen und ist zu Wohlstand gelangt, betreibt ihr altes Gewerbe, den Diebstahl, jedoch aus unwiderstehlicher Neigung weiter. Als sich Justine weigert, einen anständigen jungen Kaufmann zu berauben, beraubt ihn die alte Gaunerin selbst, zündet das Haus an und beschuldigt Justine beider Verbrechen. Als Justine versucht, unter Lebensgefahr ein Kind aus dem brennenden Gebäude zu retten, gerät sie ins Straucheln, so dass das Kind in die Flammen fällt und verbrennt. Die Möchtegern-Retterin wird wegen Diebstahls, Brandstiftung und Mordes zum Tode verurteilt, nachdem sie das Angebot des korrupten Richters ausgeschlagen hat, straflos zu bleiben, wenn sie ihm und seinen Libertin-Freunden in einem einsamen Landhaus zu Willen ist. Auf dem Weg zur Hinrichtung übernachtet sie mit ihrer Polizeieskorte in einem Gasthaus, wo sie einer schönen Unbekannten und deren Begleiter ihre Geschichte erzählt. So endet der Roman mit der Rahmenhandlung, mit der er begonnen hat. Wie in der Novelle erkennt Justine am Ende in der unbekannten Dame ihre Schwester Juliette. Auch der Schluss ist unverändert: Juliettes einflussreicher Geliebter, Herr de Corville, korrigiert das skandalöse Fehlurteil, Justine wird auf seinem Schloss gesund gepflegt und kurz darauf in einer Gewitternacht vom Blitz erschlagen, der ihr durch den Busen in den Körper fährt, ihr Gesicht entstellt und aus dem Bauch wieder austritt. Daraufhin bekehren sich Juliette und Corville zur Tugend.

*Die Philosophie des Bösen*

Wie stand de Sade zu den Figuren seines Romans und deren Ansichten? In dem Schema von starken Bösen und schwachen Guten, wie es die Libertins vortragen, lässt er sich keiner Seite zuordnen. Nach eigener Einschätzung gehörte er zwar zu den Starken, war aber durch die Umtriebe der Mächtigen künstlich geschwächt und ihr Opfer. So hat er an beiden Schicksalswegen und auch an beiden Diskursen Anteil. Wie die im Kloster der mörderischen Mönche gefangen gehaltenen Mädchen sah er sich während seiner Kerkerzeit einem willkürlichen Reglement und den Schikanen der Wärter ausgesetzt; wie Justine wusste er zu keinem Zeitpunkt, was die Zukunft bringen würde. Zeitweise fürchtete er sogar, auf eine tropische Gefängnisinsel abgeschoben zu werden – so wie die «gebrauchten» Opfer der Mönche Angst vor ihrer «Reformierung» haben. Der Autor und seine Sklavinnen haben also mancherlei gemeinsam. Doch unterscheidet sie auch vieles, denn de Sade leistet Widerstand, während sich die Unterdrückten in seinen Romanen aus lauter Tugendhaftigkeit selbst dann nicht dazu aufraffen können, wenn ihre Peiniger verwundbar sind. Damit berühren sich die Extreme in einem entscheidenden Punkt: Die ganz Bösen und die ganz Guten sind gleichermaßen feige, die Bösen, weil sie fürchten, das erleiden zu müssen, was sie ihren Opfern antun, die Guten, weil ihre falsch verstandene Tugend sie ihrer Widerstandskraft beraubt. Der Marquis de Sade aber – so seine Selbsteinschätzung – war mutig und half seinen bedrängten Nächsten, nicht, weil er an die lachhafte Tugend der guten Gesellschaft glaubte, sondern weil er Gewalt im Namen des Staates verabscheute und dadurch die Heuchelei und Selbstgerechtigkeit der Guten aufdeckte.

Mit Justines Peinigern teilt de Sade den Drang, das Rätselwesen Mensch zu erforschen. Was die entfesselten Klosterbrüder in der Waldeinsamkeit treiben, bleibt für ihren Erfinder jedoch ein erregendes Spiel der Phantasie. Auch die philosophische Basis, auf die sich ihre menschenverachtende Libertinage gründet, ist mehr oder weniger Geist vom Geist des Marquis, wie der Vergleich mit nicht fiktionalen Texten aus seiner Feder zeigt. Das gilt für den Hass auf das Christentum, den Glauben an die Allmacht der Natur als prädestinierende Macht, den materialistisch abgestützten Atheismus und das nachtschwarze Bild des Menschen als ein zum Egoismus verdammtes Triebwesen. Unterschiede zeigen sich jedoch bei zahlreichen praktischen Schlussfolgerungen aus diesen Prämissen, die de Sade nicht billigen konnte, etwa Lobreden auf künstlich erzeugte Hungersnöte, die Aufforderung, ganze Provinzen zu entvölkern, die Rechtfertigung medizinischer Experimente am lebenden Menschen, die Pflicht zum Vater- oder Muttermord und die kategorische Verdammung der Dankbarkeit. Wo sich die Gedankengänge des Autors und seiner fiktiven Schurken trennen, ist im Einzelnen nicht immer genau zu bestimmen. Erreicht ist dieser Punkt spätestens dann, wenn die philosophische Rede der Romanfiguren auf einmal ätzend ironisch wird.

De Sades Weg kreuzten keine Räuberbanden und Falschmünzer, dafür hatte er es mit mörderischen Gerichtspräsidenten zu tun. Seine Weltdiagnose aber ist dieselbe wie Justines. Frankreich im 18. Jahrhundert ist weder Butua, das Reich des Bösen, noch Tamoé, die tugendhafte Südseeinsel. Dort nämlich bekennen sich die Herrschenden offen zu ihren Prinzipien, sei es zur Zerstörung, sei es zur Beglückung des Menschen. Frankreich aber ist wie alle christlichen Gesellschaften und Staaten zutiefst schizophren. Offiziell gilt dort ein Tugendkanon, doch nach diesem kann man nicht leben. So handeln die meisten gegen die Gesinnung, die sie offiziell bekennen, und die wenigen, die beides in Übereinstimmung zu bringen versuchen, gehen gesetzmäßig zugrunde. In einer solchen Welt kann nur überleben, wer schlecht ist, aber Tugendhaftigkeit vortäuschen kann. Das erkennt der scharfsinnigste der de Sadeschen Superschurken, der geniale Mediziner Rodin, hellsichtig, wenn er zu Justine sagt:

> In einer durch und durch lasterhaften Gesellschaft würde die Tugend zu gar nichts taugen. Doch da unsere Mitmenschen nun einmal nicht so sind, muss man die Tugend entweder selbst vortäuschen oder sich ihrer bedienen, um diejenigen, die ihren Prinzipien folgen, weniger fürchten zu müssen.[18]

Die Diagnose Schizophrenie gilt also auch für die mörderischen Libertins selbst. Sie werden von den Guten verfolgt und müssen sich gegen diese Nachstellungen schützen. Zur Tarnung bekennen sie dieselben Werte wie sie und tauchen in den Untergrund ihrer Privat-Verliese, Folterkeller und Experimentier-Labore ab. Dort bilden sie Gegen-Gesellschaften, in denen ihre Gegen-Werte gelten und die Schwachen den Starken willenlos unterworfen sind. Diese Strategien der Verhüllung und damit der Straflosigkeit verfolgte der Marquis de Sade im eigenen Leben nicht. Nach keiner seiner Affären unternahm er auch nur die geringste Anstrengung, um seine Spuren zu verwischen. Das lässt sich nicht nur als aristokratische Arroganz, sondern auch als Protest gegen die herrschende Schizophrenie verstehen. Allerdings musste auch er sich die Frage stellen lassen, die der wortmächtige Chirurg Rodin als einzige nicht schlüssig beantworten kann: Welches Vergnügen kann man darin finden, andere zu quälen?[19] Für Rodin liegt die Antwort im Hybrid-Zustand der Welt beschlossen: Sie verbietet dem Libertin, seine Lust offen auszuleben, und genau dieser Zwang, sich verborgen zu halten oder auch gewisse Schranken nicht zu überschreiten, macht seine Lust aus. So schlägt Rodin seine Zöglinge bis aufs Blut, doch wagt er es nicht, sie zu vergewaltigen. Diese letzte Hemmung steigert sein Verlangen und damit seinen Genuss ins Unermessliche. Von einer solchen Luststeigerung durch Verbote können die Libertins in Silling nur träumen, da dort die hemmungslose Ausschweifung zur Pflicht geworden ist. Wirkliche Lust kommt nur noch auf, wenn die Opfer den Peinigern ins Gedächtnis rufen, dass sie etwas Verbotenes tun. Wenn sich ein Opfer zu den Prinzipien des Bösen bekennt, wird es als Lustobjekt untauglich.

Darüber aber ist sich der scharfsinnige Rodin nicht im Klaren, wenn er die Tyrannei der Tugend und ihrer Apostel beklagt:

> Man sagt dir, die Tugend ist gut für die anderen, und das heißt: sie ist gut. Denn wenn man akzeptiert, nur das zu tun, was für die anderen gut ist, wird man auch von ihnen nur Gutes erfahren. Doch diese Überlegung ist ein Trugschluss. Für das bisschen Vorteil, den ich daraus ziehe, dass die anderen tugendhaft sind, muss ich durch die Verpflichtung, meinerseits tugendhaft zu sein, eine Million Opfer bringen, für die ich nie und nimmer ent-

schädigt werde. So bekomme ich weniger, als ich gebe, mache also ein schlechtes Geschäft. Um tugendhaft zu sein, nehme ich sehr viel mehr Entbehrungen auf mich, als ich Gutes von den Tugendhaften erhalte. Dieser Pakt ist also ungleich, und ich bin nicht verpflichtet, ihn einzuhalten.[20]

Hier spricht fraglos der Marquis selbst, der Cantharidin-Bonbons verabreicht und die «Küken» nach Lacoste anwirbt: Nieder mit der Tyrannei der Tugend und ihrer Apostel! Wir anderen, die wir von der Natur abweichende Neigungen eingepflanzt bekommen haben, pochen auf unser Recht, diese Vorlieben auszuleben! Allerdings muss auch er sich fragen, ob ihm seine Affären dieselbe Lust bereitet hätten, wenn sie von Staat und Gesellschaft toleriert worden wären. Für seine erfundenen Libertins lag der Fall klar. Wenn das Laster hoffähig wird, werden wir tugendhaft. Vieles spricht dafür, dass auch der Marquis nach dem prickelnden Lebensgefühl des Außenseiters süchtig war und auf der Südseeinsel Tamoé an Langeweile zugrunde gegangen wäre.

Rousseaus Gesellschaftsvertrag war damit in den Augen des Chirurgen wie des Marquis widerlegt und gegenstandslos geworden. Der tugendverliebte «Bürger von Genf» hatte seinem *contrat social* die absolute Parität von Verlust und Gewinn zugrunde gelegt: Jeder opfert seine natürliche Freiheit und gewinnt dafür die allen gleichermaßen garantierte gesetzliche Freiheit. Für de Sade war das ein fataler Fehlschluss, weil diese Gesetze gerade durch ihre Gleichheit die einen, deren Neigungen den Gesetzen der Tugend entsprachen, begünstigten und die anderen, die anderen Genüssen frönten, unterdrückten.

Daher fühlt sich Rodin gedrängt, einen anderen, negativen Gesellschaftsvertrag zu entwerfen:

> Bleibt noch das Unrecht, das ich mit meinen Lastern den anderen antun kann, und das Übel zu ermessen, das ich selbst erfahren werde, wenn alle anderen mir gleichen. Wenn ich das Laster vollständig freigebe, gehe ich ein Risiko ein, das will ich gar nicht leugnen. Aber das Leid, das ich durch dieses Risiko in Kauf nehme, wird durch den Genuss ausgeglichen, den ich dadurch gewinne, dass ich die anderen dieser Gefahr aussetze. Erst so wird eine wirkliche Gleichheit hergestellt, und erst dadurch werden alle ungefähr

*Die Philosophie des Bösen* 281

gleichermaßen glücklich. Genau das aber kann in einer Gesellschaft, in der die einen gut und die anderen böse sind, nie der Fall sein, denn aus dieser verhängnisvollen Mischung ergeben sich tausend Fallen, die sich im umgekehrten Fall gar nicht auftun. In der gemischten Gesellschaft sind alle Interessen unterschiedlich, und daraus entsteht unendliches Unglück. In der von mir entworfenen Form des Zusammenschlusses hingegen sind alle Interessen gleich. Jedes Individuum, das dazu gehört, hat denselben Geschmack und dieselben Neigungen, alle streben demselben Ziel zu, alle sind glücklich.²¹

Wirklich? Im Feuereifer, mit dem Rodin seine Vision einer vom Zwang der Gesetze und der Tugend befreiten Gesellschaft entwirft, unterlaufen ihm gleich zwei schwere Denkfehler. Durch die Freigabe aller Verbrechen werden nicht alle Menschen lasterhaft, sondern nur der ungehemmten Wirkung des Lasters ausgesetzt. Und die Regel, dass dadurch alle glücklich werden, gilt nicht einmal für die geschworenen Freunde des Bösen selbst, denn dadurch, dass das Böse legal wird, verliert es für seine früheren Anhänger jeden Reiz. Mord bereitet nur Genuss, wenn er verboten ist und bei den anderen Entsetzen erregt. Der Libertin muss sich an unschuldigen Opfern austoben, die der Tugend huldigen – allein die von Rodin so vehement geschmähte «gemischte» Gesellschaft verspricht also Lustgewinn. Das Plädoyer für die Freigabe der Verbrechen, das de Sade einige Jahre später zu einem sarkastischen republikanischen Manifest ausbauen wird, bietet also erst recht keine Lösung. Das Ausnahme-Ich wird nicht mit den anderen versöhnt, wenn alle tun dürfen, wonach es nur diesen einen gelüstet. Die Tugendutopie von Tamoé nahm der Marquis als Versuch einer Befriedung zwischen sich und der Gesellschaft im Wesentlichen ernst, auch wenn mehr als fraglich blieb, ob Zamés Lösungen für den Fall de Sade taugten. Der mörderische Gesellschaftsvertrag als radikaler Gegenentwurf aber nötigt ihm nur noch Hohn und Spott ab.

Mit seinen Denkfehlern illustriert der kluge Rodin die schon in Silling ausgesprochene Wahrheit, dass die Leidenschaften den Verstand beherrschen. Denn was ist mit den anderen, die keinen Lustgewinn aus der Zerfleischung ihrer Mitmenschen ziehen? Bei diesem Gesellschaftsvertrag wären sie die Verlierer, was Justine auch klar erkennt und ausspricht. Die Utopie der Anarchie wird so zur Parodie. Dazu passt es, dass Justine dieselben Ideen schon einige Leidensstationen zuvor, bei ihrem unfreiwilligen Aufenthalt im Schoße der Räuberbande, zu hören bekam. Konsequenter als der Entwurf einer Gesellschaft, die Inzest und Mord freigibt, ist daher das Modell der grobschlächtigeren Libertins:

> Wenn die geheimen Inspirationen der Natur uns zum Bösen drängen, dann deshalb, weil sie das Böse braucht, das Böse will und das Böse von uns fordert. Denn die Summe aller Verbrechen ist nicht vollständig, sie reicht nicht aus, um die Gesetze des Gleichgewichts, von denen die Natur allein gelenkt wird, zu erhalten.[22]

Mord wird so mehr denn je zum Gottesdienst einer säkularisierten Natur-Religion. Wer am meisten mordet, frommt der Natur am meisten. Auch dieses Dogma wird dem Leser dutzendfach eingehämmert. Zugleich wird ihm eine ganz neue Form von Unsterblichkeit verheißen:

> Alle Menschen, alle Tiere, alle Pflanzen wachsen, nähren sich, zerstören sich und vermehren sich und empfangen so niemals einen wirklichen Tod, sondern nur eine einfache Veränderung ihrer Erscheinungsform.[23]

Das war der Erkenntnisgewinn, den de Sade aus den Werken über die Seelenwanderung zog, die ihm die Marquise ins Gefängnis geliefert hatte. Unter seiner Feder wird daraus eine Materien-Wanderung, die den Atheisten mit seinem Tod so restlos aussöhnen soll wie die Erwartung der Auferstehung den Christen. Derselben Überzeugung verlieh der Marquis später in seinem Testament Ausdruck: Ich vergehe, meine Atome werden sich so kombinieren, und das ist auch gut so.

Das höchste Prinzip der Natur ist die Bewegung; sie will bewegen und selbst in Bewegung gehalten werden. Am stärksten bewegt wird sie von den sogenannten Verbrechen. Doch auch die Verbrecher selbst werden von der Bewegung regiert. Ihre starken Nerven werden von den stärksten Erschütterungen, die nur der extreme Schmerz der anderen in ihrem elektrischen Fluidum erzeugt, zu den Exzessen der Lust angesta-

*Die Philosophie des Bösen*

chelt. Die Tugend aber ist statisch und der Natur durch diese Passivität verhasst; entsprechend schwach sind die Nerven der Guten und die Eindrücke, die ihre guten Taten in ihrem schlaffen Fluidum hinterlassen. Deshalb belohnt die Natur das Verbrechen und straft die Tugend. Auch diese Lehren werden dem Leser stets aufs Neue eingeschärft – wehe Justine, dass sie diesen leichten Lehrsatz nicht begreifen will! Auch der Marquis de Sade lebte nicht nach diesen Maximen – im Gegenteil. Er versagte sich nicht nur den angeblich höchsten Lustgewinn durch Mord, sondern übte sich als Verächter des Christentums in einer Mitmenschlichkeit, die dem christlichen Ideal voll und ganz entsprach. Die dafür maßgebliche Ethik war die des Sterbenden im Gespräch mit dem Priester: Lebe deine Neigungen nicht auf Kosten der anderen aus!

Von Rodins Lehre über die Starken und die Schwachen ist es nur ein kleiner Schritt, um wie der Falschmünzer Roland die Unterdrückung der Schwachen durch die Starken zu rechtfertigen:

> Der Arme gehört zur Ordnung der Natur. Dadurch, dass sie die Menschen ungleich geschaffen hat, hat sie uns davon überzeugt, dass diese Ungleichheit auch in der Zivilisation erhalten bleiben muss. Dem Bedürftigen aufzuhelfen ist also ein Vergehen gegen die von der Natur eingesetzte Ordnung und bedeutet, sich gegen sie zu erheben und das Gleichgewicht zu stören, das ihre erhabenste Grundlage bildet ... Man klagt über die Bettler in Frankreich. Man müsste nur wollen, und es würde sie nicht mehr geben. Man müsste nur sieben- oder achttausend von ihnen aufhängen, und das ganze Gesindel würde bald verschwinden. Der politische Körper müsste dafür nach denselben Regeln wie der menschliche Körper behandelt werden. Würde ein Mensch aus Mitleid die Würmer schonen, die seinen Leib zerfressen?[24]

Dieser Aufruf zur effizienteren Unterdrückung und Ausbeutung des Volkes ist oft als politisches Glaubensbekenntnis de Sades gedeutet worden. Doch auch hier liegen Welten zwischen dem realen Marquis, der im Stillen arme Familien unterstützt, und der Politik der systematischen Armen- und Bettler-Ausrottung.

Ebenso kategorisch wie die Vernichtung der Schwachen durch die Starken verlangt die Natur – so das Credo der fiktiven Libertins – den

Krieg zwischen Mann und Frau. Hier ist der Graf de Gernande in seinem Element:

> Wenn also bewiesen ist, dass die Geschlechter nicht füreinander geschaffen sind und jede Klage der einen Seite so begründet wie die der anderen ist, so ist es falsch, dass die Natur sie für ihr wechselseitiges Glück geschaffen hat. Sie mag ihnen erlauben, sich zum Zweck der Fortpflanzung einander anzunähern, aber nicht, um durch eine dauerhafte Verbindung zur beiderseitigen Seligkeit zu gelangen. So aber hat der schwache Teil keinerlei Anspruch auf das Mitleid des Starken, da er nicht darauf pochen kann, in einer solchen Verbindung sein Glück zu finden, sondern muss sich stattdessen dem Starken rückhaltlos unterwerfen.[25]

Der Mensch ist von der Natur zum Egoismus bestimmt. Doch glücklich wird er dadurch trotz aller gegenteiliger Beteuerungen der Libertins nicht – im Gegensatz zum Marquis in seiner harmonischen Zweierbeziehung mit seiner letzten Lebensabschnittspartnerin, seiner geliebten Constance. Gerade die entfesselten Wüstlinge sind zu dauernder Wiederholung der immer gleichen Ausschweifungen und Lehren verdammt. So drängt sich die Frage auf, ob der Mensch einer Natur, die ihm zwar gewisse Genüsse verschafft, doch seine elementaren Bedürfnisse nicht befriedigen kann, nicht lieber entgegentreten statt ihr gehorchen soll. Darauf wird erst Justines Schwester Juliette eine Antwort geben.

In *Justine* denkt de Sade eine Welt, wie sie gemäß den Gesetzen der Natur aussehen müsste: ohne Gott, ohne Sinn, ohne Menschlichkeit. Gerade weil dieser Entwurf so folgerichtig ist, lässt er bis heute das Blut in den Adern gefrieren. Doch wenn die Natur den Menschen zum Egoismus und zum Unglück vorherbestimmt hat, dann muss er gegen die Natur rebellieren. Das ist die Schlussfolgerung der Existenzialisten, die de Sade im 20. Jahrhundert rehabilitiert haben. Doch auch dem Marquis war diese Vorstellung, wie spätere Texte zeigen, nicht fremd.

## Im Sturm der Revolution

Schon bald nach seiner Freilassung hatte sich der Marquis in seiner Pariser Sektion als Aktivbürger registrieren lassen und so das Recht erworben, zu wählen und gewählt zu werden. Für einen *homme de lettres*, der so intensiv über den Menschen, die Gesellschaft und den Staat nachgedacht hatte, bot die politische Lage zu Beginn der 1790er Jahre interessante Handlungs- und Profilierungschancen. War ein Mann, der Privilegien und Willkür des Ancien Régime am eigenen Leib erfahren und – zumindest nach seiner Selbsteinschätzung – durch seinen mutigen Aufruf vom Dach der Bastille die Revolution wesentlich beschleunigt hatte, nicht aufgerufen, seine Einsichten in die Gestaltung einer besseren Zukunft einzubringen?

An den Beratungen für das neue Grundgesetz Frankreichs war de Sade nicht beteiligt; hier führte sein «Cousin» Mirabeau das große Wort. Das Ergebnis war ein System der Gewaltenteilung, das nur die Besitzenden oberhalb eines bestimmten Steueraufkommens für politikfähig erklärte. Es übertrug dem auf dieser Zensusgrundlage gewählten Parlament die Legislative und dem König die Exekutive, den militärischen Oberbefehl sowie ein aufschiebendes Veto gegen unliebsame Gesetze; außerdem wurde die Unabhängigkeit der Justiz und damit die Gleichheit aller Bürger vor dem Gesetz garantiert. Damit verlor die Monarchie ihr Gewaltenmonopol, behielt aber eine starke und vor allem ausbaufähige Stellung, wie Mirabeau dem gekränkten, verängstigten und zögerlichen Ludwig XVI. zu erklären versuchte: Ein entschlossener Herrscher, der seine neue Rolle als konstitutioneller Monarch nach außen hin enthusiastisch spielte, konnte hinter den Kulissen seinen Einfluss mühelos verstärken, zum Beispiel durch Bestechung von Abgeordneten und durch geschickte Propaganda, die ihm die Herzen des Volkes gewann. Doch dazu war der König nicht bereit. Nach Mirabeaus Tod am 2. April 1791 gewannen die Höflinge die Oberhand, die ihm zum Bruch mit dem neuen System rieten. Ende Juni 1791 entschloss sich Ludwig XVI. zur Flucht ins Ausland, kam aber nur bis Varennes und wurde zwangsweise nach Paris zurückeskortiert.

In dieser kritischen Situation wurde der adelige Staatsbürger de Sade politisch aktiv und warf seinem König eine selbstverfasste Denkschrift in die Kutsche. Seine *Adresse eines Bürgers von Paris an den König der Franzosen* liest sich wie ein Brief Valcours an seinen Freund Déterville. Das Manifest des Marquis quillt vom Tugendjargon der Aufklärung nur so über. Eine pathetische Floskel reiht sich an die andere, Herzen bluten, Augen füllen sich mit bitteren Tränen:

> Sire, was habt Ihr getan? Wozu habt Ihr Euch verleiten lassen? Wie habt Ihr Euch erdreisten können, ein ganzes Volk in die Irre zu führen? Von den Ursprüngen der Monarchie bis heute liebte das Volk den Gedanken, dass Aufrichtigkeit, Treue und Ehre, auch wenn sie überall vertrieben würden, ihr unantastbares Heiligtum im Herzen seines Königs finden würden. Diese Hoffnung ist jetzt für immer als Illusion erwiesen, Ihr habt sie zerstieben lassen, und zwar auf grausame Art und Weise.[26]

So reden und schreiben in de Sades Romanen betrogene Ehefrauen und hintergangene Liebhaber. Die Ähnlichkeit war nicht zufällig, denn für de Sade hatte der König mit seiner Flucht einen fatalen Treuebruch begangen und das heilige Band des Vertrauens zwischen sich und seinem Volk zerrissen. Wie nach einem Seitensprung war Wiedergutmachung angesagt, solange noch die Chance bestand, die verlorene Liebe der Untertanen zurückzugewinnen:

> Ungeachtet Eures Fehltritts könnt Ihr bei Einsicht und Wiedergutmachung darauf hoffen, in der Erinnerung einen Platz neben Vespasian und Titus zu finden. Macht Ihr aber weiter wie zuvor, so wird Euer Name nur Ekel und Entrüstung provozieren wie der eines Caligula und Heliogabal.[27]

In diesem Fall werde sich ganz Frankreich wie ein Mann gegen ihn erheben:

In Frankreich gibt es nur einen einzigen Willen. Von der Rhone bis zur Schelde, vom Atlantik bis zu den Alpen ist «Freiheit» zum einhelligen Motto der Nation geworden. Dieser Wille, die Freiheit für immer und ewig zu genießen, ist einhellig, und dieses heilige Votum seinerseits ist das Produkt der Vernunft und der Weisheit und zugleich der Hoffnungslosigkeit, in die die schlechte Verwaltung unter Eurem Vorgänger und unter Euch selbst das Königreich gestürzt hat.[28]

Hoffnungslosigkeit hatte de Sade reichlich erlebt: ohne Prozess, als Gefangener Ludwigs XVI., des von der Kirche gesalbten Monarchen. Nun war der König ein Mensch wie alle anderen auch. Seine Größe verdankte er allein der Nation, die ihm nun eine letzte Bewährungsfrist einräumte. Die Chance zur Besserung beruhte auf einer gnädigen Fiktion, die so alt war wie die Monarchie selbst: Der König will im Grunde das Gute, aber er ist schlecht beraten. Sein böser Geist war laut de Sade die Königin, die so schnell wie möglich nach Hause, das heißt in die Wiener Hofburg, zurückgeschickt werden sollte. Dann wäre der König tatsächlich mit seiner Nation und nicht mit einer Verräterin vermählt.

Worin Ludwigs Despotie bestand, wird in einem einzigen Satz konkretisiert:

Sire, die Zeit, in der Sie uns einschüchtern und einsperren konnten, ist für immer vorbei, nicht jedoch die Zeit, sich verehren zu lassen.[29]

Und wieder die Bastille! Der Marquis wendet sich an seinen gekrönten Oberkerkermeister und droht ihm: Die Machtverhältnisse hatten sich ins Gegenteil verkehrt, jetzt stand der Marquis de Sade als Wortführer des französischen Volkes über dem König und konnte ihm jederzeit antun, was der König ihm angetan hatte, wenn nicht Schlimmeres. Es muss dem «Bürger» de Sade tiefe Genugtuung bereitet haben, durch dieses revolutionäre Rollenspiel seine eigene Vergangenheit zu «bewältigen».

Noch war diese Inszenierung des Marquis relativ risikolos, denn noch war die Aristokratie nicht als ganze zum Feindbild der neuen Mächtigen geworden. Eine politische Heimat hatte der *citoyen* de Sade jedoch nicht gefunden. Seine Mit-Adeligen hatten ihn zum Sündenbock des ganzen Standes gemacht, die reichen Bürger waren für ihn feige Krämerseelen, und vom Volk war auch nichts Gutes zu erwarten. Über die Einwohner von Mazan, die in einer Gemeindeversammlung um die Erneuerung der Dorfmauern nachgesucht hatten, äußerte er sich ausgesprochen lieblos:

> Soll ich dieselbe Luft atmen wie diese Räuber? Niemals! Ich hasse sie jetzt so, wie ich sie einst liebte. Und ich betrachte sie als zu dumm, um sich an der gegenwärtigen Revolution zu bereichern; stattdessen holen sie sich blutige Köpfe.[30]

Mangels wirklicher Bündnispartner war die konstitutionell gezähmte Monarchie für den Marquis das kleinste politische Übel, wie er dem König in seiner *Adresse* deutlich machte:

> Vielleicht haltet Ihr mich aufgrund dieses Diskurses für einen Feind der Monarchie und des Königs. Doch das, Sire, bin ich nicht. Niemand ist tiefer als ich davon überzeugt, dass Frankreich nur von einem König regiert werden kann. Doch muss dieses Oberhaupt von einer freien Nation in freier Wahl bestimmt werden und der Verfassung treu ergeben regieren.[31]

Bei allem Pathos sind die Grundsätze der *Adresse* klar und einfach: keine willkürlichen Haftbefehle mehr und stattdessen so viel Kontrolle der Macht wie möglich! Ganz ähnlich legte de Sade sein politisches Bekenntnis ein halbes Jahr später in einem Brief an seinen Verwalter Gaufridy ab:

> Ich bin ein geschworener Feind der Jakobiner, ja, ich hege ihnen gegenüber tödlichen Hass. Ich liebe den König, doch ich hasse die alten Missbräuche. Ich liebe zahlreiche Artikel der Verfassung, andere wiederum empören mich. Ich will, dass man dem Adel seinen Glanz zurückgibt, weil es zu nichts geführt hat, ihm diesen zu nehmen. Ich will, dass der König das Oberhaupt der Nation ist. Ich will keine Nationalversammlung, sondern ein Zweikammersystem wie in England, das die Autorität des Königs einschränkt... Was bin ich jetzt? Aristokrat oder Demokrat? Advokat, bitte sagen Sie es mir, denn ich weiß es nicht.[32]

In Wirklichkeit wusste de Sade sehr genau, wo er politisch stand: Da er religiös und politisch aus vollstem Herzen ungläubig war und nicht an das Gute im Menschen glaubte, konnte er kein Demokrat sein, sondern plädierte für eine konstitutionelle Monarchie nach englischem Vorbild mit viel Prestige für die Aristokratie. Der Marquis dachte Politik wie alles andere, nämlich auf die eigenen Erfahrungen gestützt und auf sich bezogen. Verfassungen waren kein Wert an sich und die Menschen nicht erziehungsfähig. Dieser egoistische Pragmatismus war darauf ausgerichtet, individuelle Freiräume zu schaffen und persönliche Unterdrückung zu gewährleisten. Unter diesem Gesichtspunkt waren die kleinen, unspektakulären Lösungen die besten. An dieser Haltung änderte sich auch in der Folgezeit kein Jota. Allerdings wurde es für einen Mann mit seiner Vergangenheit immer schwieriger, sich unter den neuen Verhältnissen zu behaupten; je mehr sich die Revolution radikalisierte, desto gefährlicher lebten Aristokraten wie er; waren sie zudem als Libertins verrufen, schwebte das Fallbeil der Guillotine bereits über ihnen. So hatte der Marquis schon bald nur noch die Wahl, unterzutauchen oder sich als Jakobiner zu betätigen. Seiner lebenslangen Neigung zur Tollkühnheit entsprechend entschied er sich für das größtmögliche Risiko und trug den Kampf ums Überleben mit der Maske des Revolutionärs aus.

Erschwert wurde dieser Kampf durch akute Geldknappheit. Der Marquis und die Schauspielerin, die seit Anfang 1791 eine gemeinsame Wohnung in der Rue Neuve-des-Mathurins bezogen hatten, mussten sich immer mehr einschränken. Die *Justine* schlug zwar auf dem Pariser Buchmarkt wie eine Bombe ein, doch schöpfte der Verleger Girouard den Löwenanteil des Ertrags ab. Noch bedrohlicher war, dass de Sades ältester Sohn Louis-Marie im Juli 1791 seinen Offiziersdienst quittierte und kurz darauf Frankreich in Richtung Deutschland verließ. Damit geriet der Name de Sade auf die schwarze Liste der Emigranten, deren Güter schon bald der Beschlagnahmung anheim fielen. Da in Sachen Vornamen bei den de Sades ohnehin heilloser Wirrwarr herrschte und der Marquis sich zu allem Überfluss seit April 1792 nur noch «Louis Sade» nannte, wurde er mit seinem Sprössling verwechselt und hatte jahrelang seine liebe Not damit, seine wenigen verbliebenen Besitzungen vor

Louis-Marie de Sade: ältester Sohn eines «skandalösen» Schriftstellers, selbst Autor historischer Schriften, Offizier unter Napoleon und als solcher 1809 in Süditalien von einem Heckenschützen getötet

dem Zugriff des revolutionären Staates zu schützen. Umso mehr hieß es, mit den Wölfen zu heulen, als sich die Verhältnisse zuspitzten. So verfasste der ehemalige Feudalherr von Lacoste einen pathetischen Brief an den Gemeinderat seines alten Lehens, in dem er mit bewegten Worten seine unerschütterliche Treue zur Revolution und zur Verfassung hervorhob.

Aber welche Revolution und welche Verfassung war gemeint? Diese Frage stellte sich schon wenige Monate später, als die konservativen Mächte unter Führung Österreichs und Preußens mit einer gewaltsamen Wiederherstellung der alten Ordnung drohten. Im Zeichen des nahenden Krieges, der Versorgungsknappheit und der Angst, die von radikalen Verschwörungs-Journalisten wie Jean-Paul Marat systematisch geschürt wurde, trat mit dem Pariser Kleinbürgertum eine politische Kraft auf den Plan, mit der in der ersten, liberalen Phase der Revolution niemand gerechnet hatte. Über die Frage, ob man mit diesen Sansculotten ein

Im Sturm der Revolution

Danton, Marat, Robespierre: die drei mächtigsten Männer Frankreichs nach dem 10. August 1792. Die Revolution fraß ihre Kinder – keiner der drei überlebte die Zeit der Terreur.

Zweckbündnis eingehen sollte oder nicht, spaltete sich das bürgerliche Lager in Girondisten und Montagnards. Die radikale «Bergpartei» unter der Führung des hochgebildeten Rechtsanwalts und Gelegenheitsdichters Maximilien Robespierre war zu einer Allianz mit den Kleinbürgern bereit, sofern sie selbst die politischen Ziele bestimmte.

In der Provence begann die Radikalisierung der kleinen Leute schon im Frühjahr 1792. Dabei geriet de Sades treuer Sachwalter Gaufridy mit seinen Söhnen ins Visier der Verfolgung, was auch für das Schloss Lacoste und seinen Besitzer nichts Gutes verhieß. In Paris begann die zweite Revolution der Sansculotten und Jakobiner am 10. August. Von jetzt an war im Namen der Nation die Jagd auf die «Feinde der Revolution» eröffnet. Dazu zählten die Profiteure des alten Systems wie Aristokraten und Steuerpächter, doch auch «unmoralische» Autoren lebten in der neuen Republik, die die Tugend auf ihre Fahnen schrieb, gefährlich.

Wie man sich am 10. August, dem Wendedatum, das schon bald zum Feier- und Gedenktag der Zweiten Revolution erhoben wurde, verhalten hatte, wurde in der Tugend- und Terror-Republik der Jakobiner schon bald minutiös überprüft. Louis Sade gab zwei Jahre später, im Juni 1794, gegenüber dem Revolutionstribunal ein durch und durch korrektes Betragen zu Protokoll:

> Am frühen Morgen holte mich ein Freund ab, und wir begaben uns gemeinsam zum Carouzel, wo wir uns unter die (= radikalen) Leute aus Marseille mischten. Mein Freund wurde an meiner Seite verwundet. Ich selbst schäumte vor Wut darüber, dass der Tyrann und seine unwürdige Gattin nicht auf der Stelle die verdiente Strafe für ihre Verbrechen erhielten.[33]

Mit dieser Aussage versuchte de Sade sein Leben zu retten. Wie er in Wirklichkeit dachte, schrieb er kurz nach den Ereignissen am 25. August 1792 an Gaufridy:

> Der zehnte August hat mir alles genommen, Verwandte, Freunde, Familie, Schutz und Hilfe; drei Stunden haben mir alles geraubt, ich bin allein.[34]

Die Klage war übertrieben, denn dem Marquis blieb schließlich Constance, die er mit liebevoll ironischem Spitznamen «die Empfindsame» nannte. So freimütig wie gegenüber Gaufridy konnte sich de Sade nur noch gegenüber den Treuesten der Treuen äußern; allen anderen gegenüber hieß es jetzt, mit den Wölfen zu heulen und dem tiefsten Hass auf Monarchie, Adel und Kirche Ausdruck zu verleihen. Im Falle der Familie Montreuil dürfte dem Marquis diese offizielle Absage nicht allzu schwer gefallen sein. In einem Brief an seinen Schwiegervater warf er der ganzen Sippe ihre Treue zum Ancien Régime mit einer Wut vor, in der die Rachegelüste von elfeinhalb Jahren Haft mitschwangen:

> Sollten sich Ihre Kinder und Neffen unter die Aristokraten einreihen, damit Sie Ihre Zugehörigkeit zum «hohen Adel» unter Beweis stellen konnten? Ich, mein Herr, habe dieser lachhaften Manie nie gefrönt; ich

habe mir für meine Kinder immer nur Patriotismus und Aufrichtigkeit gewünscht.³⁵

Der adelsstolze Marquis als Verächter des Adels: Dieser Rollentausch, den er seinem Schwiegervater vormachte, muss den Theaterautor und Regisseur de Sade königlich amüsiert haben. Das Leben war eine Bühne; auf ihr wurden Stücke gespielt, die die Phantasie der einfallsreichen Autoren überstiegen. Der Richterkaste ging es jetzt so rabiat an den Kragen, dass de Sades kühnste Rachephantasien in seiner Hass-Novelle vom gefoppten Präsidenten in den Schatten gestellt wurden. Hohe Robenadelige, die nicht rechtzeitig geflohen waren, wurden jetzt reihenweise aufs Schafott geschickt. Schon bald drohte auch Madame de Montreuil, der Präsidentin, und ihrem senilen Gatten dasselbe Schicksal. Das gönnte der Marquis, der geschworene Feind der Todesstrafe, niemandem, doch die letzte Gegenwehr seiner Schwiegermutter konnte er trotzdem nur wutschäumend zur Kenntnis nehmen:

> Dass Ihre ehrgeizige bessere Hälfte, Madame de Montreuil, alles opfert und alles verrät, um dem vermoderten Skelett der ekelhaften Robinokratie neues Leben einzuhauchen und die todbringende Kralle der *lettres de cachet* neu zu schärfen, ist nur allzu verständlich.³⁶

Das bitterböse Schreiben endet mit einer Drohung: Wenn sie de Sades Söhne nicht von der Emigration abhalten und dazu bringen würde, wie ihr Vater mit der Waffe in der Hand das Vaterland zu verteidigen, dann würde er sie vor der Nationalversammlung und ganz Frankreich als Anstifterin zu diesem Verrat denunzieren!

Der Marquis blieb seiner Strategie der Flucht nach vorn treu. So diente der ehemalige Kavallerie-Oberst in der Nationalgarde und bewachte wichtige Gebäude wie die Tuilerien. Die Kompetenz, die er bei diesen Operationen an den Tag legte, brachte ihm das Vertrauen seiner Mitbürger ein. Diese wählten ihn im September 1792 turnusmäßig zum Präsidenten seines Stadtteils, der jetzt «Piken-Sektion» hieß. Der neue Name sollte Wachsamkeit und Wehrhaftigkeit signalisieren, gewann aber schon im selben Monat eine makabre Bedeutung. «Enthüllungs-Journalisten» wie Marat und andere Jakobiner hatten systematisch die Angst vor einer Gegenrevolution durch konservative, vom Ausland bezahlte Verschwörer geschürt und zur Gegenwehr gegen diese volksfeindlichen Machenschaften aufgerufen. Tötet die Gegner der Revolution, am besten gleich zu Tausenden! Diesem Appell Marats folgte der fanatisierte Mob nur allzu willig, stürmte die Gefängnisse und richtete dort ein Blutbad an. De Sade berichtete von diesen Ereignissen in einem Brief an Gaufridy vom 6. September mit Faszination und Entsetzen:

> Am 3. September sind zehntausend Gefangene ums Leben gekommen, und zwar in einem grauenvollen (allerdings gerechten) Massaker. Die Prinzessin de Lamballe war unter den Opfern. Ihr Kopf wurde auf einer Pike dem König und der Königin vorgeführt, ihr geschundener Körper acht Stunden lang durch die Straßen geschleift, nachdem er, wie man sagt, von den grausamsten Ausschweifungen geschändet worden war.[37]

Silling lag plötzlich in Paris; die Lustmörder trugen blau-weiß-rote Kokarden. Die Forschungen des Marquis zu den menschlichen Abgründen gewannen unversehens eine beklemmende Aktualität. Der Terror der Tugend begann, und mit ihm die Zeit des Misstrauens. Bespitzelungen waren an der Tagesordnung, und so fügte de Sade in den obigen Brief vorsichtshalber noch zwischen den Zeilen die Rechtfertigung des Geschehens ein. Verdächtig waren von jetzt an nahezu alle, doch besonders gefährdet waren die Mitglieder der alten Elite. Auch über dem Bürger Louis Sade hing ein Damoklesschwert; wenn seine alten Skandale wieder aufgewärmt wurden oder sein Name mit der anonym publizierten *Justine* in Verbindung gebracht wurde, war seine gegenwärtige Rolle ausgespielt.

Auch in der unruhigen Provence ließen Gewaltausbrüche nicht mehr lange auf sich warten. Am 17. September 1792 rotteten sich einige Dutzend Einwohner von Lacoste zusammen, stürmten das Schloss, trugen alles weg, was nicht niet- und nagelfest war, und tranken nach vollbrachter Plünderung den gut bestückten Weinkeller leer. Die Nationalgarde sah diesem Treiben tatenlos zu. Zwei Tage darauf kamen die Plünderer wieder, diesmal mit dem Ziel, die alte Feudalresidenz restlos auszuschlachten. Doch so weit kam es nicht. Unter der Führung eines Notabeln aus Apt boten die Ordnungskräfte der Zerstörung Einhalt und schützten die verwüsteten Baulichkeiten vor der vollständigen Abtragung. Ein gezielter Racheakt an de Sade scheint der Sturm auf Lacoste nicht gewesen zu sein, da es den Schlössern der benachbarten Adelsfamilien nicht besser erging. Im Zuge der Unruhen musste de Sades Verwalter Gaufridy, dessen gemäßigte Einstellung bekannt war, mit seinen Söhnen fliehen. Für den Marquis waren diese Ereignisse eine Katastrophe; sein letztes Netzwerk in der Provence löste sich auf:

> Kein Lacoste mehr für mich! Was für ein Verlust! Er lässt sich nicht in Worte fassen! In diesem Schloss waren Möbel für sechs ... Mit diesem Vorgehen werden diese Schurken ihr Regime bald verhasst machen.[38]

In Paris verhielt sich der Geschädigte regimetreuer denn je. Ende Oktober 1792 wurde er in einen Ausschuss gewählt, der die öffentlichen Krankenhäuser reformieren sollte, in denen hygienisch und moralisch unhaltbare Zustände herrschten. Laut dem Bericht der Kommission, den der Bürger Louis Sade redigierte, war unter den Ärzten eine ausgeprägte Selbstbedienungsmentalität verbreitet, die zu Lasten der Kranken ging. Im «Geiste von Humanität und Mitbrüderlichkeit», so die kurze Denkschrift, müsse dieses fatale Kartell umgehend aufgebrochen werden. Mit diesem Appell stieß das Papier auf Zustimmung und wurde gedruckt.

Eine knappe Woche später legte de Sade seiner «Piken-Sektion» unter dem Titel *Gedanken über die Sanktionierung der Gesetze* erneut ein Memorandum vor. Kurz zuvor hatte eine entfesselte Menge die Tuilerien gestürmt, den König und dessen Familie gefangen gesetzt und dabei dessen Schweizer Gardisten getötet. Schon die Einleitung vibriert nur so vor revolutionärem Pathos:

> Ihr Männer des zehnten Augusts, ihr habt keine Furcht gezeigt, als es galt, den Tyrannen aus seinem stolzen Schloss zu verjagen ... Ihr seid ebenso

wenig davor zurückgeschreckt, die Souveränität mit eurem Blut zurückzugewinnen. Sie gehörte euch schon vorher, ist aber selbst im dritten Jahr der Revolution noch nicht wirklich gesichert.[39]

Warum nicht? Wo lauerten die Gefahren? Das Risiko lag in den Mentalitäten, so die Antwort des Verfassers. Früher schmückten sich die Abgeordneten von Notabeln- und Ständeversammlungen mit der Autorität des Königs, dessen devote Befehlsempfänger sie in Wirklichkeit waren. Ihren Mitbürgern gegenüber trumpften sie jedoch auf und forderten blinden Gehorsam. Im Herbst 1792 aber gehörte die Souveränität endlich der einen und unteilbaren Nation. Sie allein, so de Sade, verleiht den Deputierten ein Mandat, das sie jederzeit wieder entziehen kann:

> Die aufgeklärten Abgeordneten, die in eurem Auftrag eine neue Verfassung schaffen sollen, besitzen somit kein anderes Recht, als euch Vorschläge zu machen; über deren Zurückweisung oder Annahme entscheidet ihr allein. Um es in einem Bild zu sagen: Die Macht eurer Deputierten ist wie ein von einem hellen Glas reflektierter Sonnenstrahl. Ihr seid die Lichtquelle wie die Sonne, die Abgeordneten sind das Brennglas. Sie haben nur das, was sie von euch erhalten haben. Und sie können die Welt nur durch das Feuer erleuchten, das ihr ihnen übertragt.[40]

Der Adelige, der eben noch über die plündernde Kanaille von Lacoste geflucht hatte, schwang sich in diesem flammenden Memorandum zum Hüter der umfassenden und unmittelbaren Volkssouveränität auf. Frankreich sollte eine plebiszitäre Demokratie werden, in der die Gesamtheit aller Bürger das alleinige Recht hatte, Gesetze anzunehmen oder abzulehnen. Solchen Basisversammlungen hatte de Sades intellektueller Erzfeind Jean-Jacques Rousseau drei Jahrzehnte zuvor in den Genfer Verfassungskämpfen die Souveränität zugeschrieben. Seiner Ansicht nach hatte die Gesamtheit der Genfer Bürger, die als solche durch Erwerb des Bürgerrechts ausgewiesen waren, die Hoheit, Gesetze zu erlassen, und nicht die schmale Elite des Patriziats, die sie als erbliches Privileg beanspruchte. Das Prinzip war dasselbe wie in de Sades Denkschrift: Souveränität kann und darf man nicht abgeben. Wenn es die Größe eines

Landes unumgänglich macht, Deputierte zu wählen, dann muss man ihnen rigoros auf die Finger schauen. Dieses Prinzip des imperativen Mandats hatte der Parlaments-Verächter Rousseau in einer Denkschrift für die Neuordnung des Königsreichs Polen verkündet. Doch viel besser als alle noch so streng kontrollierten Abgeordnetenversammlungen waren für Rousseau Urversammlungen aller Bürger. Dieser Meinung war auch de Sade:

> Ein Ankündigungs-Schreiben soll die Bürgermeister der Hauptorte aller Bezirke in Frankreich informieren. Nach dessen Erhalt werden sie Basisversammlungen einberufen, die in diesen Hauptorten abgehalten werden. Diesen Versammlungen wird durch die weise Vorausschau unserer Gesetzgeber das betreffende Gesetz zugeschickt. Daraufhin wird es von den Magistraten verlesen und von allen überprüft, besprochen und von allen Seiten betrachtet und daraufhin abgelehnt oder akzeptiert.[41]

Sämtliche Franzosen sollten also permanent zusammenkommen und zu den Gesetzen des Landes befragt werden. So weit war selbst Rousseau, der Staatsphilosoph der Jakobiner, nicht gegangen; seiner Ansicht nach eignete sich die direkte Demokratie nur für kleine und überschaubare Regionen wie die ländlichen Kantone der Schweiz. Doch damit nicht genug, der Aristokrat im Jakobinergewand entdeckte sogar seine Sympathie für die Kleinsten der Kleinen:

> Solon sagte einmal, dass Gesetze wie Spinnennetze seien – die großen Fliegen fliegen durch die Maschen, die kleinen verfangen sich darin. Dieses Gleichnis des großen Mannes führt uns zwingend vor Augen, dass zur Bestätigung eines Gesetzes ganz wesentlich und wahrscheinlich sogar vorrangig der Ausschnitt des Volkes gehört werden muss, den das Schicksal benachteiligt hat.[42]

Politische Vorzugs-Konditionen für die unterste Unterschicht: so weit gingen selbst die radikalsten Jakobiner nicht. Mit seinem überraschenden Vorschlag kehrte der subversive Marquis selbst noch die revolutionäre neue Gesellschaftsordnung um. Seine Ideen für die ideale Verfassung gab der Bürger Louis Sade als das Ergebnis lebenslanger Forschungen aus:

> Ich habe die Menschen gründlich studiert und kennengelernt; ich weiß, wie unwillig sie eine Macht wieder abgeben, die ihnen einmal anvertraut wurde – nichts ist schwerer, als ihnen unter solchen Verhältnissen Einhalt zu gebieten. Ich liebe das Volk; meine Werke belegen, dass ich das hier vorgelegte System schon seit langem vertreten habe – lange bevor die Geschütze die Bastille zerschmetterten und diese Prinzipien der Welt kundtaten.[43]

Der Marquis als Vordenker der Revolution? Der Bezug zu seinen früheren Texten bleibt unklar. Die Insel Tamoé kann nicht gemeint sein, denn dort herrschte Zamé als aufgeklärter Volksbeglücker mit unbeschränkter Autorität.

Waren diese Vorschläge für eine plebiszitäre Demokratie ernst gemeint oder ein reines Lippenbekenntnis – oder gar pure Parodie? Den Mächtigen des Tages redete der Marquis jedenfalls nicht nach dem Mund; führende Jakobiner wie Robespierre versuchten den Druck der Straße zwar gegen ihre Gegner zu nutzen, doch in die Gesetzgebung wollten sie sich nicht hineinreden lassen. Ein aufrichtiges Bekenntnis in eigener Sache ist ohne Frage die Selbstdarstellung als empirischer Menschenforscher. Auch der tiefe Widerwille gegen die neue Herrenklasse der Revolutions-Gewinnler klingt sehr authentisch:

> Wenn die Autorität des Volkes in einer Hand oder einigen Händen konzentriert ist, dann ist der Ausgangspunkt für die Bildung einer Aristokratie erreicht.[44]

De Sade blieb sich damit in seinem Widerwillen gegen eine neue Oligarchie gieriger Parvenüs aus Unternehmern, Wucherern und Advokaten treu, nur dass er in seinem Memorandum nicht mehr wie noch kurz zuvor die Abschaffung der alten Aristokratie bedauerte, sondern radikaldemokratisch argumentierte. Gegen die Machtergreifung einer neuen Klasse rief der Aristokrat mit der Jakobinermütze zur Wachsamkeit auf.

Ja, er scheute sich nicht, im Stile eines Jean-Paul Marat die Ängste vor einer Verschwörung der neuen Mächtigen zu schüren:

> Hütet euch vor verborgenen Fallgruben, die sich hinter scheinbar harmlosen Vorschlägen verstecken. Ich meinerseits habe euch die Fallen vor Augen geführt, in die man euch lockt, wenn man eure Bestätigung der Gesetze verhindert.[45]

## Sekretär der Piken-Sektion

Im Dezember 1792 erschien auf einer Liste emigrierter Adeliger der Name «Louis-Alphonse-Donatien Sade». Eine Person mit diesen Vornamen gab es zwar nicht, doch kam der Marquis der ominösen Bezeichnung am nächsten und musste sich gegen die damit verknüpften Verdächtigungen wehren, zunächst mit Erfolg. Anfang Januar 1793 wurde er von seiner Sektion dazu auserkoren, diese bei der Ausarbeitung einer neuen Spitalordnung für ganz Paris zu vertreten. Damit traten de Sades revolutionäre Aktivitäten aus dem beschränkten Umkreis des Stadtteils heraus, was mit Prestige, doch auch mit neuen Gefahren verbunden war.

Prompt wurde er zusammen mit einem Limonadefabrikanten beauftragt, eine ganze Reihe von Krankenhäusern zu visitieren und dabei die medizinische Behandlung, die Unterbringung der Patienten sowie nicht zuletzt die Verwaltung der Finanzen kritisch in Augenschein zu nehmen. Solche Visitationen wurden im Ancien Régime von höheren Geistlichen vorgenommen, was den frisch gebackenen «Visitator» de Sade amüsiert haben dürfte. Offenbar blieben seine Besuche nicht folgenlos. Unter der neuen Administration erhielten die vorher zu mehreren in einem Bett zusammengepferchten Kranken Einzelmatratzen.

Im April 1793 amtierte de Sade erneut als Sekretär der Piken-Sektion. In dieser Funktion traf er den Präsidenten de Montreuil zu einem Gespräch, von dem er Gaufridy mit gelassener Ironie berichtete. Schließlich hatten sich die alten Machtverhältnisse gründlich umgekehrt. Seine ehemals so mächtigen Schwiegereltern kamen jetzt als Bittsteller und waren auf seine Protektion angewiesen. Der Marquis aber genoss das uneingeschränkte Vertrauen seiner Mit-Sansculotten und wurde im April 1793 von ihnen zum Mitglied eines Gerichts gewählt, das Missbräuche im Zusammenhang mit den Assignaten, dem revolutionären Papiergeld, untersuchen sollte. Der zum Tode verurteilte «Giftmörder von Marseille» war jetzt zum Richter aufgerückt – was für ein Treppenwitz der Geschichte:

> Ich bin Richter, ja Richter! Wer hätte das vor fünfzehn Jahren gesagt, Advokat! Sie sehen, ich reife endlich zu echter Weisheit heran.[46]

Mit diesem Amt war die revolutionäre Karriere des Bürgers Louis Sade noch keineswegs zu Ende. Am 16. Juni 1793 trat er sogar vor dem Konvent, dem revolutionären Parlament, auf und verlas dort eine Eingabe seiner Sektion zur Militärpolitik. Am 23. Juli wurde er zum Präsidenten eines Revolutions-Tribunals gewählt; auch diesen Akt kommentierte der bekennende Hasser aller Gerichtspräsidenten mit einer Mischung aus Verblüffung, Ironie und Zufriedenheit.

Der Ritt auf dem Tiger ging also weiter, doch der Tiger gebärdete sich immer ungestümer. Schon bald verliefen die Zusammenkünfte der Piken-Sektion so stürmisch, dass sich de Sade als Sitzungsleiter kein Gehör mehr verschaffen konnte. Als es am 2. August 1793 besonders heiß herging, reagierte der Präsident de Sade mit Ekel. Ja, er würgte, spuckte Blut und musste den Vorsitz abgeben. Um welche «Unmenschlichkeit» – so der Marquis in einem Brief an Gaufridy – es dabei im Einzelnen ging, lässt sich nicht mehr ermitteln; dass Todesurteile verhängt werden sollten, darf jedoch als sicher gelten. Sicher ist auch, dass de Sade die serielle Hinrichtung von politischen Gegnern auf der Guillotine zutiefst zuwider war.

Der Abscheu vor der Tötungsmaschinerie des jakobinischen Tugendstaats trieb den Marquis zu todesmutigen Widerstandsaktionen an. Als das Ehepaar Montreuil wegen republikfeindlicher Haltung angezeigt wurde, verschleppte der zuständige Richter de Sade diesen Vorgang und setzte seine Schwiegereltern auf eine Liste von Personen, deren ideologische «Besserung» zu erwarten war. Damit riskierte er seine Stellung, ja sein Leben, wie sich schon bald zeigen sollte. Liebe deine Feinde! Mehr christliche Barmherzigkeit als der bekennende Atheist und Verächter des Christentums de Sade konnte man kaum an den Tag legen. Der großherzige Retter seiner Peiniger spielte diesen Akt des Heroismus in einem Brief an Gaufridy bewusst herunter:

> Wenn ich ein Wort gesagt hätte, wäre es ihnen übel ergangen. Doch ich sagte nichts – das ist meine Art der Rache.[47]

Ein Adeliger nahm mit dem Degen, nicht mit der Guillotine Rache, und noch lieber verpflichtete er seine Todfeinde zu einer Dankbarkeit, die diesen innere Qualen bereiten musste. Die finsteren Romanfiguren des Marquis werden nicht müde, das Dogma der Undankbarkeit zu verkünden: Wer seinem Nächsten hilft, handelt aus Eigennutz und Überheblichkeit. Zudem demütigt er ihn, nötigt ihn zu lästigen Gegenleistungen und macht ihn so von sich abhängig. Mit anderen Worten: Akte, die den Zwang zur Dankbarkeit nach sich ziehen, erzeugen in Wirklichkeit Hass. Ob der edelmütige Revolutionsrichter de Sade solche Hintergedanken hegte, muss offen bleiben. Fest steht, dass er der Präsidentin und dem Präsidenten das Leben rettete. Beide kamen zwar Ende Mai 1794 in Haft, überlebten das Ende der Schreckensherrschaft jedoch unbeschadet.

Die subversive Tätigkeit im Stillen machte revolutionäre Lippenbekenntnisse unumgänglich. Am 13. Juli 1793 wurde Jean-Paul Marat, als Journalist, Verfasser von Mordaufrufen und Theoretiker der Tugend einer der einflussreichsten und unberechenbarsten Politiker der Schreckensherrschaft, von der jungen Adeligen Charlotte Corday im Bad erdolcht. Daraufhin entfaltete sich ein beispielloser Kult um den «Märtyrer der Revolution», der in zahlreichen Schriften und Bildern zum Schutzheiligen der Armen und Entrechteten erhoben wurde. In dieses Horn stieß auch de Sade, der am 29. September vor seiner versammelten Sektion eine Gedenkrede auf Marat und einen zweiten Revolutions-Gefallenen namens Le Pelletier hielt. Vergleicht man das Übermaß an

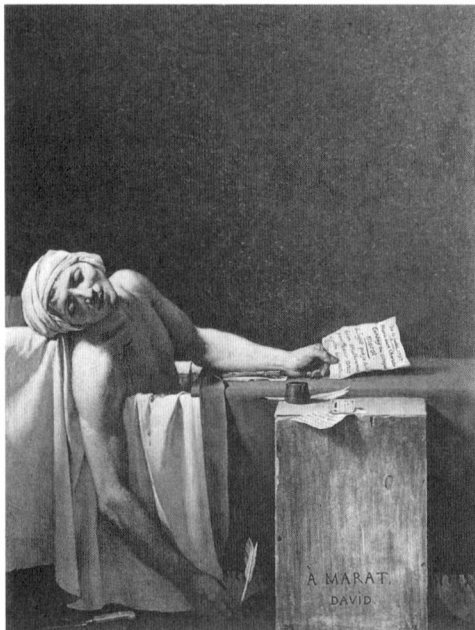

*Marat, der Retter des Volkes, ist als Märtyrer der Revolution gestorben: Jacques-Louis Davids Bild zeigt den Tatort unmittelbar nach dem Mord und feiert durch die Schlichtheit des Ambientes die Uneigennützigkeit des «ami du peuple».*

Pathos, revolutionären Worthülsen, tränenseliger Empfindsamkeit und menschheitsbeglückenden Phrasen, das der Bürger Louis Sade hier aufführt, mit den gleichzeitigen Briefen an Gaufridy, in denen er seinen unüberwindlichen Ekel vor diesen Blutmenschen der Revolution kundtat, dann tritt die blutige Ironie dieser Ansprache hervor:

> Ihr erhabenen Blutzeugen der Freiheit, ihr weilt bereits im Heiligtum des Nachruhmes. Von dieser Höhe aus werdet ihr wie die milden, Licht spendenden Gestirne über die Menschen wachen, die euch in alle Ewigkeit verehren, und ihnen nicht weniger von Nutzen sein. Denn wenn sie in den Strahlen der Sonne die Quelle des Lebens finden, so haben sie in euch Modelle der Tugend vor Augen.[48]

An diesen erhabenen Wendungen konnten selbst die hellhörigsten Spitzel keinen Anstoß nehmen. Doch der tollkühne Marquis ließ es sich nicht nehmen, in seine donnernde Ansprache gefährliche Doppeldeutigkeiten einzustreuen:

> Die alten Römer waren zu sparsam mit dem edlen Tribut des Lobs ... Wir wollen diesen Rigorismus nicht imitieren, er würde unsere Tugenden verkümmern lassen. Wir wollen eine Begeisterung nicht abwürgen, deren Nachteile unbedeutend, deren Erträge aber unverzichtbar sind: Franzosen, verehrt und bewundert für immer eure großen Männer! Diese Verehrung bringt neue große Männer hervor. Und selbst wenn euch die Nachwelt manchen Fehlgriff vorwerfen wird, seid ihr durch euer reines Empfinden freigesprochen.[49]

Marat, der Mann, der seit den blutigen Massakern vom September 1792 Tausende von unschuldigen Opfern auf dem Gewissen hatte, war jetzt der Ausbund an Tugend schlechthin: Das war eine atemberaubende Umwertung aller Werte. Damit bezeugte der Redner dem Publikum, das diese absurden Ruhmesfloskeln gierig aufgriff, seine tiefste Verachtung. Danach trieb der Marquis das sarkastische Spiel auf eine gefährliche Spitze:

> Man sagt, Eigennutz sei der Ausgangspunkt allen menschlichen Handelns. Ja, man stellt die Behauptung auf, dass es keine Handlung gibt, die nicht vom Eigeninteresse als wichtigstem Antrieb geleitet werde. Die fürchterlichen Menschen, die das Gute in all seinen Erscheinungsformen vernichten, berufen sich darauf und leugnen damit jegliche Verdienstlichkeit menschlicher Taten! O Marat, deine sublimen Taten nehmen dich restlos von diesem Gesetz aus![50]

Solche Leugner der guten Werke gab es in der Tat – die tief bewegte Versammlung hatte den wortmächtigsten Vertreter dieses negativen Menschenbildes schließlich vor Augen. Wusste wirklich niemand, dass hier der Verfasser der *Justine*, des nach einhelliger Einschätzung unmoralischsten Buches aller Zeiten, die Lobrede auf die revolutionäre Tugend hielt? Mit der eigenen Philosophie zu spielen, sich selbst zu widerlegen und Gegenpositionen einzunehmen, von deren Absurdität

*So gehen 1793 große Männer in die Unsterblichkeit ein: Bei seinem Staatsbegräbnis ist Marat wie ein altrömischer Tugendheld aufgebahrt, und das Volk klagt um seinen verlorenen Beschützer.*

er überzeugt war – all das gehörte offenbar zur Rolle, die sich der Marquis im blutigen Satyrspiel des Jahres 1793 auf den Leib geschrieben hatte.

Die riskante Gratwanderung wird am Ende der Rede auf Marat immer schwindelerregender:

> Scaevola und Brutus bekämpften jeder für sich ihren Tyrannen. Deine umso viel größere Seele aber wollte alle, die den Menschen eine Last sind, auf einmal vom Antlitz der Erde tilgen. Trotzdem klagen dich die Sklavenseelen an, dass du das Blutvergießen geliebt hättest! Dabei wolltest du, großer Mann, nur das Blut der Tyrannen vergießen, auf dass das Blut des Volkes verschont werde.[51]

Mit seinem Bemühen, das Laster ein für alle Mal vom Antlitz der Welt zu tilgen, ähnelt Marat unversehens den Superschurken der de Sadeschen Romane, die am liebsten die ganze Welt vernichten möchten. Noch faszinierter als von den Ausrottungsplänen des Dahingeschiedenen zeigt sich der Redner von der Tat, die ihn das Leben kostete:

Scheues, zartes Geschlecht, wie konnten deine reizenden Hände den Dolch führen, den die Demagogen geschärft hatten? ... Marats brutale Meuchelmörderin ähnelt den Zwitter-Wesen ohne eindeutiges Geschlecht; sie wurde nur aus der Unterwelt ausgespieen, um beide Geschlechter zu beschämen, zu denen sie selbst nicht zu zählen ist.[52]

Eine schöne junge Frau ersticht einen hässlichen alten Mann, der nackt in einer Badewanne sitzt, um mit dem kühlen Wasser den unerträglichen Juckreiz seiner Hautkrankheit zu lindern – das war eine Szene, die die Phantasie des Romanciers stärker entflammte, als es dem patriotischen Traueranlass angemessen war. Kein Zufall, dass der Redner im zweiten, Le Pelletier gewidmeten Teil seiner Ansprache nur noch hochtrabende Gemeinplätze aneinanderreihte.

Mit dem öffentlichen Heldengedenken und der Verurteilung der Mörderin legte de Sade scheinbar ein Bekenntnis zur weiteren Radikalisierung der Revolution ab. Charlotte Corday hatte sich als Tyrannenmörderin im Namen der Menschlichkeit verstanden und damit im Namen der Revolutionäre gehandelt, die die Revolution nicht weiter eskalieren lassen wollten. Diese «Girondisten» hatten zwar für den Krieg gegen die reaktionären Mächte als nationale Einigungsaufgabe plädiert, strebten im Inneren jedoch eine stabile Honoratiorenherrschaft unter Ausschaltung des radikalen Kleinbürgertums an. Durch den gezielt geschürten Druck der Straße waren sie im Frühjahr und Sommer 1793 zuerst in die Defensive gedrängt und dann entmachtet worden; am Ende erwartete sie wie alle «Konterrevolutionäre» die Guillotine. Damit war der Terror zum Regierungsinstrument oder, wie es Robespierre, der starke Mann des herrschenden «Wohlfahrtsausschusses», darstellte, zu einem wohltätigen Mittel der Säuberung und der staatsbürgerlichen Tugenderziehung geworden. Robespierre ging jedoch nicht nur gegen Abweichler von rechts, sondern auch gegen unliebsame Elemente von links vor, wie sich bald zeigen sollte.

Doch erst einmal traf es die letzten überlebenden Repräsentanten des Ancien Régime. Am 16. Oktober 1793 folgte die abgesetzte Königin Marie-Antoinette ihrem schon am 21. Januar hingerichteten Gatten aufs Schafott nach. Ihre letzten Gedanken im Kerker stellte sich der Marquis in einer nicht für die Öffentlichkeit bestimmten Notiz wie folgt vor:

> Die wilden Bestien, die mich umzingeln, erfinden jeden Tag neue Demütigungen, die sie den Schrecknissen meines Schicksals hinzufügen. Sie destillieren Tropfen für Tropfen in meinem Herzen das Gift des Unglücks, zählen meine Seufzer mit Entzücken und delektieren sich an meinen Tränen, bevor sie sich an meinem Blut laben.[53]

Darin ähneln die Blutrichter, Kerkermeister und Henker der Revolution den Tyrannen von Silling: Die Qual ihrer Opfer wird zur Quelle ihres Genusses. Die Sätze, die de Sade der todgeweihten Königin in den Mund legt, sind von Abscheu vor ihren Peinigern und Mitleid mit dem Opfer diktiert.

Anfang November 1793 legte Louis Sade als Vizepräsident der Piken-Sektion auf höheren Befehl hin einen Vorschlag zur Umbenennung der Straßennamen in diesem Quartier vor. Eine neue Jahreszählung, neue Monatsbezeichnungen und Wochentage gab es bereits. Nach der Zeit wurde jetzt auch der Raum revolutionär umbenannt. So wurde unter de Sades Federführung aus der «Kapuzinerinnen-Straße» die «Straße der französischen Staatsbürgerinnen» – und das, obwohl die Frauen in der jakobinischen Tugendrepublik keinerlei politische Rechte erhielten und Verfechterinnen der Frauenrechte wie Olympe de Gouges auf der Guillotine endeten. Die «Straße des heiligen Nikolaus» hieß jetzt «Straße des freien Mannes», die des heiligen Lazarus wurde dem Tyrannenmörder Brutus gewidmet.

Wenn es etwas gab, das den politisch glaubenslosen Marquis mit dieser Phase der Revolution verband, dann war es die Entchristianisierung.

In diesem Sinne verfasste er als Haupt eines achtköpfigen Komitees der Piken-Sektion eine Petition, die er selbst am 15. November im Konvent verlas. Darin wurde eine konsequente Umwandlung aller christlichen Kirchen in Tempel der Tugend gefordert. Darin sollten Feste gefeiert werden, deren Höhepunkte Hymnen und Lobreden auf das Gute im Menschen bildeten. Hinter diesem ganzen Brimborium hört man die Stimme des Atheisten de Sade:

> Seit langem schon spottete der Philosoph insgeheim über den Mummenschanz des Katholizismus; aber wenn er es wagte, seine Stimme erschallen zu lassen, brachte ihn die Tyrannei der Minister in der Bastille zum Schweigen. War es nicht zwingend, dass die Tyrannei den Aberglauben stützte? Beide wurden in derselben Wiege genährt, beide sind Töchter der Intoleranz.[54]

Darauf folgen wüste Beschimpfungen Christi und der Jungfrau Maria sowie die Aufforderung, die Kirchen von jetzt an der Verehrung der kindlichen Liebe, der Großmut, dem Patriotismus und weiteren revolutionären Tugenden zu widmen. Dass die Welt dadurch besser oder sogar künftig von der Tugend regiert würde, glaubte der Verfasser dieser Petition jedoch nicht. Im Gegenteil: Wie die Libertins seiner Romane verdeckten die entfesselten Revolutionäre ihre mörderischen Gelüste hinter dem Deckmantel der Menschenliebe.

Die Mordgelüste der Revolutionäre bekam der Marquis kurz darauf am eigenen Leibe zu spüren. Am 8. Dezember 1793 stellte das Polizeidepartement der Kommune Paris einen Haftbefehl gegen den Bürger Sade aus. Der damit beauftragte Agent meldete noch am selben Tag Vollzug. Vorgeworfen wurde dem Untersuchungsgefangenen, 1791 um einen Posten in der Garde des Königs nachgesucht zu haben. Für die Jakobiner des Jahres II war das ein todeswürdiges Verbrechen, wie ähnliche Fälle zeigten. Alarmiert wandte sich de Sade an seine Mitbürger von der Piken-Sektion:

> Bürger, man hält mich fest, ohne mir die Gründe für meine Verhaftung zu enthüllen. So werfe ich mich meinen Mitbürgern in die Arme, voller Hoff-

*Wartesaal des Todes: das Kloster der Madelonnettes im Jahre 1794*

nung, dass sie mich, dessen Patriotismus sie kennen, nicht in Ketten schmachten lassen werden.⁵⁵

Er hätte es besser wissen müssen. Wer Verdächtige verteidigte, machte sich selbst verdächtig. Nach dem Prinzip «Rette sich wer kann» rührten die Sektions-Genossen nicht nur keinen Finger für ihren ehemaligen Präsidenten, sondern gingen sogar mit Feuereifer daran, weiteres Belastungsmaterial gegen ihn zusammenzutragen. Währenddessen harrte der Marquis im Gefängnis der Madelonnettes der Dinge, die da kommen sollten. Dieses ehemalige Kloster der Magdalenerinnen diente im Ancien Régime der Erziehung «gefallener» Mädchen; nicht wenige der unfreiwilligen Pensionäre stammten damals aus übel beleumdeten Familien, deren schlechtem Einfluss sie durch diesen Zwangsaufenthalt entzogen werden sollten. Der bekennende Libertin de Sade in einer ehemaligen moralischen Besserungsanstalt – eine weitere aberwitzige Wendung des Schicksals! Doch zum Lachen war den Insassen der Madelonnettes nicht zumute. Für die hier versammelte intellektuelle und soziale Elite des

Ancien Régime war das ehemalige Kloster ganz überwiegend ein Wartesaal des Todes. Je nach Gusto spielte man Schach, las oder schrieb, bis man zur Guillotine abgeholt wurde. De Sade aber kämpfte. Am 29. Dezember 1793 schrieb er erneut an seine Sektion, zählte die Ämter auf, die er für sie bekleidet hatte, und beteuerte seine gute revolutionäre Gesinnung – keine Reaktion. Am 8. Januar 1794 wurde sein Verleger Jacques Girouard als Royalist hingerichtet; der Druck von *Aline et Valcour* wurde dadurch unterbrochen. Vier Tage später wohnte de Sade einer Durchsuchung seiner Wohnung bei, wo nach belastendem Material gefahndet wurde. Die Wache, die eine Plünderung seiner Habseligkeiten verhindern sollte, konnte er danach nicht mehr bezahlen. Im selben Monat wechselte der Gefangene zweimal das Gefängnis, von einem ehemals kirchlichen Institut ins andere, immer in Gesellschaft von berühmten Schauspielern, abgesetzten Richtern und Herzögen. Unterdessen sammelte das Überwachungskomitee der Piken-Sektion im Auftrag des «Komitees für allgemeine Sicherheit» eifrig Informationen über den Bürger Sade und trug diese mit bürokratischer Pedanterie in die zu diesem Zweck gedruckten Formulare ein. Unter Spalte fünf sollten die Spitzel und Denunzianten sich über «Verbindungen und Beziehungen» der verdächtigen Person äußern. Zu de Sade ergab sich dabei das folgende Bild:

> Er rühmt sich, unter dem Ancien Régime wegen seines Patriotismus in der Bastille eingesperrt gewesen zu sein. Doch in Wirklichkeit hätte er eine viel härtere Strafe zu erwarten gehabt, wenn er nicht der Adelskaste angehören würde. Es handelt sich schließlich und endlich um einen in jeder Hinsicht sehr amoralischen und sehr verdächtigen Mann, der unwürdig ist, in der Gesellschaft zu leben.[56]

Als Quelle werden diverse Sensationsblätter genannt, in denen die «Affären» des Marquis vor seiner Inhaftierung romanhaft ausgeschmückt wurden. Seine Identität war damit gelüftet. Unter einem Regime, das die Tugend vergötterte und das Laster, besonders in seinen aristokratischen Spielarten, ausrotten wollte, bedeutete das fast schon das Todesurteil. Noch vernichtender lautete die Eintragung unter Punkt sechs. Gefragt wurde darin nach «Charakter und Meinungen, die er in den Monaten Mai, Juli und Oktober 1789 gezeigt hat; am 10. August, bei der Flucht des Tyrannen, am 31. Mai 1793 und in den Krisen des Krieges; ob er freiheitsmörderische Petitionen oder Erlasse unterschrieben hat». Die Staatsschützer des Jahres II waren genauso informationshungrig wie ihre Nachfahren im 20. und 21. Jahrhundert. Die Antwort des Sektionskomitees ließ denn auch nichts zu wünschen übrig:

> Seit er in der Sektion aufgetaucht ist, hat er nicht aufgehört, den Patrioten zu spielen, doch haben wir uns davon nicht täuschen lassen.[57]

Das war eine glatte Lüge, sonst hätte de Sade wohl kaum als Präsident der Sektion amtiert. Also musste ihn die Mehrheit der Mitglieder gewählt haben. Um sich von jedem Verdacht, mit ihm unter einer Decke zu stecken, reinzuwaschen, machten die Sansculotten der Piken-Sektion den Marquis zum zweiten Mal in seinem Leben zum Sündenbock. Er habe – so weiter die Ausführungen zu Punkt sechs – vornehme Angeklagte vor einer Verurteilung geschützt, abweichende Meinungen in Sachen Militärpolitik geäußert und sich als Feind der Freiheit zu erkennen gegeben. So habe er in zahlreichen Gesprächen Vergleiche zwischen der Gegenwart und der Antike angestellt und daraus den Schluss gezogen, dass ein republikanisches und demokratisches Regierungssystem im heutigen Frankreich unmöglich sei. Da war offensichtlich eine Menge missverstanden worden. Wahrscheinlich hatte de Sade darauf verwiesen, dass die Revolution eine bessere, das heißt: zeitgemäßere Verfassung als die Republiken des Altertums ausarbeiten müsse. Nach den plebiszitären Prinzipien, die er selbst dafür entwickelt hatte, musste man ihn als Radikaldemokraten und nicht als Feind der Demokratie einstufen. Richtig lagen die Denunzianten hingegen mit seiner Abneigung gegen Bluturteile; hier hatte er sich Blößen gegeben, die ihm jetzt zum Verhängnis werden konnten. Alle zwölf Mitglieder des Sektionskomitees unterschrieben das Formular.

Nicht zur Sprache kam de Sades Votum in der Religions- und Kirchenfrage. Dabei könnte gerade dieses Plädoyer für eine vollständige Auslöschung des Katholizismus den Unwillen höchster Stellen erregt haben, der dem Eingreifen der untergeordneten Behörden zugrunde gelegen haben dürfte. Es kam nämlich zum falschen Zeitpunkt: Wenige Tage nach der von Louis Sade redigierten Petition blies Robespierre die Kampagne zur Ausrottung des Katholizismus ab. Sie war in seinen Augen kontraproduktiv, weil große Teile des einfachen Volkes dem Glauben ihrer Väter treu bleiben wollten und die revolutionäre Republik daher als gottlos und blasphemisch betrachteten. Erst musste umfassende Überzeugungsarbeit geleistet werden, dann würde sich das Absterben des Aberglaubens von selbst vollziehen – so lautete jetzt die Politik des Wohlfahrtsausschusses, dem die Piken-Sektion mit de Sades Memorandum in die Quere geriet.

Nach den gegen ihn geführten Ermittlungen erhielt der Angeklagte de Sade die Gelegenheit, sich zu den Vorwürfen des Überwachungskomitees zu äußern. In seinen Ausführungen zu seinem Verhalten an den unter Punkt sechs aufgeführten Schlüsseldaten der Revolution mischte er mit souveränem Spott Dichtung und Wahrheit: Ich war früher ein Jakobiner als die führenden Jakobiner selbst! Jakobinischer als ich konnte und kann man gar nicht sein! Vom Revolutionsaufruf auf dem Dach der Bastille bis zum Kampfeinsatz am 10. August phantasierte sich der angebliche Konterrevolutionär einen revolutionären Musterlebenslauf zusammen, dem er authentische Beweisstücke beilegen konnte, zum Beispiel seine Gedenkrede auf Marat. Wo seine Söhne weilten, wisse er nicht; sie seien emigriert und daher der öffentlichen Verachtung anheimgefallen. Im Übrigen sei er keineswegs adeliger Abstammung. Seine Vorfahren hätten sich als Landwirte und Kaufleute betätigt, also ehrenwerte Berufe ausgeübt. Darüber hinaus warte er nur auf seine Scheidung, um danach sogleich die Tochter eines Schneiders, also eine Frau aus dem Volk, heiraten zu können, was ein Aristokrat nie und nimmer tun würde.

Unter Punkt drei seiner Gegendarstellung war der Gefangene aufgefordert, sich zu «seinem Beruf vor und nach der Revolution» zu äußern:

Ich habe im Siebenjährigen Krieg in der Kavallerie gekämpft, doch in jungen Jahren den Militärdienst mit der Studierstube vertauscht, weil ich großen Gefallen an der Literatur fand. Mein gegenwärtiger Beruf ist der eines *Homme de lettres*; in meiner Sektion bin ich als Oberst eingeschrieben, weil das mein letzter Dienstgrad war.[58]

Wen wollte de Sade damit hinters Licht führen? Seine Verfolger wussten genau, dass man eine so hohe Offiziersstelle in einer so vornehmen Waffengattung nur als Adeliger bekleiden konnte, ganz abgesehen davon, dass man nur in Avignon nachfragen musste, um zu wissen, mit welcher Familie man es zu tun hatte. Der Marquis war sich der Aussichtslosigkeit dieses Versteckspiels bewusst; wahrscheinlich machte es ihm einfach Spaß, die mörderischen Bürokraten so lange wie möglich an der Nase herumzuführen. Das Anklageformular und die Gegendarstellung entstanden im März 1794. Von jetzt an mussten Verdächtige wie der Marquis jeden Tag, den sie überlebten, als einen Gewinn verbuchen.

Unterdessen fraß die Revolution immer mehr ihrer Kinder, egal, ob sie politisch gemäßigt waren wie der Leiter des ersten Wohlfahrtsausschusses Georges Danton oder radikal wie der Publizist und Sozialrevolutionär Jacques-René Hébert. Auf diese Weise wurde der Terror in die innersten Kreise der Revolutionsführung hineingetragen; niemand konnte sicher sein, ob es ihn nicht als nächsten treffen würde. Robespierre hatte sich wenige Jahre zuvor gegen den Krieg und gegen die Todesstrafe ausgesprochen. Jetzt wurde er als «Blutmensch» selbst von engsten Mitstreitern gefürchtet. Während im Namen der Tugend «gesäubert» wurde, errangen die französischen Truppen Erfolge an allen Fronten. Der Krieg hatte mit einer Invasion der konservativen Mächte begonnen; jetzt kehrte die Revolutionsarmee den Spieß um.

Anfang Juni 1794 erhielten die Revolutionstribunale neue Vorschriften. Sie liefen wie die Reglemente der Hexenverfolgung zweihundert Jahre zuvor auf eine automatische Vernichtung der Angeklagten hinaus. Diese bekamen keinen Verteidiger gestellt, Zeugen wurden gar nicht erst gehört. Denunziation wurde zur vornehmsten Bürgerpflicht. Ein todeswürdiges Verbrechen beging, wer «mit Gewalt oder List die Freiheit auslöschte». Das konnte alles und nichts heißen. Zu diesen «Freiheitsmördern» zählte, wer «die Sitten zu verderben, das öffentliche Gewissen zu zersetzen und die Energie der revolutionären Prinzipien zu schwächen» versuchte – ein Satz, dessen erster Teil wie auf den Marquis de Sade gemünzt schien.

Aus gutem Grund verfasste de Sade am 24. Juni nochmals einen Rechtfertigungsbericht in eigener Sache, dem er zwei Dutzend Dokumente als Beweisstücke beilegte, darunter den Bericht des Bastille-Kommandanten über seine Agitation auf dem Festungsdach und seine Gedenkrede auf Marat und Le Pelletier. Genau einen Monat später, am 24. Juli, ging ein Anklagedossier gegen «Aldonze Sade, ex noble et comte homme de lettres et officier de cavalerie prévenu de conspiration contre la République»[59] an das zuständige Revolutionsgericht. Nach den neuen Richtlinien waren Verurteilung und Hinrichtung jetzt nur noch eine Frage von wenigen Tagen, wenn nicht Stunden. Zum Glück für den Marquis nahm sich der öffentliche Ankläger seiner Akte erst am 26. Juli an, zusammen mit den Dossiers von siebenundzwanzig weiteren Beschuldigten, denen gleichfalls konterrevolutionäre Machenschaften und Verschwörung gegen die Republik zur Last gelegt wurden. Alle achtundzwanzig Angeklagten wurden ohne jede Anhörung im Schnellverfahren zum Tod durch die Guillotine verurteilt.

Am 27. Juli 1794, dem neunten Thermidor nach dem Revolutionskalender, überstürzten sich die Ereignisse. Am Morgen holte die Polizeieskorte die Verurteilten zur Hinrichtung ab. Doch der zuständige Gerichtsbeamte traf nur dreiundzwanzig der achtundzwanzig «Staatsverbrecher» an. Unter den Abgängigen war auch «Aldonze Sade». Trotz intensiver Suche blieb er unauffindbar. Der Karren mit den übrigen Opfern wurde auf dem Weg zur Guillotine gestoppt. Robespierre sei entmachtet, hieß es, der Terror zu Ende. Doch dieser Jubel war verfrüht. Robespierre war tatsächlich vom Wohlfahrtsausschuss, dessen Mitglieder um ihr Leben fürchteten, gestürzt worden, doch ein Handlanger des Diktators erzwang noch die Vollstreckung der Urteile. Einen Tag später wurde der schwer verletzte Robespierre selbst geköpft. Jetzt erst konnten die Überlebenden aufatmen:

Meine Verhaftung im Namen der Nation, mit der Guillotine vor Augen, war hundertmal schlimmer als alle Bastillen dieser Welt.[60]

So äußerste sich de Sade in einem Brief an Gaufridy, ein halbes Jahr nach dem Ende der Schreckensherrschaft. Wie war es zu seiner wundersamen Verschonung gekommen? Administratives Chaos, Schlamperei oder gezielte Einflussnahme zugunsten des Delinquenten de Sade? Eine andere, vielleicht plausiblere Theorie lautet, dass ihn Constance, «die Empfindsame», gerettet hat. Sie soll ihre guten Beziehungen zu einflussreichen Männern des Konvents dazu genutzt haben, ihren Lebensgefährten zu retten. Dafür könnte sprechen, dass sich dieser schon bald darauf sicher war, dass ihm mächtige Persönlichkeiten in Politik und Justiz wohlgesonnen waren.

Doch vorerst war de Sade noch nicht in Freiheit, sondern nur in einem anderen Gefängnis untergebracht. Auf seine Freilassung musste er auch nach dem Sturz Robespierres erst einmal warten. Immerhin ordneten die neuen Machthaber eine Überprüfung der Haftgründe an. In diesem Zusammenhang wurde auch die Piken-Sektion nochmals zu ihrem ehemaligen Vorsitzenden befragt. Ein knappes halbes Jahr nach der pauschalen Verdammung fiel das Urteil jetzt positiv aus:

Wir Unterzeichneten, Bürger der Piken-Sektion, bescheinigen dem Bürger Sade, dass er in besagter Sektion wie in den Hospitälern verschiedene Funktionen mit Eifer und Tüchtigkeit erfüllt hat. Und wir bestätigen ebenfalls, dass uns nichts über ihn zur Kenntnis gekommen ist, was den Prinzipien eines guten Patrioten widerspricht und an seinem Bürgersinn zweifeln lässt.[61]

Das war ein politischer und moralischer Freispruch erster Klasse. Am 15. Oktober 1794 war der Marquis wieder auf freiem Fuß, nach einer Haftzeit von zehn Monaten und sieben Tagen.

## Erziehung zu Lust und Mord

De Sade war am Leben und in Freiheit, doch wirtschaftlich fast völlig ruiniert. Als Folge der revolutionären Wirren im Süden traf aus seinen ererbten Besitzungen kaum noch Geld ein, und die bescheidenen Erträge wurden überdies in Assignaten ausbezahlt. Dieses revolutionäre Papiergeld litt an einer regelrechten Schwindsucht; im März 1795 bekam man dafür nur noch ein Zwölftel des Nennwerts. Davon konnte der Zwei-Personen-Haushalt de Sade-Quesnet immer weniger leben. So begann jetzt ein neuer Überlebenskampf, nicht mehr gegen tugendhafte Ankläger, sondern gegen die Armut und schon bald gegen das schiere Verhungern.

1795 erschien endlich *Aline et Valcour*. Doch mit den Tantiemen, die sein «philosophischer Roman» abwarf, konnten der *Homme de lettres* de Sade und seine treue Gefährtin nicht einmal die nötigsten Ausgaben bestreiten. Neue Texte mussten her, und zwar schnell und so, wie sie das Publikum lesen wollte: reißerisch, unanständig, sensationell. Beides ist bei der literarischen Produktion des Marquis in den nächsten sechs Jahren in Rechnung zu stellen: die Notwendigkeit, möglichst rasch Geld zu verdienen, und die Erwartungen der Leserschaft, für die der Autor der *Justine* zu einem Markenzeichen philosophisch anspruchsvoller Pornographie geworden war. Damit geriet der Marquis in Konkurrenz zu Profis des Gewerbes wie dem Vielschreiber Restif de la Bretonne. Diesem war es ein Leichtes, den Rivalen um die Gunst eines lüsternen Publikums anzuschwärzen. Mit hellsichtigem Hass denunzierte er die Abartigkeit der de Sadeschen Romane: Diesem Menschheitsverderber gehe es nicht um Erotik als Kunst der Verführung, sondern um die finstere Lust an der Gewalt. Um den Gegensatz zwischen der perversen Sexualität des Marquis und der gesunden Erotik der eigenen literarischen Produktion unter Beweis zu stellen, verfasste Restif de la Bretonne 1798 einen Roman unter dem Titel *Anti-Justine, ou les délices de l'amour*. Die Stammleserschaft des Marquis warb er mit diesen «Köstlichkeiten der Liebe» nicht ab; sie war an härtere Kost gewöhnt.

In seiner *Philosophie im Boudoir*, die er 1795 auf den Markt für obszöne Druckerzeugnisse warf, schien de Sade solche Vorwürfe zumindest anfangs zu widerlegen, denn die Ausgangssituation dieses in sieben Dialoge gegliederten Textes entspricht einem Gemeinplatz der erotischen Literatur: Ein schönes junges Mädchen wird sexuell «erzogen», und zwar von zwei durch und durch verdorbenen Lehrmeistern weiblichen und männlichen Geschlechts. So preist der Marquis das Lüsternheits-Potential seines Werks in seinem «den Libertins» gewidmeten Vorwort denn auch recht marktschreierisch an:

> Ihr Wüstlinge beider Geschlechter und aller Altersstufen, euch allein widme ich dieses Werk. Nährt euch an seinen Prinzipien, denn die fördern eure Leidenschaften. Diese Leidenschaften, von denen euch kalte und platte Moralprediger abzuschrecken versuchen, sind nur die Mittel, derer sich die Natur bedient, um den Menschen dazu zu bewegen, ihre Absichten zu erfüllen.[62]

Damit schürt der Autor beim Leser Erwartungen und schraubt die Ansprüche an sein Werk hoch: Hier werden nicht nur unerhörte Ausschweifungen geschildert, sondern auch tiefste philosophische Wahrheiten verkündet. Darüber hinaus verspricht de Sade beiden Geschlechtern die Befreiung von Bevormundung und Unterdrückung:

> Lüsterne Frauen, folgt dem Beispiel der hemmungslosen Saint-Ange. Verachtet wie sie alles, was den göttlichen Gesetzen des Genusses entgegensteht, die sie ihr Leben lang fesselten. Junge Mädchen, die ihr zu lange in den absurden und gefährlichen Banden einer eingebildeten Tugend und einer abstoßenden Religion befangen wart, macht es der heißblütigen Eugénie nach und zerstört, zertretet so schnell wie sie alle lachhaften Vorschriften, die euch von schwachsinnigen Eltern eingetrichtert worden sind.[63]

Auch sprachlich steht die *Philosophie im Boudoir* wieder auf der Stufe der *120 Tage von Sodom*; an die Stelle metaphorischer Minimalverhüllung tritt der Vulgärjargon. Auf Konventionen und Illusionen wird keine Rücksicht mehr genommen:

Und ihr, ihr liebenswürdigen Wüstlinge, die ihr seit eurer Kindheit keine anderen Grenzen als eure Wünsche kennt und keine anderen Gesetze als eure Einfälle, ihr möget euch den zynischen Dolmancé zum Vorbild nehmen. Geht so weit wie er, wenn ihr wie er die leuchtenden Pfade der Lüsternheit beschreiten wollt. Überzeugt euch in seiner Schule, dass man seine Vorlieben und Phantasien immer weiter ausdehnen und alles der Wollust opfern muss, damit dieses elende Wesen namens Mensch, das gegen seinen Willen in ein trauriges Universum geworfen worden ist, über die Dornen des Lebens zumindest einige Rosen säen kann.[64]

Nicht nur die schöne Eugénie, sondern auch der Leser wird hier in die Schule geschickt, und dies auf eigenes Risiko. Wer den Text zu Ende liest, so kündigt de Sade an, wird aller Illusionen ledig und findet sich in einer Welt ohne Sinn und Menschlichkeit wieder. Es ist daher gefährlich, den Lektionen der Libertins beiderlei Geschlechts bis zum Ende, das heißt bis zur Lusterfüllung durch Folter und Mord, zu folgen. Hier werden alle Grenzen überschritten und alle Tabus verletzt. Beim Autor darf sich der Leser nicht beklagen, er wurde schließlich im Vorwort auf die Folgen hingewiesen: Wer alles, auch das Glück und Leben seiner Mitmenschen, der Wollust opfert, darf sich nicht wundern, wenn die Gesellschaft zurückschlägt. Das muss hier nicht mehr gesagt werden, diese Erfahrungen haben die Franzosen unter der Terreur reichlich gemacht.

So werden die Lehrstunden der menschenverachtenden Philosophie zu einer Selbsterfahrung mit ungewissem Ausgang. Die bittere Frucht der Erkenntnis, die der Leser von dieser Reise ins eigene Innere mitbringt, lautet: Der Mensch neigt von Natur aus zu Gewalt, sie macht ihm Lust, und die Philosophie rechtfertigt alles. Auch das hat die Zeit des Terrors zur Genüge erwiesen.

Der Lehrer Dolmancé und die Lehrerin Saint-Ange denken in der Nachfolge der Libertins aus den *120 Tagen von Sodom* konsequent eine Welt zu Ende, in der allein der Egoismus der Libido regiert. Auch der Aufbau des Textes folgt dem Schema von Schloss Silling. Auf immer sorgfältiger inszenierte und entsprechend gesteigerte sexuelle «Lehrdemonstrationen», bei denen nicht nur die willige Schülerin, sondern auch der Bruder der Lehrerin als allseitig verwendbares Lehrmaterial eingesetzt werden, folgen lehrhafte Diskurse, die die Leitmotive der Libertins von Sodom wieder aufnehmen: das Bestreben, die Abgründe des Menschen auszuloten; die absolute Prädestination des Einzelnen durch seine natürlichen Neigungen; die Notwendigkeit, diese Befehle der Natur, die auf die Vernichtung möglichst vieler Menschenleben hinauslaufen, genauestens auszuführen; die Natürlichkeit und damit Verdienstlichkeit des Eltern- und Kindermords; die Hinfälligkeit aller Gottesvorstellungen und der darauf gegründeten Morallehren; der Mensch als Ansammlung von Materie, die durch den Tod neu organisiert wird und damit der Natur dringend benötigte Handlungsspielräume eröffnet; das Christentum als Rebellion der Schwachen, die damit die Starken in Ketten legen; die natürliche Feindschaft der Geschlechter; die Verlorenheit des Menschen in einer Natur, für die er nicht mehr zählt als das geringste Insekt; das Lob des Inzests und die Lust an der Profanierung.

Alle diese Vorträge werden im Boudoir der gottlosen Libertins nicht nur einmal gehalten, sondern dem Leser bis zur völligen Ermüdung eingehämmert. Dieser Effekt ist beabsichtigt: Wer den Text ganz gelesen hat, ist von diesem Katechismus des Atheismus entweder bekehrt oder abgestoßen. Keines dieser Leitmotive ist neu, aber der Nihilismus der *120 Tage von Sodom* und der *Justine* wird durch die Erfahrung der Terreur zum Äußersten gesteigert. Angesichts der Guillotine hat der Menschenforscher de Sade noch tiefere Einblicke in menschliche Abgründe gewonnen:

> Die Natur hat den Menschen zum Krieg aller gegen alle und damit für die permanente Zerstörung geschaffen. Und zu ihrem Vorteil sollen wir in diesem Zustand beharren. Ich führe aufgrund meiner Erfahrung und meiner Untersuchungen hinzu, dass die Grausamkeit kein Laster, sondern die erste Regung ist, die uns die Natur einpflanzt. Das Kleinkind zerbricht seine Spielrassel, beißt in die Brustwarze seiner Amme und erwürgt seinen Vogel, lange bevor es das Alter der Vernunft erreicht hat. Grausamkeit ist auch den Tieren von Natur aus mitgegeben, bei denen sich die Gesetze der Natur viel klarer abzeichnen als bei uns Menschen. Grausamkeit ist den Wilden in der Natur viel näher als dem Zivilisationsmenschen. So ist es absurd zu behaupten, dass Grausamkeit eine Folge der Dekadenz ist. Die-

ses System ist falsch, ich wiederhole es, Grausamkeit liegt in unserer Natur, wir alle werden mit einer Dosis Grausamkeit geboren, die nur durch Erziehung verändert wird.[65]

Das war die endgültige Widerlegung Rousseaus. Wenn der natürliche Mensch in sich hineinhorcht, hört er nicht die Stimme des Mitleids, sondern des Hasses. Die Natur hetzt den Menschen auf den Menschen, weil dieser unaufhörliche Krieg ihren Zwecken dient. Wenn es einen Gott gibt, der diese Natur erschaffen hat, dann ist er entweder böse oder ohnmächtig. Doch diese Spekulation erübrigt sich, weil Gott eine Erfindung der Angst ist, die die Natur dem Menschen gleichfalls eingeflößt hat.

Wie eine Gesellschaft und ein Staat aussehen müssten, die diesem Naturzustand des Menschen und speziell seiner Neigung zur Grausamkeit perfekt entsprechen, wird, wie bei de Sade üblich, durch einen Text im Text verdeutlicht. Gemäß der literarischen Fiktion hat einer der Libertins soeben ein Manifest erstanden, das eine solche Idealordnung entwirft. Da die Broschüre gut zur Erziehung Eugénies passt, die die Anfangsgründe der Libertinage längst hinter sich gelassen hat und sich gerade in der Ausbildung zur skrupellosen Lustmörderin befindet, bietet sie sich als Unterrichtsmaterial von selbst an.

Das Büchlein trägt den Titel *Franzosen, noch eine letzte Anstrengung, wenn ihr wahre Republikaner sein wollt!* und findet die vollständige Billigung von Lehrmeister und Lehrmeisterin. Dieser Aufruf zur Perfektionierung des Freistaats beginnt mit heftigen Invektiven gegen die katholische Religion und predigt ein weiteres Mal die Notwendigkeit des Atheismus und die Vorherbestimmung des Menschen durch seine natürlichen Anlagen. Ein konkretes Programm zur nachhaltigen Entchristlichung schließt sich an. Darin distanziert sich der Autor – der in diesem Punkt mit der Stimme de Sades spricht – vehement von allen gewaltsamen Kampagnen, denen in den Jahren zuvor Tausende von Priestern, die den Eid auf die Republik verweigerten, zum Opfer gefallen waren:

Ich schlage jedoch weder Massaker noch Deportationen nach Guyana vor. Solche Greueltaten liegen mir zu fern, um auch nur eine Minute daran zu denken. Nein, ermordet nicht! Verschleppt nicht! Solche Grausamkeiten sind der Könige oder der Verbrecher würdig, die sie nachahmten. Ihr macht diese Tyrannen in den Augen des Volkes nicht verabscheuungswürdig, wenn ihr wie sie handelt. Lasst uns die Gewalt für die Götzenbilder reservieren, für ihre Diener genügt die Lächerlichkeit. Der sarkastische Spott Kaiser Julians schadete der christlichen Religion mehr als alle von Nero befohlenen Hinrichtungen.[66]

Das Christentum, so de Sade, widerlegt sich durch seine Absurditäten selbst; man überwindet es am wirksamsten, wenn man über diese Widersinnigkeiten Hohn und Spott gießt. Wer danach noch Jesus predigt, wird ausgebuht und bei zweifacher Rückfälligkeit lebenslang eingesperrt. Danach werden atheistische «Aufklärungsschriften» ein Übriges leisten und die letzten Reste des Aberglaubens verschwinden lassen. Von Toleranz war diese Haltung weit entfernt, allerdings auch von der blutigen Unterdrückung des Jahres 1793. Deren Wortführer und Organisatoren sind nicht besser als die Tyrannen, die sie gestürzt haben. Diese verbale Rache an seinen jakobinischen Anklägern konnte sich der «Volksfeind» de Sade nicht verkneifen.

Nach der Religion kommt die Moral an die Reihe und damit der Grundwiderspruch aller vergangenen und gegenwärtigen Staaten und Gesellschaften: Sie predigen Sittlichkeit und führen Krieg.

Der Staat erhält sich nur durch den Krieg, und nichts ist weniger moralisch als der Krieg. Jetzt frage ich: Mit welchem Recht fordert man, dass die Menschen in einem notwendigerweise unmoralischen Zustand moralisch leben sollen? Ich gehe sogar noch einen Schritt weiter und behaupte, dass es gut ist, wenn sie nicht moralisch sind. Die griechischen Gesetzgeber waren zutiefst von der Notwendigkeit überzeugt, die Glieder des Staates faulen zu lassen, damit ihre moralische Auflösung günstig auf die Staatsmaschine einwirkte. Denn daraus entwickelte sich ein Aufstand, der für eine erfolgreiche republikanische Regierung unverzichtbar war.[67]

De Sade denkt hier Machiavelli weiter, der innere Konflikte für die Voraussetzung eines lebensfähigen Freistaats hielt. Allerdings gibt es einen bedeutsamen Unterschied: Für den florentinischen Staatsdenker der Renaissance mussten diese Konkurrenzkämpfe zwischen Adel und Volk an Regeln gebunden bleiben, sodass die dadurch erzeugte patriotische Energie in Kriege gegen äußere Feinde und in erfolgreiche Eroberungen umgesetzt werden konnte. Das ist zwar auch das Ziel des revolutionären Manifests, das die Libertins in einer der wenigen Atempausen zwischen ihren Ausschweifungen und Mordplänen lesen, aber die Maßnahmen, die diese Wehrhaftigkeit hervorbringen sollen, gehen weit über alles hinaus, was jemals gedacht oder geschrieben wurde. Sie laufen auf eine fast vollständige Abschaffung des Staates und damit auf eine Anarchie hinaus, die den Menschen unversehens in den Naturzustand zurückkatapultiert.

Der Gedankengang, der dieser Forderung zugrunde liegt, kam schon in der Diskussion zwischen dem ruchlosen Mediziner Rodin und Justine zur Sprache: Der Gesellschaftsvertrag, wie ihn Rousseau entwirft, ist ein Betrug an den Starken, die ihre Stärke opfern und sich dafür das Joch der Gesetze einhandeln, die nur den Schwachen zugute kommen. Wie ein sozialer und politischer Zustand ohne diesen lügnerischen *Contrat social* aussehen musste, hatte Rodin nur in groben Umrissen skizziert. Hier wird dieses Bild in allen Einzelheiten ausgemalt. In einer wahrhaft «republikanisierten» Gesellschaft – so der Kernsatz des Manifests – werden alle bekannten Gesetze der Moral sowie des Zivil- und Strafgesetzbuches hinfällig.

Diebstahl, Inzest und Mord sind von jetzt an erlaubt, ja, sie gelten als verdienstvolle Taten. An die Stelle der Sittengesetzgebung mit ihren zahlreichen Verboten und Tabus tritt eine einzige neue Regel: Kein Mann und keine Frau darf sich dem sexuellen Begehren eines Mitmenschen verweigern. In dieser Hinsicht sind beide Geschlechter künftig gleichberechtigt und gleich entrechtet, denn dieses Gesetz kommt dem umfassenden Zwang zur Prostitution gleich. Darüber hinaus sind alle Spielarten der Lust legal, besonders gleichgeschlechtliche. Verboten wird hingegen die Ehe als eine Zwangsinstitution, die den Menschen am Ausleben seiner natürlichen Neigungen und damit seiner natürlichen Freiheit hindert. Die neue, grenzenlose Freiheit schließt das Recht zu töten ein; der Preis dafür ist allerdings die permanente Gefahr, selbst getötet zu werden. Die Begründungen für diese ungeheuerlich klingenden Postulate schöpft der Autor wie gehabt aus der Natur:

> Was ist der Mensch, und welchen Unterschied gibt es zwischen ihm und den anderen Pflanzen, zwischen ihm und den anderen Tieren der Natur? Ganz gewiss keinen![68]

Die Anmaßung des Menschen, die Krone der Schöpfung zu sein, wird von der christlichen Religion genährt und von der Wissenschaft der Natur widerlegt – dieser Gedanke gehört zum argumentativen Geschützfeuer, dem der Leser der de Sadeschen Werke bis zur Zermürbung ausgesetzt ist. Doch mit so schneidendem Sarkasmus wie in der *Philosophie im Boudoir* kam er bislang nicht zum Ausdruck. Einen Menschen zu töten bedeutet also nicht mehr, als eine Blume zu pflücken oder Unkraut zu jäten.

Wie schon in den *120 Tagen von Sodom* wird das republikanische Gebot «Du sollst töten!» in eine kunstvolle Parodie der Bibel und ihrer Sprache eingekleidet:

> Durch puren Zufall wie die Pflanzen auf diesen Erdball platziert, wird der Mensch wie die Pflanzen geboren, vermehrt sich, wächst, schrumpft und altert wie sie und stürzt danach ins Nichts, nach Ablauf der Frist, die ihm die Natur wie jeder anderen Tierart gesetzt hat.[69]

Alles Fleisch ist wie Gras, darin stimmen Bibel und Manifest überein. Doch warum soll die Republik warten, bis es von selbst welkt? Der Natur förderlicher und der Gesellschaft nützlicher ist es, selbst die Sichel anzulegen und kräftig zu mähen. Die Natur – auch das weiß der treue de Sade-Leser inzwischen – lechzt nach Bewegung und Verwandlung. Dabei ist sie auf die tätige Mithilfe, das heißt: auf eifriges Morden der Menschen, angewiesen. Mord liefert der Natur also den dringend benötigten Rohstoff und Treibstoff. Dasselbe gilt für die Republik:

Eine Nation, die so alt und korrupt ist wie die französische, die mutig das Joch ihrer monarchischen Regierung abschüttelt und sich in eine Republik verwandelt, wird sich gesetzmäßig nur durch zahlreiche Verbrechen behaupten können. Ja, sie befindet sich bereits mitten im Verbrechen. Und wenn sie vom Verbrechen zur Tugend, also von einem gewaltsamen in einen milden Zustand, überwechseln wollte, würde sie in eine Erstarrung fallen, die ihren Untergang zur Folge hätte.[70]

Wie gewalttätig das revolutionäre Regime wurde, wenn es im Namen des Volkes Recht zu sprechen behauptete, hätte der Marquis um ein Haar am eigenen Leibe erfahren. Spätestens jetzt schlägt die Utopie in höhnische Parodie um: Die Franzosen sind seit Jahrhunderten moralisch zutiefst verdorben, und einen alten Baum kann man nicht mehr verpflanzen. Also muss man die unausrottbare Neigung zum Verbrechen staatlich fördern. Auf was für tapfere Soldaten darf die Republik hoffen, wenn jeder Bürger legal mit dem Dolch im Gewande ums Haus seines verhassten Nachbarn schleicht! Sparta hat es schließlich vorgemacht: Junge Spartiaten machen Jagd auf rechtlose Heloten und ziehen danach gestählt in den Krieg. Wie in Sparta sollen auch im konsequent republikanisierten Frankreich die Kinder dem Staat gehören und von diesem zu wehrhaften Patrioten erzogen werden. Mit ganz ähnlichen Plänen für die künftige Nationalerziehung war Saint-Just, einer der engsten Vertrauten Robespierres, in der Zeit des Terrors tatsächlich umgegangen. Solche Ideen werden hier von de Sade durch maßlose Überspitzung parodiert.

Die kriminell und sexuell entfesselte Republik stellt sich als Weiterentwicklung Tamoés dar und ist zugleich ihr Gegenstück. Mit der seligen Südseeinsel hat sie gemeinsam, dass ihr Erfinder auf der Suche nach einem Ambiente ist, in dem er seine Neigungen straflos ausleben kann. Unter der Herrschaft des hoch moralischen Zamé müsste er damit rechnen, an den Rand der Gesellschaft und ihres Siedlungsraumes verbannt zu werden. Im neuen Frankreich, wie es sein Manifest entwirft, aber wäre der Marquis der «Küken-Affäre» nicht nur voll im Trend, sondern selbst Trendsetter:

Wenn also unbestreitbar feststeht, dass wir Männer von der Natur das Recht empfangen haben, unsere Wünsche unterschiedslos allen Frauen darzulegen, so haben wir damit auch das Recht, sie unseren Wünschen zu unterwerfen, und zwar nicht exklusiv und auf Dauer, sondern nur für den Augenblick.[71]

Diese Lizenz zur Vergewaltigung gilt streng paritätisch auch für die andere Seite. Die Republik soll mit öffentlichen Geldern Bordelle für Frauen einrichten:

> Dort werden ihnen alle Personen beiderlei Geschlechts geliefert, die sie sich nur wünschen können. Und je häufiger sie diese Häuser frequentieren, desto höher werden sie geschätzt.[72]

Damit ist jede Frau und jeder Mann sexuell allmächtig und zugleich ohnmächtig. Entscheidend ist, dass im Namen einer grenzenlosen Freiheit keine dauerhaften Abhängigkeiten entstehen:

> Niemals darf ein freier Mensch von einem anderen besessen werden. Es ist genauso ungerecht, eine Frau alleine zu besitzen, wie Sklaven zu halten.[73]

Hiermit wird de Sades *contrat sexuel* vollends zu einer grimmigen Parodie des Rousseauschen Gesellschaftsvertrags: Ich verzichte auf meine sexuelle Selbstbestimmung und mache mich freiwillig zum Lustobjekt aller anderen und erhalte dafür die Freiheit, mich aller anderen sexuell zu bedienen. In einer solchen Gesellschaft musste man sich für Affären, wie sie dem Marquis de Sade zur Last gelegt wurden, nicht verantworten. Doch drängt sich auch in der *Philosophie im Boudoir* dem Leser die Frage auf, die sich schon die Libertins von Schloss Silling beunruhigt stellten, hier aber ausgespart bleibt: Macht diese legalisierte Ausschweifung überhaupt noch Spaß? Ist ein Akt, den das Gesetz ausdrücklich erlaubt, überhaupt noch eine Ausschweifung? Die unerbittliche Antwort lautet wie immer: nein, denn die Lust liegt in der Abweichung von den Normen, die die anderen heiligen.

*Erziehung zu Lust und Mord*

*Entfesselte Sexualität als Credo und Lebenssinn: In Bornets Stich zur Juliette wird menschliche Kopulation zur kunstvoll inszenierten Zirkus-Akrobatik und wirkt dadurch wie alle Illustrationen zum Werk de Sades nicht erotisch, sondern entweder unfreiwillig komisch oder abschreckend.*

Die totale Emanzipation wird zur Fesselung; die Freisprechung der verbotenen Lüste macht diese zu verdienstlichen Handlungen und tötet damit jeden Genuss ab. Aus diesem Dilemma gibt es keinen Ausweg, weder im *Manifest* noch im *Boudoir*. Dort ist die Erziehung Eugénies vollendet, als sich die Elevin zum Mord an der verhassten Mutter entflammt zeigt. Doch eine einfache Verwandlung zu Rohmaterie – so befindet der Rat der Libertins am Ende – wäre für eine so tugendhafte Erzeugerin ein allzu gnädiges Los. Darum wird das Opfer grauenhaft verstümmelt und in eine trostlose Existenz voller Kummer und Schmerzen zurückgeschickt. So wie sie ihre grausame Tochter zugerichtet hat, sind ihr selbst die wenigen Genüsse versagt, mit denen der Mensch die Vergänglichkeit und Beschränktheit der *condition humaine* zumindest vorübergehend vergessen kann. Diese befristete Erlösung kann sich das traurige Wesen Mensch nur durch Ekstase verschaffen. Stärker als je zuvor werden die Phantasien einer entgrenzten Sexualität zu Erlösungsträumen:

> Ihr werdet mich niemals mehr versagen sehen, wenn es um Ausschweifung geht, diese ist von jetzt an mein einziger Gott, meine einzige Verhaltensregel, die einzige Grundlage aller meiner Handlungen.[74]

So lautet am Ende aller Lehrstunden Eugénies Glaubensbekenntnis. Den Katechismus der Lust und des Lustmords hat sie vollständig angenommen und restlos verinnerlicht. Die Bekehrung zur Ersatzreligion der Libertinage ist also geglückt, auch wenn die Sehnsucht nach Erlösung bleibt.

In der *Philosophie im Boudoir* führt de Sade eine Gesellschaft ad absurdum, die ohne Gewalt nicht existieren kann, sich dies aber nicht eingesteht. Das gilt für das Ancien Régime ebenso wie für die revolutionäre Republik. Eine Gesellschaft, die den Massenmord des Krieges legalisiert, hat kein Recht, den Einzelnen für seine «unmoralischen» Neigungen und Taten zu bestrafen, denn im Gegensatz zum Krieg sind diese natürlich. Wer zum Krieg ja sagt, muss konsequenterweise auch die Anarchie billigen. Wie diese aussähe, zeigt de Sades Entwurf. Diese neue Lebensordnung, die Mord und Totschlag erlaubt, kann aber niemand wollen. Zugleich war der Aufruf, in einem letzten Schritt die perfekte Republik herbeizuführen, ein sarkastischer Abgesang auf die revolutionäre Erwartung, die Menschheit lasse sich von allen Zwängen und Übeln befreien. Laut de Sade würde der neue Mensch noch viel gewalttätiger sein als der alte. Die Republik musste Krieg führen, um sich gegen die feindliche Außenwelt zu behaupten. Doch auch im Inneren konnte sie unmöglich friedfertig sein, dazu waren die Interessen zu gegensätzlich und die Wunden, die die Revolution geschlagen hatte, zu tief. Solche Vorhersagen sollten sich schnell bewahrheiten. Nur die Rechtfertigungen von Krieg und Guillotine wandelten sich. Der neue Staat tötete im Namen von Nation und Freiheit. Das war wahrhaftig ein schöner Fortschritt.

## Abschied von der Provence

In der realen Republik ging der Lebenskampf des Marquis und seiner Gefährtin weiter. Ausnahmsweise ging die Bedrohung nicht von Parlamenten und Richtern, sondern von Lebensmittelpreisen aus:

> Gott möge wollen, dass keine Militärregierung, mit der man uns erschreckt, die Grauen des Revolutionsregimes ablöst. Wir haben eine Verfassung, wir haben Frieden, und trotzdem müssen wir befürchten, noch nicht an den Pforten des Glücks angekommen zu sein ... Alle Waren, die früher sechs Franc kosteten, kosten jetzt sechzig ... Ja, viele Gebrauchsgüter sind sogar noch um ein Vielfaches teurer geworden: Konfitüre, Öl und Kerzen sind aufgrund der Hamsterkäufe dreißigmal teurer geworden.[75]

Der dämonische Marquis wurde im Laufe des Jahres 1795 zum sparsam kalkulierenden Hausvater, der um sein kleines Glück besorgt war. So hatte sich die Präsidentin ihren Schwiegersohn immer gewünscht. Aufgrund der galoppierenden Inflation wurde das Leben im Zweipersonenhaushalt de Sade-Quesnet immer schwieriger. Die brieflichen Hilferufe an Gaufridy, der sich nach dem Ende der Terrorherrschaft wieder unbehindert um die Erträge aus den provenzalischen Gütern kümmern konnte, mehrten sich. Allerdings gab es dort immer weniger zu verwalten, was der Marquis ungerechterweise seinem treuen Advokaten zur Last legte:

> Geld, Geld, Geld, schicken Sie mir Geld! Lieber sterbe ich, als diese schädliche Verwaltung beizubehalten. Mein Arzt sagt, dass alle meine Leiden nur von der schrecklichen Unsicherheit herrühren, in der Sie mich halten. Alle Welt bedauert mich, dass ich von Ihren Launen abhänge, und das muss und wird sich ändern, das schwöre ich Ihnen.[76]

*Im Doppelhaus auf der linken Seite dieser Straße von Saint-Ouen lebte de Sade vier Jahre lang mit seiner treuen Gefährtin. Der Aristokrat von Lacoste war rein äußerlich zum braven Kleinbürger mutiert (Postkarte, um 1900).*

Gaufridy reagierte auf diese wüsten Anwürfe mit einer wahren Engelsgeduld, doch der Not seines Auftraggebers konnte er immer weniger abhelfen. Als Folge der akuten Geldknappheit mussten de Sade und seine Gefährtin die Wohnung wechseln und nach Clichy-la-Garenne in die ländliche Umgebung von Paris ziehen, wo die Miete niedriger war.

Doch es kam noch schlimmer: Im Oktober 1796 musste der Marquis sein Lieblingsschloss Lacoste samt Mühle und angeschlossenen Höfen an einen typischen Revolutions-Profiteur verkaufen: Joseph-Stanislas Rovère durfte sich rühmen, Mitglied im Rat der Alten des Direktoriums-Regimes zu sein, und gehörte damit zur neuen Elite, die keine Scheu kannte, sich an den Gütern der Kirche und der alten Aristokraten zu bereichern. Lange konnte er sich an seinem vornehmen Besitztum allerdings nicht erfreuen. Im September 1797 kam es innerhalb der Führungsschicht erneut zu einem Machtwechsel, der einen Linksrutsch zur Folge hatte. Im Rahmen der anschließenden Säuberungen wurde Rovère mit einigen Dutzend weiteren «Volksfeinden» in die französische Strafkolonie von Guyana verbannt, wo erwachsene Europäer erfahrungsgemäß nicht lange überlebten – im Falle Rovères betrug diese Frist sechs Wochen. Lacoste brachte seinen Eigentümern kein Glück. Im Stammland seiner Vorfahren besaß der Marquis jetzt noch die Schlösser von Mazan nebst angeschlossenen Landgütern, die allerdings wenig genug abwarfen.

Aus dem Verkaufserlös von Lacoste erstanden der Marquis und seine Gefährtin schon am nächsten Tag ein Haus in Saint-Ouen bei Paris, das sie Anfang 1797 bezogen und wo sie bis 1801 lebten. Ein Inventar, das beim Wiederverkauf knapp sechs Jahre später erstellt wurde, erlaubt es, sich ein Bild von den Wohnverhältnissen des ungewöhnlichen Paares zu machen. Demnach strahlte alles Behaglichkeit aus. Die Wohngebäude und der dazugehörige Wirtschaftstrakt umschlossen einen Hof, in dem Obstbäume wuchsen. Im Speisezimmer stand ein monumentaler Tisch für zwölf Personen, im Salon gab es einen Marmorkamin, im Schlafzimmer des Marquis Tapeten mit arabischen Motiven.

Spätestens zum Zeitpunkt des Umzugs Anfang 1797 muss die schlimmste materielle Not ein Ende gehabt haben, von einer letzten Phase akuter Mittelknappheit Ende 1798 abgesehen. Vielleicht hatte de Sade seine finanziellen Engpässe auch schon vorher übertrieben dargestellt. Sein Verhältnis zum Geld war mit der Zeit immer obsessiver geworden: Wer ihm wie der arme Gaufridy oder dessen Sohn, der ab 1797 an die Stelle seines erschöpften Vaters trat, die zur Aufrechterhaltung seines Lebensstils nötigen Summen verweigerte, schnitt ihm die Ehre ab. Das war adelig gefühlt, doch nicht rational gedacht. Dass Geld erst einmal erwirtschaftet werden musste und dafür nach der faktischen Aufhebung der Feudalgefälle nur noch sein bescheidener Eigenbesitz an Land und Immobilien zur Verfügung stand, ließ er in seinen unwirschen Briefen nicht gelten. Wenn seine Verwalter nicht willens oder fähig waren, die benötigten Mittel bereitzustellen, dann würde er eben als sein eigener Ökonom aktiv werden.

Mit dieser Absicht reiste der Marquis in Begleitung von Madame Quesnet im Mai 1797 in die Provence. Neunzehn Jahre lang hatte er die alte Heimat seiner Familie nicht mehr gesehen, doch nostalgische

Gefühle wollten nicht aufkommen. In Saumane legte sich der aufbrausende Marquis sogleich mit einem Steuereinnehmer an und wurde wegen Beamtenbeleidigung zu einer empfindlichen Geldstrafe verurteilt. Auch seine ehemaligen Vasallen hatten nicht auf ihren alten Herren gewartet; sie verhielten sich abwartend bis offen feindselig. Je nach moralischer und politischer Ausrichtung warf man ihm dort seine alten Affären, seine «jakobinischen» Aktivitäten oder seine unanständigen Schriften vor. In diesem breiten Angebot wurde so ziemlich jeder fündig. Zu allem Überfluss war sein Name immer noch nicht von sämtlichen Emigranten-Listen gestrichen worden, was erneut endlose Verhandlungen und Verwicklungen zur Folge hatte. Auch der große Coup, den de Sade zum Abschluss seiner Provence-Reise geplant hatte, schlug fehl. Geplant war eine Lotterie, bei der ein ansehnlicher Bauernhof aus dem Eigenbesitz des Marquis den Hauptgewinn bilden sollte. Doch bis Ende Juli 1797 wurde nicht ein einziges Los verkauft. Das Vertrauen in den Marquis und seine Finanzoperationen hielt sich offenkundig in Grenzen.

Das Leben in Saint-Ouen gestaltete sich nach der Rückkehr aus der Provence kaum erfreulicher. Im April 1798 erschien im *Journal de Paris* ein Artikel, in dem die Verfasserschaft der *Justine* erörtert wurde. Das Ergebnis war eindeutig: Dieses Machwerk konnte nur ein gewisser de Sade zu verantworten haben, den der Sturm auf die Bastille unglückseligerweise in eine unverdiente Freiheit gesetzt hatte. Von der falschen Datierung der Freilassung de Sades abgesehen, hatte der Pamphletist natürlich Recht, doch das konnte der Autor nicht zugeben. In seinen Gegendarstellungen drohte er damit, jeden, der ihm schändlicherweise dieses «böse Buch» zuschrieb, vor Gericht zu zerren. Doch zu solchen Urheber-Prozessen ist es aus einleuchtenden Gründen nie gekommen.

Wie berüchtigt de Sade damals bereits war, zeigte sich, als er seinen «Landsmann», den Vicomte de Barras, um Unterstützung in der leidigen Streitigkeit um seine angebliche Emigration bat. Barras war wie de Sade ein waschechter Libertin, doch hatte er im Gegensatz zu diesem seine Orgien weder an die große Glocke gehängt noch «anstößige» Texte verfasst, sondern sein wild bewegtes Privatleben im Sinne der herrschenden Doppelmoral vor der Öffentlichkeit abgeschirmt. Dort konnte er jetzt als starker Mann des Direktoriums, ja, als Retter des Vaterlands und Beschützer von Sitte und Moral auftreten. Dieser Rolle entsprechend verweigerte Barras seinem Standesgenossen de Sade nicht nur jegliche Unterstützung, sondern tat sogar alles, um diesen weiter anzuschwärzen. Dabei wusste er die Öffentlichkeit auf seiner Seite. Für diese verkörperte der Marquis alles, was im Ancien Régime morsch und faul war. Er hatte nicht nur abscheuliche Gewalttaten begangen, sondern diese sogar zu einer Philosophie erhoben und damit zur Nachahmung aufgefordert. Dadurch war er für Barras und die Mehrheit der wohlmeinenden Franzosen eine Gefahr für die Gesellschaft, deren Zusammenhalt er durch seine verderblichen Lehren unterhöhlte.

Solche Töne schallten dem Marquis jetzt immer häufiger entgegen. Die Presse machte ihn für die moralische «Dekadenz» verantwortlich, die sich in den Straßen von Paris nach Ansicht der Polizeiorgane immer drastischer zeigte. Wurden in der *Justine* nicht Vergewaltigungen und sexueller Missbrauch von Kindern als «natürliche» Praktiken gepriesen? De Sade wurde so zum Sündenbock für das Elend des Volkes und den Verfall seiner Sitten. Dass die in der Tat beklagenswerten Zustände auf die weiterhin grassierende Geldentwertung, auf die hemmungslose Bereicherung der neuen Elite, auf den Krieg, den diese zur Eroberung abhängiger «Schwesterrepubliken» führte, und als Folge all dieser Missstände auf eine selbst in den schlimmsten Zeiten des Ancien Régime nie erlebte Massenarmut breiter Kreise zurückzuführen waren, ließen die staatstragenden Leitartikelschreiber bei ihren Attacken gegen den Marquis tunlichst außer Acht. Die Verfassung des Direktoriums kam – ungeachtet aller zeitweiligen «jakobinischen» Kehrtwendungen – den Interessen der neuen Reichen in idealer Weise entgegen. Wählen und gewählt werden durfte wie 1791 nur, wer das nötige Steueraufkommen nachweisen konnte. Von einer Sozialbindung des Eigentums, wie sie in der (nie in Kraft gesetzten) Verfassung von 1793 niedergelegt war, konnte erst recht keine Rede mehr sein, von den sozialpolitischen Vorkehrungen der Terreurzeit wie Höchstpreisen und Beschlagnahmungen lebenswichtiger Güter ganz zu schweigen. Von jetzt an regierte das Geld so ungehemmt und ungeniert, wie es sich die unermesslich reichen Libertins in den Romanen des

Marquis erträumten. Dass sie mit ihren unmenschlichen Praktiken viel von den jetzt herrschenden Zuständen vorwegnahmen, war nur allzu offensichtlich und ließ diese Texte erst recht staatsgefährdend erscheinen. Im August 1799 erklärte der Journalist François-Martin Poultier d'Elmotte den Marquis sogar für tot und stieß darüber einen Stoßseufzer der Erleichterung aus:

> Allein schon der Name dieses infamen Autors strömt einen Verwesungsgeruch aus, der die Tugend abtötet und das Grauen belebt: Er ist der Autor von *Justine oder Das Unglück der Tugend*. Das verderbteste Herz, der verrohteste Geist und die auf bizarre Weise obszönste Einbildungskraft können nichts erfinden, was Vernunft, Scham und Menschlichkeit gleichermaßen beleidigt.[77]

Solche Töne aus der Feder eines ehemaligen Benediktinermönchs und jetzigen Sensationsreporters ließ sich de Sade nicht bieten. In einem offenen Brief an Poultier d'Elmotte zahlte er es ihm kräftig heim:

> Nein, ich bin nicht tot. Ich sollte mit einem kräftigen Stock ein eindeutiges Lebenszeichen auf deinen lilienbesetzten Schultern hinterlassen. Das würde ich auch tun, wenn ich nicht Angst hätte, mich an deinem stinkenden Kadaver anzustecken.[78]

Ein Menschenalter zuvor hatte ein adeliger Standesherr den jungen Voltaire durchprügeln lassen, weil er sich von dessen Feder gekränkt gefühlt hatte. Den Stock für freche Schreiberlinge: Mit diesem Reflex zeigte sich de Sade in seinem sechzigsten Lebensjahr mehr denn je als Aristokrat von altem Schrot und Korn, was in seiner Umgebung nicht unbemerkt blieb. Im Übrigen waren die «lilienbesetzten Schultern» eine handfeste Denunziation, denn goldene Lilien auf blauem Grund waren das alte Königswappen. So ließ der des Royalismus verdächtigte Poultier d'Elmotte de Sades Antwort nicht auf sich beruhen, sondern zog die öffentliche Debatte genüsslich weiter. Des Beifalls des wohlanständigen Publikums durfte er sich bei seinen wütenden Anwürfen sicher sein:

Elender, wie konntest du es wagen, den Schleier zu lüften, der deine entsetzliche Existenz verdeckte? Vergisst du, dass das Nichts für ein Ungeheuer wie dich ein Geschenk des Himmels ist? Ich appelliere an die Menschlichkeit, die du misshandelt hast, ohne sie je zu kennen ... Vergiss vor allem nicht, dass deine entsetzliche Moral die Herzen nicht vergiften konnte, auch wenn du weiterhin den Boden der Ehrbarkeit mit deinem unreinen Atem beschmutzt.[79]

Journalisten wie Poultier d'Elmotte schrieben flammende Pamphlete für den Krieg gegen die Feinde des Vaterlands, der Zehntausende das Leben kostete, und warfen sich mit dem gleichen Federstrich zu Hütern der Sittlichkeit auf. Das war genau die Doppelmoral, die de Sade angeprangert hatte und jetzt fürchten musste. Das bekam selbst de Sades neueste Veröffentlichung *Die Verbrechen der Liebe* zu spüren, die 1800 unter seinem Namen erschien – mit dem Zusatz, dass es sich dabei um den Verfasser von *Aline et Valcour* handele. Die Rezensenten wussten darüber hinaus, dass *Die Verbrechen der Liebe* vom Verfasser der *Justine* stammte, und wollten zu Unrecht keine Unterschiede zwischen diesen Texten sehen. Das Urteil war gesprochen, und zwar für mehr als anderthalb Jahrhunderte.

### Justine, zum Dritten

Die wütenden Anwürfe Poultier d'Elmottes gegen den Marquis gehen auf die Neubearbeitung seines Bestsellers zurück, der 1799 unter dem Titel *La Nouvelle Justine, ou les Malheurs de la vertu* erschien, angeblich in Holland, in Wirklichkeit bei dem Pariser Verleger Colnet du Ravel. Darin verweist der anonyme Verfasser auf eine Fortsetzung, nämlich die Abenteuer von Justines Schwester Juliette, die Verleger Nicolas Massé Anfang 1801 im Anschluss an die letzte, um neue Anmerkungen des Verfassers erweiterte Fassung der *Justine* herausbrachte. Dieser komplette «Doppelroman» erschien unter dem Titel *La Nouvelle Justine ou les Mal-*

Umwertung aller Werte: Auf dem Frontispiz zur dritten Fassung der Justine wird die (bekleidete) Tugend vom Teufel mit Schlangenschwanz und Fledermausflügeln zurückgestoßen, während das nackte Laster in den Tempel der Glückseligkeit einziehen darf. Der geneigte Leser weiß damit, was ihn in diesem Roman erwartet.

heurs de la vertu, Suivie de l'Histoire de Juliette, sa soeur. Beide Texte wurden zur Irreführung der Zensur auf dem Titelblatt mit der Jahreszahl 1797 versehen. Die neue Justine und die Geschichte der Juliette, ihrer Schwester, umfassen in der Ausgabe von 1801 fast 2000 eng bedruckte Seiten. In diesem Doppelroman ist die alte Rahmenhandlung von 1791 im Großen und Ganzen beibehalten, doch im Einzelnen den Erfordernissen der Doppelerzählung angepasst worden. Justine sieht wie gehabt ihrer Hinrichtung als Brandstifterin und Mörderin entgegen und trägt einer vornehmen Gesellschaft die Geschichte ihrer Martyrien vor. Am Schluss erkennt sie ihre Schwester Juliette unter den Zuhörerinnen, die

*Justine, zum Dritten*

*Sexualität als Mannschaftssport: In den Stichen Bornets zur «Juliette» kopulieren anonym verschweißte Fleischmassen nicht lustvoll, sondern krampfhaft, wie besessen – und spiegeln damit das Trieb-Diktat der Natur wider.*

daraufhin ihren deutlich ausführlicheren Lebensbericht folgen lässt. Beide Geschichten treten also in Konkurrenz zueinander, die Zuhörer werden zu einem Gericht, das darüber zu entscheiden hat, wer richtig gehandelt hat und wer recht hat.

Der Spruch dieser Jury, die ausnahmslos aus Libertins beiderlei Geschlechts besteht, fällt einstimmig und unbarmherzig aus: Juliette wird gepriesen, Justine aber wird um ihre geringen Habseligkeiten erleichtert und mitleidlos in die Gewitternacht hinausgestoßen. Danach spricht die Natur ihr Urteil und sendet den Blitz, der durch den Mund in den Körper der Verstoßenen eindringt und diesen durch das Geschlecht verlässt. Die allgemeine Freude über die Gerechtigkeit des Himmels wird durch gute Nachrichten vermehrt. Juliette erfährt, dass ihre Lieblingskomplizin, die Giftmischerin Durand, nicht, wie angenommen, in Venedig gehängt wurde, sondern lebt und ihr mörderisches Gewerbe weiterhin mit Liebe und Erfolg betreibt. Daraufhin beschließen die beiden Superschurkinnen, die beiden gegensätzlichen Lebensberichte zum Nutzen und Frommen der Nachwelt aufzuschreiben. In der Kunst des Verbrechens vereint, leben sie glücklich zusammen bis ans Ende ihrer Tage. Im Falle Juliettes ist dieses Ende nach zehn Jahren erreicht; auch die größte Verbrecherin auf Erden muss wieder zu Basismaterie werden, Mitleid ist also unangebracht. Juliettes Taten in dieser letzten Lebenszeit, so das Schlusswort des Verfassers, sind bislang nicht aufgezeichnet worden, was nicht notwendigerweise so bleiben muss. Von der damit indirekt angekündigten Fortsetzung ist jedoch nichts bekannt.

Die Unterschiede zwischen der *Justine* von 1791 und der von 1799/1801 stechen sofort ins Auge. Die halb verhüllende, halb aufdeckende Sprache der Metaphern ist zum krassen Vulgärjargon geworden. Auch Position und Rolle des Erzählers haben sich grundlegend gewandelt. Er ist nicht mehr der tugendhafte Beobachter, sondern kommentiert (von seltenen «Rückfällen» in den Ton des Bedauerns abgesehen) die Leiden der Titelheldin mit Häme und Sarkasmus, ist also zum Komplizen der Libertins geworden und teilt deren Weltsicht. Vor allem aber werden die einzelnen Episoden und die dabei gefeierten Orgien zu unüberbietbarer Brutalität gesteigert. Während der Ausschweifungen wird jetzt von Anfang an gemordet, und zwar meistens seriell. Die Libertins beiderlei Geschlechts inszenieren ihre Lustexzesse mit immer mehr Tätern und Opfern und vor immer größerem Publikum. Justines Leidensstationen fügen sich so wie schwarze Perlen an einer blutigen Schnur aneinander. Geschändet und getötet wird zwar weiterhin auf unterschiedliche Art und Weise, doch ist der Handlung jegliches Crescendo und damit jede Spannung abhanden gekommen. Das Entsetzliche naht nicht langsam und enthüllt sich nicht allmählich, sondern ist von Anfang an präsent und transparent.

In diesem Sinne streicht de Sade Justines zu «harmlosen» Aufenthalt bei dem geizigen Du Harpin und fügt eine Reihe neuer Episoden wie die

# Justine, zum Dritten

Geschichte vom Kindermörder de Bandole hinzu. Nach der Brandmarkung durch den mörderischen Chirurgen Rodin beobachtet Justine, wie ein neugeborenes Kind in einem See ertränkt werden soll. Sie rettet den Säugling und malt sich selig aus, wie sie das Kind großziehen und von diesem im Alter Dankbarkeit erfahren wird. Doch sie freut sich zu früh, denn durch die Rettung des Kindes hat sie einen Wüstling namens de Bandole, einen hohen Richter im Ruhestand, um die Befriedigung seiner Lust gebracht. Dessen höchstes Vergnügen besteht darin, die Kinder, die er mit einem ganzen Harem entführter junger Frauen gezeugt hat, eigenhändig zu ertränken. Da er sich trotz fortgeschrittenen Alters einer nie versagenden Potenz erfreut, widmet er sich dieser mörderischen Leidenschaft mit großer Regelmäßigkeit. Von allen Libertins, denen Justine in die Hände fällt, ist er der philosophischste. Er trägt seiner Gebärmaschine in spe nicht nur das gesamte Spektrum seiner materialistischen Weltanschauung vor, sondern stattet diese auch noch mit der dazu passenden Theorie der Sinneswahrnehmung und Erkenntnis aus:

> Es gibt gewiss nichts Absurderes als das System der Leute, die sich darauf versteifen, dass die Seele eine vom Körper getrennte Substanz bildet. Ihr Irrtum rührt von der arroganten Überzeugung her, dass dieses innere Organ die Kraft besitzt, aus sich selbst heraus Ideen zu entwickeln. Von dieser ersten Illusion verführt, haben einige von ihnen die Extravaganz so weit getrieben zu glauben, dass wir schon bei unserer Geburt Ideen mitbringen, die also als angeboren gelten müssen. Gemäß dieser lächerlichen Hypothese haben sie aus dem Teil, den sie Seele nennen, eine isolierte Substanz gemacht und ihr fälschlich das Recht zugebilligt, abgehoben über die Materie zu reflektieren, aus der sie doch in Wirklichkeit allein hervorgegangen ist … Die Behauptung zu wagen, dass wir ohne Sinnesorgane Ideen entwickeln, wäre ebenso absurd wie zu sagen, dass ein von Geburt Blinder eine Vorstellung von Farben haben könnte.[80]

Der Glaube an die Erhabenheit und Unsterblichkeit der Seele nährt sich laut de Bandole nicht nur aus der menschlichen Selbstüberhebung, sondern auch aus falschen Vorstellungen von Körper und Materie:

> Die Quelle unserer Irrtümer besteht darin, dass wir unseren Körper als rohe und untätige Materie betrachten, während er in Wirklichkeit eine empfindsame Maschine ist, die sich so der Eindrücke, die auf sie einwirken, bewusst ist. Das Bewusstsein des Ichs aber entsteht aus der Erinnerung an die im Laufe der Zeit empfangenen Eindrücke.[81]

Daraus leitet der eloquente Libertin mühelos die Rechtfertigung seiner mörderischen Leidenschaft ab:

> Das organisierte Wesen lässt sich mit einer Uhr vergleichen, die sich, ist sie einmal zerbrochen, für ihre ursprünglichen Zwecke nicht mehr verwenden lässt. Zu behaupten, dass eine Seele nach dem Tod des Körpers noch fühlt, denkt, leidet oder genießt, ist so absurd wie die Vorstellung, dass eine in tausend Stücke zerschlagene Uhr noch die genaue Zeit angeben kann.[82]

Der Uhrmacher hat selbstverständlich das Recht, sein Werk zu zerstören ... Der Mensch ist eine Maschine, die durch ihre Sinnesorgane Signale empfängt und verarbeitet. Daraus leitet er Vorstellungen ab, die er Ideen nennt und in grenzenloser Selbstüberschätzung für unabhängige Produkte seines frei schaffenden Geistes hält. In Wirklichkeit sind Ideen simple Reflexe, die auf Eindrücke der Augen oder der Ohren reagieren, «Geist» und «Seele» hingegen Erfindungen ehrgeiziger Priester, die damit der Eitelkeit des Menschen schmeicheln und zugleich sein Gewissen unterjochen. Wie der Uhrmacher zur Uhr, so steht der Vater zu seinen Kindern. Wenn die Natur ihm die unwiderstehliche Neigung einflößt, die selbst gezeugten Kinder zu ertränken, dann muss er ihrem Befehl Folge leisten. Damit schwenkt der Vortrag in die ausgetretenen Pfade des «Die Natur will es!»-Diskurses ein.

Zwischen Justines Aufenthalte in Sainte-Marie-des-Bois und im Schloss des Falschmünzers Roland hat de Sade zwei weitere Folterstationen eingeschoben und eine alte Episode wesentlich erweitert. Nach der Flucht aus dem Horror-Kloster, in dem wie auf Schloss Silling alle zwei Wochen ein Mädchen unter entsetzlichsten Qualen zu Tode gepeinigt wird, macht Justine im Gasthaus des Ehepaares d'Esterval Station, das kein Gast lebend verlässt. Hier wird sie vom teuflischen Hausherrn seelisch gefoltert. Er wiegt sie in der Illusion, zumindest einige der nichts ahnenden Reisenden vor einem schrecklichen Ende bewahren zu können, und weidet sich an ihrem Schuldgefühl, als ihr diese Rettung misslingt. Dabei dient ihm seine Gattin als willfährige Komplizin. Die Vorträge von Madame und Monsieur d'Esterval handeln, der Situation entsprechend, vom Egoismus, zu dem die Natur die Menschen verpflichtet, vom Genuss, den sie aus dem Unglück der anderen ziehen, und vom legitimen Widerstand gegen einen Gesellschaftsvertrag, von dem nur die Schwachen profitieren. Im Zentrum aber steht ein weiteres Mal die Theorie vom elektrischen Fluidum in den Nerven, das durch die Schmerzen der anderen schockartig in die lustvollste Erregung versetzt wird.

Nach diesen Greueltaten und den zu ihrer Rechtfertigung gehaltenen Reden trifft mit dem Grafen de Bressac ein alter Bekannter Justines im Gasthaus des mörderischen Paares ein. Er kommt in Begleitung ausgesuchter Libertins und führt, wie es sich für seinesgleichen gehört, Lustobjekte beiderlei Geschlechts mit sich. Dass man sich unter Wüstlingen nicht abschlachtet, sondern im Gegenteil die Ehre erweist und die gute Gesinnung respektiert, versteht sich von selbst. Aufgrund gleicher Interessen sind gemeinsame Unternehmungen schnell verabredet. Gemeinsam bricht die mörderische Gesellschaft daher zum Schloss eines Verwandten, des Grafen de Gernande, auf, der durch die Zufuhr von so viel frischem Blut seine Vampir-Freuden noch ungehemmter genießen kann als zuvor. Doch mit so harmlosen Qualen wie Aderlässen halten sich die versammelten Teufel nicht lange auf. Auf dem Höhepunkt ihrer minutiös inszenierten Orgien, in deren Verlauf alle nur denkbaren Spielarten des Inzest durchexerziert werden, schändet, zerstückelt und ermordet ein halbwüchsiger Knabe seine schöne und tugendhafte Mutter. Dieser war das Todesurteil zuvor in einer grausigen Gerichtsparodie verkündet worden. Die Hinrichtung ist vorher sorgfältig geplant und ihr Programm vorsichtshalber niedergeschrieben worden. Kein einziger der zahlreichen Folter- und Demütigungsakte, die die erhitzte Phantasie der blutrünstigen Libertins ersonnen hat, sollte in Vergessenheit geraten. So unstillbar die Libido der Lustmörder ist, so vielfältig sind auch die Themen, die sie diskutieren. Kein Leitmotiv, sei es Atheismus, Materialismus oder Egoismus, wird ausgelassen, doch steht die Widerlegung des Gesellschaftsvertrags und der Menschenrechte im Zentrum der Argumentation auf Schloss Gernande:

> Welcher Sterbliche ist dumm genug, um gegen allen Augenschein zu behaupten, dass alle Menschen gleich an Rechten und Kräften geboren werden? Diesen Widersinn in die Welt zu setzen, blieb einem Misanthropen wie Rousseau vorbehalten. Schwach, wie er war, zog er lieber die, zu deren Höhe er sich nicht aufzuschwingen vermochte, zu sich herunter.[83]

Die erste Gesellschaft, die Menschen am Beginn ihrer Geschichte bildeten, wurde von den Starken beherrscht, die die Schwachen zu Sklaven herabdrückten. Ihre Herrschaft konnten die Mächtigen nur dadurch behaupten, dass sie permanent grausame Exempel statuierten. Denn die Schwachen blieben nicht immer schwach. Starke Sklaven erhoben sich, weil ihre Natur stark war; wie Juliette stiegen sie nach Ablegung schwerster Prüfungen und Überwindung höchster Hindernisse in den erlesenen Kreis der Großverbrecher beiderlei Geschlechts auf, die die Herrschaft seit jeher in Händen hielten. So viel soziale Mobilität ist im Sinne der Natur, die die starken Schwachen über die schwachen Starken triumphieren sehen will. Dabei kommt der allmächtigen Natur kein Gott in die Quere, aber dieser Gewissheit müssen sich die Libertins stets aufs Neue versichern und inszenieren daher ihre Verbrechen als Gottesurteil. Wenn es dich gibt, Gott, dann tu etwas für die Opfer, die dir bis in den Tod die Treue halten! Da nichts zu deren Gunsten geschieht, sehen sich die Schlächter in ihrem Unglauben bestätigt und triumphieren. Wie von fern dringt ein Echo aus de Sades erster «Affäre» mit Jeanne Testard in das fiktive Schloss Gernande ein: Es gibt keinen Gott, ich habe es selbst erlebt.

Mit den endlosen Mordorgien im Kloster und im Grafenschloss ist die Klimax der dritten *Justine* überschritten. Zur Abrundung des sozialen Spektrums und der Beweisführung muss Justine noch von einer Bettlerbande entführt werden, die nicht weniger unmenschlichen Vorlieben huldigt als die großen Herren. Die Mitglieder dieser Betrügertruppe ergänzen die Beweisführung auf das Trefflichste, weil sie eine zweite Methode zeigen, mit der sich die schwach geborenen Starken gegen die Ausbeutung der Mächtigen schützen können: durch die Bildung einer Parallelgesellschaft im Untergrund. Dort herrschen allerdings dieselben Gesetze wie unter den Herrschenden bei Hof, wie der Bettlerkönig erläutert. Die wichtigste Regel lautet: Verachte die Armen und ihre Unterwürfigkeit!

Über die zusätzlichen Folterstationen hinaus hat de Sade den ersten Teil seines gigantischen Doppelromans nach dem Muster von *Aline et Valcour* mit zwei langen Erzählungen innerhalb der Erzählung gespickt. Dabei kommen mit dem Mönch Jérôme, der nach einer überaus erfolgreichen Karriere als Libertin schließlich in Sainte-Marie-de-Bois als Lustmörder im Kreis gleichgesinnter Klosterbrüder seine Erfüllung findet, und mit der Bettlerin Séraphine zwei Muster-Schurken beiderlei Geschlechts zu Wort. Ihre Erfahrungen bilden das logische Gegenstück zum Kreuzweg Justines: Von der Natur mit einer unwiderstehlichen Neigung zum Bösen ausgestattet, kämpfen sie sich in ihrer jeweiligen Parallelgesellschaft dadurch nach oben, dass sie sich durch alle nur denkbaren Verbrechen bewähren. Dabei bringt es Jérôme zu seltener Perfektion. Schon in jungen Jahren quält und tötet er hemmungslos seine engsten Angehörigen und stachelt Söhne und Töchter, Väter und Mütter, Bräute und Bräutigame zum Mord untereinander an. Er schändet die Opfer, ergötzt sich an ihren Todesqualen, und selbst die Leichen erregen noch seine perversen Gelüste.

Wie in den Schlössern Silling und Gernande genügen dem entfesselten Libertin so beschränkte Zerstörungsakte jedoch schon bald nicht mehr. In einer existenziellen Krise wird sich Jérôme bewusst, wie kümmerlich seine Mordtaten bislang im Verhältnis zum Vernichtungspotential der Natur ausgefallen sind. Doch diese trüben Gedanken haben nicht Einkehr und Abkehr von seinem bisherigen Treiben zur Folge – ganz im Gegenteil: Wenn es die Natur besser kann – so seine Schlussfolgerung –, muss man sich eben ihrer überlegenen Ressourcen gezielt bedienen. Doch wie? Bei einem längeren Aufenthalt in Sizilien, der Insel des Verbrechens schlechthin, kommt Jérôme die rettende Inspiration:

Eines Tages untersuchte ich den Ätna, dessen Schlund Flammen spie. Höllenmaul, schrie ich auf, wenn ich doch wie du alle Städte in der Umgebung verschlingen könnte: Wie viele Tränen würde ich damit fließen lassen![84]

Einen so frommen Wunsch kann die Natur nicht unerfüllt lassen. Der sehnsüchtige Ausruf des Möchtegern-Massenmörders wird von einem Meisterchemiker gehört, der am selben Krater seine letzten Versuche vor dem großen Coup anstellt: Er will einen künstlichen Vulkanausbruch von nie gekannter Stärke verursachen! Jérôme, der in Sizilien zum reichen Großgrundbesitzer aufgestiegen ist, verspricht ihm dafür goldene Berge, doch der Meister, der sich Almani nennt, winkt ab:

> Ich verlange nichts, antwortete mir der Mann. Das Böse bereitet mir Vergnügen, deshalb verlange ich dafür kein Geld, sondern nur für Rezepte, die heilen.[85]

Die dazu passende Philosophie der Natur folgt auf dem Fuß. Dabei schlägt Almani erst bekannte und dann ganz neue Töne an:

> Der Grund, warum ich mich dem Bösen widme, liegt in meinen vertieften Studien der Natur beschlossen. Je mehr ich ihre Geheimnisse zu ergründen versucht habe, desto ausschließlicher habe ich sie dem Menschen schaden gesehen. Verfolgen Sie ihr Wirken in all ihren Operationen und Sie werden sie immer nur gefräßig, zerstörerisch und bösartig, inkonsequent, widersprüchlich und verheerend finden. Werfen Sie einen Moment einen Blick auf die Unendlichkeit der Übel, die ihre Höllenhand in dieser Welt verbreitet. Wozu soll es gut sein, uns erst zu erschaffen und dann unglücklich zu machen? Warum gehen traurige Wesen wie wir und alle anderen ihrer Hervorbringungen aus ihrem Laboratorium mit so vielen Unzulänglichkeiten hervor? Kommt man nicht zu dem Schluss, dass ihre mörderische Kunst darin besteht, Opfer und nichts als Opfer zu schaffen?[86]

Bislang war die Natur für Jérôme und alle seine Gesinnungsgenossen in den Werken des Marquis der Leitstern gewesen, dem sie aus innerer Neigung folgten und dem sie die Rechtfertigung ihres Handelns verdankten.

Jetzt ist aus der unbestrittenen Lehrmeisterin unversehens eine böse Stiefmutter geworden, die perverse Spiele mit ihren verhassten Wechselbälgern treibt. So bleibt für Almani nur eine Konsequenz:

> Einer eurer neueren Philosophen hat sich Liebhaber der Natur genannt; ich, mein Freund, nenne mich ihren Henker.[87]

Der neuere Philosoph ist Rousseau; schneidender konnte man die Absage an ihn und seine Idyllisierung der Natur nicht formulieren. Trotzdem ist Almanis Selbstbeschreibung nicht eindeutig: Will er Henker in Diensten der Natur sein oder die Natur selbst zerstören? Die Antwort lautet: beides!

Nach einer langen Aufzählung der kleinen und großen Gemeinheiten, die die Natur dem Menschen zufügt, kann die Schlussfolgerung nur lauten: Das Leben ist nicht lebenswert, sondern verächtlich; deshalb will kein Mensch sein Leben noch einmal leben, selbst dann nicht, wenn man ihm auf dem Totenbett diese Chance böte. Aller Hass gilt deshalb der Natur, die diese unerträglichen Bedingungen geschaffen hat:

> Ja, mein Freund, ich verabscheue die Natur aus tiefstem Herzen! Und ich hasse sie so, weil ich sie nur allzu gut kenne. Eingeweiht in ihre schrecklichen Geheimnisse, bin ich in mich gegangen und habe eine unbeschreibliche Lust gefühlt, ihre Missetaten nachzuahmen.[88]

Diese Schlussfolgerung klingt paradox: Wenn man die Natur verabscheut, ist man ihr nicht zu Willen. Almani ist sich dieses Widerspruchs schmerzhaft bewusst:

> Die Hand der Natur formt nur Böses, das Böse amüsiert sie also. Und eine solche Mutter soll ich lieben? Nein, ich werde ihr folgen und sie gleichzeitig hassen. Ich ahme sie nach, wie sie es will, aber ich verfluche sie dabei. Und aus Wut darüber, dass meine Leidenschaften ihr dienen, ringe ich ihr ihre Geheimnisse ab, um, wenn möglich, noch bösartiger zu werden als sie und um sie mein Leben lang zu beleidigen.[89]

Dienen, um zu kränken, übertreffen, um zu beschämen: das ist die verquere Logik der Leidenschaft. Dieser Passion huldigen Jérôme und Almani durch den künstlichen Vulkanausbruch, der fünfundzwanzigtausend Menschen das Leben kostet. Doch was sind schon fünfundzwanzigtausend im Verhältnis zu den Millionen und Abermillionen elender Individuen, die dieses irdische Jammertal bevölkern? Erlösung gewinnen die beiden Massenmörder durch ihr Superverbrechen daher nicht.

Wenn die Lust – wie alle Libertins betonen – in der Abweichung von den Normen liegt und wenn die stärkste Norm von der Natur diktiert wird, bestünde dann nicht die wahre Lust darin, das Gute zu tun, das der Natur so sehr zuwider ist? Für den Leser drängt sich diese Schlussfolgerung auf. Almani hingegen, der zähneknirschend einer verhassten Herrin dient, weil ihn seine zerstörerischen Triebe dazu zwingen, steht inkonsequent, ja, schwächlich da, weil er sich mit seiner Versklavung durch die Natur einverstanden erklärt.

De Sade selbst nahm in seinen Briefen für sich in Anspruch, Libertin zu sein, ohne bis zum Äußersten zu gehen; er stellte sich als ausschweifend und menschenfreundlich zugleich dar. Diese Kombination kommt in seinen Texten zwar nicht explizit vor, aber genau diese Lösung soll der Leser der dritten *Justine* finden. Er soll die zutiefst pessimistische Sicht des Menschen teilen, um danach die umgekehrte Schlussfolgerung der Mörder zu ziehen. Wer den Menschen bessern will, muss ihm den Blick in seine eigenen Abgründe öffnen. Darin liegt die therapeutische Funktion der letzten *Justine*.

Wer *Justine* von Anfang bis Ende gelesen hat, erkennt entweder seine eigene Neigung zum Bösen oder wendet sich angeekelt ab. Das liegt nicht nur an der zum Äußersten gesteigerten Grausamkeit der einzelnen Episoden, sondern mindestens ebenso sehr an der extremen Häufung der grausamen Schreckensszenarien und am Staccato der immergleichen Diskurse. So wird der Leser mehr als ein Dutzend Mal mit den «Beweisführungen» traktiert, die den Willen der Natur zur Zerstörung, die Notwendigkeit der Unterdrückung und die gesetzmäßige Zermalmung der Schwachen durch die Starken einschärfen; andere Dogmen der Unmenschlichkeit wie die Pflicht zum Eltern- oder Kindesmord, zur Undankbarkeit und zur Verweigerung jeglicher Solidarität sind kaum weniger dicht gestreut. Durch diese qualvolle Häufung fühlt sich der Leser bewusst malträtiert und reagiert mit Überdruss: Wer jetzt noch auf der Seite der Bösen steht, ist selbst böse. Die anderen aber müssen nach Lebenswegen suchen, die im Text nicht vorkommen.

FÜNFTES KAPITEL

## Regisseur in der Irrenanstalt
1801–1814

### Der Schandfleck

Im November 1799 putschte sich der dreißigjährige General Napoleon Bonaparte aus Korsika an die Macht und begründete unter dem Titel eines «ersten Konsuls» eine Militärdiktatur, die den Interessen der Besitzenden entgegenkam. In ihren Augen war es an der Zeit, die Revolution ein für alle Mal zu beenden und deren Errungenschaften zu sichern: die Aufhebung der Adelsprivilegien, den Verkauf der Kirchengüter, die neue gesellschaftliche Hierarchie, bei der es auf den Reichtum ankam, und nicht zuletzt den starken Zentralstaat, der sich auf eine hochgerüstete Armee stützte. Um diesen neuen Machtverhältnissen die nötige Weihe zu verleihen, war eine Aussöhnung mit dem Papsttum ebenso erforderlich wie eine neue Moral, die Familie, Patriotismus und Eigentum als höchste Werte heiligte. Zur Einschärfung dieser Tugenden war das Regime auf Feindbilder angewiesen. Dazu eigneten sich nicht nur radikale Jakobiner wie Gracchus Babeuf und Filippo Buonarroti, die das Privateigentum als Quelle aller sozialen und moralischen Missstände abschaffen wollten, sondern auch die letzten überlebenden Libertins alten Stils. Sie sollten die ganze Hässlichkeit des Ancien Régime verkörpern und damit die Ergebnisse der Revolution stets aufs Neue rechtfertigen. Diese Abgrenzung zu einer definitiv verdammten Vergangenheit wurde wie immer an solchen Zeitenwenden am Sexualverhalten festgemacht. Im Zeichen einer neuen Ehrbarkeit, die die bürgerliche Kleinfamilie als Hort der Tugenden pries, rechneten die Chefideologen der «moralischen Wende» unbarmherzig mit der Sittenlosigkeit der Aristokraten ab, hinter der sich ein Abgrund von Lastern wie Volksverachtung, Käuflichkeit und Verrat an der Nation verbarg.

Es kam daher zur Unzeit, dass der Marquis de Sade ausgerechnet jetzt seine *Verbrechen der Liebe* veröffentlichte, die er bereits vor der Revolution in der Bastille verfasst hatte. Seine Themen und sein Erzählstil waren für das Publikum des Jahres 1800 eine Provokation, weil sie mit ihrer ironischen Frivolität die ganze Verdorbenheit der Zeit vor 1789 widerspiegelten. In den *Verbrechen der Liebe* mit ihren mehr oder weniger konventionellen Gewalttaten und den mühsam unterdrückten Phantasien von weitaus schlimmeren Exzessen witterte der staatstragende Leser die Auflösung aller Ordnung und aller mitmenschlichen Bindungen, wie man sie in den traumatischen Jahren 1793 und 1794 erlebt hatte. Wüste Vorwürfe gegen den Autor, dem zudem die Verfasserschaft der *Justine* unterstellt wurde, waren die Folge. De Sade reagierte darauf wie üblich mit Gegen-Pamphleten, die diesen Attacken in der Rabiatheit des Tons und der Anklagen in nichts nachstanden. Wenn es um seine Ehre als Aristokrat und *Homme de lettres* ging, setzte der Marquis weiterhin alle Vorsichtsmaßnahmen außer Kraft. Dass er damit die ohnehin schon beträchtliche Zahl seiner Feinde weiter vermehrte und diesen in die Hände spielte, war demgegenüber zweitrangig.

Am 6. März 1801 stürmte ein Polizeitrupp die Büros des Verlegers Nicolas Massé, der *Die Verbrechen der Liebe* herausgebracht hatte. Bei dieser Razzia ging es den Ordnungskräften jedoch nicht um diese relativ harmlosen Novellen, sondern um den Verfasser der *Justine* und *Juliette*. Die Spitzel hatten die Polizei gut informiert: Sie traf den Missetäter in flagranti an, nämlich mit einem Band der *Nouvelle Justine*, der handschriftliche Korrekturen und Ergänzungen enthielt. Eine weitere Hausdurchsuchung fand in Saint-Ouen statt. In einem Geheimkabinett des Marquis entdeckten die Agenten diverse Kunstwerke obszönen Charakters, darunter einen Gobelin, der die Ausschweifungen der *Justine* illustrierte. Auch dieser Wandteppich wanderte selbstverständlich in die Asservatenkammer der Behörden. Mit solchen «Beweisstücken» konfrontiert, hatte der Marquis in den jetzt einsetzenden Verhören einen schweren Stand. Dass er die inkriminierten Texte kannte, konnte er jetzt nicht mehr leugnen, wohl aber die Urheberschaft. Er sei nur Kopist und nicht Verfasser, so lautete seine Verteidigungsstrategie. Doch obwohl die Beweislage eindeutig war, zögerten die offiziellen Stellen zunächst. Ein Prozess gegen den skandalösen Marquis würde viel Staub aufwirbeln. Zum einen kannte er viele einflussreiche Persönlichkeiten und ihre Vorlieben allzu gut, und zum anderen würde ein Verfahren gegen ihn die Elite als ganze kompromittieren und so die mühsam gefestigte Ordnung gefährden.

Das waren dieselben Bedenken wie 1778, als die königliche Justiz den Schandfleck des Adels ohne Prozess hinter Kerkermauern verschwinden ließ. Die Maßnahmen, die das Regime von 1801 gegen den Marquis ergriff, glichen dem damaligen Vorgehen aufs Haar. Es gab zwar keine königlichen *lettres de cachet* mehr, doch dafür die bequeme Handhabe der «punition administrative», die auf dasselbe hinausliefen, nämlich unliebsame Zeitgenossen auch ohne Gerichtsbeschluss aus dem Verkehr zu ziehen und auf unbegrenzte Zeit in geschlossenen Anstalten zu «deponieren». Bei der Abwägung von Vor- und Nachteilen kamen die Verantwortlichen, der zuständige Präfekt und der Polizeiminister, zu dem Ergebnis, dass der Skandal, den ein Prozess gegen den Marquis erregen musste, durch den Nutzen des damit statuierten Exempels nicht aufgewogen würde. Folglich machten sie von der «Verwaltungsstrafe» Gebrauch und verurteilten den Verfasser der «schändlichen» Justine und der «noch schrecklicheren» Juliette im April 1801 zu lebenslanger Haft; die Verbreitung des Doppelromans wurde streng verboten.

Zunächst wurde der Marquis im ehemaligen Kloster Sainte-Pélagie in Paris festgehalten, das während der Monarchie wie so viele spätere Gefängnisse der Revolutionszeit als Erziehungsheim für «reuige» Prostituierte gedient hatte. Diese Ironie seiner persönlichen Lebensgeschichte entging dem unbußfertigen Libertin nicht, der auch seine zweite Inhaftierung in einer Anstalt für Prostituierte wie gehabt sarkastisch kommentierte. Mit demselben Sarkasmus vermerkte er, dass er auf seinem mittlerweile einundsechzig Jahre langen Lebensweg noch von jedem Regime seiner Freiheit beraubt worden war. Darin waren sich zwei Könige, drei Revolutionsregierungen und das Konsulatsregime, die ansonsten nichts gemeinsam hatten, einig: Weg mit diesem Untergraber aller Moral!

> Wanderer,
> knie nieder, um zu beten
> bei dem unglücklichsten aller Menschen.
> Er wurde im vergangenen Jahrhundert geboren
> und starb in unserem Jahrhundert.
> Die Tyrannei mit ihrer Schreckensstirn
> erklärte ihm jederzeit den Krieg:
> Unter den Königen bemächtigte sich dieses hassenswerte Ungeheuer
> seines ganzen Lebens.
> Unter dem Terror kehrte das Monster zurück und brachte Sade an den Rand des Abgrunds. Unter dem Konsulat stand es wieder auf,
> und Sade ist immer noch sein Opfer.[1]

Diesen Spruch für seinen eigenen Grabstein dichtete der Marquis kurz nach seiner Verhaftung unter dem Ersten Konsul Napoleon Bonaparte, der sich am 2. Dezember 1804 selbst zum Kaiser der Franzosen krönte und damit in den Augen de Sades ein weiteres Terrorregime etablierte.

Die Schädlichkeit seiner Romane, die Sitte und Ordnung untergruben, war die offizielle Begründung für de Sades Wegsperrung. Obwohl sie völlig ausreicht, um das Vorgehen der Behörden zu erklären, hat man schon früh persönlichere Motive dahinter gewittert und eine Verschwörung des Ersten Konsuls Napoleon Bonaparte konstruiert. In deren Mittelpunkt steht ein anonym veröffentlichter Schlüsselroman mit dem Titel *Zoloé et ses acolytes*. In diesem obszönen Machwerk geht es – für die damaligen Leser nur oberflächlich getarnt – um das sittenlose Treiben im Machtzentrum des postrevolutionären Frankreich. Hinter der Figur der Zoloé, die keinen noch so unsittlichen Antrag abweist und hemmungslos ihre Habgier und Verschwendungssucht befriedigt, verbirgt sich, wie unschwer zu erkennen ist, in Wirklichkeit Joséphine Beauharnais, die Gattin des ersten Konsuls Napoleon Bonaparte. Das wüste Treiben der

Mächtigen ist die Kehrseite des Regimes, das Ehrbarkeit und Religion auf seine Fahnen geschrieben hat: So lautet die Botschaft der «Enthüllungsschrift», die ein großer Teil der Öffentlichkeit reflexartig dem Marquis de Sade in die Schuhe schob. Wer sonst konnte auf so kurzem Raum so viel Schmutz verbreiten?

Doch diese Zuschreibung war höchstwahrscheinlich ein Irrtum. Nach allen Kriterien von Vokabular und Satzbau stammt die Schmähschrift nicht aus de Sades Produktion. Auch die obszönen Darstellungen, die hier zum Selbstzweck werden und nicht der Anlass für philosophische Abhandlungen sind, sprechen gegen den Marquis als Autor. Unwahrscheinlich ist auch, dass sich de Sade, der zwar im Zorn oft unvorsichtig, aber nicht mehr wie in seiner Jugend bodenlos leichtsinnig war, mit der Familie des neuen starken Mannes angelegt hätte. Er machte sich ohnehin schon lange keine Illusionen mehr über die Moral der Mächtigen. Was sich in *Zoloé* hinter der Fassade der Ehrbarkeit und des Anstands abspielte, hatte er in seinen großen Romanen bereits zur Genüge vor Augen geführt; dazu bedurfte es dieser Schrift nicht mehr. Zudem fehlt jeder Beweis, dass Napoleon selbst von der Autorschaft de Sades überzeugt war.

Angesichts der falschen Anklage fühlte sich der Marquis berechtigt, auch gleich die Verfasserschaft der *Justine* mit abzuleugnen:

> Bürger, Minister, die verfolgte Unschuld hat Sie als einzige Stütze. Als Oberhaupt der französischen Gerichtsbarkeit ist es allein Ihre Aufgabe, die Gesetze ausführen zu lassen und dabei jegliche hässliche Willkür zu vermeiden, die diese Gesetze unterhöhlt und schwächt. Man beschuldigt mich, der Verfasser des infamen Buches *Justine* zu sein. Die Anklage ist falsch, ich schwöre es bei allem, was mir am heiligsten ist… Entweder bin ich der Autor des Buches, das man mir zur Last legt, oder nicht. Wenn man es mir beweisen kann, will ich das Urteil auf mich nehmen, wenn nicht, will ich freigelassen werden. Was ist das für eine willkürliche Parteinahme, die die Ketten des Schuldigen (= des auf freien Fuß gesetzten Verlegers Massé) zerbricht und den Unschuldigen zermalmt? Haben wir dafür zwölf Jahre lang Gut, Leib und Leben geopfert?[2]

De Sade war nicht nur der Paria aller Regime, er beherrschte auch ihre Sprache perfekt. Gegen seine *lettres de cachet* rebellierte er im Ton der Empfindsamkeit, gegen die Tugend-Terroristen bemühte er die Sprache der Gleichheit, gegenüber dem Minister des Ersten Konsuls drückte er sich leidenschaftlich und lakonisch zugleich aus. Zu einem fairen Prozess kam es, in diesem Fall zu de Sades Glück, jedoch nicht: Ein korrektes Verfahren hätte ihn unzweifelhaft des Meineids überführt.

De Sades Verhaftung ist also allein auf die Veröffentlichung der *Nouvelle Justine* und der *Juliette* zurückzuführen. Erst nachdem der Verleger Massé der Polizei das Versteck verraten hatte, in dem er die frisch gedruckten Exemplare des Doppelromans aufbewahrte, wurde er wieder auf freien Fuß gesetzt. Der zweite Teil des Doppelromans ist noch viel schlimmer als der erste: In diesem Urteil waren sich alle, Zensurbehörden, empörte Leser und Mächtige, einig.

### Publikumszerfleischung: «Juliette»

Das Verdikt über die *Juliette* hing auch mit dem Umfang des Werks zusammen. Auf weit über tausend Druckseiten wird der Leser mit einer gegenüber der *Justine* nochmals gesteigerten Zahl der Folter- und Mordszenen konfrontiert. Doch das ist nicht alles. In der *Justine* ging es immerhin noch um das Widerspiel von Tugend und Laster. Auch wenn das Böse in jeder einzelnen Episode und vollends im Finale triumphierte, war die Stimme des Guten hörbar und wurde zumindest von einigen Libertins noch der Widerlegung für wert befunden, also ernst genommen. So schien für den Leser, der sich nicht mit der grausigen Weltanschauung der Lustmörder identifizierte, zumindest ein Silberstreif am düsteren Horizont des Weltzustands auf. In der *Juliette* ist von einer solchen Aufhellung nichts mehr zu sehen. Die Gegner des Bösen sind nicht nur wehrlos, sondern ganz überwiegend auch sprachlos; mehr als die immergleichen Standardformeln der Entrüstung können sie als Objekt fremder Gelüste und unter den Qualen der entsetzlichsten Foltern nicht mehr hervorstammeln. Da der Sieg des entfesselten Lasters von vornherein feststeht, leidet der Roman von Anfang an unter Spannungslosigkeit. Diesem Ermüdungseffekt versuchte der Marquis durch dramaturgische Kunstgriffe abzuhelfen. So lässt er Juliette, den Prototyp der schwach geborenen Starken, auf dem Weg zum Aufstieg in den kleinen Zirkel der Superschurken beiderlei Geschlechts diverse Prüfungen bestehen. Diese werden ihr von ihren Lehrmeistern gestellt, um ihre Eignung und damit die Würdigkeit zum weiteren Aufrücken zu testen. Ein solches Examen besteht naturgemäß darin, die Elevin an die nächst höhere, das heißt: grausamere Stufe des Verbrechens heranzuführen. Bei jeder dieser Prüfungen stellt sich die Frage, ob die Kandidatin noch von Restskrupeln geplagt wird. Wenn ja, droht ihr der Entzug der Protektion und der Absturz von der Mord-Hilfskraft zum Opfer. Besonders streng sind die Kriterien, als es um die Aufnahme in den «Club der Freunde des Verbrechens» geht. Um in diesen exklusiven Zirkel aus Adel, Hochfinanz und Richtern Zugang zu erlangen, muss man die hohe Kunst des Lustmords beherrschen. Sie besteht bekanntlich darin, nicht nur aus sexueller Erregung, sondern auch kalten Blutes zu töten und sich durch das Verbrechen selbst in einen Sinnenrausch zu versetzen. Juliette besteht diese Prüfung zwar mit Bravour, aber die Super-Libertins haben nach minutiöser Überprüfung ihrer zuvor erbrachten Leistungsnachweise trotzdem etwas auszusetzen: Juliettes Blut- und Giftspur ist zu schmal, sodass sie noch einmal von Neuem beginnen muss. Die Parallel-Gesellschaft der Bösen hat wie die Kirche der «Normalgesellschaft» ihre Inquisitionen, Spitzel und Glaubensgerichte. Wer vom vorgeschriebenen Maximal-Atheismus auch nur ein Jota abweicht, wird mit schwersten Strafen belegt. Haben de Sades Zensoren den schwarzen Humor dieser Gesinnungskontrollen verstanden?

Ein weiteres Spannungselement besteht darin, dass sich die approbierten Libertins bei ihren mörderischen Streifzügen gegenseitig in die Quere kommen, sodass sich Täter- und Opferrollen zu vertauschen drohen. So fällt Juliette mit ihrem Gefolge von Genossinnen und Gehilfinnen auf ihrer ausgedehnten Orgien- und Mordtour durch Italien dem monströsen Banditen «Brisa-Testa» («Kopfzerschmetterer») in die

*Weibliche Sexualität als Leistungs- und Würdigkeitsnachweis: In diesen zeitgenössischen Illustrationen zur «Juliette» arrangieren die Titelheldin und ihre Gefährtinnen ihre eigenen Körper und die ihrer Sklavinnen zu immer ausgefalleneren Tableaus der Ausschweifung.*

Hände. In dessen abgelegenem Schneckenschloss ist schon alles für die grausige Opferungszeremonie vorbereitet, als die Gefährtin des Schlossherrn in Juliette eine «Freundin des Verbrechens» erkennt und umgehend ihre Statuserhöhung vom Lustobjekt zur gleichberechtigten Lustmörderin erwirkt. Libertins respektieren Libertins, weil sie sich bei ihren von der Natur befohlenen Mordtaten gegenseitig helfen und weil die Natur auf keines dieser heilsamen Instrumente verzichten kann. Gemeinsamer Dienst am Bösen, das in Wirklichkeit das Gute ist, schweißt zusammen. Netzwerke werden durch gemeinsamen Nutzen und durch die gute Gesinnung, die man sich zuschreibt, zusammengehalten; die Parallelgesellschaft funktioniert nach denselben Gesetzen wie die Politik.

Publikumszerfleischung: «Juliette» 355

Doch diese Bande halten nicht ewig. Je mehr sich Juliette wie der spätere Mönch Jérôme von der beflissenen Gehilfin der Natur zur Rebellin gegen die Natur entwickelt und mit deren Zerstörungskraft rivalisieren möchte, desto unsicherer lebt es sich in ihrer Umgebung. Das muss die Prinzessin Borghese erfahren, die nach längerer Komplizenschaft die Libertin-Note «mangelhaft» bekommt und deshalb in den Krater des Vesuvs gestürzt wird. Sie hat es nach den Maßstäben der verbrecherischen Leistungsgesellschaft nicht anders verdient. Das letzte Tabu aber besteht darin, sich an einer gleichwertigen Schurkin zu vergehen. Dazu ist am Ende selbst Juliette nicht fähig, die ohne mit der Wimper zu zucken die Insassen sämtlicher römischer Spitäler vergiftet hat. Ihre alte

Lehrmeisterin, die Giftmischerin Durand, muss Juliettes treue Gefährtin Clairwil fälschlich bezichtigen, dieser nach dem Leben zu trachten, um Juliette zum Mord an dieser ebenbürtigen Verbrecherin zu bewegen. Als sie die Täuschung bemerkt, halten Wut und Trauer darüber jedoch nicht lange an. Am Ende bleiben Juliette und Durand in trauter Komplizenschaft zurück.

Hier zeigt sich ein Grundwiderspruch, der de Sades grausame Phantasien durchzieht: Alle Lustmörder preisen zwar den krassesten Egoismus als Lebensprinzip, sind jedoch zur Geselligkeit verdammt, da eine einsam ausgeführte Untat nicht zählt. Das galt schon für die Libertins aus Fleisch und Blut vom Schlage eines Herzogs von Richelieu. Noch intensiver als er sind de Sades Wüstlinge darauf angewiesen, ihre Exzesse vorzuführen und sich auf diese Weise stets aufs Neue ihres Ranges zu vergewissern. Sie glauben, alle Normen mit Füßen zu treten, doch von der aristokratischen Basisregel, dass nur der sichtbar unter Beweis gestellte Status zählt, kommen sie nicht los. Ein ähnlicher Widerspruch zeigt sich bei dem Wiederholungszwang zur Profanierung. Obwohl für die Libertins längst ausgemacht ist, dass die Existenz Gottes keiner Widerlegung mehr wert ist, muss der Glaube an ihn unaufhörlich durch schwarze Messen und Hostienschändungen verhöhnt werden, da die Lust dem Bewusstsein der Abweichung entspringt.

Herzstück des Romans ist Juliettes Italienreise, die zu einer Kavalierstour besonderer Art wird. Im Land, wo die Zitronen blühen und die Monster wie nirgendwo sonst gedeihen, steigt die Superverbrecherin in die Adelsklasse der Libertins auf, die mit ihren Inszenierungen des Schreckens neue Maßstäbe setzen und dadurch für den Nachwuchs zum Vorbild werden. De Sade parodiert auf diese Weise seine eigene Bildungsreise von 1775/76. Auf dieser Fahrt hatte er – bei aller Faszination für Blut, Gewalt und schöne junge Märtyrerinnen – die Fortschritte und Hemmnisse der Aufklärung in Augenschein genommen und kommentiert: viel Lob für das moderne und humane Florenz, harter Tadel für das rückständige Neapel, wo König und Adel das Volk verrohen ließen. Diese Maßstäbe verkehren sich jetzt ins Gegenteil. Das brutale Schlaraffenland-Fest am Fuße des Vesuvs wird in der *Juliette* zum integralen Bestandteil einer Orgie, bei der Menschenblut in Sturzbächen fließt. Unterschiede zwischen Herrschern und Ländern sind am Ende nicht mehr auszumachen. Ob der König von Sardinien in Turin, der Großherzog der Toskana in Florenz, der Papst in Rom oder der König beider Sizilien in Neapel – alle Potentaten haben dieselben Vorlieben. Sie wollen bei ihren Ausschweifungen möglichst viele Lustobjekte auf möglichst ausgefallene Weise vom Leben zum Tode befördern, wobei ihnen die gleichgesinnte Juliette gerne zu Diensten steht. Während dieser gemeinsamen Vergnügungen hält sie ihnen aufrührerische Reden, die direkt aus der Piken-Sektion des Jahres 1793 zu stammen scheinen:

> Was deine religiöse Weihe als Herrscher betrifft, mein Freund, so erlaube mir, darüber einen Augenblick herzlich zu lachen. Bilde dir bloß nicht ein, dass dir der Himmel, als du geschaffen wurdest, eine höhere Existenz als dem letzten deiner Untertanen verliehen hat. Und so bist du für mich auch keineswegs respektabler. Ich bin eine fanatische Parteigängerin der Gleichheit und habe auf der Welt niemals ein Lebewesen gesehen, das mehr wert war als ein anderes ... Hat dich nicht der Zufall dorthin gebracht, wo du stehst? Was hast du geleistet, um diesen Rang zu verdienen? Der erste, der diese Position durch seinen Mut oder seine Talente verdient hat, mag Anrecht auf Wertschätzung erheben. Doch wer diese Stellung wie du nur durch Erbschaft erlangt hat, ist nur verächtlichen Mitleids wert.[3]

Die professionelle Lustmörderin tritt hier als Wortführerin der jakobinischen Revolution auf und kündigt den Tyrannen ihr nahendes Ende an. Selbst in dem vor Sarkasmus triefenden Œuvre de Sades ist damit ein Höhepunkt des schwarzen Humors erreicht. In seinen Augen ergibt die Kombination aus sansculottischer Radikalität und Despotengehabe durchaus Sinn. Die entfesselten Kleinbürger von Paris durften knapp zwei Jahre lang die Rolle des Tyrannen spielen, den sie soeben geköpft hatten. Ganz oben und ganz unten in der Gesellschaft hegen die Menschen also dieselben blutrünstigen Neigungen, und auch in der Mitte sah es nicht besser aus.

Dass sich diese beiden Extreme zum Verwechseln ähneln, hat de Sade in einer Fußnote zu seinem Roman festgehalten:

Es ist kaum zu glauben, dass die Jakobiner der Französischen Revolution die Altäre eines Gottes stürzen wollten, der absolut ihre Sprache sprach. Noch außergewöhnlicher aber ist, dass diejenigen, die die Jakobiner hassen und sie vernichten wollen, dies im Namen eines Gottes tun, der selbst wie ein Jakobiner spricht. Wenn das nicht der Gipfel der menschlichen Extravaganz ist, dann bitte ich inständig darum, mir zu sagen, wie sie sich übertreffen lässt.[4]

Der christliche Gott ist für de Sade ein Jakobiner, weil er fanatisch, intolerant, eifersüchtig, neidisch, gewaltbereit und nicht zuletzt ein Gerechtigkeitsfanatiker ist, der wie die Sansculotten die Großen klein und die Kleinen groß machen will. So gleichen sich die konservativen Christen und die radikalen Gleichheitsverfechter aufs Haar. Als Missionarin des Umsturzes geht Juliette mit Papst Pius VI. naturgemäß besonders hart ins Gericht. Bevor sie sich mit ihm über dem Grab des Apostelfürsten in der Peterskirche in eine Orgie stürzt, in der wie immer Ströme von Samen und Blut fließen, trägt sie ihm ihre Version der Papstgeschichte vor: Hinter der Fassade der Rechtgläubigkeit gibt es nichts als Ausschweifung und Ausrottung Unschuldiger! Als Mitglied im Club der Freunde des Verbrechens müsste sie das alles eigentlich von Herzen billigen. Doch Juliette ist eben eine jakobinische und keine reaktionär-katholische Lustmörderin.

Um sich mit Juliette vergnügen zu dürfen, soll ihr der Papst zuvor vier Wünsche erfüllen. Er muss ihr die Schlüssel zu seinen Privatgemächern aushändigen, einen Vortrag über den Mord halten, eine schwarze Messe feiern, bei der die Hostie durch Analverkehr geschändet wird, und schließlich eine Orgie veranstalten, zu der Juliettes alte Freundinnen und einige Kardinäle geladen werden, mit denen sie schon vor der Audienz beim Heiligen Vater ausschweifende Feste gefeiert hatte. Der lüsterne Papst geht auf alle diese Bedingungen ein. Auf diese Weise wird Juliette der Genuss zuteil, vom Hausherrn selbst durch den vatikanischen Palast mit seiner ungeheuren Prunkentfaltung geführt zu werden und vom Oberhaupt der katholischen Kirche über die Notwendigkeit des absoluten Egoismus, des Atheismus und des Lustmords belehrt zu werden. Dabei bedient sich der Pontifex maximus derselben Argumente, mit denen sich die Libertins aller de Sadeschen Texte rechtfertigen: Der Mensch ist Materie, die Natur ist auf seine Destruktivität angewiesen, weil ihr sonst die Kraft fehlt, neue Daseinsformen zu erschaffen. In ihren Reden und in ihren Vorlieben stimmen die blutrünstige Jakobinerin und der Papst vollständig überein. Die Lust an der Grausamkeit versteckt sich hinter den unterschiedlichsten Gesinnungen und Ideologien. Damit hatte de Sade sein Urteil über seine Zeit endgültig gefällt.

Dass sich Juliette vom Nachfolger Petri die Lizenz zum Töten erteilen lässt, ist eine makabre Parodie von Beichte und Lossprechung. Die Schurkin braucht den Kitzel der Profanierung, hat sich also vom Christentum nicht völlig gelöst, ähnlich wie aus de Sades Sicht der Jakobinismus.

Doch nicht nur dadurch wird der Anspruch des weiblichen Super-Libertins, einen höheren Menschentypus zu verkörpern, widerlegt. Als Juliette selbst in die Gefangenschaft eines Lustmörders gerät, stimmt die eben noch so hochgemute Lustmörderin unerwartet verzagte Töne an:

> Man wird uns erwürgen, sagte ich meinen Gefährtinnen. Wir dürfen uns keinen Illusionen hingeben, dies ist das einzige Schicksal, das uns erwartet. Ich habe keinerlei Angst vor dem Tod. Als Philosophin, die einige Jahre auf dieser Erde vegetiert hat, bin ich mir sicher, nach dem Tod nicht unglücklicher zu sein als zuvor. Aber ich fürchte den Schmerz. Diese Schurken werden uns Leid zufügen; sie werden es vielleicht genießen, uns zu foltern, so wie ich es genossen habe, die anderen zu foltern.[5]

Ich habe keine Angst vor dem Tod, wohl aber vor dem Sterben: Mit dieser Lebenslüge bricht der negative Gesellschaftsvertrag des Meistermediziners Rodin, nach dem jeder die anderen foltern darf, wenn er bereit ist, sich selbst foltern zu lassen, kläglich in sich zusammen, sobald die Folterer selbst in die Bredouille geraten. Alle großen Schurken und Schurkinnen sind Hasenfüße. Auch Juliettes Bekenntnis, niemals glücklich gewesen zu sein, überrascht nur auf den ersten Blick. Sie ist, von seltenen Krisen abgesehen, steinreich und jagt von einer Orgie zur anderen, doch Erlösung finden dabei wie auf Schloss Silling nur die Opfer. Die

Lebensgeschichte von Justines lasterhafter Schwester wird zur Parodie auf die selbsternannten Übermenschen beiderlei Geschlechts.

Auch die Stationen des Ausschweifungsweges, den Juliette als Gegenstück zur *Via crucis* ihrer Schwester durchmisst, werden, wie schon die Audienz beim Papst, immer grotesker übersteigert. Juliette, ihr Reiseabschnitts-Partner Sbrigani und ihr Gefolge durchwandern eine einsame toskanische Hochebene, deren Vulkane sie zu sexuellen Aktivitäten anregen. Dabei werden sie von einem Lebewesen überrascht, das auf den ersten und zweiten Blick kaum etwas Menschliches an sich hat:

> Das Individuum, das uns ansprach, war zwei Meter zwanzig groß, trug einen riesigen Schnurrbart, der nach hinten zurückgeschlagen war, und hatte ein so dunkles und abschreckendes Gesicht, dass wir einen Moment den Fürsten der Finsternis selbst zu sehen glaubten.[6]

Mit dieser spontanen Einschätzung liegen die ausspionierten Libertins gar nicht einmal so falsch. Das Monstrum stellt sich als der Moskowiter Minski vor, der glaubt, in Juliette und Sbrigani Gleichgesinnte gefunden zu haben, und sie deshalb mit in seine einsame Zwingburg auf steil emporragender Bergeshöhe am Meeresufer mitnimmt. Auf ihre besorgte Nachfrage hin liefert er ihnen eine Überlebensgarantie nach dem bekannten Motto, dass ein Libertin dem anderen kein Auge aushackt. Doch was ist die Zusicherung eines solchen Ungeheuers wert?

Nach langem Fußmarsch betreten die Gäste das Schloss durch einen unterirdischen Zugang und finden sich in einem Saal wieder, der mit menschlichen Skeletten an den Wänden geschmückt und mit Stühlen aus Menschenschädeln bestückt ist. Aus den noch tiefer gelegenen Gewölben hallen Schmerzensschreie in dieses Schreckensgemach hinauf. Bei Tisch erzählt Minski seine Lebensgeschichte. Wie Juliette hat er eine Bildungstour des Verbrechens absolviert, allerdings nicht in Europa, sondern vor allem in Asien und Afrika, wo man viel Sinn für ausgesuchte Grausamkeiten hat. Die Frucht dieser Lektionen bestand darin, nach der Rückkehr in die Heimat Mutter und Schwester zu ermorden und mit dem Erbe das Schloss am tyrrhenischen Meer zu erwerben. Das war in Juliettes Augen für den Anfang nicht schlecht, doch für höhere Libertin-Ehren reichte es noch nicht. Dessen ist sich Minski wohl bewusst:

> Mit diesem Debüt werden Sie mich für einen Verbrecher halten. Was Sie in diesem Schloss zu sehen bekommen werden, wird diese Reputation hoffentlich bestätigen.[7]

Minskis Leistungsnachweise bestehen in zwei Menschenparks, die von fünfzig Dienern überwacht werden. In dem einen hält der Moskowiter zweihundert kleine Knaben, im anderen ebenso viele kleine Mädchen. Diese tötet er bei seinen sexuellen Exzessen, denn ohne Mord erreicht er keine «Entladung». Danach wandern die Opfer in die schlosseigene Metzgerei, denn Minski ist bei seiner Weltreise auf den Geschmack an Menschenfleisch gekommen. Als bekennender Kannibale tischt er dieses auch seinen Gästen auf, denen es köstlich mundet. Nach Kaffee und Likör schändet und erwürgt der Gastgeber ein kleines Mädchen von sieben Jahren und einen zwölfjährigen Knaben. Doch das sind nur Vorspiele. Nachdem sich die Reisenden ausgeruht und erfrischt haben, beginnt wie in Schloss Silling die Mord-Soirée. Sie findet in Minskis Schlafzimmer statt, wo sechzehn nackte Mädchen an Säulen gefesselt sind. Mit einer Martermaschine fügt das Monstrum seinen Opfern gleichzeitig Verletzungen zu, bei denen bereits viel Blut fließt. Dabei ist für jede eine spezielle Marter vorgesehen: Die eine wird gestochen, die andere versengt, die nächste gepeitscht oder geschnitten oder von Zangen gequetscht. Währenddessen gelüstet es Minski nach Analverkehr mit Juliettes Zofe Augustine, den diese in Anbetracht der Größe von dessen Geschlechtsorgan unmöglich überleben kann. Obwohl die Schurkin ihrer Schutzbefohlenen Schonung versprochen hat, wird diese mitleidlos verraten und geopfert. Besser sie als ich, so lautet die Logik ihrer Herrin. Nach ihrem Tod auf Minskis Lustaltar hat die Stunde der sechzehn Mädchen geschlagen. Der Moskowiter zieht an einer Schnur, und jede wird auf grausamste Art und Weise zu Tode gequält, bis der Mörder ein weiteres Mal zur «Entladung» gelangt. Nun ist die Zeit der philosophischen Vorträge angebrochen, bei denen der welterfahrene Schlossherr das große Wort führt. Mit der dem Libertin eigenen Beredsamkeit legt er dar, dass die europäischen Tugenden in anderen Weltteilen als Laster gelten und umgekehrt. Diese Lehrstunde in Völkerkunde ist theoretisch und praktisch zugleich ausgerichtet; sie rechtfertigt Minskis «Passionen» und leitet zu weiteren Mordtaten über.

Zu diesem Zweck besucht die von erlesenen Mahlzeiten gesättigte und von edlen Tropfen angeregte Gesellschaft die Krankenstation des Schlosses, wo sie mit den zahlreichen Verwundeten kurzen Prozess macht. Die unglückseligen Versehrten werden Raubtieren zum Fraß vorgeworfen, was Juliette erstmals richtig in Stimmung bringt und eine breite Palette von sexuellen Betätigungen zur Folge hat. Hierauf folgen wieder Reden über die Pflicht der Starken, die Schwachen zu unterdrücken und zu töten; wer die *Justine* in der dritten Fassung als ersten Teil des Doppelromans gelesen hat, vernimmt diese Argumente jetzt zum achtzehnten Mal. Nach weiteren Mordtaten während der Schlossbesichtigung ziehen sich die Gäste in ihre luxuriösen Räumlichkeiten zurück und fragen sich, wie sicher sie selbst vor diesem Monstrum sind. Juliette hat jedoch Bedenken, ihn zu töten:

> Dieser Mann ist der Menschheit zu schädlich und entspricht zu sehr meinen Prinzipien, als dass ich die Welt seines Wirkens berauben möchte. Das würde heißen, hier die Rolle des Gesetzes zu spielen. Es würde heißen, der Gesellschaft zu dienen, wenn wir diesen Verbrecher aus ihr verbannen würden; und ich liebe die Tugend nicht genug, um ihr so weit entgegenzukommen.[8]

So einigt sie sich mit Sbrigani auf einen Kompromiss: Minski wird ein so starkes Schlafmittel verabreicht, dass ihn sein eigener Haushofmeister für tot hält und nur allzu gerne die Position des Hausherrn einnimmt. Unterdessen raffen Juliette und ihr Komplize das Millionenvermögen des Kannibalen zusammen und fliehen nach Florenz, nicht ohne zwei besonders reizende junge Mädchen aus dem Harem der Zweihundert mitzunehmen; auch ihr Bedarf an Lustobjekten ist unbegrenzt.

Wer eine dieser Episoden gelesen hat, kennt sie im Grunde alle. Die einzigen Variablen sind die Foltern und Todesarten. Auf diesem Gebiet sind andere Libertins wie zum Beispiel Brisa-Testa erfindungsreicher als der tumbe Minski. Dieser Räuberhauptmann erzählt Juliette sein ganzes langes Verbrecherleben und damit einen Roman im Roman. Er treibt die Grausamkeit dadurch auf die Spitze, dass er die Opfer an seinen Mordtaten beteiligt. Er zwingt Eltern dazu, ihre Kinder in einem Akt blutiger Barmherzigkeit selbst zu töten; weigern sie sich, droht den Kleinen ein weitaus grausameres Ende. Die Tugend tötet das, was ihr am liebsten ist: An dieser von ihm selbst erzwungenen Perversion kann sich Minski, das Monster, königlich berauschen. Auch den Selbsterhaltungstrieb des Menschen benutzt er für seine grausige Lust: Mit der Hoffnung auf Verschonung bringt er ein Kind dazu, seine Mutter aufzuschlitzen. Die Reden der Libertins, die während all dieser Metzeleien gehalten werden, wiederholen sich dutzendfach, nicht selten bis aufs Wort. Ein gewisses Crescendo ist wie in der Justine allein dem Leitmotiv der zerstörerischen Natur vorbehalten. Wie der Mönch Jérôme reibt sich Juliette mit ihren Gefährtinnen und Gefährten immer wütender an dieser Lehrmeisterin, die ihnen ihren Willen dadurch aufzwingt, dass sie ihnen ihre unwiderstehlichen Neigungen verliehen und damit ihren Willen unfrei gemacht hat. Aus diesem Dilemma gibt es auch hier keinen Ausweg. Ihre Wut darüber, dass sie dazu verdammt sind, der «Hure Natur» zu Willen zu sein, reagieren die Libertins an ihren Opfern ab und treiben damit die Paradoxie auf die Spitze.

Noch mehr als in der letzten Fassung der *Justine* wird der Leser der *Juliette* zum Versuchsobjekt des Autors. Wer sich an den bis ins Letzte durchorganisierten und rigoros disziplinierten Massenorgien delektiert oder sich auch nur fasziniert zeigt, bestätigt die Ausgangsthese aller de Sadeschen Werke, dass die Lust am Bösen in allen Menschen schlummert. Doch die erwünschte Reaktion ist das nicht. Sie besteht wiederum darin, sich angeödet und angewidert von diesen entseelten Menschenschlächtern abzuwenden und auf diese Weise die geheime Sympathie mit den destruktiven Kräften niederzuringen beziehungsweise in die eingehegten Bezirke der Einbildungskraft zu verbannen. Insofern hatten die Ordnungshüter aller Regime Unrecht. Nicht vor den Texten des Marquis, sondern vor den Abgründen der menschlichen Seele mussten sie Angst haben.

## In Charenton

Anfang 1803 versuchte der zweiundsechzigjährige Marquis, «unziemliche Beziehungen» zu einer Gruppe junger Leute anzuknüpfen, die wegen der Störung einer Theateraufführung kurzfristig in Sainte-Pélagie festgehalten wurden. Als Folge dieser «Übergriffe» wurde de Sade in das Gefängnis von Bicêtre überstellt, das im Ancien Régime «die Bastille des Gesindels» genannt wurde. Wie er zu diesem Zeitpunkt aussah, geht aus einer zeitgenössischen Beschreibung hervor:

> Ich bemerkte an ihm zuerst seine enorme Körperfülle, die ihn daran hinderte, die Reste ursprünglicher Grazie und Eleganz zu entfalten, die früher einmal in seinem Verhalten und in seiner Art zu sprechen sehr ausgeprägt gewesen sein müssen. Seine müden Augen bewahrten dennoch einen gewissen Glanz und eine Feinheit, die sich von Zeit zu Zeit wie ein absterbender Funke auf einem Stück Kohle belebte.[9]

Diese Beschreibung war richtig und falsch zugleich. Der Marquis war noch längst nicht am Ende. Er hatte noch erfolgreiche und aufregende Jahre vor sich.

Die Wende zum Besseren trat ein, als die Söhne de Sades im April 1803 seine Verlegung nach Charenton erwirkten. Dort war aus dem Hospiz unter geistlicher Leitung 1797 ein staatliches Institut «für die Heilung vom Wahnsinn»[10] geworden, wie es im Gründungsdekret wörtlich heißt. Zu diesem Zweck wurde es dem ehemaligen Prämonstratenser-Mönch François Simonet de Coulmier unterstellt, der Abgeordneter der verfassunggebenden Nationalversammlung gewesen war und beste Beziehungen zu einflussreichen Persönlichkeiten des neuen Regimes unterhielt. Als medizinische Anstalt verfügte Charenton über einen Stab von vier Ärzten; ihren Chef namens Gastaldy hatte de Sade bereits in Avignon kennengelernt. Außer den geistig und seelisch Kranken gab es auch ganz unauffällige Bewohner: Pensionäre, die sich dort gegen Bezahlung einquartieren durften, sowie aktive Offiziere, die dort stationiert waren. Die Adresse «Charenton» war für die Familie de Sade somit weitaus weniger peinlich als die «Bastille des Gesindels». Ein weiterer Vorteil war, dass sich die Insassen aufgrund der «gemischten» Belegung ziemlich frei bewegen konnten, was im Falle de Sades anfangs Probleme schuf. Für ihn als einzigen «normalen» Gefangenen war eine Sonderbewachung vorgesehen, die allerdings schon bald außer Kraft gesetzt wurde.

Durch gute Führung hatte sich de Sade diese Vergünstigungen allerdings nicht verdient, denn wie bei allen seinen Zwangsaufenthalten zuvor rebellierte der Marquis auch in Charenton gegen seine Festsetzung an sich und gegen die Hausordnung im Besonderen. Doch die Phase der systematischen Widersetzlichkeit hielt nicht lange an. Das war das Verdienst des Direktors de Coulmier, der mit väterlicher Milde und Autorität über seine Schutzbefohlenen wachte. Wenn nötig, verteidigte er ihre Interessen vor dem Innenminister, dem er direkt unterstellt war. Mit dem Insassen de Sade, dessen geistigen Rang er erkannte, unterhielt er fast ein Jahrzehnt lang Beziehungen, die von Respekt, Wertschätzung und wahrscheinlich sogar Freundschaft gekennzeichnet waren. Auf diese Weise kam der Marquis in den Genuss von Privilegien, die bei de Coulmiers Vorgesetzten Kopfschütteln erregten und immer wieder administrative Gegenmaßnahmen zur Folge hatten. Erstaunlicherweise blieben sie erfolglos. Alle Pläne, den «Schandfleck» de Sade wieder in ein gewöhnliches Gefängnis zu verlegen, scheiterten am beharrlichen Widerstand des Direktors, der seinem Sonderhäftling mit unverbrüchlicher Treue zur Seite stand.

Zu diesen Privilegien gehörte auch, dass der Marquis an Ostern 1805 in der Anstaltskirche das geweihte Brot austeilen und den Klingelbeutel herumreichen durfte. Für den bekennenden Atheisten und Verächter des Christentums muss es ein seltenes Vergnügen gewesen sein, dem Geistlichen auf diese Weise zur Hand zu gehen. An dieser Rolle konnte er sogar auf Dauer Gefallen finden: In einer Gesellschaft der Heuchler und Narren musste der Weise in ein Irrenasyl weggesperrt werden. Die österlichen Praktiken von Charenton wurden dem Polizeichef zugetragen, der prompt reagierte und die Rolle des Marquis in der Anstaltskirche zum Anlass nahm, dem Anstaltsleiter eine geharnischte Strafpredigt zu halten:

> Dieses Individuum ist nur von Bicêtre nach Charenton verlegt worden, um seiner Familie die Gelegenheit zu geben, ihre Angelegenheiten zu ordnen. Bei Ihnen ist er ein Gefangener, und Sie dürfen ihn auf keinen Fall, unter welchem Vorwand auch immer, ohne ausdrückliche und formelle Genehmigung meinerseits aus dem Anstaltsgelände herausgehen lassen. Wie konnten Sie überhaupt vergessen, dass die Gegenwart eines solchen Mannes Grauen einflößt und öffentlichen Aufruhr verursachen muss?"

Im schroffen Gegensatz zu diesen Anweisungen gewährte de Coulmier dem Häftling de Sade kurz darauf ein weiteres kostbares Vorrecht: Madame Quesnet, seine Gefährtin, durfte zu ihm ziehen und bewohnte fortan das Nachbar-Appartement.

Am 30. Januar 1806 machte der Marquis sein Testament. Sein Vater, dessen er, trotz der am Schluss zerrütteten Beziehungen, mit Rührung gedachte, war im Alter von fünfundsechzig Jahren gestorben. Auch für ihn war es also Zeit, seine letzten Verfügungen zu treffen. Obwohl sich die finanzielle Lage nach Ende der Revolutionswirren deutlich verbessert hatte, gab es nicht mehr allzu viel zu verteilen. Die Meistbegünstigte war natürlich Madame Quesnet, deren Aufopferung und Treue der Marquis in bewegten Worten würdigte. Für sein Begräbnis traf er genaue Vorkehrungen. Zum einen sollte sein Körper achtundvierzig Stunden nach Feststellung des Todes aufgebahrt bleiben; offensichtlich fürchtete de Sade, dass es ihm so gehen könnte wie den Opfern der Mönche von Sainte-Marie-des-Bois, die auf dem Klosterfriedhof lebendig begraben wurden. Beigesetzt werden wollte der alte Atheist in einem Wald seiner Besitzung Malmaison bei Epernon. Den dabei zu befolgenden Ritus schrieb er genau vor:

> Wenn die Grube geschlossen ist, sollen Eicheln darüber gesät werden, damit das Gelände in der Folgezeit wieder zuwächst und verbuscht wie zuvor. Auf diese Weise werden die Spuren meines Grabes von der Oberfläche der Erde

verschwinden – so wie ich mir schmeichle, aus dem Gedächtnis der Menschen getilgt zu werden, mit Ausnahme der wenigen, die mir bis zum Schluss verbunden blieben und deren teures Gedächtnis ich mit ins Grab nehme.[12]

Materie wurde wieder zur Materie, und diese Materie organisierte sich neu. Aus den Überresten des «unglücklichen Zweifüßlers» de Sade würden Eichen emporwachsen. In seinen Augen war das kein schlechter Tausch. Großartiger konnte ein Aristokrat sich nicht aus der Welt der vulgären Plebs verabschieden: Es war ihm eine letzte und höchste Ehre, von ihr vergessen zu werden.

Doch so weit war es noch längst nicht. Unter den erfreulichen Bedingungen von Charenton kehrte die Lust am Schreiben zurück. Ebenfalls Anfang 1806 begann de Sade die Abfassung eines Romans mit dem Arbeitstitel *Emilies Geschichte*, der im April 1807 fertig war. Das Werk hieß vorübergehend *Die Unterredungen von Schloss Florbelle, eine moralische und philosophische Abhandlung, gefolgt von der heiligen Geschichte des Abtes von Modose und den frommen Erinnerungen der Emilie de Volnange* und wurde endgültig *Die Tage von Florbelle oder Die enthüllte Natur, gefolgt von den Memoiren des Abbé de Modose und den Abenteuern der Emilie de Volnange, die als Beweis für die darin gemachten Behauptungen dienen*[13] getauft. Dass der «schreckliche Autor» de Sade wie ein alter, aber immer noch aktiver Vulkan wieder damit begonnen hatte, Texte auszuspeien, wurde wenige Wochen später dem Polizeiminister Joseph Fouché zugetragen. Er ordnete umgehend Durchsuchungen in Charenton an, bei denen den Agenten das gerade abgeschlossene Manuskript von *Florbelle* in die Hände fiel. Der Text, den de Sade für sein Meisterwerk hielt, wurde bald nach seinem Tod verbrannt. Nach dem eigenhändigen Skizzenheft, das später in seinem Nachlass gefunden wurde, wird klar, warum: *Florbelle* übertraf selbst die dritte Fassung der *Justine* und die *Juliette*.

Dem Plan zufolge bildeten die Abenteuer der Emilie de Volnange, die im Mittelpunkt des Werkes standen, mit ihrer Abfolge von Folterszenen und philosophischen Diskursen eine Fortsetzung der *Juliette*. Auch mit ihrem Alter von zweiunddreißig Jahren ist die Superschurkin

Emilie eine wiederauferstandene Juliette. Wie diese umgibt sie sich mit Gefährtinnen, die ihre Leidenschaft für Mord und Philosophie teilen. So wird in Band zwei die Entführung und Ermordung eines Einsiedlers geplant, der in die düsteren Verliese des abgelegenen Schlosses Florbelle verschleppt wird – Ähnlichkeiten mit den *120 Tagen von Sodom* sind unübersehbar:

> Dort wird der Eremit verhört. Man foltert ihn tausendfach auf das Furchtbarste. Dabei zeigt sich Flavie (= eine «Schülerin» Emilies) besonders grausam. Die Todesqualen dauern volle sieben Stunden.[14]

Einer Parteigängerin des Einsiedlers namens Eudoxie («die Gutgesinnte») ergeht es nicht besser. Als unbelehrbare Anhängerin der Tugend wird sie in Band sieben auf ausgesucht schreckliche Weise zu Tode gebracht. Zwischen diese Lustmorde sind wiederum ausgedehnte Abhandlungen zu den Lieblingsthemen der Libertins eingestreut:

> So wird das gesamte Werk aus acht Dialogen, dreizehn Tagen, einem Traktat über die Moral, einem über die Religion, einem über die Seele, einem über Gott, einem über die Kunst zu genießen, einem über das Projekt für zweiunddreißig Bordelle für Männer und Frauen in Paris und einem über Materialismus sowie zwei Romanen jeweils zu Modose und Amélie bestehen.[15]

Als philosophische Summe de Sades war *Florbelle* überdies reich mit Zitaten aus älteren Werken gespickt und bot mancherlei Wiedersehensfreuden mit den Libertins früherer Texte, so aus der *Philosophie im Boudoir*. Darüber hinaus traten historische Persönlichkeiten wie der Kardinal de Fleury, der Erste Minister des jungen Ludwig XV., und der Herzog von Charolais als Lustmörder auf. Die Handlung verlegte der greise Marquis ins Jahr 1739, also wenige Monate vor seiner Geburt. Das war die Welt, wie er sie vorgefunden hatte; die Leser konnten entscheiden, ob er sie wirklich durch seine Bücher schlechter gemacht hatte! Die Liste der wichtigsten Ausschweifungen ganz am Ende des

Skizzenhefts sowie die Bilanz, die für die einzelnen Libertins gezogen wird, geben die Antwort auf diese Frage:

> Valrose hat getötet: seinen Vater, seine Mutter, seine Schwester, seine Mätresse, den Vater seiner Mätresse, die Schwester seiner Mätresse, seine Frau, seinen Schwiegervater, seine Tochter und viele Lustobjekte. Doch den Gesetzen der Freundschaft ist er immer treu geblieben; so hat er nichts gegen seine Freundinnen Roxane und Mathilde unternommen, und auch nichts gegen François.[16]

Die Welt brauchte nicht die Nachhilfe des Marquis, sie war schon immer mörderisch. Auch de Sade war sich und seinen literarischen Vorlieben treu geblieben. Die Beschlagnahmung seines Hauptwerkes war ein schwerer Schlag für ihn. Von weiteren literarischen Arbeiten ließ er sich dadurch jedoch nicht abhalten. Wegen der Bespitzelung und der Zensur fiel dieses Spätwerk auf den ersten Blick konventioneller aus.

## Anstalts-Theater

Das kostbarste Privileg wurde dem Anstalts-Häftling de Sade am Ende des Jahres 1807 zuteil. Charenton besaß ein Theater, das der Direktor für die Behandlung seiner Patienten nutzen wollte. Seiner Ansicht nach musste es die Therapie der Geisteskranken befördern, wenn diese auf der Bühne fremde Charaktere darstellen durften. Verschafften ihnen diese Rollen mit ihren ganz andersartigen Neigungen und Bedürfnissen nicht den notwendigen Abstand zu ihren Leiden und Obsessionen? Monsieur de Coulmier setzte jedenfalls große Hoffnungen in diese Art der Behandlung und war glücklich, mit dem Marquis einen ausgewiesenen Theaterfachmann zur Seite zu haben. Zu seiner großen Freude ließ sich aus der Schar seiner Patienten nicht nur eine leistungsfähige Laienspieltruppe, sondern auch ein Orchester bilden, das diese Darbietungen gekonnt mit anspruchsvollen Klängen untermalte.

Diese Begeisterung teilten jedoch nicht alle. Schon bald nach den ersten Konzert- und Theateraufführungen meldete der neue Chefarzt Royer-Collard höheren Orts Protest an:

> In Charenton existiert ein Mann, den seine dreiste Amoralität leider nur allzu berühmt gemacht hat und dessen Anwesenheit die gravierendsten Unannehmlichkeiten nach sich zieht – ich spreche vom Verfasser des infamen Romans *Justine*. Dieser Mann ist nicht geisteskrank. Sein Delirium ist das des Lasters, und diese Verirrungen können in einem Haus, das der medizinischen Behandlung von Geisteskrankheiten gewidmet ist, keineswegs ausgemerzt werden ... Er darf im Park spazieren gehen und trifft dabei häufig Insassen mit derselben Erlaubnis. Einigen von ihnen predigt er seine grauenhafte Lehre, anderen leiht er Bücher aus ... Zudem hat man die Unvorsichtigkeit begangen, in diesem Haus eine Theatertruppe zu bilden, unter dem Vorwand, die Irren zu ihrem Besten Komödien spielen zu lassen, ohne an die verhängnisvollen Folgen zu denken, die so turbulente Auftritte auf ihre Einbildungskraft haben müssen. Herr de Sade ist der Direktor dieses Theaters. Er setzt die Stücke an, verteilt die Rollen und leitet die Proben. Er lehrte die Schauspieler und Schauspielerinnen deklamieren und bildet sie so für die Bühne aus. Am Tag der öffentlichen Aufführungen hat er immer eine bestimmte Zahl von Eintrittskarten zu seiner Verfügung und fungiert, von seinen Assistenten umgeben, als eine Art Empfangschef. Bei großen Anlässen tritt er sogar als Autor in Erscheinung. Bei Festen zu Ehren des Direktors verfasst er zum Beispiel ein allegorisches Stück zu dessen Ehren oder zumindest einige lobende Verse.[17]

Für den Marquis war die Welt, die der Kaiser der Franzosen mit Kriegen überzog, ein Irrenhaus und das Irrenhaus daher das letzte Refugium der Menschlichkeit. Diese ironische Umkehrung der Verhältnisse blieb dem korrekten Medizinalbürokraten Royer-Collard nicht verborgen. Im Namen von Moral und Anstand meldete er Protest gegen diese «Perversion» an – erfolglos.

Dreißig Jahre nach seinen Theaterexperimenten in Lacoste wurde der Marquis wieder zum Regisseur, und das mit ungeahntem Erfolg. So viel Aufmerksamkeit und Beifall wie im Anstalts-Theater hatte er auf seinem Schloss nie erfahren. Zu seinen Aufführungen im Irrenhaus strömte *tout Paris*. Den berüchtigten Herrn de Sade als Regisseur und Schauspieler, wenn möglich in einem selbst verfassten Stück, zu erleben, war der «letzte Schrei» der Hauptstadt-Schickeria. Wie es dabei zuging, beschreibt ein Augenzeuge, der junge Medizinstudent Ramon, der später ein berühmter Arzt wurde, so:

> Die Sitten waren äußerst locker und ungezwungen. Bälle, Feste, Konzerte und Theateraufführungen reihten sich in bunter Abfolge aneinander. Dazu wurden viele Auswärtige geladen, darunter Literaten und Bühnenstars.[18]

Was wollte de Sade mehr? Spektakel wie in Charenton hätte er sich aus eigener Tasche nie und nimmer leisten können. Zudem war er behaglich untergebracht und wurde von seiner Gefährtin aufopferungsvoll versorgt. So spricht alles dafür, dass der rebellische Marquis am Ende seines Lebens glücklich war.

Dieser «Triumph des Lasters» ließ die Wohlgesinnten naturgemäß nicht ruhen. Am interessantesten sind die Einwände, die der Medizinprofessor Esquirol vier Jahre nach de Sades Tod gegen die Aufführungen von Charenton erhob:

> Dieses Spektakel war eine einzige Lüge, denn die Irren spielten nicht die Komödie, die auf dem Spielplan stand, sondern der Regisseur spielte mit dem Publikum, und alle Welt ließ sich täuschen. Groß und klein, unwissend und gebildet, alle wollten dem «Irren-Schauspiel» von Charenton beiwohnen, ganz Paris strömte mehrere Jahre lang dahin, die einen aus Neugier, die anderen, weil sie die Wirkungen des Wundermittels, das die Irren heilte, kennenlernen wollten. Doch die Wahrheit ist, dass es nicht heilte.[19]

Im Gegenteil, laut Esquirol machte das Theater die Kranken noch kränker. Zum einen amüsierte sich das Publikum über ihre bizarren Gesten und Deklamationen, zum anderen herrschte der Marquis über seine Schauspieler wie ein strenger Feudalherr, drittens erregte die Rollenverteilung mancherlei Eifersucht und Zwist. Alle diese Kritikpunkte waren mehr oder weniger begründet. Trotzdem hielt de Coulmier dem Marquis die Treue.

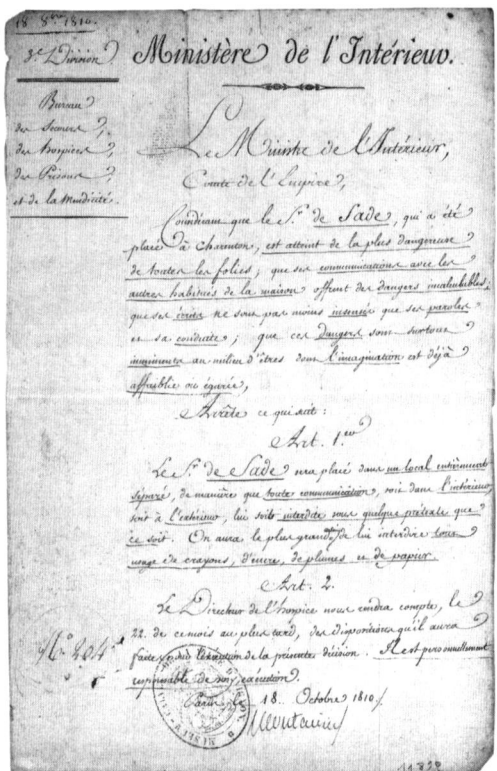

In diesem Schreiben des Innenministeriums vom 18. Oktober 1810 wird der Direktor von Charenton strengstens angewiesen, den hochgefährlichen Insassen de Sade zu isolieren und am Schreiben zu hindern. Konsequenzen hatte der Ukas nicht: Zivilcourage in Zeiten der Militärdiktatur.

Dass de Sade auf der Bühne von Charenton nicht primär mit seinen Schauspielern, sondern mit seinem Publikum spielte, ist die tiefsinnigste Erkenntnis des Professor Esquirol. Auf dem Programm standen fast ausnahmslos Komödien, die heute vergessen sind. Seine eigenen Stücke aus der Zeit vor und während seiner Gefangenschaft in der Bastille konnte der Marquis unmöglich auf den Spielplan setzen. Aus gegebenem Anlass, nämlich um den gütigen Direktor der Anstalt zu feiern, verfasste er in Charenton ein eigenes Stück und brachte dieses auch zur Aufführung. Dass der Verfasser der «infamen *Justine*» eine Eigenproduktion aufführen ließ, machte in Paris wie ein Lauffeuer die Runde und weckte die kühnsten Erwartungen. Doch wer einen Theaterskandal erhoffte oder befürchtete, sah sich getäuscht. De Sades Stück hieß *Das Fest der Freundschaft*. Nach dem von ihm so geliebten Verschachtelungsprinzip umrahmte es ein Stück im Stück, das *Der Kult der Dankbarkeit* hieß. In der Rahmenhandlung geht es um ein Dankesfest, welches ein glückliches Dorf seinem gütigen Grundherrn und Wohltäter darbringt. Zu diesem Zweck haben die Bewohner eine Laienspielgruppe gegründet, die Jubelverse einstudiert und vorträgt, meist als Gesang und zur Melodie bekannter Volkslieder. Zu ihnen stößt eine professionelle Schauspielertruppe, die nach Engagement und Bezahlung sucht. Versuche der männlichen Mitglieder, mit den Dorfschönheiten anzubändeln, werden züchtig zurückgewiesen:

> Ihr müsst von Anfang an verstehen,
> hier wird nicht Venus verehrt,
> unser Kult ist reiner und gilt allein den Tugenden.
> Dieses glückliche Asyl ist ihr Tempel,
> und dient uns zugleich als Exempel
> des großzügigen Sterblichen, den wir heute feiern.[20]

Kurz darauf stimmt der Chor der Dorfbewohner einen Refrain an, der mit einem technischen Kunstgriff aus dem gemalten Wald des Bühnenbildes zurückhallt:

> Er nennt uns seine Kinder,
> und wir verehren ihn wie einen Vater.[21]

Das war reine Idylle, Kitsch pur und natürlich Ironie reinsten Wassers. Der Marquis spielte in der Tat mit seinem Publikum. Wer hätte ihm solche Verse zugetraut? Am Ende des ersten Teils der Rahmenhandlung trällern die glücklichen Bäuerinnen und Bauern ein Liedchen:

> Verbannt sei aller Kummer.
> Unsere Herzen gehören dem Fest,
> das ist unsere sicherste Lust.

Und das ist auch der Refrain
unserer Vergnügungen.²²

Hierauf folgt die Aufführung des Stückes im Stück, zu der sich Laien und Profis zusammentun. *Die Huldigung der Dankbarkeit* entführte die Zuschauer von Charenton in die griechische Mythologie. Fabelwesen des Meeres bevölkern die Bühne, auf der schließlich zwei Liebende zueinander finden. Danach setzt der zweite Akt der Rahmenhandlung ein, in dem sich erneut ein Lobgesang auf den gnädigen Herrn an den anderen reiht. Der Lohn für so viel Dankbarkeit besteht darin, dass der Gefeierte verspricht, ein festes Theater einzurichten; die Berufsschauspieler werden also wie gewünscht in Arbeit und Brot gesetzt:

> Dort werden wir ein Theater errichten;
> wie ihr wurde ich als Bewunderer dieser Kunst geboren,
> und immer werde ich euren Geschmack teilen.
> Doch, liebe Freunde, fordere ich,
> dass, solange diese Bühne besteht,
> vorne auf ihr geschrieben steht:
> Die Dankbarkeit hat es errichtet,
> die Freundschaft verewigt.²³

Souveräner konnte man ein sensationslüsternes Publikum nicht verspotten. Trotzdem mischte sich in den Spott eine gehörige Portion Ernst: Die Huldigung an den gnädigen Herrn namens de Coulmier, der ein Theater zum Leben erweckte, war bei aller Ironie fraglos aufrichtig; ihm trug der Marquis mit diesem *Fest der Freundschaft* seine Freundschaft an. Wie der gefeierte Wohltäter war auch de Sade ein lebenslanger Freund des Theaters. Dass die Laienschauspieler der Heilanstalt von diesem harmlosen Stück Schaden davontrugen, ist nicht zu vermuten.

Die Bühne wurde zur Welt, während die Welt immer mehr an Bedeutung verlor. Am 15. September 1808 ehelichte Donatien Claude Armand de Sade, der zweitgeborene Sohn des Marquis, Louise Gabrielle Laure de Sade-Eyguières, also eine entfernte Verwandte. Sein Vater hatte sich dieser Heirat vergeblich widersetzt, weil er finanzielle Nachteile fürchtete und seinem Sohn vorwarf, sich nicht energisch genug für seine Freilassung einzusetzen. Obwohl die Braut für damalige Verhältnisse mit sechsunddreißig Jahren bereits alt war, gingen aus dieser Verbindung Nachkommen hervor, sodass die direkte Abstammungslinie des Marquis bis heute kräftig verzweigt fortbesteht.

Zur selben Zeit hatten die Versuche des Chefarztes und seiner Verbündeten, de Sade aus Charenton zu entfernen und in die Festung Ham zu überführen, fast zum Ziel geführt, doch verweigerte der Polizeiminister Fouché im entscheidenden Augenblick seine Zustimmung. Im April 1809 endete ein zweiter Vorstoß mit demselben Veto. Auch späteren Interventionen war kein Erfolg beschieden. Was sich im Einzelnen hinter den Kulissen abspielte, lässt sich nicht mehr ermitteln, man darf aber davon ausgehen, dass die Causa de Sade Chefsache war und der Kaiser selbst über das Schicksal des berühmt-berüchtigten Gefangenen bestimmte.

Kurz darauf erhielt der Kaiser sogar Post vom Marquis. Am 9. Juni 1809 wurde Louis-Marie de Sade, der älteste Sohn des Marquis, als Offizier der französischen Okkupationsarmee in Süditalien aus dem Hinterhalt erschossen, nach offizieller Lesart von «Banditen», doch in Wirklichkeit als Opfer eines Guerillakriegs zwischen Einheimischen und Besatzern. Acht Tage später schrieb der Vater an Napoleon:

> Herr de Sade, ein Familienvater, dessen Sohn sich zu seinem Trost in der Armee auszeichnet, vegetiert seit neun Jahren in drei verschiedenen Gefängnissen vor sich hin und führt dort das elendste Leben, das man sich nur denken kann.[24]

Darauf folgt die Aufzählung der diversen Gebrechen, unter denen der Häftling de Sade leidet: Er ist fast blind und mit Gicht und Rheumatismus in Brust und Magen geschlagen. Dass der Marquis diese Eingabe zu einem Zeitpunkt verfasste, als sein Sohn bereits gefallen war, ist ein seltsamer Zufall; in acht Tagen konnte die Todesnachricht von Avellino bei Neapel kaum nach Charenton gelangt sein. Doch auch als Vater eines Gefallenen wurde er keiner kaiserlichen Antwort gewürdigt. Dass de Sade den Verlust seines Erstgeborenen schwer nahm, ist kaum anzunehmen.

Wie so viele Aristokraten der Zeit hatte er keinerlei emotionale Beziehung zu seinen Kindern; im Unterschied zu seinen Standesgenossen war ihm auch ihr militärisches und soziales Fortkommen gleichgültig.

Im Juli 1810 starb auch Renée-Pélagie de Montreuil, geschiedene Marquise de Sade. Sie hatte ihre letzten Jahre auf Schloss Echauffour, das sie von ihren Eltern geerbt hatte, verbracht. Gesellschaft leistete ihr ihre unverheiratete Tochter Madeleine-Laure, die ihr vierunddreißig Jahre später in die gemeinsame Grabstätte nachfolgte. Auf dem Grabstein werden Mutter und Tochter als «ebenso tugendhaft wie wohltätig»[25] bezeichnet. Das ist zweifellos richtig, denn in den letzten zwanzig Jahren ihres Lebens versuchte Renée-Pélagie das, was sie für ihre Sünden hielt, und damit auch ihre Erinnerungen an ihren dämonischen Ex-Gatten zu tilgen.

Im Herbst 1810 schmetterte der Direktor von Charenton einen Erlass des Innenministers ab, de Sade in strenge Isolationshaft zu verlegen, da er sich nicht zum Kerkermeister seiner Schützlinge herabwürdigen lassen wolle; außerdem verhalte sich der Marquis seit langem vorbildlich. Erstaunlicherweise hatte die ebenso noble wie couragierte Intervention Erfolg.

### Drei letzte Romane

Als er sich in Charenton wieder halbwegs sicher aufgehoben fühlen konnte, griff der Marquis erneut zur Feder. Texte wie der 1806 verfasste Roman *Die Tage von Florbelle* verboten sich von selbst. Unter dem wachsamen Blick der Zensoren musste er die Seiten wechseln und für die Tugend und gegen das Laster schreiben – zumindest zum Schein. Da ihn andererseits dieselben Themen und Motive umtrieben, die die *Justine* und die *Juliette* so skandalös gemacht hatten, drängte sich eine Kompromisslösung auf. Sie bestand darin, unverfängliche historische Stoffe auszuwählen und diese bis an die Grenze des Erträglichen auszugestalten.

Niemand konnte ihm unsittliche Verirrungen vorwerfen, wenn er in grausamer Anschaulichkeit Kriminalfälle behandelte, die in den Annalen der Geschichte verzeichnet waren. Als eine weitere Vorsichtsmaßnahme packte er diese sperrigen Gegenstände in die Watte moralischer Kommentare ein, die die Hässlichkeit des Lasters anprangerten und den Leser zur Tugend aufriefen.

Doch das ist ein durchsichtiges Täuschungsmanöver. Schon in der ersten dieser historischen Kriminal-Novellen namens *Adélaïde de Brunswick, Prinzessin von Sachsen*, die im Deutschland des 11. Jahrhunderts spielen soll, wird unübersehbar deutlich, was den Verfasser wirklich fasziniert:

> Wie fast alle deutschen Prinzessinnen war Adélaïde groß und hinreißend schön, dazu kamen Anmut und Adel in ihrem Verhalten sowie Feinheit und Bildung des Geistes. So flößte sie unwillkürlich mehr Respekt als Liebe ein … Sie beeindruckte durch ihre Manieren und verführte durch ihre Grazie. Bei all dem hatte sie etwas so Zartes und Romantisches in ihren Zügen, dass man bei ihrem Anblick unsicher war, welche Verehrung man ihr zollen sollte: Am Anfang verehrte man sie wie die Götter, am Ende als deren schönstes Geschöpf.[26]

Damit ist bereits fast alles gesagt. Adélaïde ist eine Kreuzung aus Justine und Juliette. Von der verbrecherischen Schwester hat sie die imponierende Physiognomie und das Durchsetzungsvermögen, von der tugendhaften Unglücklichen die Neigung zum Schmachten und Schwärmen. Dieses schöne, stolze und junge Mischwesen wird nun mit einem alten, hässlichen und natürlich maßlos eifersüchtigen Herzog von Sachsen vermählt, was Kabalen aller Art, amouröse Wirrungen und leidenschaftliche Gewalttaten zur Folge hat. Den ersten Anstoß dazu liefert der misstrauische Gatte selbst, der sich zu Recht ungeliebt fühlt und wissen möchte, für wen seine kalte Gattin wirklich entflammt ist. Mit dieser Untersuchung beauftragt er ausgerechnet den Oberintriganten seines Hofes, den Grafen von Merseburg, dessen Freund, der Markgraf von Thüringen, in die schöne Herzogin verliebt ist und von ihr auch wiedergeliebt wird.

So wird dem Leser schon nach wenigen Abschnitten klar, dass die Geschichte nicht im Mittelalter, sondern im galanten 18. Jahrhundert spielt. Die Sprache der Akteure strotzt nur so vor gestelzter Empfindsamkeit und wird an Gemeinplätzen nur noch von der Beschreibung der Handlungsorte übertroffen:

> Ein leichter und frischer Wind hatte sich erhoben und ließ die Morgendämmerung vorausahnen. Er wiegte sanft die hohen Zweige der alten Eichen im dichten Wald, der einige Meilen von Dresden entfernt mit seinen undurchdringlichen Schatten das Schloss Friedrichsburg einhüllt, das Lustschloss der Herzöge von Sachsen, in dem Friedrich, der Herr dieser schönen deutschen Landschaft, residierte. Dort verquickte sich der wohlklingende Gesang der Nachtigall mit dem Murmeln eines kleinen Baches, der diesen Wald durchquerte, und dem Wispern der zitternden Blätter. Aus all dem entstand eine majestätische Harmonie des Himmels, dessen Licht spendendes Gestirn so seinen Auftritt vorbereitete. Der köstliche Duft der Frühlingsblumen verstärkte diesen Zauber weiter, mit dem der Mensch das schönste Schauspiel genießen soll, das er aus der Hand des Ewigen empfängt.[27]

Gezierter konnte man einen so einfachen Vorgang wie den Sonnenaufgang kaum beschreiben. Die Seele des zart besaiteten Schwachen projiziert ihr zerbrechliches Innenleben in die Natur und erfindet auf diese Weise den lieben Gott – so kommentierten die Libertins von Sodom dergleichen Herzensergüsse. Solche Bemerkungen verboten sich hier, und so lässt es de Sade bei einer sarkastischen Parodie bewenden.

Die Idylle von Friedrichsburg hat nicht lange Bestand. Adélaïde wird – zu diesem Zeitpunkt noch fälschlich – der Untreue bezichtigt, eingesperrt, wieder freigelassen und danach vom bösen Markgrafen von Durlach entführt. Obwohl sie seiner Willkür ausgeliefert ist, tritt ihm die Herzogin unbeugsam und selbstbewusst gegenüber:

> Ich bin eine freie und stolze Frau, die von niemandem abhängig ist. Ich brauche Sie nicht und werde immer nur Verachtung für Gewalt und diejenigen, die sie ausüben, hegen. Bringen Sie mich also dahin zurück, wo Sie mich gefangen genommen haben; nur so können Sie ihr Vergehen wiedergutmachen.[28]

Doch so redet man nicht mit einem brutalen und lüsternen Entführer. In der folgenden Nacht brechen die Schergen des Markgrafen in Adélaïdes Gemächer ein:

> Ihre Schreie und ihr Schluchzen, die Verwünschungen der Entführer, die Türen, die geöffnet und mit fürchterlichem Lärm wieder zugeschlagen wurden, die Unordnung von Adélaïdes zerrissenen Kleidern, ihre schönen Haare, die über ihren aufgedeckten Busen fielen, ihre strahlend weißen Arme, die von den behaarten Pranken der Monster, die sie packten, brutal gequetscht wurden, Blutstropfen auf den hässlichen Fratzen der Verbrecher, die von der Gegenwehr des reizenden Opfers herrührten, die langen und dunklen Korridore, auf denen man dieses entlangführte: Das alles verlieh dem ganzen Auftritt den fahlen Anstrich der Vernichtung.[29]

Beschrieben wird eine Entführung, doch angedeutet wird Schlimmeres, nämlich die Vergewaltigung einer starken Frau – die ganze Szene liest sich wie eine oberflächlich entschärfte Episode von Schloss Silling. Am Ende tötet Adélaïdes Geliebter, der Markgraf von Thüringen, deren Gatten, den Herzog von Sachsen, im ritterlichen Duell. Die Herrschaft, die ihr daraufhin zufällt, lehnt die Herzogin ab, die sich an diesem tragischen Ende mitschuldig fühlt. In diesem Entschluss wird sie von einem heiligen Einsiedler bestätigt. Durch die vielen Erschütterungen geschwächt, stirbt sie bald darauf einen gottgefälligen Tod.

Das Böse, das die Tugend nicht nur zeitweise bezwingt, sondern auch moralisch diskreditiert, bildete auch das Thema des historischen Romans *Die Marquise de Ganges*, der auf einen aufsehenerregenden Kriminalfall aus der frühen Regierungszeit Ludwigs XIV. zurückgeht. Diesen – so de Sade im Vorwort – erzähle er nach ausgiebigen Recherchen mit äußerster Genauigkeit nach, und zwar erstmals mit dem Hintergrundwissen, das den älteren Berichten fehlte. Um die krude Thematik für den anständigen Leser erträglich zu machen, habe er überdies manches abgemildert und aufgehellt – ein Schuft, wer ihm das vorwerfen wollte. Im Gegensatz zu Adélaïde ist Euphrasie, wie de Sade die Marquise abweichend von den Quellen nennt, durch und durch tugendhaft. Mit einem untreuen Gatten verheiratet, versucht sie diesen in einem schummrigen Separée zu verführen, findet sich jedoch aufgrund einer Intrige in den Händen eines Fremden wieder und wird von ihrem Gatten des Ehebruchs bezichtigt und misshandelt. Solche Missgeschicke der Tugend bleiben ihr wie ihrem Ebenbild Justine auch künftig nicht erspart. An die Stelle von Justines zahlreichen Peinigern sind hier die drei Brüder der Marquise getreten, die ihr das Familienerbe neiden. Sie sind die Anstifter aller Anschläge, denen sich die Marquise ausgesetzt sieht. Unter dem Vorwand, die Familienehre von den Verbrechen der Schwester reinzuwaschen, planen sie schließlich ihren Tod.

Das mörderische Trio zieht seine Schlinge um den Hals der Schwester immer enger, während diese sich in Sicherheit wiegt. Nur nachts plagen die Marquise wie so viele ihrer Leidensgenossinnen unheilvolle Vorahnungen. Am Ende ist die Unschuldige eingekreist und den Schurken hilflos ausgeliefert. Wie alle Libertins machen sie aus dem Mord eine Kunst und aus der Kunst einen genussreichen Ritus:

> Sie müssen sterben, Madame, sagte Théodore ein zweites Mal. Sie sollten nicht versuchen, uns zu rühren, sondern uns dafür danken, dass wir Ihnen die Wahl der Todesart überlassen, die einer so schuldigen und falschen Kreatur wie Ihnen das verdiente Ende bereitet. So wählen Sie also zwischen Feuer, Eisen und Gift, und danken Sie dem Himmel für die Gunst, die wir Ihnen gewähren.[30]

Auch die Meuchelmörder von Silling kündigten ihren Opfern den Tod nebst Todesart an und zogen aus der Todesangst ihrer Opfer den höchsten sexuellen Genuss. Dieser Stimulationseffekt wird in der «züchtigen» *Marquise de Ganges* ausgespart, doch heizt sich die Atmosphäre der Mordszene durch die Proteste der Marquise mit einer düsteren Erotik auf:

> Was, ihr, meine Brüder, wollt meinen Tod?, rief die Unglückliche zu Füßen ihrer Peiniger. Was habe ich denn getan, um einen solchen Tod zu verdienen und ihn aus euren Händen zu empfangen? Lasst mich um mein Leben bitten, lasst von eurem frevelhaften Werk ab, und lasst mich eines natürlichen Todes sterben![31]

Ihre Wehklagen und ihr Widerstand erhitzen die Mordgesellen nur noch heftiger:

> Doch als die Unglückselige sah, dass ihr tiefer Schmerz die Wut ihrer Mörder nur noch mehr anstachelte, ergriff sie den Kelch und trank die fatale Flüssigkeit.[32]

Selbst diese mutige Geste bedeutet noch nicht das Ende. Ein Bodensatz des Gifts ist im Glas zurückgeblieben, und so muss die Todgeweihte ein zweites Mal schlucken. Dabei versagen ihre Kräfte; ihr wird übel und sie speit eine schwarz-grüne Flüssigkeit über ihren zarten Busen. Immer noch lässt die Erlösung auf sich warten. Anstelle des tugendhaften Priesters, in dessen Gegenwart die Marquise ihre Seele aushauchen möchte, schicken ihr die drei Brüder einen Geistlichen, der aus dem Horrorkloster Sainte-Marie-des-Bois entsprungen zu sein scheint. Danach besinnt sich eine patente Dienerin auf die passenden Gegenmittel. Sie lässt ihre Herrin erbrechen und findet in letzter Minute ein rettendes Gegengift, sodass die fast schon verblichene Marquise ins Leben zurückkehrt.

Doch auch die drei mörderischen Brüder kehren zurück. Als sie ihre Schwester weiterhin am Leben sehen, zerschneidet ihr einer von ihnen mit einem Glas das Gesicht und verabreicht ihr eine weitere Dosis Gift. Damit beginnt das Spiel um Gnade und Hartherzigkeit von neuem: Euphrasie fleht um Gnade, doch ihr finsterer Bruder zeigt sich unerbittlich. Als er ihrer Klagen überdrüssig wird, sticht er ihr mit seinem Degen zweimal in die Brust und flieht danach mit seinen Kumpanen. Die schwer verletzte Marquise verpflichtet ihre Dienerschaft zum Schweigen – niemand darf wissen, dass ihre Brüder die Täter waren, die Familie geht ihr über alles. An Heilung ist jetzt nicht mehr zu denken. Nach endlosen Todesqualen und einer frommen Abschiedsrede gibt die Marquise ihre schöne Seele ihrem Schöpfer zurück. Als man ihren Leichnam obduziert, finden die Ärzte ihre Eingeweide verätzt und ihr Gehirn geschwärzt vor. Das war schwarzer Humor nach de Sades Geschmack. So musste sich der Leser fragen, ob das tugendhafte Opfer bei seinem gottgefälligen Hinscheiden noch bei geistiger Gesundheit war. Zum Ausgleich ereilt den schlimmsten der Brüder kurz danach die göttliche Rache: Ein Unbekannter jagt ihm in Amsterdam eine Kugel in den Kopf. Die Tugend hatte auf der ganzen Linie gesiegt, und trotzdem war der Marquis auf seine Kosten gekommen.

Dasselbe Fazit lässt sich für sein letztes Werk, *Die geheime Geschichte der Isabelle de Bavière, Königin von Frankreich*, ziehen. Mit diesem Stoff betrat der Marquis vollends die Bühne der großen Geschichte. Isabelle von Frankreich (1371–1435), geborene Prinzessin von Bayern, war die Gemahlin des geisteskranken Königs Karl VI. und spielte in den Wirren des Hundertjährigen Krieges zwischen Frankreich und England eine unglückliche und nicht selten unheilvolle Rolle. Zeitgenössische Historiker bezeichneten sie wahlweise als Hure, Hexe oder Giftmischerin. Sicher ist, dass sie sich am Ende mit fast allen Mächtigen des Königreichs und nicht zuletzt mit ihrem Sohn, König Karl VII., entzweite und einsam und verlassen starb.

In der Einleitung präsentiert de Sade seine Biographie der umstrittenen Königin als ein Werk der seriösen Geschichtswissenschaft. Dafür entwickelt er eine Reihe von Kriterien. Der ernsthafte Historiker darf den Ereignissen nicht zu nahe stehen, weil er sie sonst nicht mit ihren Auswirkungen überblicken kann; zudem sind Augenzeugen fast immer unzuverlässig und parteiisch. Distanz ist also das Zauberwort: Distanz zu den Ereignissen, Distanz aber auch zu den Interessen, die auf dem Spiel stehen, und Distanz zu den Ideologien, die aufeinandertreffen. Wie es schon Tacitus so trefflich sagte: Der Historiker muss *sine ira et studio*, ohne Parteinahme und Emotionen, an seinen Stoff herangehen. Vor allem darf er sich nicht scheuen, das Schreckliche beim Namen zu nennen – womit de Sade bei de Sade angekommen war. Natürlich schrieb er nicht, wie angekündigt, eine unparteiische Biographie, sondern einen Geschichtsroman nach seinem Geschmack.

Um das Schreckliche nämlich geht es ihm; alle Missetaten, alle Grausamkeiten, Hinterhältigkeiten, Verschwörungen und Zerstörungen schreibt er seiner Anti-Heldin, der Königin Isabelle, zu:

> Hatte Isabelle also die Mittel, den König in seiner Geisteskrankheit gefangen zu halten? Gewiss, diese Mittel hatte sie.[33]

Der König ist schwach, aber gutartig; erst seine durch und durch böse Gattin macht ihn krank. Sie ist eine Juliette im historischen Gewande, was man schon an ihrem Äußeren erkennen kann:

> Isabelle war sechzehn Jahre alt, der König siebzehn, als die Onkel des jungen Monarchen diese Heirat erwogen. Zusammen mit den üblichen Reizen ihres Alters nahm man in Isabelles Zügen eine Art Stolz war, der normalerweise nicht zu dieser Altersstufe gehört. In ihren großen und tiefschwarzen Augen fand man mehr Hochmut als die für ein junges Mädchen so süße und gewinnende Empfindsamkeit.[34]

Von Mitleid und Nächstenliebe, wie sie einer Königin laut de Sade gut zu Gesichte stehen, zeigt Isabelle in der Tat keine Spur. Im Gegenteil: Sie giert nach sexuellem Genuss, wo und wie sie ihn nur finden kann. Von Anfang an legt sie sich schöne, starke und potente Liebhaber zu, um diese alsbald wieder fallenzulassen und, schlimmer noch, ihrem politischen Ehrgeiz zu opfern. So kennt sie keinerlei Skrupel, ihre ausrangierten Günstlinge ermorden oder unter falscher Anklage hinrichten zu lassen. Diese Missetaten begeht sie kalten Blutes, doch deutet der entrüstete Erzähler an, dass sich dahinter noch viel schlimmere Motive verbergen:

> Man würde sich vielleicht wünschen, dass wie hier einige Einzelheiten zu diesen «Zusammenkünften», von denen wir sprachen, anführen. Das würden wir auch tun, wenn wir uns nicht strikt alles verboten hätten, was den Anstand verletzt. So möge man sich damit zufrieden geben, dass Isabelles «Liebeshof» ein unreiner Tempel war, wo man nur den schlimmsten Abweichungen von wahren Gefühlen huldigte. Er war also das genaue Gegenteil vom Liebeshof von Avignon, dem Laura präsidierte und Petrarca in seinen Gedichten huldigte. Denn dort verehrte man nur die Tugenden des Gottes, den man unter der Führung Isabelles in Vincennes beleidigte.[35]

Der Leser wird zum Voyeur, der mehr sehen möchte, als ihm der hochmoralische Erzähler erlaubt – das war keine schlechte Rache an den Zensoren. Immerhin lässt der Verfasser durchblicken, dass es bei Isabelles Ausschweifungen zu lesbischen Spielen, Gruppensex und Partnertausch kam. Und offensichtlich genoss der weibliche Libertin, der diese Orgien organisierte, auch die Todesqualen seiner Opfer, aber das konnte natürlich nur in der verhüllenden Sprache der Metaphern angedeutet werden. Am Ende hat Isabelle erreicht, wonach Juliette lebenslang strebte. Sie hat ein ganzes Königreich in blutige Wirren gestürzt und damit die höchste und letzte Prüfung als Superschurkin bestanden. Ihr Meisterstück ist der Feuertod der Jeanne d'Arc, den sie mit allen Künsten des Verrats und der Intrige herbeiführt. Doch so konnte de Sade seine Protagonistin nicht in die Ewigkeit entlassen. Ganz zum Schluss, als sie ohne Verbündete und ohne Macht dasteht, erkennt sie ihre Verbrechen und bittet Gott um Gnade und einen baldigen Tod; zumindest der zweite Wunsch wird ihr erfüllt.

Hatte der Marquis trotz aller Vorsichtsmaßnahmen mit seinem «Geschichtswerk» die Maske fallen lassen? Sicherheitshalber spickte er die Geschichte der bösen Königin mit nationalem Pathos: Die «Deutsche» stürzte Frankreich in den Ruin, das klang gut im Frankreich des Jahres 1813. Nach seinem verheerenden Russlandfeldzug sah sich Napoleon genau wie Isabelle von seinen Verbündeten verlassen und wurde schließlich über den Rhein zurückgedrängt.

Ende September 1813 beendete der Marquis die Arbeit an seinem Geschichtswerk, das ebenso wie die *Adelaïde* erst lange nach seinem Tod veröffentlicht wurde; kurz darauf erschien *Die Marquise de Ganges* ohne Angabe des Autors. Am 11. April 1814 dankte der besiegte Kaiser Napoleon ab und ging nach Elba, das ihm als Herrschafts- und Verbannungsort zugewiesen worden war. Sein Nachfolger wurde König Ludwig XVIII., der die Restauration einleitete. Als Folge dieses Herrschaftswechsels wurde Monsieur de Coulmier seines Postens als Direktor von Charenton enthoben. Sein Nachfolger wurde der Kandidat des Chefarztes Royer-Collard. Das verhieß nichts Gutes für den Marquis. Glaubt man den knappen und oft kryptischen Eintragungen seines Tagebuchs, dann unterhielt er während dieser Zeit ein sexuelles Verhältnis mit Madeleine Leclerc, der sechzehnjährigen Tochter einer Hausangestellten von Charenton.

Ab dem Sommer 1814 verschlechterte sich der Gesundheitszustand des Vierundsiebzigjährigen rapide; ihn plagten heftige Magenkoliken, dazu kamen Schwächeanfälle. Trotzdem erwogen die zuständigen Stellen im Oktober 1814 erneut, den Marquis in ein reguläres Gefängnis zu verlegen. Diese Pläne wurden jedoch rasch gegenstandslos, denn im November litt de Sade unter Lungen- und Atembeschwerden, die sich stetig verschlimmerten. Am Nachmittag des 2. Dezember 1814 starb Donatien Alphonse François de Sade in seinem Bett, nach dem Zeugnis Ramons friedlich und ohne Todeskampf. Entgegen seinen testamentarischen Bestimmungen wurde er auf dem Friedhof von Charenton beigesetzt; bei einer späteren Umbettung wurde sein Schädel für «wissenschaftliche» Zwecke entnommen und ist seitdem verschollen.

SECHSTES KAPITEL

## Von der Schwarzen Romantik zum Jahrhundert de Sades

*Zensur und Editionen*

Für die französischen Behörden der Restauration war der Tod des Marquis eine Erleichterung. Ein Ärgernis war aus der Welt geschafft, neue Skandaltexte waren nicht mehr zu erwarten. Die offizielle Strategie hieß jetzt Totschweigen. Das galt auch für die Familie de Sade selbst. Sie machte sich fast anderthalb Jahrhunderte lang konsequent die Fiktion zu eigen, dass die Romane *Justine* und *Juliette* von einem unbekannten Verfasser stammten. Die Öffentlichkeit konnte sie mit dieser Strategie, das Ansehen der Familie zu retten, jedoch nicht täuschen. Wer den skandalösen Doppelroman verfasst hatte, war ein offenes Geheimnis. Er wurde in zahlreichen Raubdrucken und «bearbeiteten» Versionen verkauft, obwohl oder besser: gerade weil seine Verbreitung streng verboten war. Der einflussreiche Literaturkritiker Jules Janin stellte 1834 fest:

> Täuschen Sie sich nicht, der Marquis de Sade ist überall; er ist in allen Bibliotheken, in einem geheimnisumwitterten Regal, das so gut verborgen ist, dass man es sofort entdeckt.[1]

Typische Fundorte, so weiter Janin, waren die Ausgaben über jeden Verdacht erhabener Autoren wie der heilige Chrysostomos und Blaise

Pascal, hinter deren Werken man mit sicherem Griff auf die Texte des «schwefligen» Marquis stieß. Ganz so einfach, wie dieses witzige Aperçu suggeriert, war die Beschaffung der verbotenen Bücher im 19. Jahrhundert jedoch nicht. Konnten die Offiziere Napoleons die *Justine* in ihren diversen Fassungen ungeachtet des offiziellen Verbots noch ungehindert verschlingen, so dass ihnen bei ihren Feldzügen in ganz Europa so mancher deutsche und italienische Leser über die Schulter blicken konnte, so wurde diese Lektüre danach immer schwerer zugänglich, vor allem außerhalb Frankreichs. Doch auch im Heimatland de Sades mussten sich renommierte Schriftsteller wie Gustave Flaubert die begehrten Texte über informelle Kanäle besorgen. Auch bei Bibliophilen aus aller Herren Länder waren die verpönten Bücher heiß begehrt. So ist eine Originalausgabe des de Sadeschen Doppelromans in der Bibliothek des leidenschaftlichen Büchersammlers Franz von Krenner (1762-1819) bezeugt. Dieser hohe Münchner Finanzbeamte hatte für diese Kostbarkeit einen Preis bezahlt, der immerhin sechs Prozent seines ansehnlichen Jahresgehalts entsprach.

Solche Nachrichten sind jedoch so vereinzelt und zerstreut, dass sich Schätzungen zu Auflagenzahlen, sei es in Frankreich, sei es im übrigen Europa, verbieten. Überhaupt ist die untergründige Verbreitung durch Nach- und Raubdrucke bis heute nur sehr partiell erforscht. Der um die Publizierung des de Sadeschen Œuvres wie kein Zweiter verdiente Verleger Jean-Jacques Pauvert sprach 1987 geradezu von der «bibliographischen Wüste, in der bis heute die Werke de Sades verloren sind».[2]

Immerhin haben neuere Untersuchungen einige Oasen in diese Ödnis gebracht. Das gilt vor allem für die zu Lebzeiten des Marquis erschienenen Ausgaben. Ihre Beliebtheit bei den «Kennern» verdankten sie in hohem Maße den Abbildungen, die den Text auf ihre eigene Weise «illustrieren». Aus gutem Grund weist schon das Deckblatt des Doppelromans *Justine* und *Juliette* aus dem Jahre 1801 den potentiellen Käufer darauf hin, dass die insgesamt zehn Bände des Werks mit jeweils zehn Illustrationen ausgestattet sind, was mit dem Titelkupfer die stolze Zahl von 101 ergibt. Der Schriftsteller und Erotika-Sammler Roger Peyrefitte, der einige Originale dieser Serie besaß, schrieb sie dem Maler und Kupferstecher Claude Bornet zu, doch ist dessen alleinige Urheberschaft nicht gesichert. Im Gegensatz zum allegorischen Deckblatt sind die übrigen einhundert Szenen eindeutig pornographisch. De Sades Manie, Täter und Opfer zu Massenszenen zusammenzufügen, zwang den Künstler zu Auswahl und Ökonomie der Mittel, doch an Deutlichkeit lassen die Illustrationen, die von galant im Stile des Rokoko bis zu extrem grausam und makaber reichen, nichts zu wünschen übrig. Dem Stoff kongenial, reduziert der Stecher das Personal seiner Darstellungen auf zwei Typen, Täter und Opfer, mit den dazugehörigen stereotypen Physiognomien: die Peiniger geil-dämonisch grinsend, die Gequälten entsetzt und verzweifelt.

Trotz der öffentlichen Verfemung des Marquis wurden seine Texte im 19. Jahrhundert weiter publiziert. So wurden Briefe und kleinere Texte unanstößiger Art gesammelt und teilweise auch veröffentlicht. Mit ganz anderen Zwecken gab 1904 der deutsche Sexualwissenschaftler Iwan Bloch unter dem Pseudonym Eugen Dühren das lange verschollene und für verloren gehaltene Fragment der *120 Tage von Sodom* heraus. Für Bloch waren die darin beschriebenen Szenen eine genaue Wiedergabe von Ereignissen, die sich so in französischen Salons und Verliesen zugetragen hatten, also eine Skandalchronik Frankreichs im 18. Jahrhundert und auf diese Weise das Spiegelbild einer zutiefst verdorbenen Nation.

Größte Verdienste um die Erschließung des de Sadeschen Œuvres erwarb sich in der ersten Hälfte des 20. Jahrhunderts der Mediziner und Journalist Maurice Heine, der so wichtige Texte wie die «Urfassung» der *Justine* sowie die Erzählungen und Schwänke und eine gegenüber der Blochschen Ausgabe stark verbesserte Fassung der *120 Tage von Sodom* herausbrachte. Im Gegensatz zu dem linksgerichteten Maurice Heine stand mit Gilbert Lely der nächste große Sammler und Herausgeber von de Sades Texten und Lebenszeugnissen auf der rechten, antijakobinischen Seite. Trotz dieser Tendenzen und einem ausgeprägten Hang zur Verherrlichung des Marquis sind seine Biographien und Editionen bis heute unverzichtbar. In neuester Zeit hat vor allem Maurice Lever wichtiges Material zu Leben und Werk de Sades erschlossen. Dabei konnte er auf die tatkräftige Unterstützung von dessen Nachkommen zurückgreifen, die ihm die Familienarchive zugänglich machten. So wie die Familie selbst den Marquis nicht mehr als Schandfleck, sondern als Prestigetitel ansah, öffneten sich ab den 1980er Jahren auch die honorigsten Verlage seinem Werk. Mit der hervorragend kommentierten dreibändigen Auswahlausgabe in der Bibliothèque de la Pléiade (1990-1998) kam der so lange verfemte *Homme de lettres* schließlich im Olymp der französischen Literatur an.

Von Anfang an hat die Veröffentlichung der de Sadeschen Werke eine lebhafte Debatte über die Freiheit der Presse angeregt. Sollte sie auch für Texte wie die *Juliette* gelten, die von vielen Lesern als Aufrufe zum Sturz aller moralischen Normen und Ordnungen verstanden wurden, oder gab es Grenzen des Sagbaren? Wie unschwer vorhersehbar, stimmten die Rezensenten zu de Sades Lebzeiten unisono für eine solche Grenzziehung. Solche Bücher müssen verboten werden – darin waren sich Jakobiner und Royalisten ausnahmsweise einig. Für deutsche Kommentatoren wie den ehrenfesten Republikaner Georg Friedrich Rebmann wurden die Texte des Marquis während der Napoleonischen Zeit sogar zu einem Beweis für die moralische Minderwertigkeit des französischen Nationalcharakters insgesamt, der durch die falsch verstandene Pressefreiheit nur weiteren Schaden nehmen konnte.

Diese Debatte war einhundertfünfzig Jahre später noch nicht beendet. Seit Dezember 1956 musste sich der Verleger Pauvert vor einem französischen Gericht verantworten, weil er gegen das weiterhin gültige Verbot die Werke des Marquis veröffentlichte. In diesem Prozess standen Pauvert mit André Breton, Simone de Beauvoir, Jean-Paul Sartre und Pierre Klossowski führende Intellektuelle mit ihren Memoranden und Essays zur Seite, doch den Ausgang des Prozesses konnten sie nicht positiv beeinflussen. Pauverts Anwalt Maurice Garçon räumte zwar Grenzen der Pressefreiheit ein:

> Obwohl Bücher das edle Vehikel des Geistes sind und Freiheit der Rede ein unverzichtbares Recht ist, darf der Genuss dieser Rechte doch nicht unbegrenzt sein.[3]

Aber für den Marquis – so die Argumentation der Verteidigung – galt diese Einschränkung nicht, weil seine Werke zum kulturellen Erbe gehörten, das nicht gegen die guten Sitten (so die Anklage) verstoßen könne. Das Gericht sah das jedoch anders. Es verurteilte Pauvert zu einer Geldstrafe von 200 000 Francs und zur Einstampfung der De-Sade-Ausgabe. Beide Strafen wurden vom Berufungsgericht zwar aufgehoben, doch hielt auch diese Instanz daran fest, dass die Texte des Marquis nicht öffentlich verbreitet werden durften. Die nächste Ausgabe der damals verfügbaren sämtlichen Werke de Sades musste daher zwischen 1962 und 1964 als strikt limitierter Privatdruck erscheinen. Um dieselbe Zeit wurden ausgewählte Texte des Marquis in Deutschland auf ihre jugendgefährdende Wirkung hin überprüft – letztlich mit negativem Ergebnis, das heißt mit der faktischen Duldung, die ab Ende der 1960er Jahre in den meisten europäischen Ländern, auch in Frankreich, erfolgte.

## Von Baudelaire zu Nietzsche

Die Ohnmacht der zeitgenössischen Zensoren zeigte sich daran, dass das Werk de Sades nach seinem Tod wie kaum ein anderes literarisches oder philosophisches Œuvre die stärksten Wirkungen entfaltete. Dabei bildeten sich von Anfang an klar umrissene Grundlinien der Rezeption und Wirkungsgeschichte heraus. Für staatstragende Autoren, ob konservativ, liberal oder sozialistisch, war der Marquis der Unterwanderer schlechthin, über den man sich nur mit tiefstem Abscheu äußern konnte, doch am besten ganz schwieg. Je oppositioneller zu den offiziell verordneten Werten kulturelle Strömungen standen, desto größer war in der Regel ihre Bereitschaft, den so lange eingekerkerten Marquis als einen der Ihren, als Vorläufer und Vordenker, zu begrüßen. Dabei ist diese positive Aufnahme dem authentischen de Sade gefährlicher geworden als die Ablehnung.

Die Gründe hierfür hat der Schriftsteller und Philosoph Albert Camus in einem Satz zusammengefasst: «Im Übrigen nötigt gerade seine

Nachkommenschaft dazu, ihm Ehre zu erweisen.»[4] Das krude Werk de Sades werde dadurch geadelt, dass sich honorige Autoren von ihm zu bedeutenden Werken anregen ließen, doch nichts könne den Blick auf den anstößigen Marquis mehr verstellen. Camus hat damit vollkommen Recht: Die große Mehrheit derjenigen, die sich mit de Sade auseinandergesetzt haben – nicht zuletzt er selbst –, haben seine Sprache und Ideen entschärft, indem sie ihn für ihre eigenen Vorstellungswelten und Theorien vereinnahmt haben. Leben und Werk des Marquis wurden nach seinem Tod zu einer Projektionsfläche für die unterschiedlichsten Richtungen der Philosophie, der Literatur und der bildenden Kunst. Diese Vereinnahmung de Sades in die verschiedensten ästhetischen und weltanschaulichen Systeme aber lässt sich nur durch sehr selektive Lektüre seiner Texte und die damit einhergehende Kunst des zielgerichteten Weglassens bewerkstelligen.

Die starke Ausstrahlung des Marquis begann schon früh. Autoren wie Charles Baudelaire und Lautréamont fanden in seinem Werk eine Gegen-Ästhetik des Hässlichen vorgezeichnet, die sie gegen die von Akademien, Universitäten und Preisjurys verordneten Kategorien klassischer Ausgewogenheit und regelkonformer Komposition ausspielen konnten. Die de Sadeschen Libertins suchen sich zwar Lustobjekte zur Vernichtung aus, die den konventionellen Schönheitskriterien entsprechen, doch lassen sie sich mindestens ebenso sehr von körperlichen Missbildungen, Abnormitäten und Deformierungen stimulieren – das Gesetz der Abweichung gilt also auch hier. Für die Autoren der Schwarzen Romantik mit ihrer Vorliebe für Motive wie Qual, Tod und Verwesung war das Œuvre des Marquis eine Offenbarung. Dazu gehörte auch seine negative Anthropologie: Dass das Böse in der Natur lag und nicht von der Zivilisation geschaffen wurde, war für Baudelaire geradezu ein Credo. Damit war eine Umwertung verbunden, die beim Marquis gleichfalls angelegt war. Der Mensch findet seine Würde und seine Lust im «Bösen»; entfesselte Sexualität und künstlerische Kreativität nähren sich aus dem gemeinsamen Verlangen nach dem Unendlichen und Absoluten. Wie die de Sadeschen Libertins berauscht sich das literarische Ich bei Baudelaire an der Überschreitung aller Normen und strebt nach vollendeter Entgrenzung. Auch die Neugierde auf die Abgründe der menschlichen Begierden und Leidenschaften teilte Baudelaire mit seinem Vorbild, getreu der vielzitierten Maxime, dass der Zauber des Schrecklichen nur die Starken verlockt. Wie für die Libertins in Schloss Silling war für den Verfasser der *Fleurs du mal*, der zwischen 1857 und 1867 entstandenen *Blumen des Bösen*, die Vorstellung, die menschliche Sexualität in all ihren Erscheinungsformen zu legalisieren und damit der allseitigen Glückserfüllung dienlich zu machen, zutiefst abstoßend: Eine durch Gnadenerlass der Behörden freigegebene Sinnlichkeit verlor mit der Dämonie jeden Sinn und alle Würde. Einen dauerhaften Frieden oder auch nur Waffenstillstand zwischen den Geschlechtern konnte es ohnehin nicht geben. Paarungen sind und bleiben Machtkämpfe, in denen der Mann als der stärkere Part seine Überlegenheit ausspielt:

> Der Mann, elegant, robust und stark, hatte das Recht,
> stolz auf die Schönheiten zu sein, die ihn ihren König nannten.[5]

Die menschliche Sexualität kann schon deshalb nicht harmlos sein, weil sie mit Blut und Tod untrennbar verquickt ist. Dafür zeugt die Geschichte des Christentums für Baudelaire einst wie heute:

> Die Seufzer der Märtyrer und der Hingerichteten
> sind eine berauschende Symphonie gewiss.
> Denn trotz des Blutes, das ihre Wollust kostet,
> sind die Himmel davon immer noch nicht satt.[6]

Mit der Schwarzen Romantik hält der Marquis Einzug in eine Gegenwelt des Morbiden, des künstlich erzeugten Rausches, der Drogen und des Selbstmord-Kultes. Seine Texte werden so Wegweiser für Eingeweihte, die zu einer letzten Verfeinerung ihrer verbotenen Genüsse schreiten und sich als eine verborgene Elite in selbst gegrabenen Katakomben fühlen möchten. Der Gegensatz zum Milieu des Aristokraten, Häftlings, Kleinbürgers und Theaterregisseurs könnte kaum größer sein. De Sade brauchte keine chemischen Aufputschmittel, diese verabreichte er den anderen.

Genauso intensiv wie auf Baudelaire wirkten die großen Romane des Marquis auf Ästhetik und Ideenwelt des Comte de Lautréamont. Sein Hauptwerk, die 1874 posthum erschienenen *Chants de Maldoror*, die *Gesänge des Maldoror*, handeln von der Rebellion des Bösen gegen das Gute. Wie die de Sadeschen Libertins entdeckt Maldoror das Böse in sich und damit als natürlich – im Gegensatz zu den Romanfiguren allerdings nicht von Anfang an, sondern im Zeichen eines regelrechten Erweckungserlebnisses:

> Ich werde in einigen Zeilen festhalten, wie Maldoror während seiner ersten Jahre, in denen er glücklich lebte, gut war. Damit ist es vorbei. Danach wurde er sich bewusst, dass er böse war: Was für ein Schicksalsschlag! Er verbarg seinen wahren Charakter viele Jahre lang, so gut er konnte. Doch schließlich stieg ihm aufgrund dieser unnatürlichen Verstellung jeden Tag das Blut so sehr zu Kopf, bis er ein solches Leben nicht mehr ertragen konnte und sich entschlossen der Laufbahn des Bösen widmete.[7]

Diese geheimnisvollen Sätze hallten in der französischen Literatur, zum Beispiel bei André Gide, intensiv nach, weil im Falle des Autors Leben und Werk, ähnlich wie bei de Sade, zusammenfallen. Lautréamont, über dessen Leben bis heute sehr wenig bekannt ist, kam aus dem Nichts und verschwand durch seinen Tod mit nur dreiundzwanzig Jahren wie ein Meteor aus dem dunklen Himmel der Literatur.

Jenseits des Ärmelkanals setzte sich vor allem der 1837 in London geborene Dichter Algernon Charles Swinburne mit de Sade auseinander. In England war der Marquis für das lesefähige Publikum seit seinen «Affären» der 1770er Jahre ein Begriff. Die britische Presse hatte ihn – nicht ohne politische Hintergedanken – zu einem französischen Monster par excellence stilisiert: als Peitsche schwingenden Philosophen im Horrorkabinett der Sinne und damit als typischen Vertreter einer dekadenten Nation. So trat der aufrührerisch gestimmte junge Swinburne mit großen Erwartungen an das Werk des Marquis heran, über den er sogar ein Gedicht verfasste: *Charenton en 1810*. Darin huldigt der damals vierundzwanzigjährige Dichter dem Rebellen, der durch mörderische

Taten und Schriften eine neue Welt heraufführen möchte. Als Swinburne kurz darauf einige Hauptwerke de Sades zu Lesen bekam, fiel die Reaktion gänzlich unerwartet aus: So viel habe ich in meinem ganzen Leben noch nicht gelacht: Ich konnte gar nicht mehr aufhören zu lachen und wäre fast vor Lachen gestorben.[8]

Offensichtlich traf der Marquis den Sinn für den auf der Insel so verbreiteten schwarzen Humor. Sprache und Ideen fand Swinburne hingegen schwach, was einer lebenslangen Lektüre und mancherlei Anregungen jedoch nicht im Weg stand. De Sade beeinflusste so die andere, dem offiziellen Viktorianischen England entgegengesetzte Seite der Literatur mit ihrer Vorliebe für die verbotenen, das heißt: verbrecherischen und triebhaften Seiten der menschlichen Existenz.

In Deutschland hingegen blieben die Wirkungen des de Sadeschen Werkes deutlich schwächer ausgeprägt. Spuren hat es vor allem in der unter germanischem Himmel nicht sonderlich florierenden erotischen Literatur hinterlassen.

Direkte Einflüsse de Sades auf Friedrich Nietzsche sind zwar nicht nachweisbar, aber umso erstaunlicher stechen die Analogien im Denken und selbst in der Wortwahl hervor. Auch für den sächsischen Pfarrerssohn war die Natur ohne Erbarmen und ein Leben nach der Natur, wie es Rousseau-Schwärmer aller Couleur forderten, daher ein Aberwitz und Widerspruch in sich. In Sachen Christentum waren sich beide nicht weniger einig: Die Moral der Nächstenliebe wurde von den Schwachen erfunden, um die Starken dauerhaft zu unterjochen. Das von den Schwachen definierte Böse ist in Wirklichkeit die kreative Kraft der Menschheitsgeschichte schlechthin. Hat Nietzsche, der Verächter aller Konventionen, sich gescheut, den «unaussprechlichen» Namen des Marquis unter den Anregern und Vorläufern zu nennen, denen er ansonsten in seinem Werk reichlich Dank abstattet?

*War de Sade ein Sadist?*

Nicht nur Literaten und Philosophen auf der Suche nach antibürgerlichen Werten und Darstellungsformen, sondern auch Mediziner und Psychologen nahmen sich im 19. Jahrhundert des Phänomens de Sade an. Schon 1836 tauchte «sadisme» als neuer Begriff in französischen Wörterbüchern auf, definiert als sexueller Lustgewinn, den der «Sadist» aus den Qualen des ihm ausgelieferten Lustobjekts zieht. Mit dieser Bedeutung feierte der Begriff des Sadismus am Ende des 19. Jahrhunderts seinen Einzug in die deutschsprachige Sexualwissenschaft. Der 1840 geborene Richard von Krafft-Ebing, einer der führenden Vertreter dieser damals noch jungen Disziplin, nennt in seiner 1886 erschienenen *Psychopathia sexualis* de Sades Namen, den Begriff «Sadismus» jedoch erst vier Jahre später in seinen *Neuen Forschungen auf dem Gebiet der Psychopathia sexualis*. Er war davon überzeugt, dass der Marquis oder besser: der Reigen seiner «Helden», zutiefst krankhafte Neigungen verkörperte, die den verrotteten Zustand der Gesellschaft vor der Französischen Revolution, wenn nicht Frankreichs bis heute, anzeigten und vom «gesunden» Deutschland ferngehalten werden mussten. Diese Ansicht zog sich mehr oder weniger unterschwellig durch die gesamte deutsche De-Sade-Rezeption des 19. Jahrhunderts, brach mit der Edition der *120 Tage von Sodom* durch den deutschen Sexualwissenschaftler Iwan Bloch im Jahr 1904 wieder offen hervor und beeinflusste noch die deutsche Propaganda während des Ersten Weltkriegs.

Eine Wissenschaftsgeneration nach Krafft-Ebing formulierte Sigmund Freud, der Begründer der Psychoanalyse, die klassische Definition von «Sadismus» in seiner Triebtheorie:

> Sie wissen, wir heißen es Sadismus, wenn die sexuelle Befriedigung an die Bedingung geknüpft ist, daß das Sexualobjekt Schmerzen, Mißhandlungen und Demütigungen erleide, Masochismus, wenn das Bedürfnis besteht, selbst dieses mißhandelte Objekt zu sein.[9]

Freud war davon überzeugt, dass sowohl Sadismus als auch sein Gegenstück, der Masochismus, bis zu einem gewissen Grade in allen normalen Sexualbeziehungen ausgelebt werden, und betrachtete sie erst dann als Perversionen, wenn sie zu Hauptzielen des Geschlechtstriebs werden und alle anderen Aspekte daraus verdrängen. Darüber hinaus war Freud bestrebt, die Entstehung und die Funktion sadistischer Regungen aus der sexuellen Entwicklung des Menschen abzuleiten. Seiner Theorie entsprechend folgte nach einer ersten, vor-genitalen Phase, in der der Säugling Lustgewinn vor allem durch Nahrungsaufnahme und damit aus dem Mund bezieht, eine anale und zugleich sadistische Stufe, die parallel zur Ausbildung der Zähne und der Beherrschung elementarer Körperfunktionen wie des Schließmuskels verläuft. Darauf lässt Freud eine phallische Phase folgen, die schließlich von der voll entwickelten genitalen Stufe der Sexualität abgelöst wird.

Im sadistischen Entwicklungszustand ist für Freud das Prinzip der Bipolarität bereits vorhanden, aber noch nicht durch den Gegensatz von Mann und Frau geprägt, sondern durch den von Aktivität und Passivität. In dieser Phase ist vor allem der Darm erogen besetzt, doch strebt der Säugling bereits nach einer Eroberung der Außenwelt:

> Auf der höheren Stufe der prägenitalen sadistisch-analen Organisation tritt das Streben nach dem Objekt in der Form des Bemächtigungsdranges auf, dem die Schädigung oder Vernichtung des Objekts gleichgültig ist.[10]

In diesem Sinn betrachtete Freud den Masochismus zuerst als einen Sadismus, der sich gegen die eigene Person richtete. Ist diese Wendung vollzogen, muss eine andere Person gefunden werden, die anstelle des zum Objekt gewordenen Ichs die Rolle des handelnden Subjekts übernimmt. Diese Verkehrung von aktivem und passivem Part sah Freud als eine typisch narzisstische Reaktion an. Im sadistischen Streben hingegen dominiert ein Trieb nach Bemächtigung, den er später mit Destruktion gleichsetzte und ab 1920 in einen Zusammenhang mit dem Todestrieb stellte:

> Liegt da nicht die Annahme nahe, daß dieser Sadismus eigentlich ein Todestrieb ist, der durch den Einfluß der narzißtischen Libido vom Ich abgedrängt wurde, so daß er erst am Objekt zum Vorschein kommt?[11]

Der Todestrieb wird in dieser Theorie des späteren Freud von der Libido nach außen abgelenkt und somit in Aggression und den Versuch, andere zu beherrschen, umgewandelt. Beim Sadismus fließt ein erheblicher Teil dieser zerstörerischen Energie in das Sexualverhalten ein – mit den aus den Werken de Sades bekannten Folgen. In seinem Alterswerk hat Freud dann wieder stärker den konservativen, also bewahrenden und auf Selbsterhaltung ausgerichteten Charakter der Triebe hervorgehoben und den Masochismus als eine selbständige Triebrichtung angesetzt. Sadismus wäre somit ein libidinös besetzter und zugleich nach außen gewendeter Todestrieb, der sich auf vielfältige Weise mit erotischen Elementen vermischen und daher ganz unterschiedliche Erscheinungsformen annehmen kann.

War der Marquis de Sade also ein Sadist? Wendet man die Freudschen Kriterien auf den Autor der *120 Tage von Sodom* und der *Juliette* an, so stechen bemerkenswerte Übereinstimmungen ins Auge. Bei seinen «Affären» mit Prostituierten peitscht er und wird gepeitscht, «Sadismus» und «Masochismus» verschmelzen zu einer einzigen «Ausschweifung». Dabei steht die aktive Komponente in der Regel im Vordergrund; das gilt auch für die Sexualphantasien seiner Libertins. Zugleich ist die Fixierung auf die Analsphäre sowohl im Leben des Marquis als auch in seinen literarischen Phantasien überdeutlich. Nicht nur der Comte de Bressac betätigt sich als Lobredner des von Kirche und Staat als «widernatürlich» gebrandmarkten Analverkehrs, auch der historische Marquis frönte bei seinen Orgien ebenso wie im Alltag nachweislich dieser Vorliebe, und zwar mit Ausnahme der «Bonbon-Episode», aktiv. Auffällig ist auch die Faszination durch die menschlichen Exkremente. In den *120 Tagen von Sodom* sind dem Kotverzehr zahlreiche Erzählungen der «Historikerin» und «Nachahmungstaten» der Libertins gewidmet, was in der Tat für eine Fixierung auf die von Freud angesetzte Phase spricht.

Ist de Sade also in seinem Sexual- und Sozialverhalten auf einer frühkindlichen Entwicklungsstufe stehengeblieben? Seine extreme Selbstbezogenheit und der eklatante Mangel an Mitgefühl brachten die ihm Nahestehenden regelmäßig zur Verzweiflung und spiegelten sich auch in seinem literarischen Werk. Wie von Zauberhand sind die fürchterlichsten Wunden der Folteropfer am nächsten Tag geheilt; im Gegensatz zur psychischen Befindlichkeit der Täter, die ausführlich dargelegt wird, ist das Leid der Opfer uninteressant und wird daher wie deren Physiognomie auf stereotype Wendungen reduziert.

Was seine Sexualpraktiken und Erregungsphantasien betrifft, war der bisexuell veranlagte Marquis de Sade also ohne Frage ein «Sadist» im Freudschen Sinne. Er hat diese Vorlieben allerdings nur sehr begrenzt und ohne die für den praktizierenden Sadisten bezeichnende Gewalt ausgelebt. Bei Protesten seiner angemieteten Lustobjekte gab er seine Pläne – anders als seine literarischen Wüstlinge – sofort auf. Damit tritt eine ethische und philosophische Dimension hervor, die seine Schilderungen der grauenhaftesten Qualen, die Menschen Menschen zufügen können, überhaupt erst lesbar macht.

Über de Sades früheste Kindheit, in der er Freud zufolge die psychischen Prägungen empfangen haben müsste, ist nichts bekannt. Der Entzug der Mutterliebe, der häufig als ein solches Motiv angeführt wird, ist für die Oberschicht des Ancien Régime generell festzustellen. Sprösslinge des Adels und der begüterten Bourgeoisie wurden fast ausnahmslos in ihren ersten Lebensjahren zu Ammen gegeben, ohne dass in dieser Schicht besonders viele seelische Entwicklungsstörungen zu diagnostizieren wären. Schon ungewöhnlicher war, dass der Knabe de Sade auch in der Folgezeit weitgehend ohne Mutter aufwuchs. Sein Verhältnis zu Müttern und zum Mütterlichen war zutiefst ambivalent. Wie die Affäre mit Chiara Moldetti in Florenz zeigt, fühlte er sich von schwangeren Frauen angezogen. Andererseits kommt Schwangerschaft in den Kreisen seiner fiktiven Libertins einem grausamen Todesurteil gleich, ganz zu schweigen von den zahlreichen Diskursen, die die Pflicht zum Muttermord viel häufiger einschärfen als die Notwendigkeit, sich lästiger Erzeuger zu entledigen. Sind die mörderischen Knaben, die auf dem Höhepunkt imaginierter Orgien ihre Mütter zerfleischen, also kleine Alter Egos des Marquis, der sich damit für seine Vernachlässigung rächt? Die Frage muss offenbleiben. Auf jeden Fall sticht im Gegensatz zu seinem ambivalenten Verhältnis zu Müttern die beinahe kultische Verehrung seines Vaters hervor. In seiner Nachfolge sah er sich als *Homme de lettres* und als Verführer.

Anders jedoch als sein Vater und als seine Standesgenossen zeichnete sich de Sade schon früh durch seine Tollkühnheit, die Lust am höchsten Risiko und den Furor aus, der diesen Todesmut nährte. Dieser Furor zeigt sich bereits beim Sechzehnjährigen, der im Geschützhagel der englischen Batterien als erster die Mauern des Forts Saint-Philippe auf Menorca ersteigt, und schlägt sich nicht weniger darin nieder, dass der Zweiunddreißigjährige bei seiner «Bonbon-Affäre» in Marseille jegliche Tarnung oder sonstige Vorsichtsmaßnahmen unterlässt. Als eine Äußerung des «Todestriebs» im weitesten Sinne könnte man auch verstehen, dass sich der Dreiundfünfzigjährige zum Präsidenten der Piken-Sektion wählen lässt und dadurch mit seinen potentiellen Todfeinden Politik macht.

Diese Tollkühnheit richtet sich also mindestens ebenso oft und heftig gegen die Grundlagen der eigenen Existenz, tritt also nach dem Freudschen Triebschema auch in nicht libidinös besetzter Gestalt als freier und ursprünglicher Todestrieb auf. Der Marquis de Sade wäre demnach ein Sadist, doch ein unvollkommener, da sich seine Destruktivität nur partiell gegen andere richtet und sich über den ausgeprägten Hang zur Selbstzerstörung hinaus vor allem literarisch manifestiert. In diesem Zusammenhang ist ein letztes Mal die unauffällige Wendung aus dem Protokoll zur «Jeanne-Testard-Affäre» vom Herbst 1763 in Erinnerung zu rufen: Es gibt keinen Gott, ich habe es selbst erlebt! Die Erfahrung der eigenen Triebhaftigkeit verquickt sich mit der Analyse einer Welt, die den Menschen zum Töten im Krieg, doch ansonsten zur Triebunterdrückung und damit in eine zutiefst schizophrene Ordnung zwingt, der sich de Sade konsequent verweigert. Diese Gegenposition bezieht er durch seine «Affären», doch vor allem durch seine literarische Tätigkeit, die man in diesem Zusammenhang als Sublimierung seiner als (selbst)zerstörerisch erkannten Neigungen bezeichnen kann. Diese Sublimierung durch die Aktivitäten des *Homme de lettres* ist vor 1778 sehr partiell, wird danach durch die lange Haftzeit erzwungen und schließlich zum eigentlichen Hauptzweck und Lebenssinn. Gerade deshalb ist mit einer Psychoanalyse de Sades nicht allzu viel gewonnen. Welche Diagnose man dem «Patienten» de Sade auch immer stellt, sein Werk mit den darin aufgeworfenen Thesen und Fragen lässt sich damit nicht wegwischen. Wie, wann und wodurch ihm – um es in seiner Sprache zu sagen – die Natur seine ganz speziellen Neigungen einflößte, ist dagegen pure Spekulation, denn einen Menschen des Jahres 1740 kann man nicht mehr auf die psychoanalytische Couch legen.

### De Sade surreal

Um dieselbe Zeit, in der Freud an seiner Theorie des Sadismus arbeitete, verfasste der 1880 in Rom geborene französische Schriftsteller Guillaume Apollinaire eine Abhandlung über de Sade, den er als «göttlichen Marquis» titulierte, und seinen Doppelroman zu den Schwestern Justine und Juliette:

> Der Marquis de Sade, dieser freieste Geist, der jemals existiert hat, hatte ganz besondere Ideen zu den Frauen; er wollte, dass sie so frei seien wie die Männer. Diese Ideen, die man eines Tages genauer herausarbeiten wird, haben einen doppelten Roman hervorgebracht: *Justine* und *Juliette*. Es ist kein Zufall, dass der Marquis dafür Heldinnen und keine Helden gewählt hat. Justine, das ist die Frau, wie sie früher war, unterworfen, elend und kaum menschlich; Juliette hingegen bezeichnet die neue Frau, wie er sie voraussieht, ein Wesen, das man sich noch gar nicht vorstellen kann, das sich vom Menschlichen ablöst, Flügel haben und das Universum erneuern wird.[12]

Alles in diesem Text des großen Symbolisten aus dem Jahr 1909 ist auf Provokation angelegt: Freiheit bei de Sade, der die absolute Prädestination durch die Natur lehrt, rigoros wie ein säkularisierter Calvinist?

*De Sade surreal oder: Gemalte Variationen über Themen des Marquis. In den Collagen aus «Une semaine de bonté» («Eine Woche der Güte») wandelte Max Ernst 1934 Motive der Schreckensromane ins (Alb-)Traumhafte ab.*

Emanzipation der Frau, wenn diese Befreiung darin besteht, sich jedem Mann hingeben zu müssen, von dem sie begehrt wird? Von frühem Feminismus in der *Juliette* ließe sich allenfalls sprechen, wenn sich die Ausrottungskampagnen der Superschurkin allein gegen Macho-Männer und damit gegen den patriarchalischen Herrschaftsanspruch an und für sich richteten. Doch tötet Justines entfesselte Schwester mindestens ebenso gerne und oft Frauen, am liebsten sogar diejenigen, die ihr Vertrauen schenken, während sie die mörderische Männerwelt als gleichgesinnte Verbündete respektiert und schont. Die Dimension der Freiheit erscheint im Werk de Sades ganz überwiegend als Willkür der Libertins, die sich straflos über die Normen eines Staates hinwegsetzen, der das Gute heuchelt und die Bösen schützt. Mit der grenzenlosen Freiheit des Marquis meinte Apollinaire denn auch in erster Linie die souveräne Verachtung

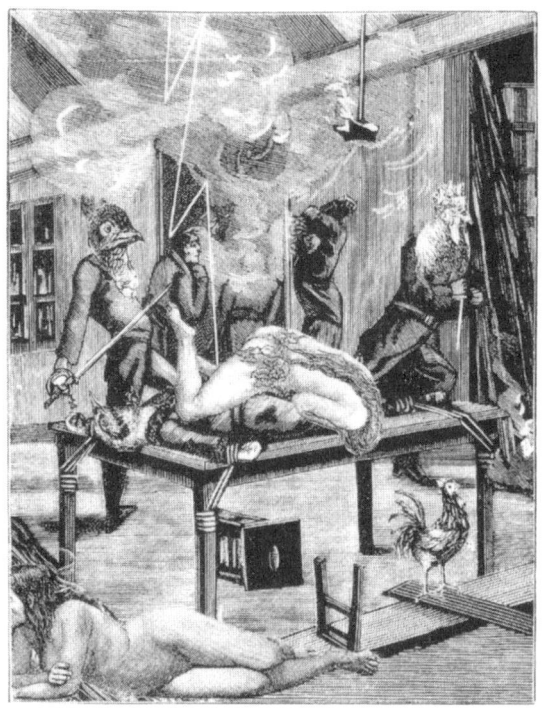

aller Normen und Konventionen, die Fähigkeit, Festungsmauern durch die Kraft der Imagination zu überwinden und die Grenzen des Vorstellbaren zu durchbrechen. Gerade dadurch wurde de Sade zum Pionier und Visionär, der laut Apollinaire das 20. Jahrhundert beherrschen könnte. Diese Vorhersage sollte sich auf ganz andere Art und in einem nicht vorhersehbaren Maße bewahrheiten.

«Freiheit» ist auch der Anknüpfungspunkt für André Breton, der 1924 de Sade in seinem *Ersten Manifest des Surrealismus* zusammen mit Jonathan Swift, dem Erfinder des Gulliver, zum Ahnherrn dieser Bewegung erhebt. Damit meint Breton wie der von ihm bewunderte Apollinaire den Schriftsteller de Sade, der in seinen Texten durch die absolute Freiheit der Einbildungskraft und der Phantasie, aber auch durch die Freiheit von überkommenen Moralvorstellungen, eine gespenstische

Überwirklichkeit erzeugt. De Sade verkündet und vollzieht die Befreiung von jeglicher Bevormundung und Gewissenslast und erlöst damit das Gefühl vom Joch der Ratio, die von den Normen der Gesellschaft gelenkt und damit fremdbestimmt ist – Bretons Begeisterung für den Marquis, den Befreier hinter Kerkermauern, ist schier grenzenlos:

> Dank Maurice Heine steht die ungeheure Tragweite des de Sadeschen Werks heute völlig außer Frage: psychologisch darf es als authentischster Vorläufer des Freudschen Werks und der gesamten modernen Psychopathologie gelten; sozial strebt es nach nichts Geringerem als der – von Revolution zu Revolution aufgeschobenen – Etablierung einer wirklichen Wissenschaft von den menschlichen Sitten.[13]

Breton nimmt de Sades Anspruch, Menschenforscher zu sein, also ernst. Um die zu Beginn des 20. Jahrhunderts allgegenwärtige Unterdrückung des Menschen zu beenden, ist eine neue Art der Erziehung notwendig, für die ebenfalls der Marquis Pate steht. Vorbild ist für Breton der Libertin Franval aus den *Verbrechen der Liebe*, der seine Tochter ohne Religion und Moral und von allen Einflüssen der Gesellschaft und deren Normen abgeschirmt erzieht. Daher kennt Eugénie de Franval weder Hemmungen noch Gewissensbisse; auch ihre Phantasie ist, wie sich im Laufe der Erzählung zeigt, reich entwickelt. Allerdings übersieht Breton, dass sie ganz darauf ausgerichtet ist, lustvolle Verbrechen zu ersinnen. Zudem steht ihr Verstand der Einbildungskraft in nichts nach, sodass sie und Ihresgleichen bei näherer Betrachtung als Modelle für eine «surrealistische» Modellpädagogik kaum taugen.

Als Vorbild und Vorläufer tritt de Sade in Bretons *Zweitem Manifest des Surrealismus* sogar noch stärker hervor. Darin wird den herrschenden Idealen der Familie, des Vaterlands und der Religion ein Krieg erklärt, der bis zur vollständigen Vernichtung dieser falschen Werte reichen muss. Diesen Kampf hat der Marquis laut Breton als einer der Ersten aufgenommen und, da er allein stand, verlieren müssen. Als Strafe für die Unerbittlichkeit, mit der er die Heuchelei und Doppelmoral der Mächtigen demaskierte, wurde er sein halbes Erwachsenenleben lang eingekerkert: als ein Märtyrer der Menschheitsbefreiung von Fremdbestimmung und Verformung durch einen irregeleiteten Prozess der Zivilisation.

> Die Untaten, die ihm die ersten Jahre seiner Einkerkerung einbrachten, sind in Wirklichkeit sehr viel weniger schrecklich, als man behauptet hat. Dieser erbitterte Verächter, dieses Monster der Grausamkeit ist derselbe, der, wie man glaubt, seine Schwiegereltern vor dem Schafott gerettet hat und vor allem derjenige, der aus tiefer, uneigennütziger Überzeugung während der Terreur kühn gegen die Todesstrafe aufsteht und ins Gefängnis der Revolution geworfen wird, der er vom ersten Tag an mit Begeisterung gedient hat.[14]

Der gute Mensch von Lacoste: so konnte man die Lebensgefahr der Marseiller Prostituierten zu einer Verdauungsstörung bagatellisieren und durch Wegschauen einen krummen Lebensweg begradigen. Genau so, wie ihn Breton schildert, wollte sich de Sade in der Tat selbst sehen. Auch das Lob, heroisch nach einer neuen Ordnung der Dinge gestrebt zu haben, die nicht von der Tradition vorgegeben war, durfte er für sich in Anspruch nehmen, zum Beispiel mit der Utopie der glückseligen Insel Tamoé. Dass sich surrealistische Künstler dort wohlgefühlt hätten, darf allerdings bezweifelt werden. Bretons Forderung nach absoluter moralischer Freiheit ist mit den Vorstellungen, die Zamé, der aufgeklärte Despot des harmonischen Gemeinwesens, von den Aufgaben der Kunst hegt, nicht zu vereinbaren: Sie soll den Menschen veredeln, zur Nächstenliebe und Solidarität erziehen, also unter das Joch der Werte zwingen, das die Surrealisten abwerfen wollten. Ansonsten besteht die Ordnung der de Sadeschen Kunstfiguren darin, für sich und ihr mörderisches Treiben jegliche Ordnung zu zertrümmern. Zum System ausgebaut, fordert diese Ordnung der Anarchie das Recht zum straflosen Mord. Mit dieser extremen Ausweitung der Freiheit, die das Recht, natürliche Neigungen auszuleben, über das Überlebensrecht des Mitmenschen stellt, führt der Marquis alle Freiheitsdiskurse seiner Zeit zum logischen Schlusspunkt und zugleich ad absurdum, denn am Ende stehen bittere Ironie und ätzender Sarkasmus. Breton setzte sie mit schwarzem Humor gleich und nahm ausgewählte Texte des Marquis in seine gleichnamige Anthologie

Man Ray, Porträt des
Marquis de Sade nach
zeitgenössischen Beschreibungen (1938)

auf. In enger Anlehnung an Freud hob er die befreienden Wirkungen dieses zugleich sublimen und erhabenen Humors hervor. Besonders ausgeprägt sah er ihn ausgerechnet im Testament des Marquis, diesem Dokument abgrundtiefer Menschenverachtung und zärtlicher Partnerliebe, und in der Menschenmetzelei des Moskowiter Minskis aus der *Juliette*. Der Kinderfresser als lustiger Kinderschreck: Auch so konnte man das Menschenbild des Marquis entschärfen.

Mindestens ebenso stark wirkten die Ideen des Marquis auf die bildenden Künstler des Surrealismus. Intensive Einflüsse lassen sich zum Beispiel im Werk des amerikanischen Fotografen und Malers Man Ray nachweisen, der sich von de Sades Attacken gegen die Doppelmoral der Gesellschaft, doch auch von den sexuellen Phantasien seiner Libertins inspirieren ließ. Dieser Einfluss zeigt sich in seinem Selbstporträt mit «totem Akt» von 1930, in dem der Künstler seinen Kopf auf das Becken einer nack-

Der Marquis in Künstlerkreisen: Félix Labisses «Poetische Matinée» von 1944 zeigt den Marquis ganz links, mit der Schriftrolle in der Tasche, als Ideengeber von Malern, Dichtern und Denkern.

ten Frau legt, der eine Kette aus der linken Brust, also aus dem Herzen, quillt. Wie sehr Ray die Gestalt des Marquis umtrieb, zeigen die Porträtbilder und Büsten, die er von ihm schuf. Das bekannteste dieser Bildnisse gestaltete er 1938 nach den Beschreibungen der Pariser Polizei. Es dürfte daher seiner Physiognomie zum Zeitpunkt der Inhaftierung in Charenton recht nahe kommen. In diesem in Ermangelung zuverlässiger Bildquellen notwendigerweise bruchstückhaften und daher wie aus fragmentierten Steinscheiben zusammengesetzten Bildnis ist das aufgedunsene Haupt mit den wollüstigen Lippen und den starr blickenden Augen vor die Zwingburg der brennenden Bastille platziert, was dem Marquis die Aura eines Visionärs verleiht: Als Erforscher des Bösen sieht er eine endlose Kette von Gewalt und Unmenschlichkeit voraus, wie sie dem Wesen des Menschen entspricht. Diese Hommage an den Seher de Sade findet ihre Fortsetzung in Fotokompositionen wie *Verhüllte Erotik*, in denen ein lüstern blickender

*De Sades Welt, ausnahmsweise einmal spaßig. Diese «Plastik» Man Rays (um 1970) verewigt ironisch den vergeblichen Versuch der Surrealisten, in das Schloss Lacoste einzudringen – dabei ist der Schlüssel doch so nah!*

Mann, eine verängstigte Frau und diverse Eisenräder und Maschinen das Thema Sexualität und Gewalt unheimlich, ironisch und gesellschaftskritisch zugleich aufnehmen. Die Botschaft lautet also, ganz im Sinne de Sades, dass in jedem braven Bürger ein verborgener Libertin steckt.

Der Begeisterung für ihren adeligen «Ahnherrn» verliehen führende Surrealisten durch Gruppenbilder wie Félix Labisses *La Matinée poétique* von 1944 Ausdruck, auf dem Swift, de Sade, Apollinaire und in Gestalt einer nackten Frau mit Löwenkopf auf einem Sofa auch Sigmund Freud Dank abgestattet wird. Darüber hinaus organisierten sie regelrechte Wallfahrten nach Lacoste, wo sie in die Schlossruinen einzudringen versuchten. Die Vergeblichkeit dieser Bemühungen stellte Man Ray in einer

Metallplastik aus Gliederpuppen dar, die einen Flaschentrockner erklimmen, an dem ein großer Schlüssel hängt. Warum einfach, wenn es auch unmöglich geht, so ließe sich diese Komposition selbstironisch deuten. Ob darin eine gewisse Distanzierung zum De-Sade-Kult der frühen Jahre enthalten ist, bleibt offen.

Den Dunstkreis der de Sadeschen Folterschlösser mit ihrer überwirklichen Mechanik der Unmenschlichkeit hat der deutsche Maler Max Ernst 1934 in seinem Collageroman *Une semaine de bonté ou Les Sept Eléments capitaux* wiedergegeben, der mit seinem Titel auf die sieben Hauptlaster oder Todsünden und damit, ganz im Sinne des Marquis, auf eine religiöse Thematik anspielt. Wie in Silling wird in dieser «Woche der Güte» profaniert, gefoltert und gemordet. Nackte Frauen werden von männlichen Libertins qualvoll zu Tode gebracht, zerfleischt und ausgeweidet. Ihre Peiniger werden mit einem Raubvogelkopf oder ähnlichen Attributen als Bestien in Menschengestalt vorgeführt. Trotz der zum Äußersten gesteigerten Grausamkeit herrscht in den Szenen mit ihren frei schwebenden Opferkörpern und weiteren surrealen Zutaten eine Atmosphäre der Traumverlorenheit, wie sie den Texten des Marquis mit ihrer unerlösten Imagination durchaus entspricht. Beklemmung, Angst und Erotik können sich auf diese Weise mit einer grotesken Komik verbinden, die den «Sadismus» der Szenen sprengt und überwindet.

Um dieselbe Zeit fanden sich die Tabubrüche in den Werken des Marquis auch im Film vielfach gespiegelt. Die Rasierklinge, die in Luis Buñuels *Andalusischem Hund* ein menschliches Auge zerschneidet, ist eine solche Hommage; und auch das spätere Werk des spanischen Regisseurs ist mit seinen ironischen Brüchen und Traumsequenzen der de Sadeschen Ästhetik des Grauens und der Parodie in vieler Hinsicht verpflichtet. Diesen Dank hat Buñuel in seinen Memoiren ausgiebig abgestattet:

Ich habe de Sade geliebt. Ich war fünfundzwanzig, als ich in Paris zum ersten Mal etwas von ihm gelesen habe. Es war ein noch gewaltigerer Schock als die Lektüre von Darwin... Bis dahin wusste ich nichts von de Sade. Beim Lesen erfasste mich ein tiefes Erstaunen. An der Universität hatte man

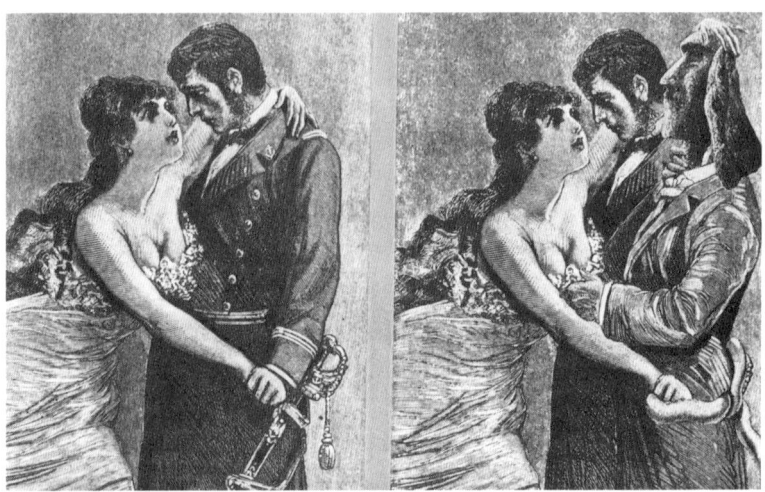

uns im Allgemeinen keins der großen Meisterwerke der Literatur vorenthalten, von Camões bis Dante, von Homer bis Cervantes. Wie war es also möglich, dass ich nichts von der Existenz dieses außerordentlichen Buches (= *Die 120 Tage von Sodom*) wusste, das die Gesellschaft überlegen und systematisch unter allen Gesichtspunkten untersuchte und einem kulturellen Kahlschlag gleichkam?[15]

*Wie Kitsch zu Schrecken verfremdet und dadurch zu Kunst wird: In der «Semaine de bonté» nahm Max Ernst von Jules Mary geschaffene Illustrationen aus Kolportageromanen (jeweils links) auf, um ganz im Sinne de Sades das Unbewusste und Unheimliche in diese scheinbar vertraute Welt einbrechen zu lassen.*

Nach der Lektüre de Sades schrumpften für Buñuel alle anerkannten Meisterwerke der Literatur in sich zusammen. Zugleich zeigen seine autobiographischen Aufzeichnungen, welchen Kult man in Surrealistenkreisen mit den verfemten Texten trieb. Um die heiß begehrten, aber verbotenen Texte zu ergattern, musste man sich auf lange Wartelisten setzen lassen; hatte das keinen Erfolg, stibitzte man sie aus dem Nachlass eines verstorbenen Freundes.

## De Sade total

Den Surrealisten und speziell Breton warf der Schriftsteller und Philosoph Georges Bataille (1897–1962) vor, de Sade mit ehrfurchtsvoller Naivität wie eine gütige Gottheit zu verehren und durch diesen Kult seiner Anstößigkeit und damit seiner in Wahrheit Ehrfurcht gebietenden Größe zu berauben. Für ihn hat der Marquis wiederentdeckt, was Jahrhunderte der christlichen Zivilisation verschüttet und verformt haben: die Urkraft der Sexualität, die nicht nur nichts mit «Liebe» zu tun hat, sondern unwiderstehlich nach der Zerstörung des anderen drängt:

> Im Wesentlichen ist das Gebiet der Erotik das Gebiet der Gewalt und der Vergewaltigung ... Was bedeutet körperliche Erotik anderes als eine Vergewaltigung des Seins der Partner, eine Vergewaltigung, die an den Tod grenzt, die an den Mord grenzt?[16]

Christentum und Aufklärung haben für Bataille aus der Grenzerfahrung der Sexualität, die im Augenblick der Verzückung den Menschen mit dem All verschmelzen lässt, ein Instrument zwischenmenschlicher Harmonie, des Geschlechterfriedens, der behaglichen Zeugung und der Generationenkontinuität gemacht. Diese künstliche, durch allseitige Betäubung des souveränen Menschen herbeigeführte Zähmung kann aber nicht von Dauer sein, denn in Wirklichkeit ist Sexualität Krieg – Krieg zwischen dem souveränen, seinen Willen aufzwingenden Männchen und dem gefügigen, unterliegenden, ja regelrecht ausgelöschten Weibchen:

> In der Bewegung der Auflösung des Seins spielt der männliche Teil die aktive, der weibliche die passive Rolle. Dabei wird der passive, weibliche Teil als selbständiges Sein aufgelöst.[17]

Mehr noch: in dieser laut Bataille von de Sade wieder freigelegten «Ursexualität» wird der weibliche Teil von selbst zum Opfer im quasi religiösen Sinne. Bei dieser Zeremonie denkt der Mann-Priester nur an sich und seinen Genuss:

> Sade empfiehlt die Selbstbezogenheit seiner Helden. Die Negation der Partner ist seiner Ansicht nach das Herzstück des Systems. Wenn Erotik zu Eintracht führt, verleugnet Erotik für ihn die Bewegung zu Gewalt und Tod, die sie eigentlich ausmacht. Im Grunde ist die sexuelle Eintracht ein fauler Kompromiss, denn sie verharrt auf halbem Wege zwischen dem Leben und dem Tod. Nur wenn diese Vereinigung, die sie begrenzt, aufgebrochen wird, kann Erotik endlich die Gewalt enthüllen, die ihre Wahrheit ist und deren Vollendung allein dem souveränen Bild des Mannes entspricht. Dann entspricht allein die Wildheit eines reißenden Hundes der Wut dessen, den nichts mehr begrenzt.[18]

Der «Phallokrat» Bataille hat geflissentlich überlesen, dass de Sade die natürliche Wildheit der Frauen und auch deren Triebstärke der männlichen Libido und Zerstörungskraft mindestens ebenbürtig an die Seite stellt. Nicht zufälligerweise ist das vollendete Abbild, das der Marquis vom amoralischen Herrenmenschen zeichnet, Juliette, eine Frau. Im Gegensatz zu den meisten Autoren des 19. und frühen 20. Jahrhunderts, die sich mit dem Werk de Sades auseinandergesetzt haben, unterscheidet Bataille zumindest ansatzweise zwischen den Ideen des Autors de Sade und den Vorstellungen seiner angeblichen Roman-Helden. So spricht er ihn der Sympathie für die Menschen-Zerfleischer von Sodom letztlich frei. Diese Ehrenerklärung mutet paradox an, ist das Wesen der von allem zivilisatorischen Ballast befreiten Sexualität doch laut Bataille Gewalt und Vergewaltigung. Doch so wie Bataille den «souveränen Mann», sein sexuelles Wunschbild, letztlich Verzicht auf die äußerste Stufe der Gewalt, nämlich die physische Zerstörung der Frau, üben lässt, so trennt den realen Marquis de Sade ein kleiner, aber feiner Unterschied von den Sklavenschindern auf Schloss Silling: Echte, tödliche Gewalt ist schweigsam, de Sade aber schreibt über Gewalt und verweist sie damit in den Bereich des Fiktionalen. Der Marquis ist ein «Kenner der Folter»,[19] aber er foltert nicht selbst. Diese Argumentation nach dem Muster «Hunde, die bellen, beißen nicht» mutet, bezogen auf die Ausgeburten der de Sadeschen Phantasie, naiv an. Schließlich kommentieren die Wüstlinge seiner Romane ihre Untaten pausenlos, morden und philosophieren fließen für sie zu einer unauflöslichen Einheit zusammen.

Die Philosophie des Marquis lobt Bataille über weite Strecken für ihren Mut zum Nihilismus, für ihre Moral ohne Gott, für ihre Leugnung aller Beschönigungen und überhaupt für die Zerstörung traditioneller Gewissheiten. Doch kritisiert er zugleich die Inkohärenz dieses Weltbilds und seinen Mangel an Überzeugungskraft. Insbesondere wirft er dem Marquis vor, Grundtatsachen der *condition humaine* außer Acht zu lassen:

> So tief der Mensch auch gesunken sein mag, so ist er doch niemals wie das Tier eine bloße Sache. In ihm bleibt eine Würde, ein Basisadel vorhanden und sogar eine heilige Wahrheit, die ihn als unbrauchbar für den Gebrauch als Sklave erweist, selbst wenn es missbräuchlicherweise zu einer solchen Verwendung kommt.[20]

Zu dieser unzerstörbaren Würde zählt Bataille, der aufmerksame Leser christlicher Mystiker, sogar die Seele, die die Auflösung des Körpers überlebt. Hier spätestens hätte der Materialist de Sade wütenden Einspruch erhoben; in seinen Augen, so darf man vermuten, wäre Bataille ein zu den gesellschaftlich erwünschten Konventionen bekehrter Libertin, dem es nicht an Lust an der Ausschweifung, wohl aber an festen Gesinnungen mangelt.

Mit dem Grauen der nationalsozialistischen Konzentrationslager und der stalinistischen Gulags, dem deutschen Menschheitsverbrechen an den Juden und weiteren Gräueltaten des Zweiten Weltkriegs gewannen die de Sadeschen Visionen einer entmenschlichten Welt auch für eine breitere Öffentlichkeit unheilvolle Aktualität. Ähnlichkeiten zwischen den Folterschlössern seiner Romane und den Vernichtungslagern der SS traten im Licht der historischen Erfahrung gespenstisch hervor. In Auschwitz wie in Silling galt das Töten wehrloser Opfer als verdienstvolle Tat, der ein höherer Befehl zugrunde lag. Für die Libertins in den Werken de Sades war es der Wille der Natur, der die Schwachen auslöschen sehen wollte, in der perversen Weltanschauung eines Hitler oder Himmler war der Holocaust von Rassenhass und der Vorstellung eines von der Natur dekretierten Kampfes ums Dasein diktiert. Auch die Verbindung von straflosem Mord und sexuellem Lustgewinn, wie sie die Werke des Marquis durchzieht, fand in den deutschen Vernichtungslagern gespenstische Bestätigung. So war es an der Zeit, die Werke de Sades im Licht der jüngsten Schreckensgeschichte neu zu deuten.

Die pointierteste und zugleich vernichtendste Interpretation dieser Art findet sich in Max Horkheimers und Theodor W. Adornos *Dialektik der Aufklärung*, einer Sammlung von Essays, die zwischen 1939 und 1944 im kalifornischen Exil entstanden sind. Einer von ihnen ist *Juliette oder Aufklärung und Moral* überschrieben und dem Platz de Sades im ideengeschichtlichen Umfeld seiner Zeit gewidmet. Diese Stellung wird im Zeichen der niederschmetternden Erkenntnis ausgemessen, dass «die vollends aufgeklärte Erde ... im Zeichen triumphalen Unheils» strahlt. Der Ursprung dieses Unheils wird ins Zeitalter der Aufklärung zurückdatiert:

> Die Morallehren der Aufklärung zeugen von dem hoffnungslosen Streben, an Stelle der geschwächten Religion einen intellektuellen Grund dafür zu finden, in der Gesellschaft auszuhalten, wenn das Interesse versagt.[21]

Diese Bemühungen sind zum Scheitern verurteilt, weil die ökonomischen Interessen gesetzmäßig über die moralischen Selbstbindungen triumphieren, wie sie Kant, der Widerleger aller Gottesbeweise, herzustellen versuchte:

> Die Wurzel des kantischen Optimismus, nach dem moralisches Handeln auch dort vernünftig sei, wo das niederträchtige gute Aussicht habe, ist das Entsetzen vor dem Rückfall in die Barbarei.[22]

Dieser Rückfall ereignet sich in den Unrechtsstaaten des 20. Jahrhunderts:

Die totalitäre Ordnung hat damit ganz ernst gemacht. Von der Kontrolle durch die eigene Klasse befreit, die den Geschäftsmann des neunzehnten Jahrhunderts bei der kantischen Achtung und Wechselliebe hielt, braucht der Faschismus, der seinen Völkern die moralischen Gefühle durch eiserne Disziplin erspart, keine Disziplin mehr zu wahren. Entgegen dem kategorischen Imperativ und in desto tieferem Einklang mit der reinen Vernunft behandelt er die Menschen als Dinge, Zentren von Verhaltensweisen.[23]

«Menschen als Dinge» – damit kommt der Marquis de Sade als Prototyp einer zerstörerischen Aufklärung ins Spiel:

Die totalitäre Ordnung aber setzt kalkulierendes Denken ganz in seine Rechte ein und hält sich an die Wissenschaft als solche. Ihr Kanon ist die eigene blutige Leistungsfähigkeit. Die Hand der Philosophie hatte es an die Wand geschrieben, von Kants Kritik bis zu Nietzsches Genealogie der Moral; ein einziger hat es bis in die Einzelheiten durchgeführt. Das Werk des Marquis de Sade zeigt den «Verstand ohne Leitung eines anderen», das heißt, das von Bevormundung befreite bürgerliche Subjekt.[24]

Als Beleg dafür dienen die Reden Juliettes, die den krassesten Egoismus als einzige Tugend predigen und Terror an die Stelle der Religion setzen:

Das Werk de Sades, wie dasjenige Nietzsches, bildet dagegen die intransigente Kritik der praktischen Vernunft, der gegenüber die des Alleszermalmers selbst als Revokation des eigenen Denkens erscheint. Sie steigert das szientifische Prinzip ins Vernichtende.[25]

Juliette wird zum Prototyp des neuen Menschen, der Rationalität ohne Menschlichkeit verabsolutiert und so buchstäblich über Leichen, vor allem über die Leichen der Schwachen, geht, die jetzt zur Vernichtung freigegeben sind.

Die Aufklärung hat dem Menschen den Ausgang aus seiner selbst verschuldeten Unmündigkeit versprochen; herausgekommen ist dabei die Herrschaft einer instrumentellen Vernunft, die wegen ihres ausgeprägten Herrschaftscharakters in Mythologie zurückfällt. Ein Denker wie de Sade, der sich seiner «befreiten» Vernunft ohne fremde Leitung bedient und Monstren ersinnt, beschleunigt den Prozess der Selbstzerstörung, dem die Aufklärung nach Kant verfällt.

Konkret werfen die Begründer der Frankfurter Schule de Sade die Übersteigerung und Ohnmacht seines individuellen Freiheitsstrebens vor, das aus Unterdrückung entsteht, aber letztlich zu neuer Repression führen muss. Denn diese individuelle Freiheit zerstört nicht nur Ketten, sondern – zum Beispiel mit ihrer radikalen Kampfansage an den Katholizismus – die Zivilisation und ihre Werte an sich. Familie, Religion, Gesetz und Gerechtigkeitsvorstellungen bleiben beim Siegeszug eines enthemmten Materialismus auf der Strecke. Die entfesselte formelle Vernunft, die sich als Wissenschaft tarnt, stellt auf diese Weise nicht nur alles in Frage, sondern vermag auch alles zu rechtfertigen – bis hin zum Mord zwecks Lustgewinn. Juliettes Nihilismus begründet so eine Gesellschaft, in der der schrankenlose Egoismus triumphiert. Diese individuellen Laster können sich sehr schnell in eine neue Ideologie verwandeln und dadurch überstarken Staaten als Rechtfertigung dienen. Hinter dem libertären Radikalismus des Marquis lauert demnach die Fratze des Staatssozialismus und anderer totalitärer Systeme.

Wenn man die Ideen, die Juliette und ihre Gesinnungsgenossen während ihrer Mordorgien vortragen, für die Ansichten de Sades, des «bürgerlichen Subjekts», hält, ist diese Deutung von bestechender Logik. Dass die Diskurse der de Sadeschen Libertins kein weltanschauliches Programm darstellen, sondern ganz im Sinne Adornos und Horkheimers die Konsequenzen menschlicher Selbstentfesselung zu Ende denken, blenden die Autoren der *Dialektik der Aufklärung* dabei aus.

Einen weiteren Versuch, das Werk des Marquis vor dem Hintergrund der jüngeren Vergangenheit zu deuten, unternahm dreißig Jahre später der italienische Autor und Regisseur Pier Paolo Pasolini mit seiner Verfilmung der *120 Tage von Sodom*, die 1975, kurz vor der Ermordung des Regisseurs, erschien und sofort in vielen Ländern verboten wurde. Den Titel von de Sades Textfragment ergänzte er um einen Ortsnamen und gab diesem damit eine zugleich aktualisierende und politische Bedeutung: *Salò oder Die 120 Tage von Sodom* spielt in der radikal faschistischen Republik, die der von den Deutschen aus seinem Berggefängnis in den Abruzzen befreite Diktator Mussolini mit Hilfe der SS und italienischer Milizen gegen Ende des Zweiten Weltkriegs in Norditalien ausgerufen hatte. Damit sind die Ereignisse vom Schwarzwaldschloss Silling in ein historisches Terror-Ambiente par excellence übertragen worden, in dem sich die brutale Willkür deutscher und einheimischer Schlächterbanden ungehemmt austobt. Die Gewaltorgien an den Opfern werden von der Lust am Quälen angestachelt; sie sind sexuell und ideologisch zugleich motiviert. So wie de Sades Libertins zusammen mit ihren Opfern die Tugend und damit ein Wertesystem auslöschen wollen, ohne dessen Gegenbildlichkeit sie sich ihrer Identität nicht sicher sein können, so versuchen die faschistischen Schergen mit der Demütigung, Folter und Ermordung ihrer Gegner über die schiere Lust am Töten hinaus die verhasste kommunistische Weltanschauung zu vernichten, die sie als Feindbild für ihre Selbstvergewisserung brauchen. Doch diese Zerstörung einer Idee gelingt nicht. Der im Text nur in wenigen Sätzen angedeutete Aufstand gegen das mörderische Quartett von Silling wird im Film zu einer symbolischen Episode überhöht: Ein junger Mann, der den Widerstand verkörpert, stirbt mit erhobener Faust. Die Aussage ist eindeutig: Am Ende wird die *Resistenza* das letzte Wort haben, Menschen kann man töten, Vorstellungen von einer gerechten Weltordnung hingegen sind ewig.

## De Sade existentiell

Einen Meilenstein der de Sade-Rezeption bildete der Essay, den der aus Polen stammende französische Romancier, Übersetzer, Maler und Kulturphilosoph Pierre Klossowski 1947 unter dem provozierenden Titel *Sade mon prochain* veröffentlichte. Sade, mein Nächster, mein Mitmensch – das klang nicht nur christlich, nach dem Gebot «Liebe deinen Nächsten», sondern geradezu nach Gesinnungsgenossenschaft, wenn nicht gar nach Komplizenschaft. Die «Nähe» zu de Sade, die der Titel suggeriert, ist jedoch ganz anders gemeint. Klossowski versetzt sich und den Marquis in dessen Zeit, lässt ihn die Widersprüche des agonisierenden Ancien Regime erfahren, ohne ihn larmoyant zum Opfer ungerechter Verhältnisse zu machen, und die Schrecken der jakobinischen Terrorherrschaft erleben, um aus dieser Historisierung erhellende Rückschlüsse auf Kernaussagen seiner Werke zu ziehen. Mit der Guillotine vor dem Fenster seines Volksgefängnisses entdeckte de Sade die menschliche Grausamkeit als Urtrieb des politischen Handelns:

> Daher rührt der Drang, diese Grausamkeit in seinen Schriften immer weiter zu überbieten. Nicht nur, weil er endlich das Recht hatte, alles zu sagen, sondern auch, weil er sich darüber im Klaren war, die angeblichen Wahrheiten der Revolution zu widerlegen, steigerte er diese Grausamkeit in seiner *Justine* bis zum Äußersten. Die geheimen Antriebe der revolutionären Masse mussten aufgedeckt werden; diese fanden in der Politik keinen klaren Niederschlag, denn selbst wenn totgeschlagen, ertränkt, erhängt, geplündert, gebrandschatzt und vergewaltigt wurde, geschah dies offiziell immer im Namen des Volkes.[26]

Der wahre Antrieb besteht darin, dass es dem Menschen Lust bereitet, seinen Mitmenschen zu quälen und zu töten, am liebsten im Namen höherer Mächte und Werte. Auf diese Weise reißt der scheinbar revolutionäre Marquis der millionenköpfigen Bestie und ihren Tugendpredigern vom Schlage eines Robespierre die Maske vom Gesicht.

In Wirklichkeit betrachtet der Aristokrat de Sade – dessen Individualisierung und Profilierung durch Libertinage Klossowski konsequent im Zeitgeist nach 1740 verortet – die Hinrichtung des Königs als einen Vater- und Gottesmord. Nach dieser Bluttaufe der französischen Nation ist es nur logisch, dass auch der individuelle Mord endlich freigesprochen und freigegeben wird – der radikalrepublikanische Aufruf im Boudoir der entfesselten Wüstlinge beiderlei Geschlechts wird so von Klossowski vom Kopf auf die Füße gestellt und zum höhnischen Spiegel, in dem die Jakobiner ihre Fratze erkennen sollten.

Ihre Lüge besteht in der Tugendhaftigkeit des Menschen, deren Erfinder Rousseau, der fatale Uhrmachersohn aus Genf, ist:

> Sade muss die jakobinische Revolution notwendigerweise als verhasste Konkurrentin empfinden, die seine Ideen verzerrt und sein Unterfangen kompromittiert. Während Sade den ganzheitlichen Menschen herrschen lassen wollte, will die Revolution den natürlichen Menschen zum Leben erwecken.[27]

Der «natürliche Mensch», als der sich Rousseau in seinen «Bekenntnissen» darstellte, ist für de Sade eine groteske Karikatur, die gerade das, was am Menschen natürlich ist, verzeichnet. Denn diese Natur ist so zerstörerisch, wie ein Gott, der sie geschaffen haben soll, böse sein muss. Der *homme intégral* de Sades weiß das nicht nur, sondern kennt auch das zerstörerische Potential, das ihm innewohnt, ohne es wie die Monster in Sodom rücksichtslos auszuleben. Der «ganze Mensch» ist deshalb Gottsucher und Gott-Herausforderer. Unter diesen Leitmotiven arbeitet Klossowski die negative Theologie des Marquis heraus, die ihn zu immer neuen Experimenten und deren Auswertung antreibt. Dabei lässt er seinen «Nächsten» de Sade mit seinen Erkenntnissen weit in die Zukunft vorstoßen:

> Hier spricht Sade nicht nur als Vorläufer der Evolutionstheorie, sondern formuliert darüber hinaus eine Idee, die gewissen aktuellen Konzepten der

# De Sade existentiell

vergangenen und gegenwärtigen Naturkräfte hinsichtlich der Ausbildung der Arten entspricht: Ist der Mensch wirklich der Endpunkt der Entwicklung?[28]

Auf diese Weise rückt der Marquis in die Nähe Nietzsches, der den Übermenschen erfindet, alle Werte umwertet und die ewige Wiederkehr des Gleichen entdeckt. Damit ist für Klossowski das ethische Kernproblem im Denken de Sades berührt. Die Natur befiehlt, glaubt man den Libertins seiner Romane, die Zerstörung des Nächsten, um ungehemmt neue Lebensformen hervorbringen zu können. Aber von ihrem eigenen, im Prinzip grenzenlosen Zerstörungspotential macht sie nur so begrenzt Gebrauch, dass die großen Schurken wie der Chemiker Almani dem Vernichtungswerk mit ihrem Geheimwissen auf die Sprünge helfen müssen. Sollte der Mensch, der den Drang zu töten als vergiftete Gabe der Natur in sich spürt, sich nicht dieselbe Zurückhaltung auferlegen?

De Sade, so Klossowski, hat sich in persönlichen Zeugnissen zu diesem naturphilosophisch begründeten Gewaltverzicht bekannt. Mit dieser Erkenntnis war endlich der Teufelskreis der de Sade-Lektüre durchbrochen und der Autor von seinen selbsterzeugten Dämonen exorzisiert. Wenn sie den Marquis so betrachtete, konnte eine Generation, die die Schrecken zweier Weltkriege und totalitärer Regime erlebt hatte, den Marquis in der Tat als ihren «Nächsten» betrachten.

An Klossowskis entspannte, doch nicht apologetische Sicht knüpften existenzialistische Philosophen in den vierziger und fünfziger Jahren an, die de Sades Werk neu entdeckten, durchdachten, vereinnahmten und durch die dabei festgestellte Urahnenschaft noch honoriger sprachen. Für Albert Camus wird der rebellische Marquis, der sich gegen seine jahrzehntelange Haft auflehnt, in seiner 1951 erschienenen philosophischen Abhandlung *L'Homme révolté* geradezu zum Vorläufer des modernen Menschen in seiner Revolte gegen eine absurde Welt:

> Eine doppelte Revolte wird künftig Sades Denken leiten: gegen die Ordnung der Welt und gegen sich selbst. Da diese beiden Revolten sich überall außer im aufgewühlten Herzen eines Verfolgten widersprechen, ist sein

Denken immer doppeldeutig oder legitim, je nachdem, ob man es im Licht der Logik oder des Mitleids betrachtet.[29]

Dieses Bild des Marquis als Opfer unbarmherziger Verfolgung kommt seinem Selbstverständnis sehr nahe. Dass er selbst vorher als Peiniger von Prostituierten und Domestiken in Erscheinung trat, wird voller Sympathie mit dem angeblichen Objekt behördlicher Willkür ausgeblendet. Auch die Feststellung, dass de Sade gegen sich selbst revoltiert, überrascht, ist er doch mit sich, seinen Taten und seinen Ideen völlig im Reinen, von seinem völligen Mangel an Mitleid für andere oder auch nur Einfühlungsvermögen in andere ganz abgesehen. Wenn man das alles wie Camus wegstreicht, gewinnt auch de Sades Auffassung von der Natur nahezu versöhnliche Züge:

> Die langen Erwägungen, in denen Sades Helden zeigen, dass die Natur das Verbrechen braucht, dass sie zerstören muss, um neu zu erschaffen, dass man ihr bei dieser Neuschöpfung hilft, sobald man selbst zerstört, zielen nur darauf ab, die absolute Freiheit des Gefangenen Sade zu begründen, der zu ungerecht unterdrückt ist, um nicht die Explosion herbeizuwünschen, die alles sprengen wird.[30]

Diese Kurzschließung von Leben und Werk übersieht nicht nur, dass der Marquis seine großen Reden zum Thema «Die Natur befiehlt uns den Mord!» ab 1790 in Freiheit schrieb, sondern vermengt darüber hinaus literarische Fiktion und persönliche Standpunkte. Diese laufen für Camus, bei allem Mitgefühl für den ungerecht verurteilten Marquis, jedoch nicht auf den eigentlich zu erwartenden Appell für mehr Menschlichkeit hinaus, sondern auf das schiere Gegenteil, eine Gesellschaft im Zeichen des allgegenwärtigen Terrors. Die Interpretation der *Philosophie im Boudoir* und ihres Freiheits-Aufrufs als politisches Credo des Marquis soll dessen tragische Verirrung belegen:

> In Sades Stacheldraht-Republik gibt es nur Mechanismen und Mechaniker ... Sade baut so, seiner Zeit entsprechend, ideale Gesellschaften. Aber

im Gegensatz zu seiner Zeit verbucht er die naturgegebene Schlechtigkeit des Menschen im Gesetz. Er erbaut peinlich genau die Stadt der Macht und des Hasses, als Vorläufer, der er ist, und setzt sogar die Freiheit, die er gewonnen hat, in Zahlen an.[31]

Diese Zahlen geben die Toten von Schloss Silling an. Der Traum des Gefangenen von der grenzenlosen Freiheit schlägt also in die absolute Unterdrückung der anderen um, so wie seine Revolte gegen die Natur deren Zerstörung zum Ziel hat und seine Frustration daraus entspringt, dass die Natur immer stärker bleiben wird als der Mensch, der sich vergeblich gegen sie auflehnt. Sades Revolte ist philosophisch und lebensgeschichtlich berechtigt, doch sie verkennt und verfehlt das Ziel:

> Ein seltsamer Stoizismus des Lasters erhellt ein bisschen diese Niederung der Revolte. Er sucht nicht, die Welt der Zärtlichkeit und des Kompromisses wiederzugewinnen. Die Zugbrücke wird nicht herabgelassen, er nimmt die persönliche Vernichtung an.[32]

Der monogame Kleinbürger Sade, der von seiner Brotarbeit als Schriftsteller lebt und sich seiner Haut sehr wohl zu wehren weiß, passt nicht in das düster heroische Bild dieser vereisten Einsamkeit und wird daher wegretuschiert.

Die Revolte des Vorläufers de Sade ist für Camus fehlgeleitet, weil sie «die Wahrheit ihrer Ursprünge»,[33] also die Erfahrung der eigenen Verfolgung, vergisst. Bliebe sie dieser Erfahrung eingedenk, würde sich diese Revolte, wie beim tugendhaften Gesetzgeber Zamé, gegen einen unmenschlich grausamen Staat und seine Gesetze, doch nicht gegen die Mitmenschen richten. So aber feiert der Marquis laut Camus lange, bevor es sie gibt, die totalitären Systeme des 20. Jahrhunderts. Sein Traum von einer grenzenlosen Freiheit, der in den Verlust jeglicher Humanität münden muss, ist jetzt Wirklichkeit geworden. Das ist ein trauriger Ruhm, doch an einer düsteren Würde fehlt es de Sades irregeleiteter Revolte trotzdem nicht:

> Sein Werk im Zeichen der Revolte bezeugt so seinen Drang des Fortlebens. Selbst wenn die Unsterblichkeit, die er begehrt, diejenige Kains ist, begehrt er sie dennoch und zeugt wider Willen für das Wahrste der metaphysischen Revolte.[34]

Die wahre Revolte lehnt sich für Camus gegen die Absurdität der *condition humaine* ebenso auf wie gegen die politischen und sozialen Zwänge, die in ihrem Namen zur Unterdrückung der menschlichen Freiheit errichtet werden. Diesen Weg, der in die Utopie der Südseeinsel führt, hat de Sade gesehen, doch aufgrund seiner unüberwindlichen Menschenfeindschaft nicht weiterverfolgt, sondern zugunsten der unmenschlichsten Alternativen wieder verworfen. So ist er für Camus, den humanitären Idealisten, ein unverbesserlicher Zyniker und, gegen seinen Willen, Wahrheits-Zeuge zugleich.

Zu emphatischen und zugleich ambivalenten Urteilen über den Marquis gelangte um dieselbe Zeit auch Simone de Beauvoir, eine der Begründerinnen des Feminismus. In ihrem in zwei Teilen 1951 und 1952 publizierten Essay *Faut-il brûler de Sade? (Soll man de Sade verbrennen?)* legte sie eine psychologisch differenzierte, sozial- und kulturhistorisch vertiefte und zugleich an kühnen Theorien reiche Biographie des Marquis vor:

> Der Fluch, der auf de Sade lastet und den allein seine Kindheit erklären könnte, ist dieser Autismus, der es ihm verbietet, sich selbst jemals zu vergessen und auch nur ein einziges Mal die Anwesenheit eines Mitmenschen wahrzunehmen.[35]

Bei der Deutung seiner sexuellen Vorlieben gelangt sie zu ebenso profunden wie pointierten Thesen: Der Marquis hasste das weibliche Geschlecht, weil er sich selbst als Frau fühlte. Den Frauen aber warf er vor, nicht das Männliche zu sein, das er begehrte. Darüber hinaus würdigt Simone de Beauvoir de Sade als Menschenforscher, der in seiner individuellen Existenz das Menschliche allgemein zu erfassen versuchte. Wie alle Egoisten setzte er seine persönliche Erfahrung absolut und für die anderen als verbindlich voraus. Trotzdem schreibt sie ihm eine demokratische Vorstellung von der Prädestination zu, die alle Menschen dazu befähigte, ihren wirtschaftlichen Zwängen zu entkommen. Im Gegensatz dazu hat der Marquis ihrer Ansicht nach die Vergeblichkeit des menschlichen Glücksstrebens in der Gesellschaft bewiesen; wer anders ist, wird mitleidlos verstoßen. Damit aber habe sich der aristokratische Rebell de Sade nicht abgefunden. Im Gegenteil: Er enthüllte den vermeintlich Wohlanständigen ihre eigenen Abgründe und rebellierte gegen die herrschende Doppelmoral.

> Jeden Augenblick leiden und sterben Tausende von Menschen, vergeblich und ungerecht, und es berührt uns nicht; nur zu diesem Preis können wir überhaupt leben. Sades Verdienst ist nicht nur, dass er herausgeschrien hat, was sich jeder nur schamhaft eingesteht, sondern auch, dass er nicht Partei für die Gleichgültigkeit ergriffen hat. Gegen die Gleichgültigkeit hat er die Grausamkeit gewählt.[36]

Durch diesen Freiheits- und Demaskierungsimpuls – so das Fazit de Beauvoirs – beunruhigt de Sade bis heute und zwingt, über die soziale Quadratur des Kreises, das Verhältnis von Individualität und Gesellschaft, nachzudenken.

### *De Sade politisch, pornographisch, feministisch*

Um die Frage nach dem Verhältnis von Individualität und Gesellschaft kreist auch Peter Weiss' im April 1964 uraufgeführtes Drama *Die Verfolgung und Ermordung Jean Paul Marats dargestellt durch die Schauspielgruppe des Hospizes zu Charenton unter Anleitung des Herrn de Sade.* Wie in allen «historischen» Theaterstücken werden auch hier Fakten und Fiktion vielfältig zu einem Lehrstück für die Gegenwart vermischt. Weiss kannte de Sades Gedächtnisrede auf Marat, deren Lobeshymnen er für bare Münze nahm, und war über die Lebensumstände des Marquis auf seiner letzten Lebensstation gut informiert. Der Welterfolg seines Stücks hatte den zweifellos unbeabsichtigten Nebeneffekt, die bizarre Tätigkeit des für den Rest seiner Tage weggesperrten «Sittlichkeitsverbrechers» de Sade als Regisseur der Anstaltstruppe von Charenton ins kollektive Gedächtnis einzubrennen. Sehr quellentreu sind auch die 1808 ungemein fortschrittlichen Ideen des Direktors de Coulmier zur Heilung der Geisteskranken durch Theaterspielen wiedergegeben:

> Als moderne und aufgeklärte Leute
> sind wir dafür, dass bei uns heute
> die Patienten der Irrenanstalt
> nicht mehr darben unter Gewalt
> sondern sich in Bildung und Kunst betätigen
> und somit die Grundsätze bestätigen
> die wir einmal im feierlichen Dekret
> der Menschenrechte für immer geprägt.[37]

Diese Menschenfreundlichkeit wird durch das gockelhafte und autoritäre Gehabe des Direktors und mehr noch durch den ideologischen Schlagabtausch der Hauptfiguren als Heuchelei entlarvt: Die «Irren» sind Opfer der herrschenden Ausbeutungs-Verhältnisse und weggesperrt, um die Kreise der Mächtigen nicht länger zu stören.

Das gilt auch für den Marquis de Sade, der – damit beginnt die Fiktion – am 13. Juli 1808 sein selbstverfasstes Stück über die Verfolgung und Ermordung Marats auf den Spielplan von Charenton setzt, um damit des fünfzehnten Jahrestags des Ereignisses zu gedenken. Darin spielt er als einziger sich selbst; alle anderen Rollen werden von den Insassen der Anstalt übernommen, die sich im Verlauf der Handlung jedoch vollständig mit den von ihnen dargestellten Personen identifizieren. Dieser Verschmelzungseffekt ist, bedenkt man die Kritik des Professor Esquirol, historisch bezeugt, ob das dem Autor bewusst war oder nicht. Für ihn stand der damit erzeugte Verfremdungseffekt im Vordergrund: Die Grenzen zwischen Bühnenwirklichkeit und Weltwirklichkeit werden permanent überschritten und dadurch fließend.

Alle Aufmerksamkeit des Publikums soll sich auf die weltanschaulichen Debatten zwischen de Sade, Marat und dem Sozialrevolutionär Roux, einem von Robespierre auf die Guillotine geschickten «linken» Jakobiner, konzentrieren. Bei aller formalen Modernität zeigt sich *Die Verfolgung* als klassisches Ideendrama. Es geht um Menschheitsfragen, die 1964 so aktuell sind wie 1808 oder 1793. Dabei wird der Großteil der Menschheit von Schauspielern dargestellt, die nicht einmal einen Namen tragen, sondern nur als «Patient» bezeichnet werden:

> Marat wir wollen unser Grab nicht graben
> Marat wir wollen zu fressen haben
> Marat wir wollen keine Tüten kleben
> Marat wir wollen im Wohlstand leben.[38]

Ihr Anwalt ist der Mediziner, Journalist und Politiker Marat, der unermüdlich für die Rechte der kleinen Leute kämpft – mit mäßigem Erfolg:

> Marat was ist aus unserer Revolution geworden
> Marat wir wollen nicht mehr warten bis morgen
> Marat wir sind immer noch arme Leute
> und die versprochenen Änderungen wollen wir heute.[39]

Auf die Frage, warum das so ist, wie eine soziale Revolution aussehen müsste und ob sie überhaupt eine Berechtigung hat, vertritt nicht Marats Mörderin Charlotte Corday, die zum Killerautomaten abgerichtete Klosterschülerin, sondern der Marquis de Sade die ideologischen Gegenpositionen. Darüber hinaus hat der kluge, aber verkommene Aristokrat Gelegenheit, seine eigenen Neigungen auf der Bühne auszuleben: Die Hinrichtung eines Revolutionsfeindes wird auf der Bühne so realistisch vollzogen, dass der Direktor de Coulmier im Namen des Patientenwohls dagegen Einspruch erheben muss.

Einige von de Sades Argumenten geben dem zum Selbstzweifel neigenden Revolutionär Marat besonders zu denken:

Jeder Tod auch der grausamste
ertrinkt in der völligen Gleichgültigkeit der Natur
Nur wir verleihen unserem Leben irgendeinen Wert
die Natur würde schweigend zusehen
rotteten wir unsere ganze Rasse aus
Ich hasse die Natur
ich will sie überwinden
ich will sie mit ihren eigenen Waffen schlagen
in ihren eigenen Fallen fangen.[40]

Wie die Natur, so der Mensch: Auch dieser liebt die Grausamkeit mehr als alles andere. Das zeigt sich daran, wie sich die Masse an grausamen Hinrichtungen ergötzt. Für Marat, den Schüler Rousseaus, ist dieses negative Menschen- und Naturbild Ausdruck aristokratischer Arroganz. Doch selbst wenn die Natur dem Menschen gegenüber gleichgültig oder sogar feindlich ist, muss der Mensch mit seinesgleichen gerade deshalb solidarisch sein und eine gerechte Ordnung anstreben. Auch dafür hat de Sade nur Hohn und Spott übrig. Die neue Ordnung wird eine neue Elite hervorbringen, die schlimmer sein wird als die alte. Vor allem aber wird die innere Unterdrückung des Menschen durch sein eigenes Gewissen nie aufhören. Selbst wenn er von äußerer Tyrannei befreit wird, wird er der Gefangene seiner Triebe bleiben. Obwohl er die Stichhaltigkeit dieser Argumente anerkennt, weiß Marat, dass die Revolution der inneren Selbstbefreiung des Menschen vorausgehen muss.

Marat und Roux, der die soziale Dimension vertritt, haben also das letzte Wort und gehen als Sieger von der Bühne, womit der Marquis de Sade, der ja als Autor und Regisseur des Stücks vorgestellt wurde, sich selbst widerlegt. Für heutige Zuschauer hört es sich anders an. Marats und Roux' Deklamationen klingen nach hohlem revolutionärem Pathos, die Argumente de Sades aber haben nichts von ihrer Aktualität verloren.

Für Weiss war der Aristokrat de Sade ein Volksfeind. War er auch ein Frauenfeind? Aus einem zwar ähnlichen, aber anderen Blickwinkel als Simone de Beauvoir näherte sich die amerikanische Journalistin und Zeitkritikerin Susan Sontag (1933–2004) dem Werk des Marquis: Sind seine Texte Pornographie und erledigen sich damit von selbst? So lautet die scheinbar banale Leitfrage an sein Œuvre in ihrem 1967 – dem «1968» der Vereinigten Staaten – veröffentlichten Essay *The Pornographic Imagination*. Darin kommt sie gleich zu Beginn zu Schlussfolgerungen, die konservativen Philologen die Zornesröte ins Gesicht treiben mussten:

> So ungewöhnlich der Fall auch sein mag, es gibt Texte, die man mit Fug und Recht und unter der Annahme, dass diese Etikettierung überhaupt Sinn macht, pornographisch nennen darf und denen man doch die Akkreditierung als ernsthafte Literatur nicht verweigern kann.[41]

Zu dieser Erkenntnis, so Sontag, sind französische Literaten und Philologen, vor allem im Umkreis der Surrealisten, im Gegensatz zu ihren amerikanischen Kollegen längst vorgedrungen, und zwar in produktiver Auseinandersetzung mit dem Werk de Sades, dessen Wiederentdeckung und Wiedererschließung eine epochale Wende im französischen Geistesleben insgesamt darstellt.

Dass von den Texten des Marquis so starke Anstöße ausgingen, erklärt sich aus seinem Beruf als Erforscher des Extremen:

> Wie Bataille war Sade nicht so sehr Sensualist als jemand mit einem intellektuellen Projekt: die Bandbreite der Grenzüberschreitung zu erforschen. Und er teilt mit Bataille dieselbe ultimative Gleichsetzung von Sex und Tod.[42]

Für de Sade ist Pornographie eine philosophische Darstellungsform, die einzige, die der elenden *condition humaine* gerecht wird. Damit erfüllt der Marquis in höchstem Maße das Kriterium, das laut Sontag literarisch wertvolle Pornographie von deren niederen Formen unterscheidet: Das Obszöne ist nicht Selbstzweck, sondern Instrumentarium. Im Falle des Menschenforschers de Sade wird Pornographie sogar zum Mittel einer kühnen Verschleierung:

> Im Gegensatz zu de Sade vermeidet Bataille geschickt, was dem Anti-Idealismus von de Sades Blasphemien gleichkäme (die auf diese Weise den ver-

bannten Idealismus am Leben erhalten, der hinter diesen Phantasien steckt), Batailles Blasphemien hingegen sind autonom.[43]

Wie sehr der Marquis mit seinem wütenden Hass dem Christentum auf seine Weise verbunden blieb, steht außer Frage. Ihn deshalb zu einem vielfältig enttäuschten, doch im Kern weiterhin gläubigen Idealisten abzustempeln, treibt dieses Deutungsmuster auf die Spitze, ließe sich jedoch durch den Kontrast zwischen Werk und Vita durchaus weiter begründen.

Zu dieser These passt Sontags differenzierteste Definition von literarischer Pornographie:

> Pornographie ist ein Literaturzweig – Science fiction ein weiterer –, der auf Desorientierung, auf seelische Verzerrung ausgerichtet ist. In mancher Hinsicht ähnelt die Verwendung sexueller Besessenheit als literarisches Thema dem Gebrauch eines literarischen Themas, dessen Gültigkeit sehr viel weniger Menschen bestreiten würden: der religiösen Besessenheit.[44]

Viel eher stellt sich die Frage, ob de Sade das andere Merkmal literarischer Pornographie, sexuell zu erregen, überhaupt erfüllt. Hier scheinen Sontag Zweifel durchaus angebracht zu sein:

> Seine Schilderungen sind zu schematisch, um sinnlich zu sein. Die fiktionalen Handlungen sollen vielmehr seine rastlos wiederholten Ideen illustrieren. Doch auch diese polemischen Ideen erscheinen bei näherer Betrachtung mehr wie die Grundsätze einer Dramaturgie als eine substantielle Theorie. Sades Ideen – von der Person als einer «Sache» oder einem «Objekt», vom Körper als Maschine und der Orgie als potentiell unbestimmter Möglichkeiten mehrerer Maschinen in wechselseitiger Kooperation – scheinen vorrangig dazu bestimmt zu sein, eine endlose, niemals kulminierende Abfolge im Endeffekt wirkungsloser Tätigkeit möglich zu machen.[45]

Demnach wäre der Marquis der Erfinder einer endlosen Textmelodie der unaufhörlichen Menschen-Zerfleischung; ihn mit Richard Wagner, dem Erfinder der endlosen Opernmelodie, zu vergleichen, ist darum möglich.

Dem Stereotyp der Pornographie entsprechen die Texte de Sades laut Sontag allein durch das Frauenbild:

> Justine ist das Klischee der Sex-Objekt-Figur (immer weiblich, da Pornographie meistens von Männern oder vom stereotypisiert männlichen Blickwinkel aus verfasst wird): ein verwirrtes Opfer, dessen Bewusstsein von ihren Erfahrungen nicht berührt wird.[46]

Hier wird jeder aufmerksame de-Sade-Leser Widerspruch anmelden. Juliette, die Frauen wie Männer gleichermaßen benutzt und meuchelt, widerlegt diese These schlagend, die auch für Justine so nicht stimmt. Auch die sanfte der beiden Schwestern reflektiert über ihre Erlebnisse und zeigt sich dabei widerständig. Nicht nur, dass sie sich entgegen den Macho-Wunschvorstellungen nicht zur Lust, erst recht nicht zur Lust am Bösen, bekehren lässt, auch ihre weltanschaulichen Überzeugungen bleiben ungebrochen.

So stellt sich eher die Frage, ob die Frauengestalten des Marquis als Vorbilder weiblicher Emanzipation im 20. Jahrhundert taugen. Sie wird von der britischen Schriftstellerin und Essayistin Angela Carter (1940–1992) in ihrer 1979 veröffentlichten Studie *The Sadeian Woman. An Exercise in Cultural History* aufgenommen und mit ausgeprägter Lust an der Provokation im Wesentlichen positiv beantwortet. Das gilt auch für ihre allgemeine Einschätzung von Pornographie, die gegen den Pauschalvorwurf der Frauenfeindlichkeit in Schutz genommen wird:

> Pornographen sind nur deshalb Frauenfeinde, weil unsere gegenwärtige Ideologie der Pornographie nicht die Möglichkeit des Wandels umfasst, als wenn wir Sklaven der Geschichte und nicht deren Gestalter wären, als ob sexuelle Beziehungen nicht notwendigerweise der Ausdruck sozialer Beziehungen wären, als ob Sex eine äußerliche Tatsache, unwandelbar wie das Wetter, wäre, etwas, das menschliches Handeln erzeugt, aber nicht Teil davon ist.[47]

Das Œuvre de Sades erweist gleich zweimal das Gegenteil. Seine Romane, die alles menschliche Handeln auf Sexualität zurückführen, stellen die Rollen der Geschlechter nicht nur anders als tradiert dar, sondern sogar radikal in Frage und zeigen auf diese Weise, dass scheinbar festgeschriebene sexuelle Verhaltensmuster in Wirklichkeit von ökonomischen, gesellschaftlichen und politischen Interessen bestimmt sind und daher auch verändert werden können, ja müssen. Mit Ausnahme des radikalrepublikanischen Manifests aus der Philosophie im Boudoir, das sie als Entwurf einer egalitären Lebensordnung für beide Geschlechter ernst nimmt, stuft Carter die de Sadeschen Werke als idealistische Satiren ein, die dem späten Ancien Regime und speziell der darin praktizierten Unterdrückung der Frauen den Spiegel vorhalten und zugleich an deren Aufhebbarkeit glauben:

> Er beschreibt sexuelle Beziehungen in einer unfreien Gesellschaft als Ausdruck der reinen Tyrannei, üblicherweise von Männern gegen Frauen, manchmal von Männern gegen Männer, manchmal von Frauen gegen Männer und andere Frauen … In diesem Schema heißt «männlich» tyrannisch und «weiblich» Martyrium, unabhängig davon, welches Geschlecht die männlichen und weiblichen Akteure offiziell besitzen.[48]

Juliette mit ihrer mörderischen Sexualität hat sich auf ihrem langen Weg zum vollendeten weiblichen Libertin an männlichen Vorbildern geschult, und auch die von ihr organisierten Orgien sind nach Männerphantasien gestaltet. Mit einem bedeutsamen Unterschied:

> Seine großen Frauen – Juliette, Clairwil, die Prinzessin Borghese, Katharina die Große von Russland, Charlotte von Neapel – sind sogar noch grausamer (= als ihre männlichen «Partner»), sobald sie Geschmack an der Macht gefunden haben. Wissen sie ihre Sexualität erst einmal als Instrument der Aggression einzusetzen, so benutzen sie es, um Rache für die Demütigungen zu nehmen, die sie als Objekt fremder sexueller Energie hinnehmen mussten.[49]

Diese Rache ist durch die Jahrhunderte dauernde Unterdrückung mehr als gerechtfertigt und deformiert die starken Frauen in de Sades Texten trotzdem zu Ungeheuern:

> Eine freie Frau in einer freien Gesellschaft wird ein Monster sein. Ihre
> Freiheit beruht auf persönlichen Privilegien, die diejenigen, die mit dieser
> Freiheit zu tun bekommen, ihrer Freiheit beraubt.[50]

Juliette wird also mit sozial- und geschlechtergeschichtlicher Notwendigkeit zur Mörderin. An die Stelle der Natur, auf die Juliette selbst sich zur Rechtfertigung ihres mörderischen Tuns beruft, ist bei Carter die patriarchalische Gesellschaft getreten; beide prädestinieren das weibliche Handeln.

Ist Juliette damit, wie Apollinaire meinte, ein Vorbild für das späte 20. Jahrhundert? Juliette, so Carter, ist durch und durch rational, rücksichtslos egoistisch, ohne jede soziale Verantwortung, ja, von grenzenloser Brutalität gegenüber ihren Mitmenschen, Herrin ihres Körpers, ihrer Entschlüsse und ihres Willens, von allen Konventionen abgefallen, unmütterlich bis zum Exzess, aus freiem Willen unfruchtbar und benutzt ihre Sexualität als Instrument des Terrors. Damit ist sie das absolute Gegenteil der idealen Frau, wie sie von Männern bislang gezeichnet wurde, während die hilflose, tugendhafte und gutgläubige Justine dieses Bild restlos verinnerlicht hat und deshalb in einer männlich beherrschten Gesellschaft nicht nur notwendigerweise zugrunde geht, sondern sogar zugrunde gehen soll: Die Selbstunterdrückung, die Justine so perfekt beherrscht, ist den Frauen bis zum Masochismus anerzogen, um sie besser terrorisieren zu können. Juliette aber kehrt die Mechanismen der Repression gegen die Unterdrücker und zeigt damit, dass Frauen nicht, wie die Männer lehren, mit dem Herzen, sondern sehr wohl auch mit dem Kopf denken und handeln können, nicht von Natur aus Hüterinnen des Hauses und der männlich bestimmten Moral sind, sondern das Zeug zur Revolutionärin haben:

> Juliette ist von einzigartiger Destruktivität. Ihre Effizienz als Karrieristin ist
> die Maske für ihre wahre Subversivität: Ihre Begeisterung für Systeme,
> Organisation und Selbstkontrolle verbirgt ihre Intuition für Entropie, für
> die Wiederherstellung des Urchaos, ihre Leidenschaft für Vulkane.[51]

Alles, was sie im Einzelnen denkt und tut, ist satirisch ins Maßlose übersteigert. So fällt Carters Antwort auf Juliettes Aktualität heute differenziert aus:

> Vor siebzig Jahren konnte Apollinaire Juliette mit der Neuen Frau gleichsetzen; das lässt sich heute nicht so leicht tun, obwohl Juliette auf gewisse Weise bis heute ein Modell für Frauen bleibt.⁵²

Vorbild ist Juliette nicht als Mörderin und sexuelle Terroristin, sondern als starke Frau mit dem Mut, aufgezwungene Rollenklischees abzulegen und ihren eigenen Bedürfnissen zu folgen.

De Sade, so lässt sich einwenden, wäre nicht einverstanden. Juliette sollte die Destruktivität des Menschen ohne Moral in einer Welt ohne Gott aufzeigen, den Menschen, der den Gesetzen der Natur gehorcht, einerlei ob Mann oder Frau. Die starke Frau, die sich in einer Männerwelt zu behaupten weiß, ist im Verhältnis dazu eine sympathisch entschärfte Light-Version.

### *De Sade gezähmt: Epilog*

In ausgeprägtem Gegensatz zu den verschiedenen philosophischen Vereinnahmungen analysierte der französische Philosoph und Literaturkritiker Roland Barthes in seinem 1971 erschienenen Buch *Sade, Fourier, Loyola* das Werk des Marquis als Fiktion und theoretischen Entwurf. Unter diesem Gesichtspunkt fügte er de Sade mit Ignatius von Loyola, dem Begründer des Jesuitenordens, und dem Frühsozialisten Charles Fourier in einer einzigen Studie zusammen – eine Provokation für gläubige Katholiken und Sozialisten, doch durch die intensive Auseinandersetzung des Marquis mit der christlichen Texttradition alles andere als unbegründet:

> So ist das Theater de Sades – gerade weil es ein Theater ist – nicht der Durchgangsort, in dem man schlicht und einfach vom Wort zur Tat schreitet (nach dem empirischen Modell der Anwendung), sondern die Szene des ersten Textes, des Textes der Historikerin (= aus *Die 120 Tage von Sodom*), der selbst wiederum aus zahlreichen verschiedenen Kodes hervorgegangen ist, durchmisst einen Verwandlungsraum und erzeugt einen zweiten Text, dessen erste Hörer zugleich dessen zweite Sprecher werden: Daraus ergibt sich eine unaufhörliche Bewegung (sind nicht wir selbst unsererseits die Leser dieser zwei Texte?), die das Eigentümliche des Schreibakts ausmacht.[53]

Das waren bahnbrechende Erkenntnisse, mit denen die Würdigung des Literaten de Sade, ohne gehobenen oder gesenkten ideologischen Daumen, einsetzen konnte. In Barthes luzider Interpretation gewinnt der Text eine heilsame Autonomie, die ihn vor dem platten Schulterschluss ebenso wie vor pauschalen Anklagen schützt, – und wird zugleich von der Lebenswelt des Autors abgetrennt, mit der er doch durch den Anspruch auf absolute philosophische Weisheit als Frucht lebenslanger Menschenerforschung unlösbar verbunden ist.

Als Verfasser frei schwebender Humanfiction-Texte konnte der Marquis endgültig den Weg in die Öffentlichkeit und damit in die Ehrbarkeit antreten. Das galt auch für die sexuellen Vorlieben seiner Romangestalten. Bekennende Sado-Maso-Praktiker treten im zweiten Jahrzehnt des 21. Jahrhunderts im Vorabendprogramm der Privatfernsehsender auf und reklamieren – wie der Zuschauer sieht, völlig zu Recht – ihren Anspruch, eine vollgültige Variante menschlicher Lusterfüllung und Selbstentfaltung zu verkörpern, die bürgerlicher Wohlanständigkeit und einem liebevollen Familienleben mitnichten im Wege steht. Der Marquis hätte sich vor Grauen und Lachen zugleich geschüttelt: Peitschenhiebe, die auf ein vorher vereinbartes Stichwort hin aufhören, waren seine Sache nicht. Dass seine Stücke heute bei seinem wiederhergestellten Schloss Lacoste aufgeführt werden, hätte ihm – so darf man vermuten – schon eher gefallen. Als leicht konsumierbare Sommerfestival-Kost, die beim zahlungskräftigen Publikum aufgrund des unheimlichen Genius loci genüsslichen Kitzel erzeugt, hat er seine

Texte jedoch nicht gesehen, sondern als fortwährende Provokation, über die Abgründe des Menschen und seiner Existenz nachzudenken. Diese Anstößigkeit ist heute von allen Seiten bedroht. Sie wiederherzustellen war ein Ziel dieser Biographie.

*Anhang*

## Zeittafel

| | |
|---|---|
| 1740, 2. Juni | Donatien-Alphonse-François de Sade wird in Paris geboren. Sein Vater Jean-Baptiste-Joseph-François (1702–1767) trägt den Titel eines Grafen von Mazan und entstammt einer der führenden Adelsfamilien der Provence; seine Mutter Marie-Eléonore de Maillé de Carman (1712–1777) ist entfernt mit dem Prince de Condé aus königlichem Geblüt verwandt. Als einziger Sohn des Paares erbt er den Titel eines Marquis. Wichtige Lehnsherrschaften (*seigneuries*) der Familie de Sade gehören zum Comtat Venaissin und unterstehen bis 1791 der weltlichen Hoheit des Papsttums. |
| 1744–1745 | De Sade wird nach Avignon in die Obhut einer Großmutter väterlicherseits gegeben. |
| 1745–1750 | De Sade wächst bei seinem Onkel, dem Abbé Jacques-François Paul Aldonse (1705–1777) auf Schloss Saumane bei der Fontaine de Vaucluse auf. Der Abbé genießt als Gelehrter, speziell als Petrarca-Forscher, internationales Ansehen und führt trotz seines geistlichen Standes einen äußerst weltlichen Lebenswandel. Seinen Neffen unterrichtet er zusammen mit einem Privatlehrer, dem Abbé Jacques-François Amblet aus Savoyen. |

| | |
|---|---|
| 1750–1754 | De Sade besucht das renommierte und in Hochadelskreisen beliebte Jesuiten-Kolleg Louis-le-Grand in Paris, wo er bei Schulaufführungen erste Bekanntschaft mit dem Theater macht. Der Abbé Amblet steht ihm auch während dieser Zeit zur Seite. Die Ferien verbringt der Jesuitenzögling auf dem Schloss einer ehemaligen Mätresse seines Vaters. |
| 1754–1755 | De Sade besucht die Militärschule der Cheveau-légers; er verlässt diese adelige Ausbildungsstätte im Dezember 1755 im Rang eines Unterleutnants. |
| 1756, 27. Juni | De Sade zeichnet sich bei der Erstürmung des von englischen Truppen verteidigten Forts Saint-Philippe von Mahón auf der Insel Menorca aus. |
| 1757–1763 | De Sade nimmt während des weiteren Verlaufs des Siebenjährigen Krieges an den französischen Feldzügen gegen Preußen und Hannover teil. 1757 wird er zum Kornett, 1759 zum Hauptmann der Kavallerie ernannt. 1758 zeichnet er sich in der Schlacht von Krefeld erneut aus, fällt jedoch in der Folgezeit durch Glücksspiel, aufwendige Liebesbeziehungen und undiszipliniertes Verhalten im Feldlager negativ auf. |
| 1763, 17. Mai | De Sade heiratet Renée-Pélagie de Montreuil. Die Familie des Brautvaters ist bürgerlichen Ursprungs, durch Finanzgeschäfte reich geworden und erst kürzlich durch den Erwerb eines Amts in der *Cour des Aides* geadelt worden. Treibende Kraft hinter der Eheschließung ist Madame de Montreuil, die «Präsidentin». |
| 1763, 18./19. Oktober | «Affäre Jeanne Testard». De Sade zwingt die Fächermacherin und Gelegenheits-Prostituierte dieses Namens zu obszönen und blasphemischen Akten, wird nach deren Anzeige am 29. Oktober verhaftet und zwei Wochen lang im Schlossturm von Vincennes eingekerkert. Von jetzt an wird er von der Pariser «Sittenpolizei» unter Inspektor Marais überwacht. |
| 1764 | Der Marquis übernimmt von seinem Vater die Statthalterschaft der Provinzen Bresse, Bugey, Valromey und Gex; dieses Amt ist eine reine Geldanlage und bringt keine Pflichten mit sich. |

| | |
|---|---|
| 1765–1767 | De Sade macht durch Liebesaffären mit Schauspielerinnen und Luxuskurtisanen von sich reden. Nach dem Tod seines Vaters wird er in den Lehnsherrschaften des Comtat Venaissin und der Provence als *seigneur* akklamiert. Am 27. August 1767 wird sein erster Sohn Louis-Marie geboren, der als Offizier Napoleons 1809 in Süditalien ums Leben kommt. |
| 1768, 3. April | «Affäre Rose Keller» in Arcueil: De Sade misshandelt die sechsunddreißigjährige Elsässerin Rose Keller mit der Peitsche und bedroht sie während dieser «Ausschweifungen» mit dem Tod. Auf ihre Anzeige hin werden medizinische Untersuchungen vorgenommen, deren Ergebnisse unterschiedlich ausfallen. Gegen eine hohe Summe zieht Keller ihre Anzeige zurück; trotzdem wird der Marquis vom 12. April bis zum 19. Dezember 1768 eingekerkert, zuerst in Saumur und danach in Pierre-Encise. |
| 1769 | Bis April muss der Marquis in Lacoste bleiben, danach kehrt er nach Paris zurück. Am 27. Juni wird sein zweiter Sohn Donatien Claude Armand geboren, der die Laufbahn eines Malteserritters einschlägt, doch später heiratet und die bis heute bestehenden Zweige der Familie begründet. Vom 25. September bis zum 23. Oktober reist de Sade über Brüssel und Antwerpen durch Holland. Ab Dezember unterhält er eine Liebesbeziehung mit seiner Schwägerin Anne-Prospère, genannt Mademoiselle de Launay. |
| 1770 | De Sade nimmt seinen Militärdienst im Rang eines Hauptmanns wieder auf. |
| 1771 | Nach Misshelligkeiten mit seinen Vorgesetzten nimmt er im Rang eines Obersten seinen Abschied. Am 27. April wird seine Tochter Madeleine-Laure geboren, die unvermählt bleibt. |
| 1772 | De Sade plant und organisiert eine Theaterfestspielzeit in Lacoste und Mazan, für die er eigene Stücke verfasst und als Regisseur tätig ist. |

| | |
|---|---|
| 1772, 27. Juni | «Bonbon-Affäre» in Marseille. Zusammen mit seinem Diener feiert de Sade eine Orgie mit mehreren jungen Prostituierten, in deren Verlauf es auch zu homosexuellen Akten kommt; dabei drängt er den jungen Frauen Dragées auf, die Cantharidin («spanische Fliege») enthalten und deren Gesundheit aufs Schwerste in Mitleidenschaft ziehen. Nach polizeilichen und medizinischen Untersuchungen wird er am 12. September 1772 wie sein Diener vom Parlament in Aix-en-Provence wegen Giftmord und «Sodomie» zum Tode verurteilt und «in effigie» verbrannt. Während dieser Zeit hält sich der Marquis, anfangs in Begleitung von Mademoiselle de Launay, in Italien auf. Auf dem Rückweg wird er am 8. Dezember bei Chambéry auf Veranlassung des Königs von Sardinien verhaftet und in der Festung Miolans eingekerkert. |
| 1773, 30. April | In der Nacht gelingt de Sade ein Fluchtversuch aus der Burg. Danach verliert sich seine Spur für einige Monate, während derer er sich vielleicht in Spanien aufhält. |
| 1774, 6. Jan. | Ergebnislose Razzia in Lacoste, wo der Marquis sich seit Kurzem wieder aufhält. Im Winter 1774/75 «Küken-Affäre»: Das Ehepaar de Sade hat junge Leute beiderlei Geschlecht als Dienstboten angeworben. Mit diesen feiert der Marquis Orgien, bei denen er den Jungendlichen durch Auspeitschungen Verletzungen zufügt und die Wände mit menschlichen Gebeinen «schmücken» lässt. |
| 1775, 17. Juli | Nach polizeilichen Untersuchungen infolge des Skandals reist der Marquis von Lacoste über Turin, Florenz und Rom nach Neapel. Während dieser einjährigen Italien-Tour besucht er zahlreiche Museen sowie antike und christliche Heiligtümer. |
| 1776, Ende Dezember | Nach seiner Rückkehr im Juli dieses Jahres verfasst de Sade einen umfangreichen Reisebericht, der zur Veröffentlichung gedacht ist, doch unvollendet bleibt. Im Dezember kommt es zur «Affäre Trillet». |

| | |
|---|---|
| 1777, 17. Januar | Der Vater der in Montpellier als Dienerin angeworbenen Catherine Trillet hört von Gerüchten über sexuelle Ausschweifungen, begibt sich nach Lacoste, verlangt die Herausgabe seiner Tochter und schießt nach einem erregten Wortwechsel zweimal auf den Marquis, ohne ihn zu treffen. Danach strengen beide Seiten gerichtliche Untersuchungen an. |
| 13. Februar | De Sade wird aufgrund eines königlichen Haftbefehls (*lettre de cachet*) festgenommen und in Vincennes eingekerkert. Währenddessen ist die Präsidentin mit Erfolg darum bemüht, das Todesurteil von Aix-en-Provence aufheben zu lassen und ihren Schwiegersohn stattdessen auf Dauer hinter Gittern zu halten. |
| 1778, 14. Juli | Das Parlament von Aix-en-Provence hebt das Urteil vom 12. September 1772 auf und verhängt stattdessen eine geringe Geldbuße. Trotzdem bleibt de Sade in Haft und wird nach Vincennes zurücktransportiert. Am 16. Juli gelingt ihm in Valence die Flucht, doch wird er vierzig Tage darauf in Lacoste erneut verhaftet. |
| 1778, 7. September | De Sade trifft im Gefängnis von Vincennes ein, wo er die nächsten fünfeinhalb Jahre verbringt. Die Haftbedingungen sind streng und werden je nach Betragen des Gefangenen gelockert oder verschärft. Ab Dezember erhält der Marquis Tinte, Feder und Papier. Er nutzt sie zu einer intensiven Korrespondenz mit der Marquise und verfasst ab Anfang der 1780er Jahre Theaterstücke. |
| 1781, 13. Juli | Zum ersten Mal seit seiner Verhaftung darf der Häftling den Besuch seiner Frau empfangen; diese Besuche werden bis 1789 häufiger und schließlich regelmäßig. |
| 1782 | De Sade verfasst den *Dialog eines Priesters und eines Sterbenden* und beginnt wahrscheinlich mit den Arbeiten an den *120 Tagen von Sodom*. |
| 1783 | De Sade leidet unter einer schmerzhaften Augenkrankheit. |
| 1784, 29. Februar | De Sade wird in die Pariser Bastille verlegt, wo er fünf Jahre und vier Monate lang inhaftiert bleibt. Dort entfaltet er eine intensive literarische Tätigkeit. |

| | |
|---|---|
| 1784–1788 | *Die 120 Tage von Sodom* werden weitergeführt, bleiben aber unvollendet. Dazu verfasst de Sade zahlreiche Theaterstücke und Prosaerzählungen, darunter *Die Verbrechen der Liebe*, den monumentalen Briefroman *Aline et Valcour* und als letztes die Erzählung *Die Unglücksfälle der Tugend*, die erste Fassung des *Justine*-Stoffes. |
| 1789, 2. Juli | De Sade hält vom Dach der Bastille aufrührerische Reden und wird zwei Tage später nach Charenton verlegt. Dabei verliert er wertvolle Manuskripte, darunter die Schriftrolle mit den *120 Tagen von Sodom*. |
| 1790, 2. April | Nach der Aufhebung der *lettres de cachet* wird de Sade aus der Haft befreit. Er liiert sich mit der Schauspielerin Marie-Constance Quesnet, verfasst revolutionäre Texte und versucht, mit seinen Stücken auf den Pariser Theatern Fuß zu fassen, hat dabei jedoch nur geringen Erfolg. Im Juni wird seine Ehe mit Renée-Pélagie auf deren Betreiben geschieden. |
| 1791 | Sein Roman *Justine oder Die Unglücksfälle der Tugend* wird anonym publiziert und erregt ungeheures Aufsehen und noch mehr Empörung. |
| 1792 | De Sades Söhne emigrieren; in Folge von Namensverwechslungen gerät auch der Marquis in Verdacht. Sein Schloss Lacoste wird geplündert. Der Bürger «Louis Sade» spielt eine immer wichtigere Rolle in der Pariser Piken-Sektion. |
| 1793 | De Sade fungiert als Revolutionsrichter und bewahrt dabei seine Schwiegereltern vor der Guillotine. Er verfasst eine Gedenkrede auf Marat und Le Pelletier, die ein positives Echo findet, wird jedoch am 8. Dezember wegen des Verdachts einer revolutionsfeindlichen Haltung verhaftet. |
| 1794 | Ende Juli wird de Sade zum Tode verurteilt und entgeht kurz vor dem Sturz Robespierres um Haaresbreite der Hinrichtung. Am 15. Oktober wird er aus der Haft entlassen. |
| 1795 | *Aline et Valcour* erscheint mit der Autorenangabe «Bürger S***», die *Philosophie im Boudoir* anonym. |

| | |
|---|---|
| 1796–1798 | Sade und seine Gefährtin geraten aufgrund der Geldentwertung in immer größere wirtschaftliche Schwierigkeiten. So muss der Marquis Lacoste verkaufen. |
| 1799 | Die dritte Fassung der *Justine* erscheint anonym und wird von den Rezensenten mit moralischer Entrüstung aufgenommen. Verbale Attacken gegen den Marquis häufen sich in der Presse. |
| 1800 | De Sades *Verbrechen der Liebe* sowie weitere Prosatexte werden veröffentlicht und ebenfalls heftig attackiert. |
| 1801 | *Juliette* erscheint als Fortsetzung der *Justine*. Daraufhin wird de Sade am 6. März verhaftet und ohne Prozess in Sainte-Pélagie festgehalten. |
| 1802 | In einem Brief an den Justizminister verlangt de Sade einen Prozess oder seine sofortige Freilassung. |
| 1803, 14. März | Nach einem «Sittenskandal» mit jungen Leuten wird de Sade in das übel beleumdete Gefängnis von Bicêtre verlegt. Doch erreicht seine Familie schon einen Monat später, dass er in der Heilanstalt für Geisteskranke von Charenton untergebracht wird. |
| 1804–1813 | De Sade genießt die Wertschätzung des Direktors de Coulmier und dadurch ungewöhnliche Privilegien: Im Sommer 1805 darf Marie-Constance Quesnet zu ihm ziehen. Ab 1808 veranstaltet er mit den Patienten Theateraufführungen, die in Paris schnell zu einer Sensation werden. |
| 1806–1807 | De Sade entfaltet erneut eine reiche literarische Tätigkeit und verfasst zuerst den Roman *Die Unterredungen von Schloss Florbelle*, der eine Synthese aus den *120 Tagen von Sodom*, *Justine* und *Juliette* bildet. Das Manuskript wird bei einer Durchsuchung beschlagnahmt und später vernichtet, kann jedoch aufgrund eines eigenhändigen Skizzenhefts in den Umrissen rekonstruiert werden. |
| 1812–1813 | De Sade verfasst die «historischen» Romane *Adélaïde de Brunswick, Prinzessin von Sachsen*, *Die Marquise de Ganges* und *Die geheime Geschichte der Isabelle de Bavière, Königin von Frankreich*. |
| 1814, 2. Dezember | Der Marquis de Sade stirbt in Charenton und wird entgegen seinen testamentarischen Verfügungen auf dem dortigen Friedhof beigesetzt. |

## Stammtafel

Der Auszug aus dem Stammbaum des Marquis de Sade berücksichtigt nur die direkte männliche Abstammungslinie sowie weitere in der Biographie erwähnte Familienmitglieder.

Hugues de Sade (erw. 1175)

Bernard de Sade (erw. 1216)

Raimond de Sade

?

Paul de Sade (erw. 1316)

Hugues de Sade (erw. 1373) ⚭ Laure de Novis († 1348)

Hugues de Sade, Herr von Mazan (erw. 1375)

Jean de Sade (erw. 1415), Herr von Mazan und Eyguières

Girard de Sade, Herr von Mazan und Eyguières (erw. 1444)

Pierre de Sade, Herr von Mazan (erw. 1515)     Balthazar de Sade, Herr von Eyguières

Joachim de Sade, Herr von Mazan (erw. 1531)     eigener Zweig bis ins 19. Jh.

Jean de Sade (1522-1599), Herr von Mazan und Saumane

Balthazar de Sade († 1613, Herr von Mazan und Saumane) ⚭ Diane de Baroncelli-Javon

Jean-Baptiste de Sade, Herr von Mazan und Saumane ⚭ Diane de Simiane, Herrin von Lacoste (1627)

Côme de Sade, Herr von Mazan, Saumane und Lacoste ⚭ Elisabeth de Louët de Nogaret de Calvisson (1669)

Gaspard François de Sade, Herr von Mazan, Saumane und Lacoste († 1739)
⚭ Louise-Aldonse d'Astoaud (1699)

├── Jean-Baptiste François Joseph de Sade, Herr von Mazan, Saumane und Lacoste (1702–1767)
│   ⚭ Marie-Eléonore de Maillé de Carman (1712–1777)
│
│   └── Donatien Alphonse François de Sade (1740-1814)
│       ⚭ Renée-Pélagie de Montreuil (1741–1810), Tochter
│       von Claude-René Cordier de Launay de Montreuil (1715–1795) und Marie-Madeleine de Plissay (1721–1798), «die Präsidentin»
│
│       ├── Louis-Marie de Sade (1767–1809)
│       │   ohne Nachkommen
│       │
│       ├── Donatien Claude Armand, comte de Sade (1769-1847)
│       │   ⚭ Louise Gabrielle Laure de Sade d'Eyguières (1772–1849)
│       │
│       │   └── Alphonse Ignace de Sade (1812–1890)
│       │       ⚭ Henriette Anne de Cholet (1817–1895)
│       │
│       │       └── Hugues Louis Charles de Sade (1845–1925)
│       │           ⚭ Marguerite Janson de Couët (1856–1915)
│       │
│       │           └── Bernard Georges comte de Sade (1891–1933)
│       │               ⚭ Jeanne-Marie-Gilberte de Sarrazin
│       │
│       │               └── Xavier-Marie-Henri comte de Sade (geb. 1922)
│       │                   ⚭ Rose-Marie Meslay
│       │
│       │                   └── Thibault comte de Sade (geb. 1957)
│       │
│       └── Madeleine-Laure de Sade (1771-1844), unverheiratet
│           ohne Nachkommen
│
└── Jacques-François-Paul-Aldonse de Sade (1705–1777), der «Abbé»

## Anmerkungen

*Erstes Kapitel:*
*Jugend ohne Gott*

1  Lely, 290
2  Aline et Valcour, 403
3  Aline et Valcour, 403
4  Aline et Valcour, 402
5  Sodom, 54f.
6  Aline et Valcour, 403
7  Aline et Valcour, 404
8  Lely, 46
9  Lely, 66

*Zweites Kapitel:*
*Herr von Lacoste*

1  Lely, 53
2  Lely, 72f.
3  Lely, 76
4  Lely, 80
5  Lely, 81
6  Lely, 83
7  Lely, 87
8  Lely, 95
9  Lely, 97
10  Lely, 100
11  Lely, 101
12  Lely, 126
13  Lever, Je jure, 31
14  Juliette, 547
15  Juliette, 430
16  Juliette, 431
17  Juliette, 477
18  Juliette, 649
19  Juliette, 649
20  Justine III, 218
21  Lever, Je jure, 7
22  Lever, Je jure, 46
23  Lever, Je jure, 55f.
24  Lever, Je jure, 56
25  Lever, Je jure, 54
26  Lely, 213
27  Lely, 226
28  Lely, 226
29  Lely, 228
30  Lely, 232
31  Voyage d'Italie, 452

32 Voyage d'Italie, 215
33 Voyage d'Italie, 178
34 Voyage d'Italie, 163
35 Voyage d'Italie, 121
36 Voyage d'Italie, 121
37 Voyage d'Italie, 68
38 Voyage d'Italie, 226
39 Voyage d'Italie, 232
40 Voyage d'Italie, 100
41 Voyage d'Italie, 108
42 Lely, 245
43 Lely, 246
44 Lely, 250
45 Lely, 251
46 Lely, 252

*Drittes Kapitel:*
*Hinter Festungsmauern*

1 Lely, 282f.
2 Lely, 285
3 Lely, 286
4 Lely, 287
5 Lely, 287
6 Lely, 298
7 Lely, 312
8 Dialogue, 11
9 Dialogue, 3
10 Dialogue, 3
12 Dialogue, 3f.
13 Dialogue, 6
14 Dialogue, 10
15 Dialogue, 10
16 Dialogue, 10
17 Dialogue, 11
18 Lely, 338
19 Lely, 340
20 Lely, 345

21 Théâtre 1, 155
22 Lely, 366
23 Lely, 367
24 Sodom, 69
25 Sodom, 69
26 Sodom, 21
27 Sodom, 21
28 Sodom, 22
29 Sodom, 25
30 Sodom, 28
31 Sodom, 34
32 Sodom, 33
33 Sodom, 37
34 Sodom, 66
35 Sodom, 66
36 Sodom, 62
37 Sodom, 206f.
38 Sodom, 364
39 Sodom, 255
40 Sodom, 236
41 Sodom, 102
42 Sodom, 157
43 Juliette, 619
44 Juliette, 987f.
45 Sodom, 158
46 Sodom, 158f.
47 Juliette, 391f.
48 Juliette, 392
49 Sodom, 68
50 Sodom, 205
51 Sodom, 283
52 Sodom, 20
53 Sodom, 249
54 Sodom, 204
55 Aline et Valcour, 630f.
56 Aline et Valcour, 625
57 Aline et Valcour, 644
58 Aline et Valcour, 653
59 Aline et Valcour, 654

*Anmerkungen*

60 Aline et Valcour, 654
61 Aline et Valcour, 655
62 Aline et Valcour, 656
63 Aline et Valcour, 656
64 Aline et Valcour, 658f.
65 Aline et Valcour, 658
66 Aline et Valcour, 662f.
67 Aline et Valcour, 674
68 Lely, 367
69 Historiettes, 90
70 Historiettes, 98
71 Historiettes, 114
72 Historiettes, 122
73 Historiettes, 124
74 Historiettes, 118
75 Lely, 376
76 Lely, 377
77 Lely, 378f.

*Viertes Kapitel:*
*Im Schatten der Guillotine*

1 Lely, 436
2 Justine II, 131
3 Justine II, 129
4 Lely, 455
5 Lely, 456
6 Théâtre 3, 87
7 Théâtre 3, 101
8 Théâtre 2, 137
9 Théâtre 2, 163
10 Justine II, 1181
11 Justine II, 235f.
12 Justine II, 133
13 Justine II, 135
14 Justine II, 143
15 Justine II, 143
16 Justine II, 153

17 Justine II, 154
18 Justine II, 211
19 Justine II, 207
20 Justine II, 212
21 Justine II, 213
22 Justine II, 167
23 Justine II, 188
24 Justine II, 342
25 Justine II, 302
26 Opuscules, 321
27 Opuscules, 325
28 Opuscules, 323
29 Opuscules, 323f.
30 Lely, 453
31 Opuscules, 326
32 Lely, 452f.
33 Lely, 464
34 Lely, 464
35 Lely, 464
36 Lely, 464f.
37 Lely, 466
38 Lely, 470
39 Opuscules, 331
40 Opuscules, 332
41 Opuscules, 337
42 Opuscules, 338
43 Opuscules, 339
44 Opuscules, 333
45 Opuscules, 335
46 Lely, 476
47 Lely, 480
48 Opuscules, 357f.
49 Opuscules, 357
50 Opuscules, 358
51 Opuscules, 358
52 Opuscules, 359
53 Lely, 486
54 Opuscules, 363
55 Lely, 491

56 Lely, 494
57 Lely, 495
58 Lely, 498
59 Lely, 503
60 Lely, 509
61 Lely, 510
62 Philosophie, 4
63 Philosophie, 4
64 Philosophie, 4
65 Philosophie, 69
66 Philosophie, 120
67 Philosophie, 129
68 Philosophie, 144
69 Philosophie, 202
70 Philosophie, 147
71 Philosophie, 133
72 Philosophie, 136
73 Philosophie, 132
74 Philosophie, 79
75 Lely, 515
76 Lely, 517
77 Lely, 534
78 Lely, 535
79 Lely, 537
80 Justine III, 579
81 Justine III, 580
82 Justine III, 582
83 Justine III, 927
84 Justine III, 777
85 Justine III, 777f.
86 Justine III, 778
87 Justine III, 778
88 Justine III, 779
89 Justine III, 779

*Fünftes Kapitel:*
*Regisseur in der Irrenanstalt*

1 Lely, 590
2 Lely, 593
3 Juliette, 733f.
4 Juliette, 854
5 Juliette, 909
6 Juliette, 699
7 Juliette, 703
8 Juliette, 726
9 Lely, 594
10 Lely, 595
11 Lely, 597
12 Testament, 159
13 Notes, 78
14 Notes, 85
15 Notes, 70
16 Notes, 90
17 Lely, 606
18 Lely, 612
19 Théâtre 3, 495
20 Théâtre 3, 262f.
21 Théâtre 3, 263
22 Théâtre 3, 274
23 Théâtre 3, 307
24 Lely, 611
25 Lely, 617
26 Adélaïde, 274
27 Adélaïde, 273
28 Adélaïde, 362
29 Adélaïde, 363
30 Marquise, 369
31 Marquise, 369
32 Marquise, 369
33 Isabelle, 73
34 Isabelle, 40
35 Isabelle, 62

*Sechstes Kapitel:*
*Von der Schwarzen Romantik*

1  Janin, 337
2  Justine III, 1261
3  Zitiert nach Weltman-Aron, 66
4  Camus, 40
5  Baudelaire, OC I, 12
6  Baudelaire, OC I, 121
7  Lautréamont, OC, 46f.
8  Zitiert nach Bohnengel, 349
9  Freud, Neue Folge der Vorlesungen zur Einführung in die Psychoanalyse, Werke XV, 111
10 Freud, Triebe und Triebschicksale, Werke X, 231
11 Freud, Jenseits des Lustprinzips, Werke XIII, 58
12 Juliette, 1383
13 Breton, 891
14 Breton, 892
15 Buñuel, Seufzer, 208
16 Bataille X, 22f.
17 Bataille X, 23
18 Bataille X, 167
19 Bataille X, 171f.
20 Bataille X, 149f.
21 Adorno/Horkheimer, Dialektik, 104
22 Adorno/Horkheimer, Dialektik, 105
23 Adorno/Horkheimer, Dialektik, 105
24 Adorno/Horkheimer, Dialektik, 105f.
25 Adorno/Horkheimer, Dialektik, 113
26 Klossowski, 63
27 Klossowski, 64
28 Klossowski, 119
29 Camus, 33
30 Camus, 33
31 Camus, 37
32 Camus, 39
33 Camus, 40
34 Camus, 40
35 Beauvoir, Faut-il brûler de Sade?, 39
36 Beauvoir, Faut-il brûler de Sade?, 81f.
37 Weiss, 14
38 Weiss, 19
39 Weiss, 21
40 Weiss, 33
41 Sontag, 36
42 Sontag, 62
43 Sontag, 62
44 Sontag, 47
45 Sontag, 52
46 Sontag, 55
47 Carter, 3
48 Carter, 24
49 Carter, 27
50 Carter, 27
51 Carter, 103
52 Carter, 79
53 Sodom, 1131f.

## Literatur

Sämtliche Übersetzungen aus den Texten de Sades und der Literatur über ihn stammen, falls nicht anders angegeben, vom Autor.

### 1. Schriften des Marquis de Sade

Sade: Œuvres, hg. von M. Delon, 3 Bände, Paris 1990/1995/1998 (Bibliothèque de la Pléiade). *Diese exzellente Edition, die über eine kritische Textausgabe hinaus vielfältige Angaben zur Entstehungs- und Wirkungsgeschichte des Werkes bietet, enthält die folgenden Werke:*
Band I:
  Dialogue entre un Prêtre et un Moribond *(zitiert: Dialogue)*
  Les cent vingt journées de Sodome ou l'Ecole du Libertinage *(zitiert: Sodom)*
  Aline et Valcour ou le Roman Philosophique *(zitiert: Aline et Valcour)*
Band II:
  Les Infortunes de la Vertu
  Justine ou les Malheurs de la Vertu *(zitiert: Justine II)*
  La Nouvelle Justine ou les Malheurs de la Vertu *(zitiert: Justine III)*
Band III:
  La Philosophie dans le Boudoir *(zitiert: Philosophie)*
  Histoire de Juliette *(zitiert: Juliette)*

Œuvres complètes du Marquis de Sade, hg. von A. Le Brun und J.-J. Pauvert, 15 Bände, Paris 1986–1991. *Den Zitaten liegen zugrunde:*
Band II: Historiettes, contes et fabliaux *(zitiert: Historiettes)*
Band III: Opuscules politiques *(zitiert: Opuscules)*

Band XI: Notes pour les Journées de Florbelle *(zitiert: Notes)*
Testament *(zitiert: Testament)*
La Marquise de Ganges *(zitiert: Marquise)*
Band XII: Histoire secrète d'Isabelle de Bavière, reine de France *(zitiert: Isabelle)*
Adélaïde de Brunswick, princesse de Saxe *(zitiert: Adélaïde)*
Band XIII: Théâtre I *(zitiert: Théâtre 1)*
Band XIV: Théâtre II *(zitiert: Théâtre 2)*
Band XV: Théâtre III *(zitiert: Théâtre 3)*

Donatien Alphonse François marquis de Sade: Voyage d'Italie, hg. von M. Lever, 2 Bände, Paris 1995. *In Band eins neben dem Reisebericht Briefe des Marquis aus Italien; der zweite Band enthält zeitgenössische Illustrationen (zitiert: Voyage d'Italie)*

*Die wichtigsten Briefe de Sades und seines Umfelds, zusammen mit zahlreichen Schlüsseldokumenten, sind ganz oder teilweise abgedruckt in:*
G. Lely: Vie du marquis de Sade. Nouvelle édition revue et très augmentée, Paris 1982. *Sofern hier vorhanden, wird die Korrespondenz nach dieser leicht erhältlichen Ausgabe wiedergegeben (zitiert: Lely)*

«Je jure au marquis de Sade, mon amant, de n'être jamais qu'à lui…, hg. M. Lever, Paris 2005 *(zitiert: Lever, Je jure)*

*Weitere Briefe und Dokumente:*

Morceaux choisis de Donatien-Alphonse-François de Sade, hg. von G. Lely, Paris 1948
Journal inédit, hg. von G. Daumas, Paris 1970
Le portefeuille du marquis de Sade. Textes rares et précieux, hg. von G. Lely, Paris 1977
Lettres et mélanges littéraires écrits à Vincennes et à la Bastille, hg. von G. Daumas und G. Lely, 2 Bände, Paris 1980/1986
Lettres inédites et documents, hg. von J.-L. Debauve, Paris 1990
Papiers de famille, hg. von M. Lever, 2 Bände 1993/1995
Lettres à sa femme, hg. von M. Buffat, Paris 1997

*Deutsche Werkauswahl mit reichem biographischem Material:*

Donatien Alphonse François Marquis de Sade: Ausgewählte Werke, hg. von Marion Luckow, 3 Bände, Hamburg 1962–1965; *neue Ausgabe:* Obertshausen o. J. (Zweitausendeins)

2. Literatur zu de Sade

Adorno, T. W. /M. Horkheimer: Dialektik der Aufklärung. Philosophische Fragmente, Frankfurt a. M. 2003 *(zitiert: Adorno/Horkheimer, Dialektik)*
Airaksinen, T.: The Philosophy of the Marquis de Sade, London 1995
Allison, D./M. Roberts/A. Weiss (Hg.): Sade and the Narrative of Transgression, Cambridge 1995
Barthes, R.: Sade, Fourier, Loyola, Paris 1970
Baruzzi, A.: Aufklärung und Materialismus im Frankreich des 18. Jahrhunderts. La Mettrie, Helvétius, Diderot, Sade, München 1968
Bataille, G.: L'Erotisme, in: Œuvres complètes, Bd. 10, Paris 1987, S. 33–270 *(zitiert: Bataille X)*
Baudelaire, C.: Œuvres complètes (hg. von C. Pichois), 2 Bände, Paris 1975/1976 *(zitiert: Baudelaire, OC)*
Bauer, C.: Triumph der Tugend. Das dramatische Werk des Marquis de Sade, Bonn 1994
Beauvoir, S. de: Faut-il brûler de Sade?, Paris 1955 *(zitiert: Beauvoir, Faut-il brûler de Sade?)*
Beilharz, A.: Die Décadence und Sade. Untersuchungen zu erzählenden Texten des französischen Fin de Siècle, Stuttgart 1996
Blanchot, M.: Sade et Restif de la Bretonne, Bruxelles 1996
Bohnengel, J.: Sade in Deutschland. Eine Spurensuche im 18. und 19. Jahrhundert. Mit einer Dokumentation deutschsprachiger Rezeptionszeugnisse zu Sade 1768–1899, St. Ingbert 2003
Breton, A.: Anthologie de l'humour noir, in: Œuvres complètes, Band 2, Paris 1992, S. 863–1176 *(zitiert: Breton)*
Brockmeier, P.: Die Frau als Naturgenie. Sades Juliette und Madame de Staëls Corinne, in: ders.: Konkurrierende Diskurse. Studien zur französischen Literatur des 19. Jahrhunderts, Stuttgart 1997, S. 42–56
–: «Le mal s'insurge contre le bien». Sade und Lautréamont, in: P. Brockmeier/S. Michaud (Hg.): Sitten und Sittlichkeit im 19. Jahrhundert, Essen 1993, S. 250–277

–: Die Revolution in der Phantasie eines aristokratischen Aufklärers: Das Werk des Marquis de Sade, in: S. Jüttner (Hg.): Die Revolution in Europa – erfahren und dargestellt, Frankfurt a. M. 1991, S. 14–34

Bürger, P.: Moral und Gesellschaft bei Diderot und Sade, Frankfurt a. M. 1977

Buñuel, L.: Mein letzter Seufzer. Erinnerungen, Königstein 1983 *(zitiert: Buñuel, Seufzer)*

Camus, A.: L'Homme révolté, Paris 1951; Zit. nach der dt. Übers. von Justus Streller, neubearb. v. Georges Schlocker unter Mitarbeit v. François Bondy, Der Mensch in der Revolte. Essays, Hamburg 1982 *(zitiert: Camus)*

Camus, M./P. Roger (Hg.): Sade, écrire la crise, Paris 1983

Candler Hayes, J.: Identity and Ideology. Diderot, Sade and the Serious Genre, Amsterdam/Philadelphia 1991

Carter, A.: The Sadeian Woman. An Exercice in Cultural History, London 1992 *(zitiert: Carter)*

Cryle, P.: Geometry in the Boudoir. Configurations of French Erotic Narrative, Ithaca/London 1994

Dejean, J.: Literary Fortifications. Rousseau, Laclos, Sade, Princeton 1984

Fauville, H.: La Coste. Sade en Provence, Aix-en-Provence 1984

Favre, P.: Sade utopiste. Sexualité, pouvoir et Etat dans le roman «Aline et Valcour», Paris 1967

Freud, S.: Gesammelte Werke, 18 Bände, Frankfurt a. M. 1964–1969 *(zitiert: Freud, Werke)*

Friedrich, S.: Die Imagination des Bösen, Zur narrativen Modellierung der Transgression bei Laclos, Sade und Flaubert, Tübingen 1998

Gaspard, C./P. Barbéris (Hg.): La Révolution vue de 1800, Caen 1990

Graitson, J.-M. (Hg.): Sade, Rétif de la Bretonne et les formes du roman pendant la Révolution française, Liège 1992

Heine, M.: Le Marquis de Sade, Paris 1950

Henaff, M.: Sade. L'Invention du corps libertin, Paris 1978

Hoffmann, D.: Die Figur des Libertin. Überlegungen zu einer politischen Lektüre de Sades, Frankfurt a. M. 1984

Janin, J.: Le Marquis de Sade, Paris 1834 *(zitiert: Janin)*

Klossowski, P.: Sade, mon prochain, Paris 1967 *(zitiert: Klossowski)*

Laborde, A. M.: Le Mariage du marquis de Sade, Genève 1988

–: Les Infortunes du marquis de Sade, Genève 1991

–: La Bibliothèque du marquis de Sade au château de La Coste (1776), Genève 1991

Lambergeon, S.: Un amour de Sade: La Provence, Avignon 1990

Lautréamont: Œuvres complètes (hg. von P.-O. Walzer), Paris 1970 *(zitiert: Lautréamont, OC)*

Le Brun, A.: Soudin un bloc d'abîme. Sade, Paris 1993
Lely, G.: Vie du Marquis de Sade, Paris 1982 *(zitiert: Lely)*
Lever, M.: Donatien Alphonse François, marquis de Sade, Paris 1991 (deutsch: Marquis de Sade. Die Biographie, Wien/München 1995)
Mengue, P.: L'Ordre sadien. Loi et narration dans la philosophie de Sade, Paris 1996
Mettler, D.: Baudelaire: ein Ich, das unersättlich nach dem Nicht-Ich verlangt, Würzburg 2000
Michael, C. V.: Sade. His Ethics and Rhetorics, Frankfurt a. M./New York 1989
Sade surreal. Der Marquis de Sade und die erotische Fantasie des Surrealismus in Text und Bild, hg. von T. Bezzola/M. Pfister/S. Zweifel, Ostfildern-Ruit 2001
Schneede, U. M.: Die Kunst des Surrealismus. Malerei, Skulptur, Dichtung, Fotografie, Film, München 2006
Schuhmann, M.: Die Lust und die Freiheit. Marquis de Sade und Max Stirner – ihr Freiheitsbegriff im Vergleich, Berlin 2007
–: Radikale Individualität. Marquis de Sade, Max Stirner, Friedrich Nietzsche, Bielefeld 2011
Seifert, H.-U.: Sade: Leser und Autor. Quellenstudien, Kommentare und Interpretationen zu Romanen und Romantheorie, Frankfurt a. M. 1983
Seitz, M.: Die Rezeption des Marquis de Sade in der surrealistischen Kunst, in: V. Krieger (Hg.): Metamorphosen der Liebe. Kunstwissenschaftliche Studien zu Eros und Geschlecht im Surrealismus, Hamburg 2006, S. 153–167
Sontag, S.: The Pornographic Imagination, in: Styles of Radical Will, New York 1969, S. 35–73 *(zitiert: Sontag)*
Steigerwald, J.: Auslöschungsverfahren. Rituale des Vergessens in D.A.F. de Sades *Les 120 journées de Sodome*, in: H. Bohm (Hg.): Erinnern – Gedächtnis – Vergessen, Bonn 2000, S. 295–304
–: Origo und Originalität der Novellistik de Sades, in: Romanistische Zeitschrift für Literaturgeschichte (3/4) 2000, S. 297–327
Thomas, D.: Sade, Paris 1994
Viallaneix, P./J. Ehrard (Hg.): Aimer en France, 1760–1860, Clermont-Ferrand 1980
Weiss, P.: Die Verfolgung und Ermordung Jean Paul Marats dargestellt durch die Schauspielgruppe des Hospizes zu Charenton unter Anleitung des Herrn de Sade. Drama in zwei Akten. Mit einem Kommentar von A. Beise, Frankfurt am Main 2004 *(zitiert: Weiss)*
Weltman-Aron, B.: Denying Authorship: Sade and the Censor, in: Romanic Review 86 (1995), S. 65–75 *(zitiert: Weltman-Aron)*

## Bildnachweis

*Seite 11 oben und unten:* © ullstein bild / imagebroker.net / Carlos Sanchez | *23:* Sade surreal, S. 225 | *30:* Lever, D.A.F. marquis de Sade, Bildteil S. 8 oben | *34:* Ebd., unten links | *37:* Ebd., unten rechts | *38:* Ebd., Bildteil S. 7 oben | *48:* J.-C. Hauc: Les châteaux de Sade, Paris 2012, Taf. V (unten) | *50:* Sade surreal, S. 106 | *70:* Ebd., S. 126 | *87:* Ebd., S. 132 | *94:* Lever, D.A.F. marquis de Sade, Bildteil S. 3 Mitte | *108:* Hauc: Les châteaux de Sade, Taf. XI | *109:* Ebd., Taf. X | *127:* Ebd., S. 36 | *137:* Sade surreal, S. 149 | *141:* Ebd., S. 143 | *142, 143:* De Sade, Voyage d'Italie, Bd. 2, S. 11, 17, 39, 97 | *149:* L. von Matt / F. Barelli: Rom. Kunst und Kultur der «Ewigen Stadt» in mehr als 1000 Bildern, Köln 1977, S. 300 | *163:* Sade surreal, S. 27 | *167:* Lever, D.A.F. marquis de Sade, Bildteil S. 6 unten | *168:* Lely, Vie du marquis de Sade, Taf. IX | *171:* Sade surreal, S. 35 | *172:* Ebd., S. 35 | *188:* Lever, D.A.F. marquis de Sade, Bildteil S. 6 oben | *190:* Sade surreal, S. 23 | *216:* Ebd., S. 99 | *218:* De Sade, Œuvres (éd. Pléiade), Bd. I, S. 441 | *221:* Ebd., S. 1093 | *224:* Ebd., S. 1010 | *226:* Ebd., S. 521 | *231:* Ebd., S. 709 | *235:* Ebd., S. 607 | *290:* Lever, D.A.F. marquis de Sade, Bildteil S. 1 oben | *291:* V. Reinhardt / H.-J. Schmidt / M. Sommer, Stationen europäischer Geschichte. Was Kunstwerke erzählen, Stuttgart 2009, S. 123 | *302:* Ebd., S. 120 | *304:* Ebd., S. 124 | *308:* Lever, D.A.F. marquis de Sade, Bildteil S. 2 unten | *325:* De Sade, Œuvres (éd. Pléiade), Bd. III, S. 773 | *328:* Lever, D.A.F. marquis de Sade, Bildteil S. 5 unten | *334:* De Sade, Œuvres (éd. Pléiade), Bd. II, S. 392 | *335:* Ebd., Bd. III, S. 799 | *354:* Ebd., S. 203 | *355:* Ebd., S. 437 | *372:* Sade surreal, S. 158 | *402:* Ebd., S. 124 | *403:* Ebd., S. 124 | *406:* Ebd., S. 146 | *407:* Ebd., S. 175 | *408:* Ebd., S. 133 | *410–411:* Hommage à Max Ernst, Wiesbaden 1976, S. 19, 21, 20

Karte Seite 10: © Peter Palm, Berlin

*Personenregister*

Adorno, Theodor W. 415, 417
Agnes von Rom (Heilige) 148
Amblet, Jacques-François (Abbé) 52, 55, 158
Apollinaire, Guillaume 401–403, 408, 433 f.
d'Argenson, René Louis (Marquis) 43
Aristoteles 85

Babeuf, Gracchus 347
Barras, Vicomte de 330 f.
Barthes, Roland 434 f.
Bataille, Georges 412–414, 429
Baudelaire, Charles 20, 392–394
Baux, des (Familie) 24
Baylens, Charles-Léonard de
    siehe Poyanne, de (Marquis)
Beauharnais, Joséphine 350, 384
Beaumont, Christophe de 129
Beaupré (Schauspielerin) 86
Beauvoir, Simone de 390, 424 f., 428
Beauvoisin (Schauspielerin) 86 f., 89 f.
Beccaria, Cesare 233
Bloch, Iwan 389, 396
Borelly, Mariette 113–115
Borghese, Marcantonio (Fürst) 150
Bornet, Claude 389, 325, 335
Bougainville, Louis Anton de 178, 225
Bourbon, Louis-Henri de
    (Fürst von Condé) 34, 36 f., 92

Bourbon-Condé, Charles de
    (Graf von Charolais) 34
Bourbon-Condé, Louise-Elisabeth de
    (Mademoiselle de Charolais) 34 f.
Bourbon-Condé, Louise-Anne de 35
Bourbon-Condé, Louis de (Graf von
    Clermont) 62
Breton, André 390, 403–406, 412
Brutus 304, 306
Buñuel, Luis 409–411
Buonarroti, Filippo 347

Caligula (römischer Kaiser) 286
Calvin, Jean 27, 180, 206
Camões, Luis de 411
Camus, Albert 9, 391 f., 421–424
Carter, Angela 431–434
Casanova, Giacomo 170
Cervantes, Miguel de 411
Choiseul d'Amboise, Étienne-François de
    (Herzog) 43, 64, 68
Chrysostomos (Heiliger) 387
Clemens August von Bayern
    (Kurfürst) 41 f.
Colet (Schauspielerin) 86
Condé (Familie) 33–35, 37
Cook, James 104, 178
Corday, Charlotte 301, 305, 427
Coste, Marguerite 115 f., 121
Coste, Rose 113 f.

Coulmier, François Simonet de 364–366, 369–372, 374, 376, 384, 426 f.

Dante Alighieri 411
Danton, Georges 291, 312
Darwin, Charles 411
David, Jacques-Louis 302
Diderot, Denis 82, 225
Diogenes von Sinope 110
Ducasse, Isidore Lucien *siehe* Lautréamont
Dühren, Eugen *siehe* Bloch, Iwan
Durand (Franziskanermönch) 154 f.

Ernst, Max 20, 409, 411
Esquirol, Jean Étienne 371 f., 426

Fage (Notar und Vermögensverwalter) 132
Ferdinand IV. (König von Neapel) 59, 139
Flaubert, Gustave 388
Fleury, André-Hercule de (Kardinal) 41, 368
Fouché, Joseph 367, 375
Fourier, Charles 434
Franz I. (König von Frankreich) 25
Freud, Sigmund 396–401, 406, 408
Friedrich II. (König von Preußen) 17, 33, 56, 59, 67

Gaius Cestius Epulo 142
Galilei, Galileo 16, 122, 140
Garçon, Maurice 390
Gastaldy (Chefarzt von Charenton) 364
Gaufridy, Gaspard François Xavier 51, 132, 155, 158, 254 f., 258, 288, 291 f., 294 f., 299–302, 314, 327–329
Gide, André 394
Girouard, Jacques 264, 289, 309
Goethe, Johann Wolfgang 143
Gondi, Jean-François Paul *siehe* Retz (Kardinal)
Goudar, Pierre Angel 139
Goudar, Sarah 139, 157
Gouges, Olympe de 306
Gustav V. Adolf (König von Schweden) 59

Hébert, Jacques-René 312
Heine, Maurice 389
Heinrich (Prinz von Preußen) 59
Heliogabal (römischer Kaiser) 286
Helvétius, Claude Adrien 180
Herodot 178
d'Holbach, Paul Henri Thiry 180
Homer 411
Horkheimer, Max 415, 417

Isabelle, Königin von Frankreich (Prinzessin von Bayern) 382

Janin, Jules 387
Jeanne d'Arc 384
Julian (römischer Kaiser) 320

Kant, Immanuel 415–417
Karl IV. (Kaiser) 24
Karl VI. (Kaiser) 41
Karl VII. (Kaiser) 41 f.
Karl VI. (König von Frankreich) 382
Karl VII. (König von Frankreich) 382
Karl XII. (König von Schweden) 260
Karl Albert von Bayern (Kurfürst) *siehe* Karl VII. (Kaiser)
Karl der Kühne (König von Burgund) 185
Katharina die Große (Zarin von Russland) 59
Keller, Rose 94–99, 101 f., 121
Kleopatra 150
Klossowski, Pierre 390, 419–421
Krafft-Ebing, Richard von 396
Krenner, Franz von 388

La Grange (Diener) 76
La Mettrie, Julien Offray de 180
La Pelletier, Louis-Michel 301, 305, 313
La Pérouse, Jean-François de 178
La Roche-Guyon (Herzogin) 33
La Rochefoucauld, François de (Herzog) 25
Labisse, Félix 407 f.
Laisné, Jeanne 185 f.

# Personenregister

Latour (Diener) 112–116, 118, 123
ugier, Mariannette 113–115
aunay, Bernard-René Jordan de (Gouverneur der Bastille) 190, 250
Lauris, Laure-Victoire Adeline de 73 f.
Lautréamont 392, 394
Laverne, Marianne 113–116, 121
Leclerc, Madeleine 384
Lely, Gilbert 389
Leopold II. (Kaiser) 59, 145, 149
Lever, Maurice 389
Loo, Charles-Amédée-Philippe van 70
Loyola, Ignatius von 434
Ludwig XI. (König von Frankreich) 185
Ludwig XIV. (König von Frankreich) 28, 31, 34, 93, 379
Ludwig XV. (König von Frankreich) 31–33, 35, 41, 43, 64, 68, 82, 84, 100 f., 104, 107, 117, 132 f., 368
Ludwig XVI. (König von Frankreich) 18, 133, 162, 247, 285–287
Ludwig XVIII. (König von Frankreich) 384

Machiavelli, Niccolò 320
Maderno, Stefano 147
Marais (Inspektor) 81, 89, 93, 97, 104, 138, 158, 162, 164 f., 168
Marat, Jean Paul 290 f., 294, 299, 301–305, 311, 313, 425–428
Maria Theresia (Erzherzogin von Österreich) 57
Marie-Antoinette (Königin von Frankreich) 287, 306
Marie-Louise von Savoyen 294
Massé, Nicolas 333, 348, 351 f.
Maupeou, Charles-Augustin de 99 f., 117, 124, 132
Mayle, Peter 9
Mazarin, Jules (Kardinal) 28
Mesny (Doktor) 139, 141
Michelangelo Buonarroti 122
Mirabeau, Graf de 167–169, 249, 255, 285
Moldetti, Chiara 139 f., 399
Molière 269

Montesquieu, Charles de Secondat, Baron de 36
Montreuil, de (Familie) 164, 292, 300, 376
Montreuil, Anne-Prospère de 70, 106–108, 110, 124–129, 131
Montreuil, Marie-Madeleine de («die Präsidentin») 69 f., 73, 75, 83, 85, 87–90, 93, 96 f., 99–102, 104, 107, 110–112, 116, 123–129, 131–133, 138, 155, 158, 160–162, 171, 189, 236–238, 254, 293, 301, 327
Montreuil, Claude-René Cordier de («der Präsident») 68, 99 f., 293, 299, 301
Mozart, Wolfgang Amadeus 71
Mutel, Hubert 76

Napoleon I. (Kaiser der Franzosen) 18, 347, 350 f., 370, 375
Nero (römischer Kaiser) 320
Nietzsche, Friedrich 18, 395, 416, 421

Pascal, Blaise 387 f.
Pasolini, Pier Paolo 417
Pauvert, Jean-Jacques 388, 390 f.
Petrarca, Francesco 10, 12, 22, 49, 103, 172, 383
Peyrefitte, Roger 388
Philippe II. von Orléans (Herzog) 31
Pinon, Louis-Paul 99
Pius VI. (Papst) 59, 358
Platon 174
Plessis, Armand-Jean du siehe Richelieu (Kardinal)
Plessis, Louis-François-Armand de Vignerot du siehe Richelieu (Herzog)
Poisson, Jeanne-Antoinette siehe Pompadour, Madame de
Pompadour, Madame de 35, 43, 61
Poultier d'Elmotte, François-Martin 332 f.
Poyanne, de (Marquis) 61, 65

Quesnet, Marie-Constance 257 f., 284, 292, 314, 327–329, 366, 371

Raimond, de (Gräfin) 55 f., 59, 62
Ramon (Arzt) 371, 385
Ravel, Colnet du 333
Ray, Man 406–408
Rebmann, Georg Friedrich 390
Reinaud (Advokat) 255
Restif de la Bretonne, Nicolas Edme 315
Retz, de (Kardinal) 25
Richelieu (Familie) 37
Richelieu (Herzog) 32, 35, 38, 58, 79, 356
Richelieu (Kardinal) 29
Riqueti, Honoré Gabriel de siehe Mirabeau
Rivière (Opernsängerin) 93
Robespierre, Maximilien 17 f., 264, 291, 298, 305 f., 311–314, 323, 420, 427
Rougemont, de (Gefängnisdirektor) 169 f.
Rousseau, Jean-Jacques 49, 54, 74, 177 f., 181, 184 f., 192, 217, 228 f., 232, 242, 262, 280, 296 f., 319, 321, 324, 340, 343, 420, 428
Rousset, Mademoiselle de 183
Roux, Jacques 427 f.
Rovère, Joseph-Stanislas 328f.
Royer-Collard (Chefarzt in Charenton) 370, 384

Sade de (Familie) 23–25, 184, 254, 365 f.
Sade, Donatien Claude Armand de 104, 374
Sade, Gabrielle-Léonore de 88f.
Sade, Hugues II. de 22, 25
Sade, Jacques-François-Paul-Aldonse de (der Abbé) 22 f., 25, 43, 46 f., 49, 70, 84, 86, 88–90, 93, 99, 103, 112, 126, 132, 134 f., 138, 158, 162
Sade, Jean-Baptiste Joseph François de (Graf) 25, 30 f., 33–43, 46, 55 f., 58 f., 63–66, 73–75, 79, 84, 86, 90, 92, 366
Sade, Laura de (geb. de Novis) 22 f., 25, 86, 103

Sade, Louis-Marie de 92, 103, 289 f., 375
Sade, Madame de (Marquise) 68–71, 73, 75, 83, 85, 90, 102–104, 106 f., 110, 116, 128–135, 137 f., 153 f., 157–160, 171 f., 174, 182 f., 187, 189 f., 236–238, 251, 254 f., 282, 376
Sade, Madeleine-Laure de 108, 255, 376
Sade, Marie-Eléonore de (geb. de Maillé de Carman, Gräfin) 37 f., 40 f., 157 f.
Sade, Renée-Pélagie de (geb. de Montreuil) siehe Sade, Madame de (Marquise)
Sade-Eyguières, Louise Gabrielle Laure de 374 f.
Saint-Florentin, Louis Phélypeaux de (Marquis) 82, 102
Saint-Just, Louis Antoine de 323
Sartre, Jean-Paul 390
Seneca, Lucius Annaeus 175
Sokrates 175
Solon 297
Sontag, Susan 428–431
Swift, Jonathan 403, 408
Swinburne, Charles Algernon 394 f.

Tacitus, Publius Cornelius 175, 382
Tasso, Torquato 187
Testard, Jeanne 76–81, 85, 90, 97–99, 103, 117, 122, 136, 146, 340
Tierce, Jean-Baptiste 142
Titus (römischer Kaiser) 286
Trillet, Catherine 154–157

Vespasian (römischer Kaiser) 286
Violon, Joseph 130
Voltaire 47, 52, 84, 123, 178, 332

Wagner, Richard 430
Watteau, Jean-Antoine 55
Weiss, Peter 425, 428